아동과 청소년을 위한

해결중심 상담

Insoo Kim Berg · Therese Steiner 공저 | 유재성 · 장은진 공역

Children's Solution Work

학지사

Children's Solution Work

by Insoo Kim Berg & Therese Steiner

현대의 한국은 빠른 사회 변화와 치열한 경쟁 모드 속에서 마치 브레이크 없는 기관차가 끝모를 어떤 곳을 향해 방향감각도 없이 돌진하고 있는 느낌이다. 수년간의 서울 특파원 생활을 마치고 한국을 떠나는 한 외국 언론사 기자는 "한국은 오로지 '전속력' 밖에 없는 사회 같다."라는 말을 한 바 있다. 그리고 3세 유아를 대상으로 적성검사를 한 후 의사를 만들지, 변호사를 만들지를 생각하는 부모와, 방과 후 농구를 하라고 해도 학원을 가겠다고 우기는 14세 중학생을 예로 들면서, 한국 사회 전반에 팽배한 1등 경쟁 위주의 교육 강박은 많은 부모와 자녀를 불안하게 하고 각종 사회적 부작용을 낳는다고 보았다. 이것이 외국인의 눈에 비친 한국 사회의 한 단면이다.

유감스럽게도 이러한 현실은 사회 도처에서 어렵지 않게 확인할 수 있다. 국내총생산(GDP)의 8%를 사교육시장에 쏟아 부으면서까지 살인적인 교육에 올인하지만 교육 효율성은 떨어지고 내일에 대한 희망을 붙잡기가 쉽지 않다. 게다가 사회를 뒤흔드는 어린이 유괴사건, 성폭행 및 살인 사건 등을 접하면서 수많은 아동 · 청소년들이 정신적인 충격과 스트레스를 겪어야 했다. 어떻게 보면 한국의 2008년 봄을 그토록 아프게 했던 촛불시위도 결국은 국민의 내면에 각인된 이러한 불안강박과 사회적 불만이 겉으로 표출된 것이라고 할 수 있다.

이러한 현실을 반영해서인지 최근 정신적 치료나 상담을 필요로 하는 아동 · 청소년들이 눈에 띄게 늘고 있다. 뚜렷한 이유를 찾기 어려운 각종 심리내적 고통과 학습 혹은 대인관계 관련 장애를 호소하는 경우가 많다. 증상을 드러내지 않거나 증상이 있어도 그냥 지나치는 경우가 더 많은 점을 감안한다면 지금 우리 사회는 아동 · 청소년 문제해결을 위한 단기적이면서도 효과적인 상담접근이 꼭 필요하다.

이 책은 역자들의 오랜 임상경험을 통해 단기에 문제해결을 끌어내는 데 가장 효율적인 접근 중의 하나임을 확인한 해결중심접근에 근거한 아동 · 청소년 상담 안내서다. 이 접근은 상담실 커튼 너머에서 전문가가 일방적으로 내담자를 분석하여 무엇을 잘못했는지, 무엇이 부족한지를 찾아내는 부정적인 초점에 별로 관심이 없다. 그보다는 아동 · 청소년 및 그들의 부모나 보호자들과 함께 그들 안에 이미 내재해 있는 강점과 자원을 추적하고 이끌어 내어 빠른 시간에 변화와 성장의 물꼬를 트게 하는 긍정심리학적 접근을 시도하고 있다. 그리고 그 효과는 이미 수많은 연구와 임상 현장을 통해 다양하게 증명되었다.

이 책은 다양한 민족들이 모여 살고 있는 미국의 상황을 염두에 두고 쓰인 책이다. 빠르게 다민족 사회가 되어 가는 한국 상황에서도 유용하게 활용할 수 있는 실제적이고 효과적인 다양한 상담적 통찰과 아이디어들이 제시되어 있다. 그러나 한국의 일반적인 문화적 상황에 다소 어색할 수 있는 부분에 대해서는 문맥을 흩뜨리지 않는 범위에서 문장을 다듬었음을 밝힌다.

아무쪼록 이 책이 제시하는 단기적이고 창의적인 상담접근을 통해 보다 많은 아동 · 청소년 및 그들의 부모와 가정 그리고 사회가 더 많이 행복하고 건강해지기를 기원한다.

번역과 교정 과정에 동참한 상담대학원생들과 최지영 선생, 거친 번역을 다듬고 더욱 읽기 쉽도록 수고한 학지사 편집진과 번역 출간을 허락해 주신 김진환 사장님께 깊은 감사를 드린다.

역자 유재성과 장은진

저·자·서·문

이 책은 해결중심 단기치료(Solution-Focused Brief Therapy: SFBT)에는 익숙하지만, 이를 아동과의 상담에 적용하는 데는 아직 자신이 없는 독자를 염두에 두고 쓴 것이다. 자녀를 가진 부모, 심리치료사 혹은 상담사, 교사 그리고 아동 관련 레크리에이션 담당자나 유치원 종사자도 이 책을 통해 다양한 유익을 얻을 수 있을 것이다. 여기서는 아동과 부모들의 상호작용을 격려하며 존중하는 명료하고도 실제적인 접근을 취하고 있다. 따라서 아동과 부모를 위한 프로그램을 계획하거나 관리하는 책임자, 컨설턴트, 슈퍼바이저도 이 책을 통해 자신이 필요로 하는 도움을 얻게 될 것이다.

또한 아직 해결중심 단기치료에 익숙치 않은 이들에게도 이 책의 접근은 유용할 것이다. 여기서 제시한 여러 도구들은 다양한 상황과 환경에서 필요에 따라 적절하게 활용될 수 있다. 동시에 해결을 위한 아동의 창의적인 아이디어나 견해를 수용하고 활용하는 독특한 철학과 접근을 통해 많은 것을 얻을 수 있을 것이다.

어린이, 특히 어린 아동과의 경험이 많지 않은 독자에게는 앞으로 다양한 경험을 할 것을 격려하고 싶다. 우리는 이 책을 통해 그들과 어떻게 무슨 대화를 나눌 것이며, 상담에 소극적으로 임하는 어린 내담자를 어떻게 대화에 참여시킬 수 있을지, 어떻게 그들의 독특한 자원을 찾아 해결을 이끌어 낼 수 있을지 등에 대해 소개할 것이다. 그리고 단계적으로 어린이와의 작업에 익숙해지기 위해서 무엇을 어떻게 해야 할 것인지를 다룰 것이다. 독자는 호기심을 갖고 아동으로부터 배울 수 있는 용기와 그들의 창의성을 발견하고자 하는 마음으로 이 책을 대하기 바란다.

우리는 여기서 기존과는 다른 접근을 시도하였다. 결과적으로 추구하는 것은 같지만 접근 방법이나 과정 면에서는 이전과 다른 길을 택하였다. 이를 통해, 부모와 자녀가 자신들이 알고 있는 가장 좋은 방법으로 화목하게 지내고, 보다 더 친밀하며 만족스러운 삶을 살게 되기를 바란다. 그리고 어려움이 생기면 서로 돌보며 도와주고, 날마다 그리고 언제라도 돌아갈 수 있는 안전한 관계가 자신에게 있다는 사실을 깨닫게 되기를 바란다. 우리는 부모와 자녀가 스스로 최선의 선택을 할 수 있도록 지원하는 방안에 대해 다룰 것이다.

우리는 이 책에서 '어린 아동(young child)'의 연령대를 유아원에 들어가는 시점부터 7세까지로 임의로 규정하였다. 그리고 '어린이'는 7세에서 12세, '청소년'은 13세 혹은 14세에서 18세까지로 설정하였다. 우리는 어린 아동과 상담할 때 사용하는 기법들 중에 어떤 것들은 성인에게도 유용하게 사용될 수 있다는 점을 발견하곤 하였다. 그렇지만 어느 기법이 어떤 아동이나 부모에게 잘 맞을 것이냐 하는 문제는 독자가 자신의 임상적 직관에 근거하여 임상적으로 판단하고 결정할 문제다. 물론 이러한 임상적 직관과 지혜는 다년간에 걸쳐 수많은 아동들을 상담하며 경험하는 과정을 통해 생기는 것이다.

이 책은 총 9장으로 구성되어 있다. 처음 세 개의 장에서는 해결중심 단기상담이 아동과 부모를 상담하는 데 적절한 접근일 뿐만 아니라 잘 맞는 방법이라고 확신하는 이유를 제시하고 있다. 독자는 이를 통해 우리가 아동과 부모에 대해 갖고 있는 핵심적인 전제들과 이러한 전제들이 상담에서 어떻게 활용되는지 이해하게 될 것이다. 그리고 다양한 사례들을 통해 이러한 과정을 단계적으로 확인할 수 있을 것이다. 우리는 성인들과 상담할 때 아동에게 사용하는 유사한 상담 기법들을 활용하기도 하는데, 여기에는 물론 유사점뿐 아니라 차이점도 있다. 우리는 이러한 요소들에 대해서도 다룰 것이다. 제3장에서는 내담자들을 상담할 때 보통 필수적으로 적용되는 해결중심 단기상담의 기본적인 도구들을 설명하고 있다. 해결중심 단기상담 접근에 익숙하고 다양한 상황에서 그것을 잘 적용할 수 있는 독자는 이 장을 건너뛰거나 쉽게 지나칠 수 있을 것이다. 하지만 해결중심 접근의 개념은 익숙하지만 이 모형을 사용하여 상담한 경험이 충분하지 않다면 한 번 더 이 모형을 점검하는 것이 바람직할 것이다.

제4장과 제5장에서는 아동과 상담하기 위해 상담자가 준비해야 할 것은 무엇인지, 초기 면접 때 어떻게 아동과 그의 가족을 평가할 수 있을지, 특히 상담 목표를 세울 때 어떻게 아동 및 그의 가족과 함께 작성할 수 있을지에 대한 기본적인 내용들을 다루고 있다. 해결중심 단기상담은 목표 지향적인 접근을 취한다. 따라서 내담자와 구체적인 목표를 합의하고 결정하는 것에 대한 다양한 방법들을 소개하고 있다. 그리고 제6장에서는 아동과 상담할 때 유용하게 사용할 수 있는 제반 요소들에 대해 언급하고 있다. 즉, 아동의 상상력과 창의성, 자연스러운 놀이 본능을 상담 과정에서 어떻게 활용할 것인지, 성인들과 잘 어울리고 기쁘게 하려는 그들의 욕구를 어떻게 충족시켜 줄 것인지 등에 대해서도 다루고 있다.

우리는 그동안 많은 상담사들로부터 소위 상담하기 '까다로운', 즉 일반적이지 않은 요구를 가진 아동과 부모를 어떻게 해결중심 접근으로 상담할 수 있을지에 대한 질문들을 수없이 받아 왔는데, 이에 대한 답변을 제7장에서 다루고 있다. 그리고 제8장에서는 청소년기의 특별한 갈등과 어려움에 대해 다루고 있다. 우리는 이 책에 청소년 상담에 관한 내용을 실을 것인가에 대해 많은 고민을 하였다. 결국 여러 동료들과의 자문을 통해 부모와 상담자 모두를 위해 특별한 어려움과 동시에 즐거움이 될 수 있는 청소년 시기의 독특한 시련과 고민에 대해 한 장을 할애하여 짤막한 설명을 제시하기로 결정하였다.

제9장에서는 최선의 노력을 다하여 상담했음에도 불구하고 자신이 막다른 골목에 다다른 느낌이 들 때 어떻게 해야 할지에 관한 내용을 다루고 있다. 실제로 상담하다가 이러한 상황에 처해 걱정하며 의기소침해지는 상담자들이 많이 있기 때문이다. 아울러 처음부터 끝까지 어떻게 상담할 수 있을지 그 전 과정에 대한 소개를 하나의 사례를 통해 제시하고 있다.

이 책의 전반에 걸쳐 개인이 흔히 직면하는 일반적인 상황은 물론 특별한 상황에 이르기까지 상담현장에서 나타난 다양한 사례들을 제시하였다. 독자는 이를 통해 아동과 그들의 부모 혹은 양육자들로 하여금 전문가에게서 약간의 도움을 받음으로써 자신에게 있는 특별한 능력을 어떻게 찾아 문제를 해결하는지 그 과정을 발견하게 될 것이다.

무엇보다도 이 책을 통해, 어린 아동부터 그들의 부모에 이르기까지 우리가 함께 놀이하며(playing) 문제를 해결하고자 하는 그 열정을 당신도 함께 나눌 수 있게 되기를 소망한다.

서 론

-테레스 슈타이너-

해결중심 단기상담(SFBT)은 다른 어떤 상담 모형보다도 정확하고 적절한 언어 사용을 강조한다. 언어를 중요한 상담 도구로 간주하기 때문이다. 상담의 전 과정은 언어를 통해 진행된다. 첫 만남에서 치료 목표를 합의하는 것부터 시작하여 상황이 개선되는 것을 확인하는 것, 내담자가 치료 목표를 달성하기 위해 성공적으로 수행한 것을 찾아내는 것에 이르기까지 모든 과정에 언어가 개입된다.

나는 해결중심 모형을 처음 접하자마자, 보다 나은 삶을 원하는 내담자의 바람을 깊이 존중하는 상담 접근에 곧바로 매료되었다. 그리고 자신의 삶을 바로 잡을 수 있는 능력이 내담자에게 있다는 전제 또한 내 마음을 사로잡았다. 나는 의사로서 개인의 문제나 곤경, 슬픔을 중심으로 그것을 종류에 따라 분류하여 생각하는 훈련을 받았다. 내가 받은 의료 훈련은 사람이 잘 기능하지 못한 것 혹은 잘못한 것에 집중하는 것이었다. 그래서 해결중심 단기상담 접근을 접하자 우선 마음이 가벼워지는 편안함을 느꼈다. 하루 종일 환자들이 가져오는 문제나 결핍된 것에 눌려 지내는 느낌에서 벗어나 그들에게 있는 자원과 인간관계의 긍정적인 부분에 초점을 맞추기 시작한 것이다. 오랫동안 갈망했던 어떠한 치료 형태를 마침내 발견했다는 확신이 들었다. 이것은 어려움을 겪는 환자들이 변화를 찾도록 도움을 주기 위해 정신의학 분야에 뛰어든 나의 이유와 기대에도 잘 부합되었다.

밀워키에서 처음으로 훈련을 받을 때, 나는 성인이 아닌 어린이에게도 이 모형을 적용할 것이라고는 생각하지 않았다. 자신의 요구와 바라는 것을 이해하거나 추상적인 관념들을 말로 표현할 수 있는 언어 능력이나 기술이 없는 아동에게 이 모형을 적용한다는 것은 거의 불가능하다고 생각했기 때문이다.

그러나 나는 개인적인 나의 삶과 관련된 두 가지 사실에 의해 이 접근을 아동에게 적용할 수 있는 가능한 방법을 생각하기에 이르렀다. 첫 번째는 어렸을 때 나는 다루기 힘든 까다로운 아이였다는 사실이다. 어렸을 때, 차분하게 행동하고 말을 잘 듣는 아이가 되라는 어른의 요구를 따른다는 것이 내게는 참으로 힘든 일이었다. 그리고 나는 감정을 절제하지 못하고 자주 터뜨리곤 하였다.

내가 39명의 남녀 아이들과 초등학교 1학년이 되었을 때다. 우리를 맡은 뮐러 선생님은 여러 해 동안 어린이들을 가르쳐서 경험이 많은 분이었다. 선생님은 우리가 어떻게 행동해야 할지에 대한 뚜렷한 확신이 있었고, 우리에게 훈련과 순종을 요구하였다. 나는 급우들과 함께 읽기와 쓰기, 셈하기를 배웠다. 하지만 학교생활 첫 해는 매우 지루했던 것으로 기억한다. 나는 그때 시간이 좀 더 빨리 지나가도록 다양한 시도들을 하였다. 창밖을 바라보고, 옆 자리 친구와 속닥이고, 때로는 자리에서 일어나 교실을 어슬렁거리며 걸어 다니기도 하였다. 그렇지만 지루함을 달래기 위한 이러한 방법들은 전혀 도움이 되지 않았다. 그러한 행동들은 다 금지되었고, 나는 뮐러 선생님으로부터 많은 어려움을 당했다.

그러던 어느 여름 날, 나는 재미있으면서도 나를 곤경에 처하게 하지 않을 어떤 방법을 찾아냈다. 내 옷에 조그만 그림을 그려 넣기 시작한 것이었다. 때로는 치마에, 때로는 바지, 양말, 신발에 그림을 그리곤 하였다. 도움이 되었다! 나는 어린아이만 생각해 낼 수 있는 방식으로 지루함을 이겨 낼 해결책을 찾았던 것이다! 이것으로 나는 학교에 가는 것이 훨씬 쉬워졌고, 무엇보다도 매일 아침 어머니에게 투정부리며 힘들어했던 시간도 사라지게 되었다! 어린 시절의 이 기억은 여러 해 동안 내 뇌리에서 떠나지 않았다. 그리고 지속적으로 다음과 같은 생각을 하였다. 이것이야말로 어린아이들도 자신만의 개인적이면서도 '아이다운' 해결책을 찾아 변화를 이끌어 낼 수 있다는 것을 증명해 주는 것이 아닐까?

내게 있는 두 번째 중요한 기억 또한 학교와 관련된 것이다. 나는 한 번도 글쓰기를 좋아한 적이 없었다. 그러던 어느 날, 새로 부임한 독일어 담당 슈미트 선생님이 우리에게 첫 번째 작문 과제를 주었다. 그것은 헤르만 헤세의 시에서 가져온 한 문장에 관한 것이었다. "새롭게 시작하는 모든 것에는 당신으로 하여금 삶을 유지하게 하고 보호해 주는 어떤 기적이 배어 있다." 나는 이 구절이 좋았다. 그리고 그 이후로부터 글 쓰는 것을 좋아하게 되었다.

어떤 일이 일어났는가? 헤세의 시에서 얻은 깨달음이 하루 아침에 내 생각을 논리 정연하고 명료하게 쓸 수 있는 능력을 가져다준 것은 아니었다. 그렇지만 모든 새로운 시작에 배어 있는 이 기적을 어떻게 사용할지에 대한 새로운 사고방식과 아이디어를 주었다. 나는 점차 내가 좋은 글을 쓸 수 있다는 것과 그러한 능력이 여러 겹으로 둘러싸인 나쁜 성적의 이면에 숨겨져 있다는 사실을 발견하였다. 새로 만난 슈미트 선생님과 헤세의 놀라운 문장이 내 시각을 바꿔 놓았다. 그리고 나는 스스로를 새로운 방식으로 볼 수 있게 되었다.

나는 이러한 경험을 나만이 할 수 있는 것이라고 생각하지 않는다. 따라서 어린 아동들과 해결중심의 방식으로 상담하지 않는 것은 매우 유감스러운 일이라 아니할 수 없다. 그들로 하여금 상황이 잘 진행되는 순간을 포착하여 자신이 성공적으로 잘한 것이나 자기 안에 있는 강점과 자원들을 찾아 더 큰 문제들도 해결할 수 있도록 돕지 않을 이유가 어디 있는가!

무엇보다도 해결중심 접근은 아동들이 스스로 생각하고 또한 그렇게 세상을 보는 방식과 아주 잘 맞는다. 나는 문제에 대해 이야기하는 것을 좋아하는 아동을 만나본 적이 없다. 어린 아동들을 잘 관찰해 보라. 그들은 예측 가능한 특정한 방식으로 일상의 소소한 문제들을 제기하고 그것을 해결한다. 즉, 그들은 어떤 문제를 해결하기 위해 함께 둘러 앉아 문제 상황을 분석하려고 하지 않는다. 언제나 앞을 바라보고 진행한다. 아동들의 이러한 특성들을 생각할수록 해결중심 접근은 아동이 세상에 존재하는 방식과 일치한다는 확신이 내 안에 더 분명해졌다.

다음으로 중요한 단계는 해결중심 접근을 어린 아동들과의 상담에 적용하기 위해 무엇이 조율되어야 할지를 찾는 것이라고 생각한다. 그리고 이 일을 위해 가장 중요한 요점이 무엇인지 인식하는 것이다. 어린 아동들은 매우 직접적인 방식으로 다양한 문제들을 해결한다. 따라서 내가 해야 할 것은 그들을 관찰하고 그들로 하여금 나를 가르칠 기회를 주는 것뿐이었다.

토머스(Tomas)는 8세 소년이었다. 그는 의자에 앉아 자신에게 제시된 몇 가지 질문에 답하고 있었다. 그렇지만 한눈에 보기에도 몸이 근질근질하여 가만히 있기가 어려워 보였다. 토머스는 이내 공을 집어 위로 던지기 시작하였다. 나는 그 장면을 보고 공을 내게 던지라는 신호를 보냈다. 그렇게 우리는 공놀이를 시작하였다. 토머스는 내게 공을 던질 때마다 질문하였고 나는 그것에 답해야 했다. 그리고 내가 질문을 하면 토머스가 대답을 해야 했다. 이러한 방식으로 우리는 공을 주고받으며 금세 놀라운 대화를 나눌 수 있었다(토머스는 나보다 공을 놓치지 않고 훨씬 잘 받았다.).

나는 오랫동안 아동들을 관찰하면서 그들이 어떻게 자기의 요구를 표현하는지 눈여겨보았다. 나의 두 자녀도 어려서 자신들이 원하는 것이나 필요로 하는 것들이 무엇인지 말할 수 없을 때 그것을 행동으로 드러내곤 하였다. 아이들은 자신이 원하는 것을 말로 표현할 수 없다고 해서 짜증을 내거나 좌절하는 일이 없다. 그들은 추상적인 방식으로 사고하지 않기 때문이다. 따라서 나는 그들이 소리와 몸짓으로 보내는 조그만 신호들에 민감하게 반응해야 했다. 그들이 필요로 하고 원하는 것들이 무엇인지 알아내려면 그 상황 속에서 그들을 주목하고 관찰해야만 하였다.

아이들이 아주 어릴 때는 이러한 방식으로 반응하는 것이 어렵지 않았다. 그렇지만 유치원에 갈 나이가 되거나 더 나이를 먹으면서는 그렇게 하기가 쉽지 않았다. 그들의 언어 사용이나 행동에 대해 상당히 경직된 사고방식을 갖고 있었기 때문이었다. 당시에는 내 자신이 그들에게 어떤 특정한 방식으로 행동하거나 말해야 한다고 강하게 요구하고 있다는 사실을 인식하지 못하였다. 이것은 나만 그런 것이 아니었다. 모든 성인들이 좋은 의도를 가지고 그렇게 한다. 아동들에게 가장 좋은 것을 주고 싶기 때문이다. 하지만 해결중심 접근으로 아동들을 만나려면 먼저 아동들을 이런 방식으로 보는 것부터 바꾸어야 했다. 내가 아동들에게서 듣거나 보기를 기대하는 것, 혹은 무언가를 나름의 방법으로 하려고 하는 것들이 사실은 그들과의 만남에 장애가 된다는 것을 깨달았다. 나는 아동들을 만날 때 그들 각각을 신뢰하고, 그들이 내게 보여 주는 것들을 통해 자기 자신에 대한 가장 중요하고 가치 있는 정보를 제공하고 있다는 사실을 믿어야 했다. 그럴 때 비로소 내가 그들과 하는 모든 작업이 그들에게 유용한 것이 될 수 있을 것이었다.

독자 중에는 머리를 흔들며 '그래도 어느 정도는 규칙과 제한이 있어야지, 그렇지 않고서 어떻게 아이들이 바로 클 수 있다는 말인가?' 라고 생각하는 사람도 있을 것이다. 물론 아동들에게 규율과 제한이 있어야 한다. 아동들에게 무제한적인 자유를 주는 것은 그들 자신에게도 도움이 되지 않는다. 그들에게 아무 것도 기대하지 않거나, 지켜야 할 규율도 없이 키우는 것은 아동들을 위해 잘 하는 것이 아니다. 다만 내가 여기서 말하고 싶은 것은, 성인의 방식으로 아동들을 대하기보다 그들 각각에게 주목하며 귀를 기울임으로써 그들의 세계에 들어갈 수 있는 발판을 마련하자는 것이다. 그러면 우리는 어린 아동들에게 내재된 방대한 자원을 찾아낼 수 있을 것이다.

나는 어린 아동들을 만날 때 그들과 빨리 연결되기 위해 아주 특별한 방식으로 그들을 대한다. 그리고 그들 각자의 독특한 요구들을 있는 그대로 인정하고 존중해 준다. 이것은 법원이나 기타 공공 기관에 상담을 받도록 보내지는 성인 내담자들을 대하는 방식과 유사한 것이다. 우리는 그들 각자의 입장이나 생각을 중요하게 받아들인다. 때로는 상담을 받으러 오는 것이 불필요하고 소용없는 짓이며, 어떤 면에서는 해가 될 수 있다고 생각하는 것조차 수용한다(Berg & Kelly, 2000). 우리는 그들의 생각을 바꾸거나 교육하려는 의도 없이, 그리고 어떠한 비난도 없이 일단 '그들이 있는 자리에서' 있는 모습 그대로 그들을 만나려고 한다. 우리는 어린 아동들에게도 이와 같은 방식으로 대하려고 한다. 어떻게 그렇게 할 수 있을지에 대해서는 앞으로 구체적으로 살펴볼 것이다. 특별히 보호자나 주변 친지들에 의해 의뢰되어 비자발적으로 찾아온 아동들에게 어떻게 해야 하는지에 대해 언급하게 될 것이다.

상담 초기에 어린 아동들과 마음을 열고 개인적인 연결성을 구축하는 것은 단순히 말로 하는 것보다 놀이나 만져 보기 혹은 주위를 돌아다니는 방법을 통해 이루어진다. 이를 통해 치료자들은 아동들 각자의 장점을 찾아내고, 이해될 수 있는 방식으로 해결중심 질문들을 전개할 수 있게 된다. 어떤 아동들은 상상의 세계에서 살아간다. 그들에게는 각종 이야기와 이야기 속에 나오는 영웅이 대단히 중요하다. 움직이지 않고는 견딜 수 없는 아동도 있다. 그들은 몸에 느껴지는 감각을 통해 세상을 경험한다. 그림 그리기나 색깔로 모든 것을 표현하기도 한다. 아동들의 이러한 자기표현 방식을 배우려는 열린 자세를 가질 때, 우리는 어디에서 어떻게 그들을 만날 수 있을지 아동들로부터 배울 수 있을 것이다.

어떤 사람은 아동들을 상담하려면 대단히 창의적이어야 한다고 생각한다. 나는 그것에 동의하지 않는다. 창의성이란 아동 안에 내재되어 있기 때문이다. 해결중심 상담자들이 성인 내담자들과 상담할 때 그들이 상담에 가져오는 것들을 활용하여 그들과 만나고 상담을 진행하듯이, 아동에게도 똑같은 방법으로 접근하면 된다. 아동들은 그들 자신에게 전문가다. 우리가 그들의 말을 경청하고 주의 깊게 관찰하면 그들은 자신에게 필요한 것이 무엇인지를 우리에게 가르쳐 줄 것이다. 그리고 어떻게 그것을 성취할 수 있을지 그들 자신의 방식으로 이야기하고 또한 그것을 실행할 것이다. 어떻게 이렇게 할 수 있을지에 대해 앞으로 구체적으로 설명할 것이다.

-김인수-

나는 성장할 때 세 명의 동생들을 돌볼 책임이 있었다. 내 기쁨의 근원이 된 딸도 잘 키웠다. 그렇지만 내게 어떤 특별한 양육 기술이 있어서 그랬다고는 생각하지 않는다. 동생들은 물론 딸이 그저 건강하게 잘 자라 준 것이라 믿고 그것에 감사할 따름이다. 나는 아동들을 잘 다룬다고 생각해 본 적이 없다. 특별히 아동들이 나를 매료시킨 적도 없다. 상담에서 내 전문 분야는 주로 성인에게 집중되어 있었다. 그들 중에는 개인적으로 어려움을 겪는 경우도 있었지만 자녀 문제로 힘들어하는 경우도 많이 있었다. 따라서 자녀를 동반한 성인과 상담할 때가 종종 있었다. 어린 아동들과 청소년의 문제를 성공적으로 해결하기도 하였지만, 여전히 나의 주된 관심은 가족 전체를 문제해결의 자원으로 활용하여 성인과 자녀 문제를 신속하게 개선시킬 수 있는 방법을 찾아내는 것에 있었다. 나아가 내가 늘 관심을 갖고 있었던 것은 보다 많은 수의 사람들과 작업하는 것이었다. 즉, 여러 사람으로 구성된 집단이나 확대 가족, 다양한 규모의 단체와 프로그램을 운영하는 것이었다.

그런데 브렌다(Brenda)라는 어린 소녀가 이러한 내 사고방식에 변화를 가져왔다. 맑은 눈망울을 가진 8세의 귀여운 소녀인 브렌다는 사회복지사와 함께 내게 왔다. 주변에 그녀를 데려올 만한 보호자가 없었기 때문이었다. 브렌다는 할머니와 함께 살고 있었는데, 할머니는 여러 신체적인 문제를 갖고 있었으며 매우 힘들고 지친 상태였다. 그래서 다른 가정에서 브렌다를 입양하여 키우게 해 달라고 요청하였다. 얼마 전부터 브렌다가 침대에서 오줌을 싸기 시작하여 더 이상 감당할 수 없게 되었기 때문이었다.

브렌다의 어머니는 몇 해 전에 어디론가 가버렸고 아무런 연락도 없었다. 그래서 브렌다는 할머니와 삼촌, 그리고 두 명의 사촌이 살고 있는 집으로 가게 되었다. 브렌다는 다른 집에 가는 것을 원하지 않았다. 할머니와 두 사촌과 함께 살게 해 달라고 주장하였다. 사촌들과 함께 노는 것이 좋았기 때문이었다. 나는 침대에 오줌을 싸는 브렌다의 문제를 함께 해결할 성인 가족구성원을 만나려고 하였다. 그렇게 되면 브렌다가 할머니 및 사촌들과 계속 함께 살 수 있을 것이기 때문이었다. 그래서 누가 이 일에 관심이 있을까를 생각하며 브렌다의 할머니와 삼촌, 숙모에게 접근을 시도하였다. 그러나 할머니는 상담소까지 오가는 교통편을 제공하겠다고 했음에도 불구하고 내 제안을 거절하였다. 브렌다의 삼촌도 마찬가지였다. 누구도 이 일에 관심을 보이지 않았다. 다만 브렌다를 데려온 사회복지사만 상담을 위해 매번 브렌다를 데려오고 집에 데려다 주는 일을 하겠다고 나섰다. 나는 이때 처음으로 아동과 단독으로 상담하는 것이 필요할 때가 있다는 것을 의식하게 되었다. 세상에는 주위에 돌봐 줄 성인이 없는 브렌다와 같은 아동들이 많이 있기 때문이었다. 브렌다의 가슴 아픈 상황을 통해, 가정을 튼튼하고 친밀하게 하려는 나의 의도와 노력이 아무리 좋은 것이라 할지라도 그것이 늘 가능한 것은 아니라는 사실을 깨닫게 되었다. 때로 내가 내담자에게 취할 수 있는 최대한의 존중 어린 자세는 가족에 대한 나의 견해를 강요하지 않는 것임을 알게 된 것이었다.

결과적으로, 브렌다는 비록 8세에 불과했지만 스스로 자신의 문제들을 해결해 갈 수 있었다. 자신이 원했던 것, 즉 할머니 및 사촌들과 함께 계속 살아갈 수 있게 된 것이었다. 이 사례는 나로 하여금 어떤 아동들은 스스로 자신의 문제를 다루어야 하며, 때로는 자기 자신을 양육해 가야 한다는 사실을 인식하게 해 주었다. 이것은 내가 브렌다와 같은 아동들을 어떻게 상담해야 할지 깨닫게 된 첫 번째 사건이 되었다. 이 사건 이후로 나는 많은 어린 아동들의 문제를 상담하였다. 유감스럽게도 너무나 많은 아동들이 브렌다의 경우보다도 더 심한 상황에 있었다.

이 책에 관하여

이 책은 두 명의 전문가가 함께 저술한 책이다. 테레스 슈타이너(Therese Steiner)는 스위스에서 성공적인 소아과 정신의로 활동하고 있으며, 김인수(Insoo Kim Berg)는 해결중심 단기상담을 개발한 사람 중 하나다. 김인수는 다양한 상황에 처한 사람에게 해결중심을 적용하여 치료하는 여러 가지 접근을 저술하는 것에 열정을 가진 치료자였으며, 테레스는 스위스와 오스트리아에서 의학 공부를 하였고, 베른 대학교에서 소아 정신의학 박사가 되었다. 해결중심 접근을 접하기 전에는 시스템 가족치료와 최면을 통한 치료적 접근을 공부하였다. 여러 나라의 언어를 할 수 있기 때문에 다양한 문화적 배경을 가진 아동과 가족을 치료하였다. 한국에서 태어나고 성장한 김인수는 학생 때 미국으로 가서 전문 상담자, 교사, 컨설턴트 및 저술가로서 다양한 활동을 하였다.

이처럼 문화적 배경과 언어, 성장 과정과 전문가로서의 길이 다른 두 사람이 함께 뭉칠 수 있었던 것은 다양한 상황에 해결중심 치료접근을 적용하여 성공적인 치료를 할 수 있으며 그것을 배우고 가르칠 수 있다는 공통된 확신 때문이었다. 우리는 내담자들에게 이 접근을 적용하면서 배운 것들을 통해 그렇게 할 수 있다고 믿었다.

우리는 자신의 강점과 자원들을 발견하는 일에 도움이 되고자 하는 내담자들의 자연스러운 본성과 그렇게 할 수 있는 능력을 존중한다. 이러한 자세 또한 우리를 하나로 묶게 한 요소가 되었다. 우리는 짧은 시간에 내담자의 삶에 놀라운 변화가 일어날 수 있다는 사실을 보아 왔다. 그리고 끝없는 호기심을 갖고 내담자로부터 배우려는 관심과 자세를 공유하고 있으며, 사람들의 삶에 긍정적인 조그만 변화를 이끌어 내고 싶은 열망을 함께 나누었다. 우리는 함께하는 이 작업에 열정과 흥분을 느꼈으며, 우리의 내담자들이 이루어 내는 아주 조그만 성공들에서 큰 기쁨을 얻곤 하였다.

제1장

해결중심 단기상담이란 무엇인가

해결중심 단기상담은 독특한 치료적 관점과 실제를 발전시켜 온 상담 접근이다. 문제 속에 살아가는 사람을 돕기 위한 기존의 견해와는 다른 다양한 접근을 시도하면서 조용한 변혁의 과정을 시작하였고, 그 과정에서 수많은 성공뿐 아니라 실수도 경험하면서 오늘의 형태를 갖추게 되었다. '체계적 관리를 통한 돌봄(managed care)' 이라는 말이 생기기 오래 전부터, 25년이 넘는 세월 동안 시행착오를 거치면서 현재와 같은 상담 모형으로 발전하였다. 해결중심 접근은 처음에는 통원치료를 하는 형태로 시작되었지만 이내 여러 가지 상황에서 다양한 문제를 가진 사람을 치료하는 모형으로 확장되었다. 현재는 학교나 대안학교, 교도소, 법원, 병원, 통증치료 클리닉, 사회복지 프로그램이나 쉼터, 데이케어 센터, 요양원 그리고 비즈니스 현장 등 다양한 영역에서 적용되고 있다. 그리고 약물중독자나 가정폭력 가해자, 어려움에 처한 아동, 문제를 가진 부부나 가족, 만성적인 정신질환을 가진 환자, 위기상황에 처한 사람, 외상 생존자, 보호 감독하에 있는 사람, 삶의 문제나 중요한 지인과의 관계에서 어려움을 겪는 내담자 등 다양한 부류의 사람들이 해결중심 접근의 적용을 통해 필요한 도움을 받고 있다.

해결중심 단기상담의 기초

팀 접근

대부분의 상담 접근 개발이나 변화 과정이 그렇듯이 해결중심 단기상담도 이 작업에 참여하였던 여러 전문가의 수많은 공헌을 통해 발전하였다. 해결중심 모형이 시작되던 초기에는 더욱 그러하였다. 그동안 세월이 흐르면서 이 팀의 구성원들은 바뀌어 갔으며 다양한 배경을 가진 전문가들이 지속적으로 이 일에 참여하였다. 그들은 의학과 교육, 공학, 생물학, 언어학, 정신의학, 심리학, 사회학 등의 배경을 가진 전문가들이었고, 이러한 구성이 이 팀을 더욱 독특한 그룹으로 만들었다. 해결중심 모형은 스티브 드 쉐이저(Steve de Shazer)와 김인수(Insoo Kim Berg)에 의해 밀워키에서 시작되었지만, 그동안 전 세계에 흩어진 전문가에 의해 다양한 상황에서 지속적으로 발전되어 왔다. 해결중심의 초기 구성원들은 여러 이유로 다른 지역으로 떠나가기도 했지만 쉐이저와 김인수는 계속 밀워키에 머물면서 자신들의 상담 활동에 관한 글을 썼다. 이들은 자신의 문제를 해결할 수 있는 능력을 내담자들이 발견하는 데 도움이 되는 새로운 방법들을 열린 마음으로 찾는 문화를 발전시켰다. 그리고 '잘 모른다는 태도(not knowing position)' 와 전문가적인 호기심을 갖고 내담자들을 존중하며 그들로부터 배우려는 열린 자세를 구축하였다(Anderson & Goolishan, 1992). 이러한 열린 탐색의 문화는 정신건강 클리닉이나 교육 기관은 물론 교도소와 법원처럼 이러한 접근이 어울릴 것 같지 않은 장소에서도 지속되었다. 어려운 상황에 처한 사람의 고통을 될 수 있는 대로 빨리 완화시키고 효율적인 서비스를 제공하기를 원하는 전문가들에 의해 창의적으로 적용되었기 때문이다.

문제 예외 상황

해결중심 단기상담을 이해하려면 이것이 시작된 시기와 장소에 대해 아는 것이 중요하다. 해결중심 접근은 이전에 발달된 다양한 자료들을 참고하였다. 특히 1960년대와 1970년대에 서구의 고전적인 치료적 관점과 접근에 의문을 갖고 전통적인 정신병적 견해에 도전하였던 팔로 알토 그룹(Palo Alto group)의 연구(Watzlawick, Weakland, & Fisch, 1974)와 밀턴 에릭슨(Milton Erickson, 1954), 에릭슨과 로시(Erickson & Rossi, 1979) 그리고 헤일리(Haley, 1973) 등의 영향을 받았다. 해결중심 연구 팀은 정신건강 서비스와 그 실제를 개선하고자 다양한 노력을 기울였다.

그러던 중, 1970년대 후반에서 1980년대 초반에 걸쳐 놀라운 발견이 이루어졌다. 즉, 대부분의 문제에는 문제뿐만 아니라 해결을 위한 요소 또한 내재되어 있다는 것이었다. 연구 팀은 그동안 간과되어 온 이 부분을 문제 예외 상황이라 부르며 관심을 기울였다. 해결중심 접근에서 말하는 예외 상황이란, 예를 들면 극심한 우울증에 시달리는 사람이 그 와중에 조금이나마 우울증의 증상이 완화된 경험을 하는 시간을 의미한다. 이런 상황이 언제, 어디에서, 어떻게 일어났으며, 이 일에 어떤 사람이 관여되었는지 등을 구체적으로 탐색함으로써 새로운 동기가 부여된 내담자는 작은 해결 상황을 더 크고 넓은 영역으로까지 확장시킬 수 있게 된다. 연구 팀은 이러한 예외 상황에 주의 깊은 관심을 갖고 탐색하면 거의 모든 문제 상황에서 해결을 위한 예외적인 상황을 찾아낼 수 있음을 발견하였다.

해결중심 연구자들은 모든 문제가 사회적 상황에서 발생하고, 그 해결 또한 재조정될 수 있다는 확신을 갖게 되었다(Berg, 1994; Berg & DeJong,

1996; Berg & Dolan, 2001; Berg & Kelly, 2000; Berg & Miller, 1992; Berg & Reuss, 1997; Davis & Osborn, 2000; DeJong & Berg, 2001a; DeJong & Berg, 2001b; de Shazer, 1985, 1988, 1991, 1994; Lee, Sebold & Uken, 2002; Miller & de Shazer, 2000). 그리고 문제란 고정된 것이 아니라 사회적 맥락에 따라 변화될 수 있고 중재될 수 있는 것이라는 사실을 강조하기 시작하였다. 따라서 어떤 아동은 학교에서는 문제행동을 보이지만 집에서는 그렇지 않다는 것에 해결중심 상담자들은 주목한다. 친구와의 관계에서는 어려움을 겪지만 성인과는 그렇지 않은 아동이 있을 수 있다. 그런가하면 어디를 가든지 문젯거리가 되는 아동도 있다. 그렇지만 아무리 어려운 문제 상황이라고 해도 거기에는 항상 예외적인 상황이 있다. 즉, 문제가 될 수 있는데도 그렇지 않았던 때가 있는 것이다. 따라서 문제와 해결 간에 인과관계가 꼭 있다고 볼 수는 없다. 어떤 문제가 상황적 맥락에 따라 '문제다' 혹은 '아니다' 라고 규정될 수 있다면 해결 또한 상황적 맥락에 따라 찾아질 수 있고 구축될 수 있는 것이다. 성인과 대화할 때 우리는 대화를 통해 문제행동의 의미를 재확인하고 조정함으로써 함께 그 의미를 찾아갈 수 있다. 아동과도 우리는 그렇게 할 수 있다. 다만 그림이나 게임, 이야기 등 아동이 편안하고 자연스럽게 할 수 있는 방법을 통해 그렇게 한다. '해결중심' 이라는 명칭은 결국 문제를 분해할 수 있도록 안내하는 다양한 해결 요소에 초점을 기울인다는 것을 의미하기 때문이다.

이에 더해 해결중심 연구 팀은 내담자와의 치료적 대화를 보다 더 유용하고 생산적으로 만들어 주는 다른 중요한 도구들을 발견하여 발전시켰다. 이러한 도구들과 그 이면에 있는 철학적 개념들에 대한 구체적인 설명은 제3장에서 다루도록 한다.

효과가 있는가

초기의 연구팀원들은 자신들의 새로운 연구가 효과가 있는지 확인할 필요를 느꼈다. 그래서 1978년에 상담 클리닉이 공식적으로 문을 열자마자 내담자들의 피드백을 수집하기 시작하였다. 이 일은 주로 인턴과 학생들이 상담을 마친 내담자들에게 전화를 걸어 상담 후를 점검하며 설문조사를 하는 방식으로 진행되었다. 당시 영세한 자금으로 운영되던 소규모 상담 클리닉으로서는 치료의 사전 · 사후 자료를 비교하는 '과학적' 조사를 시도할 여력이 없었지만, 임상 현장에서 귀납적인 방법으로 모형을 발전시키던 연구 팀은 자신들의 서비스에 대한 고객의 평가야말로 가장 중요한 것이라고 믿었기 때문에 시행한 조치였다. 초기의 연구 조사는 효용성 평가를 위한 여타 방식의 연구들과 비견할 만하였다. 즉, 내담자의 80~85%가 자신의 치료 목표를 달성했다고 보고한 것이었다. 더욱 놀라운 것은 이러한 보고가 6~8회기의 치료 결과로 말미암은 것이었다는 사실이다. 보다 최근의 연구들은 이 숫자가 평균 4회기까지 떨어진 것으로 보고하고 있다.

대학교에서도 문제와 해결에 대한 사회 구성주의적 입장과 연결하여 인간의 문제를 이해하는 해결중심의 포스트 모던 견해에 매료되어 점점 더 많이 이 접근을 가르치기 시작하였다. 그러면서 초기의 연구 팀과 관련이 없는 연구자들에 의해 밀워키가 아닌 다른 지역에서 치료의 사전 · 사후 결과를 비교하는 등의 학술적인 연구가 진행되었다. 이러한 연구가 지속되면서 더 많은 결과들이 발표되었고, 발표되지 않은 연구들까지 포함하여 해결중심 접근은 더 많은 관심과 추가적인 연구의 대상이 되고 있다(Gingerich & Eisengart, 2000). 연구자들은 치료 명령을 받은 가정폭력 가해자로부터 근로재활 대상자, 교도소 수감자, 어린 학생에 이르기까지 다양한 부류의 사람들을 대상으로 연구를 진행하고 있다. 현재까지 아동 문제에 대한 조사 결과는 알려진 것은 없다. 하지만 아동문제와 관련된 프로그램들이 이미 준비 중에 있거나 비교 연구를 위한 조사가 진행 중에 있다.

"해결중심 단기상담이 효과가 있습니까?"라는 질문에 대답하기란 쉬운 일이 아니다. '효과가 있는가(work)'라는 말의 의미가 무엇인가에 대한 정의가 내려져야 하기 때문이다. 이것은 "성공적입니까?"라는 질문과도 일

맥상통하는 것이다. 이 말은 문제를 가진 많은 아동이 치료를 받으면 다시 문제를 경험하지 않을 것임을 의미하는 것인가? 혹은 치료를 받으면 아동이나 부모의 성격이 바뀐다는 것을 의미하는가? 우리는 사람의 성격을 변화시키거나 재구성하려고 하지 않는다. 이것은 어떤 방법으로도 가능하지 않으며 또한 바람직하지도 않기 때문이다. 또한 이것은 내담자를 있는 그대로 존중하는 것이라고 볼 수 없기 때문이다.

그래서 우리는 '성공' 을 내담자가 언급한 상담 목표를 달성하는 것이라고 정의한다. 이것은 단순하게 들릴지 모르지만 사실은 아동 상담에서 매우 복잡한 일이다. 아동의 보호자는 아동에게 필요하다고 생각하는 것에 있어서 아주 다양한 생각들을 갖고 있기 때문이다. 그럼에도 불구하고, 우리는 어느 지점에서는 치료 작업을 시작해야 하며, 어느 지점에서는 끝내야 한다. 이러한 현실을 인식하면서, 상담을 통해 달성하기를 원하는 것이 많고 상충되는 것도 많은 상황에서 적절한 목표를 어떻게 구축할 수 있을지에 대해 제4장에서 다루고 있다.

해결중심 단기상담과 전통적인 놀이치료

전통적인 놀이치료와 해결중심 단기상담은 그 확신하는 내용과 치료 과정, 강조점에서 몇 가지 근본적인 차이가 있다. 이것은 제2~4장을 통해 분명하게 드러날 것이다. 전통적인 놀이치료는 아동이 상담자와 함께하는 안전한 환경에서 자신의 분노와 좌절감, 공격성, 불안감 및 불확실한 느낌을 표출하고 경험하는 것이 좋다는 전제에 근거한다. 수용적인 상담자와 장기간의 치료적 관계를 갖는 것이 문제에서 치유되고 회복되는 경험이 될 수 있다고 본다. 때로는 정서적으로 둔감하게 되어 이전과 다른 행동패턴을 구축하거나 새로운 기술을 발전시키게 하려고 한다. 전체적으로 놀이는 아동의 부족함이나 결핍을 진단하는 도구이며, 아동과 치료자의 장기적이고도 친밀한 관계에서 취할 수 있는 치료적 단계로 활용된다. 이러한 치료적 활동에서 부모가 할 수 있는 역할은 별로 없다. 닫힌 문 저편에서 자신의 자녀와 다른 성인 사이에 진행되는 설명하기 어려운 이 과정을 단순 지원하는 역할 외에 달리 할 수 있는 것이 없는 셈이다.

어린 아동의 문제를 해결하려면 그것을 초래한 것이 무엇인지 알아야 한다는 생각은 충분히 이해할 만하다. 그렇지만 우리는 종종 문제와 해결 간에 별 상관관계가 없는 것처럼 보이는 사실에 놀라곤 한다. 아동의 문제를 초래한 '근본 원인' 을 발견하려면 여러 회기의 상담이 필요할 수 있다. 동시에 이러한 접근은 그 문제를 초래한 사람이나 대상에게 모든 책임을 넘기고 '비난' 하는 등 의도하지 않았던 결과를 초래하기도 한다. 그러다보면 부모는 자녀의 삶을 '망가뜨렸다' 라는 비난을 받는 듯한 느낌을 갖는 경우가 흔히 있다. 직접적으로 이러한 사실이 거론되지 않더라도 그러한 암시나 시선을 느끼게 된다. 그래서 많은 부모들이 자녀와 관련하여 학교나 유치원 혹은 관련 기관에 가서 전문가와 만나는 것을 주저하거나 거부하기도 한다. 우리는 자녀의 문제에 대한 책임을 부모에게 전가하며 비난하는 아동 전문가를 많이 보아 왔다. 그들은 아동에게 전문가의 도움이 필요함에도 불구하고 부모가 그 중요성을 과소평가하거나 아동을 전문가에게 데려오기를 거부함으로써 치료를 '방해' 한다고 주장한다.

아동을 위한 해결중심 접근은 성인을 상담할 때와 아주 유사하게 진행된다. 즉, 상담실 밖 실제 삶의 현장에서 아동이 가족, 친구, 교사 등과 어떤 관계를 맺고 어떻게 일상생활을 하며 활동하는지 등에 치료의 주된 초점을 부여하는 것이다. 우리는 아동이 친구와 놀거나 다른 사람과 함께 있을 때 문제를 일으키는 상호작용 방식을 바꾸고 함께 잘 지낼 수 있는 방법을 배울 때 진정한 변화가 가능하다고 믿는다. 그리고 이렇게 할 수 있는 모든 자원들이 아동에게 내재되어 있다고 믿는다. 상담자는 아동에게 없는 것보다는 그들이 이미 가진 능력과 기술들에 관심을 갖고 탐색함으로써 변화를 모색할 수 있다. 상담자의 역할은 아동 및 관련 성인으로 하여금 아동의 강점,

자원 및 능력을 더욱 명료하게 보고 활용할 수 있도록 돕는 것이다.

이러한 방식으로 아동을 상담하는 것은 수년에 걸쳐 매주마다 치료 작업을 전개하는 전통적인 접근보다 시간이 적게 든다. 아울러 관계의 질에도 차이가 있다. 우리는 그들과 함께하는 것이 어렵다고 보지 않는다. 그들의 삶에서 가장 중요한 사람인 부모나 보호자를 떼어 놓고 무언가를 하려고 시도하지 않는다. 우리는 어떤 변화나 전환을 위해 아동과 잠시 일시적인 관계를 맺는 것임을 분명히 한다. 아동은 우리가 그들의 삶에 개입하기 훨씬 이전부터 부모와 관계를 맺어 왔고, 그 관계는 우리와의 관계가 끝난 후에도 오랫동안 지속될 것이기 때문이다.

문제-해결의 전제와 과정

사람들은 그동안 문제해결을 위한 최선의 방법은 '원인과 결과'를 찾아 해결하는 방식이라고 생각해 왔다. '문제'라는 것은 아동이 학교에 제시간에 등교하지 않는 것이건 고장난 차를 수리하는 것이건 상관없었다. 대부분의 사람들은 원인과 결과를 찾는 것이 과학적이며 최선의 방법이라고 믿었다. 드종(DeJong)과 김인수는 이것을 '문제-해결' 접근이라고 하였다(2001b). 드종과 김인수가 언급한 것처럼, 전통적인 문제-해결 접근은 문제의 원인을 밝히기 위해 문제를 분석하는 것으로 시작한다. 이러한 접근을 하는 사람들은 모든 문제에는 어떤 원인이 있고, 문제와 원인 간에 어떤 직접적인 관련이 있다고 전제한다. 따라서 문제-해결을 위해 문제의 원인을 찾아 교정하는 것이 중요하다고 여긴다. 많은 문제들이 이러한 방식으로 해결되었는데, 특히 문제가 단순하고 기술적이며 일상적인 경우에는 그런대로 효과가 있다. 일반적인 논리는 무엇이 잘못되었는지, 무엇이 문제를 야기했는지 찾을 것을 요구한다. 아주 매섭게 추운 겨울 아침에 차의 시동이 걸리지 않는다면, 우리는 그 근본적인 이유를 찾아 문제가 된 것을 고치고 자녀를 제시간에 학교에 데려다 줄 수 있다. 하지만 어린 학생이 왜 습관적으로 학교에 늦는지 그 이유를 찾아내는 것은 길에 멈춰 선 자동차나 매번 빵을 태우는 토스터의 문제 원인을 찾는 것보다 더 복잡한 일이다. 어떤 기계적인 문제가 발생하였는데 그것이 우리가 고칠 수 있는 능력 범위 이상의 것이라면, 동네에서 가장 뛰어난 기술자를 찾아갈 것이다. 우리 사회에서는 그렇게 하는 것이 지극히 정상적인 일이다. 그러나 직접적인 문제의 원인을 밝혀내지 못하면 그 이유에 대해 의아해하며 무엇을 어떻게 해야 할지 난감해한다.

문제-해결 접근을 일상 문제에 적용할 때 주의해야 할 것이 있다. 아침마다 학교에 늦는 아동은 비교적 단순한 문제인 것처럼 보이지만 거기에는 기계가 아닌 사람의 차원이 개입하기 때문에 문제-해결 접근을 단순 적용하는 데 어려움이 발생한다. 즉, 아동마다 다르고, 또한 가정, 부모, 학교마다 다르기 때문에 아동이 습관적으로 제시간에 학교에 등교하지 않는다면, 거기에는 아동이나 부모, 교사, 교장, 학교 상담사 혹은 친한 친구와 같은 수많은 요인들이 개입되어 있을 수 있다. 따라서 그 문제를 고치는 방법은 기계적인 문제의 경우와 매우 다를 수밖에 없다. 예를 들어, 보브(Bob)가 학교에 지각했다고 하자. 부모의 디지털시계 배터리가 다 되어 시간을 제대로 맞추지 못해 그런 일이 생겼다고 한다. 이것은 비교적 단순한 이유다. 하지만 보브의 부모는 자녀가 좋은 교육을 받는 것에 별 중요성을 두지 않기 때문에 이런 일이 발생했을 수도 있다. 이것은 좀 더 복잡한 이유다. 이외에도 보브 자신이 게으르거나 친구들과의 관계에 어떤 문제가 있거나 무엇을 하든지 실패할 것이라는 두려움이 학교에 습관적으로 늦게 만드는 요인이 될 수도 있다. 그러므로 교사가 보브의 부모에게 "자명종을 마련하십시오"라고 간단한 해결책을 제시하는 것만으로는 효과가 없을 수 있다. 그리고 이것은 보브와 부모를 충분히 존중하지 않는 처사이기도 하다. 나아가 보브가 지각하는 것은 학교의 경우에만 그런 것일 수도 있다. 영화를 보거나 교회에 갈 때 혹은 축구 연습을 할 때와 같은 경우에는 그렇지 않을 수 있는 것이다.

보브의 지능지수가 매우 높은데 학교 성적이 좋게 나오지 않는다면 보다 복잡한 문제가 개입되어 있을 수 있다. 이러한 경우에는 더욱 집중적인 해결책이 필요할 수도 있다. 대개의 경우 첫 번째 치료 단계는 문제 증상이 언제, 어떻게 시작되었는지 그 구체적인 전개 과정을 조사하는 것이다. 가족 내력 중에 유사한 문제가 있던 적은 없는지 살펴보고, 문제 증상에 관한 구체적인 정보를 얻어 내기 위해 장시간을 투자한다. 두 번째 단계는 문제의 근본 원인을 탐색하는 것이다. 이를 통해, 문제가 어디에서 유래되었는지, 문제의 원인이 된 직접적인 혹은 장기적인 요인들은 무엇인지를 이해하려고 한다. 전문 상담사 훈련 프로그램에서는 특별히 이 두 가지에 강조점을 두고 있다. 이 두 단계가 이루어지면, 그 후에 세 번째 단계로 문제-해결을 위한 적절한 해결책 탐색에 들어간다. 그러고 나서 네 번째 단계로, 전문가가 아동의 문제에 대한 해결책을 진단해 준다. 이러한 접근을 의학적 혹은 과학적 모형이라고 부른다. 상담 전공자들은 대부분 이러한 과정에 익숙하다. 상담 훈련이나 교육 프로그램이 대개 이러한 모형에 근거하고 있기 때문이다. 이러한 방식을 사용하는 문제-해결 접근에서는 '비순응' 혹은 '저항' 의 문제가 중요한 역할을 하는 것을 어렵지 않게 볼 수 있다. 문제-해결을 향한 모형에서는 가능한 해결책들이 내담자보다는 전문가에 의해 제시되기 때문이다.

기존의 전통과 다르게 생각하기

해결중심 단기상담은 앞서 기술된 전통적인 견해와 여러 가지 면에서 다르다. 해결-구축 혹은 '한 발자국 뒤에서 인도' 하는 접근(Cantwell & Holmes, 1994)이라고도 알려진 해결중심 상담은 전통적인 상담 접근의 입장에서는 비의학적 또는 비과학적인 접근으로 인식되기도 한다. 해결상담은 가능한 해결책을 탐색하는 것으로 시작한다. 즉, 내담자가 상담을 통해 기대하거나 추구하는 결과를 먼저 살펴보는 것이다. 이 평가 과정을 통해, 상담자는 내담자에게 어떤 능력과 기술이 있는지, 그것을 어떻게 발전시켜 왔는지에 대한 많은 정보를 알아낼 수 있다. 그리고 해결을 위해 이 자원들을 어떻게 사용할지를 찾아낸다. 그러고 나서 내담자가 원하는 만족할 만한 수준에 도달할 때까지 내담자가 과거와 현재의 성공적인 경험들을 반복할 수 있도록 지원하는 방안들을 찾아간다. 이 과정에서 모든 활동의 초점은 내담자나 내담자 주변에 있는 기존 자원들을 강화하거나 그 수준을 향상시키는 것에 있고, 치료 목표 또한 내담자가 원하는 것을 성취하는 것에 있기 때문에 치료 기간이 짧으며 내담자와 상담자가 협동적인 관계를 유지하는 것이 상당히 수월하다. 이를 통해 내담자는 자신에 대한 소망을 갖게 되고, 기대하는 변화를 이루어 내고자 하는 동기도 상당히 높아진다. 해결을 향한 아이디어가 내담자 자신에게서 나오고, 목표 달성을 위해 필요한 것이 무엇인지를 스스로 알고 있기 때문이다.

우리는 이 책을 통해 해결중심 단기상담이 아동과 잘 맞는다는 것을 보여 주고자 한다. 이들이 서로 유사한 방식으로 기능하기 때문이다. 해결상담은 귀납적인 방식으로 개발되었다. 즉, 임상 현장에서 효과가 있는 것을 찾아 선택하고 그렇지 않은 것은 버리는 방식을 채택하였다. 그 결과, 해결접근은 매우 실제적이고 상식적이어서 배우기 쉽고, 경청과 관찰을 중시하는 상담 과정을 발전시켰다. 그렇지만 기본적으로 쉽고 단순한 접근임에도 불구하고, 실제로 이 방식으로 상담을 진행하는 데는 각 요소들에 대한 충분한 훈련과 그 과정을 단순하게 유지할 수 있는 능력이 필요함을 인식해야만 한다.

문화적 적절성

오늘날 우리는 문화적, 인종적, 국가적으로 다양한 배경을 가진 내담자들과 만난다. 앞으로 이러한 경향은 더욱 심화될 것이다. 우리는 한 가족 내에서도 이와 같은 다양성을 흔히 볼 수 있다. 어린 아동은 대체로 부모를 따라 음식이나 습관, 가치, 의례 등과 관련된 문화적, 영적 전통에 노출되고 그러한 것들을 받아들인다. 그러다가 아동이 청소년기에 이르면 가족 간에 선호하는 것이나 행동 방식에서의 차이점이 더욱 뚜렷해지고 그에 따른 갈등이 발생하곤 한다. 문화적 배경이나 인종적 다양성과 관계없이 청소년은 저마다 선호하는 것이 따로 있고 자신만의 생각을 갖고 있으며, 자신이 원하는 것을 부모에게 주장하며 내세우곤 하기 때문이다.

미국의 경우, 소수민족의 가정은 부모와 청소년 자녀 간에 더 많은 문화적 차이를 경험한다. 특히 미국에서 태어나고 교육받은 소수민족 출신의 청소년은 자신이 경험하는 미국 사회의 청소년 문화를 따르고 거기에 동화되기를 원한다. 부모와 달라지려고 하면서 동시에 주변의 또래와 같아지려는 압박을 받는 청소년의 상황에서 이것은 충분히 이해될 수 있는 일이다. 그러나 부모와 분리되고 차별화되어 가는 청소년기의 이러한 특징은 부모가 소수민족이든 미국의 주류 문화에서 태어나고 교육받은 사람이든 관계없이 대부분의 가정에서 똑같이 일어나는 현상이다.

미국의 대학 강의실이나 세미나, 컨퍼런스 혹은 슈퍼비전 상황에서 문화적 다양성에 대한 논의가 제기될 때, 대개의 경우 소수민족의 문화가 주류 사회의 문화와 어떻게 다른지 그리고 이들을 서로 다르게 만드는 것은 무엇인지를 이해하는 것에 초점을 맞춘다. 그래서 문화적 다양성에 관한 논의는 남아메리카계 가정은 어떻게 다른지, 아프리카계 미국인들의 가정은 어떤 독특한 측면들을 갖고 있는지, 아시아계 가정은 남아메리카계 가정과 어떤 면에서 다른지 등을 강조하여 왔다. 각 나라나 민족의 문화와 특성에 대한 이러한 연구들은 미국의 주류 사회와 미래의 전문가들로 하여금 소수민족의 다양한 문화적 측면들을 학습하고 이해하게 하려는 긍정적 의도로 시행되었다. 그러나 우리는 문화적 다양성에 대한 이러한 강조점이 자칫하면 부정적인 결과를 초래할 수 있다고 우려한다. 이것은 각 가정뿐만 아니라 그들을 도우려고 하는 상담자 자신에게도 도움이 되지 않을 수 있다. 이러한 접근은 사람을 민족이라는 좁은 틀로 세분하고 구분하여 이리저리 나누기도 하며, 어떤 정형적인 관점으로 획일화하는 경향도 있다고 보기 때문이다.

사람마다 믿는 것이나 습관, 가치관, 생활 방식, 종교 등이 다 다른데 이처럼 다양한 문화와 상황, 저마다 다른 문제 유형들에 대해 어떻게 해결구축 접근을 적용하는지에 대한 질문을 자주 받는다. 우리는 이 책에서 이 질문에 대한 우리의 입장을 밝히고 있다. 우리는 스스로를 다른 문화에 대한 전문가로 인식하지 않는다. 내담자야말로 자신의 삶이나 행동 방식에서 전문가라고 인식하고 그 사실을 존중한다. 적어도 자신의 가치관과 선호하는 것, 전통에 대해서는 그들이 전문가인 것이다. 그리고 상담자와 내담자 간의 차이점에 관심을 두기보다는 유사성에 초점을 둔다. 서로 다른 점에 초점을 맞추는 것은 사람들을 나뉘게 하는 반면, 공통적인 측면에 관심을 기울이는 것은 사람들을 연합되고 하나되는 느낌을 갖게 만든다. 따라서 우리는 스페인어를 하는 내담자들은 스페인어를 하는 상담자만이 서비스를 제공할 수 있고, 아시아인은 아시아인 상담자만이 할 수 있다고 보지 않는다. 우리는 임상 현장에서 이와 같은 사실을 경험하곤 한다.

우리는 같은 언어를 사용한다는 편리함 외에, 소수민족들 중에는 같은 민족적 배경을 가진 상담자를 만나는 것에 주저하는 가족도 있다는 사실을 발견하였다. 대개의 경우 긴밀히 연결된 동족 사회에 자신의 문제가 알려질 것을 두려워하기 때문이다. 물론 우리가 이상적인 세상에 살고 있다면, 소수민족 가정도 될 수 있는 대로 다양한 선택 방안들 중에서 치료적 도움을 받을 수 있을 것이다. 그러나 유감스럽게도 그들이 선택할 수 있는 것은 여러 면에서 제한되어 있다. 같은 민족 중에서 훈련을 받은 전문가의 숫자는 많지 않고 그렇게 될 때까지 기다릴 수도 없는 일이다. 그들은 지금 도움이 필요하기 때문이다.

우리는 기본적으로 상담자와 내담자 간의 문화적, 민족적 다양성이나 유사성을 불문하고 모든 사람은 저마다 존중받고, 가치 있는 존재로 인정받고, 받아들여지고 싶고, 사랑받고 또한 소중히 여김 받기를 원한다고 믿는다. 자신이 바라는 것이 존중되고 다른 사람이 그것에 귀기울여 주기를 원하며, 자신이 사회에 중요한 공헌을 하고 있다는 느낌을 갖고 싶어 한다고 믿는다. 우리는 이처럼 모든 문화에 적용될 수 있는 부모와 아동에 대한 몇 가지 전제들을 제2장에서 소개하고자 한다.

알지 못한다는 자세

해결중심 단기상담에서는 내담자가 자신의 상황과 어려움을 해결하는 데서 더 전문가라는 입장을 견지하고 있다. 그리고 내담자에게서 배우려는 자세는 소수민족 가정과 작업을 하는 경우에는 더욱더 중요하다고 강조한다. 우리는 해결책에 대한 내담자의 생각은 무엇인지, 어떻게 그것을 실현할 수 있을지 등에 대해 질문하는 과정을 통해 내담자를 전문가로 인정할 수 있다고 믿는다. 최근에 남편을 잃은 남아메리카 출신의 여성이 14세 된 아들, 엔리코(Enrico)를 데리고 상담실을 찾아왔다. 엔리코는 동네의 갱들과 연루되어 있었다. 그는 학교에 가기를 거부하고, 어디에 가는지 말도 없이 집을 나가기도 하는 등 어머니로 하여금 걱정하지 않을 수 없게 하였다. 어머니가 이러한 사실에 대해 여러 가지 질문을 해도 엔리코는 일체 대답하기를 거부하였다. 엔리코는 어머니의 그러한 질문들을 '심문' 이라고 표현하였다. 나는 '심문' 하려는 어떠한 의도를 갖지 않고 비교적 좋은 분위기에서 대화를 시도하였으나 엔리코는 어떠한 질문에도 대답하지 않기로 작정한 듯하였다.

나는 엔리코를 어떻게 도울 수 있을지 확신이 서지 않았다. 그래서 엔리코의 어머니에게 그녀가 아직 푸에르토리코에 살고 있다면 이 상황에서 어떻게 대처하였을지에 대해 질문하였다. 그녀는 주저 없이 엔리코를 큰 아버지에게 보냈을 것이라고 대답하였다. 근처에 친지들이 있다면 그들은 그렇게 한다는 것이었다. 이러한 해결책이 엔리코에게 어떻게 도움이 될 것인지 묻자 큰 아버지는 기꺼이 엔리코를 그의 가정에 받아들일 것이며 엔리코를 바로 잡기 위해 무엇을 해야 할지 알 것이라고 그녀가 대답하였다. 실제로 큰 아버지는 그녀와 엔리코 사이에 문제가 있다는 사실을 알고 있었다. 그래서 어떤 해결책을 제시하였으나 그녀는 자신이 아들 문제를 다룰 수 있다고 생각했던 것이다. 그러나 남편이 죽은 후, 아들과의 문제는 더욱 어려워졌다. 14세의 아들은 이제 거의 어른이 다 되어 있었으므로 성인 남성의 영향이 필요한데 그녀로서는 그것을 줄 수가 없었던 것이다. 나중에 엔리코의 어머니는 전화를 걸어 두 번째 상담 약속을 취소하였다. 엔리코가 이미 푸에르토리코로 떠났고, 자신은 문제로부터 벗어났기 때문이었다.

이처럼 '알지 못한다' 라는 자세는 우리가 아동 및 부모와 상담할 때 행하는 모든 과정에 스며들어 있다. 다른 문화와 전통을 가진 내담자와 상담할 때는 더욱 그러하다. 그들로부터 배우려고 하는 자세는 임상 작업의 핵심이다.

소수민족 가정의 청소년 및 부모와 상담하기

우리의 경험에 비추어 볼 때, 자녀의 성공적인 미래를 바라는 부모의 꿈과 소망은 자녀 세대와 많은 차이가 있다. 그런데 이러한 차이는 다른 나라로 이주하거나 새로운 환경에 처하였을 때 의외로 그 간격을 조절하기가 쉬워진다. 세대 간에 존재하는 미래에 대한 염원이나 가치관에서는 고향이나 본국으로 돌아가려고 하는 부모와 그렇지 않은 부모 간에 큰 차이가 있는 것으로 보인다. 자녀가 새 환경이나 새로 이주한 나라에서 성공하여 잘 살기를 바라는 부모는 미래에 대한 가치관이나 기대에서 청소년기 자녀와 유사한 꿈과 염원을 공유하는 경향이 있다. 그러나 떠나온 '고향' 이나 '본국' 으로 돌아가기를 원하는 부모는 그렇지 않은 경우가 많기 때문에 자녀와의 관계에서 중간적인 해결책을 구축하도록 돕는 것이 필요할 수 있다.

주류 사회의 언어를 사용하지 않는 소수민족의 부모가 그 사회의 문화를 받아들이는 것은 쉬운 일이 아니다. 그러나 주류 문화 속에서 자란 청소년 자녀는 부모 세대가 경험한 '고향' 혹은 '본국' 에서의 삶에 대한 경험이나 기억이 없다. 이들이 아는 것은 자신이 자란 새로운 환경에서의 삶뿐이므로 청소년들이 부모 세대가 가진 꿈을 이해하거나 부모와 같은 기대를 갖는다는 것은 어려운 일이 아닐 수 없다.

단기상담

사람들은 대개 여러 달에 걸친 상담보다 즉각적으로 효과를 경험할 수 있는 구체적인 단기상담에 관심이 있다. 미국에 사는 소수민족의 경우, 서양인에 비해 더 구체적으로 자신들이 원하는 것을 진술하는 경향이 있다. 예를 들면, 그들은 다음과 같이 자신들이 믿는 것을 확고하게 말하곤 한다. "제 아들은 부모 말을 잘 들어야 하고, 방과 후에 다른 곳으로 빠지기보다는 바로 집으로 와야 하며, 학교 성적도 우수해야 합니다." 이처럼 비교적 짧은 시간에 분명한 목표 달성을 기대하는 사람에게는 단기상담을 하는 것이 필요하다. 이들은 기대하는 결과가 금방 나타나지 않으면 그 이유에 대해 알아보려고 하기보다는 상담자가 도움이 안 된다고 생각하여 이내 상담을 중단하려고 할 수 있다. 뿐만 아니라 대부분의 부모 혹은 이민자들은 매일 늦은 시간까지 일하기 때문에 자녀와 함께 충분한 시간을 보내며 돌보기가 어렵다. 따라서 자녀는 그냥 방치되고, 이 때문에 문제 행동에 빠지는 경우가 종종 발생한다. 이러한 불가피한 상황에 처한 자녀를 위해서는 어떤 실제적인 해결책이 마련되어야 한다.

따라서 해결중심 접근에서는 부모나 자녀가 드러내는 것 중에서 성공적인 치료에 도움이 될 수 있는 요소를 발견하는 것이 중요하다고 본다. 미국에서 소수민족이나 이주자를 상담할 때는 더욱 그러하다. 이들은 보다 전통적이고 위계적인 가족 관계를 유지하고 있다. 그러므로 상담할 때 자녀에게만 초점을 누는 것보다 부모에게 특별한 관심을 갖고 존중하며, 그들을 자녀의 문제에 대해 상의하고 협력을 요청할 수 있는 대상으로 인정하고 접근하는 것이 훨씬 유익한 결과를 가져올 수 있다.

상담을 하면서, 특히 청소년 내담자와 가족을 상담하는 경우, 상담자는 객관적인 균형을 유지하기보다 청소년의 입장에서 그들을 옹호하는 상담을 진행하기가 쉽다. 미국의 경우, 영어에 익숙한 청소년 자녀는 부모에 비해 전문 상담자에게 자신의 생각이나 바라는 것을 수월하게 전달할 수 있기 때문이다. 미국 문화나 언어에 익숙하지 못한 부모는 단순한 상담 면접을 하려고 해도 통역이 필요할 때가 많다. 하지만 우리는 이러한 상황이 생각하지 못했던 유익한 도움을 주기도 한다는 사실을 발견하였다. 즉, 부모나 상담자는 통역하는 사람이 상대방의 말을 전달할 때까지 기다려야 하기 때문에 상담의 진행 속도가 느려질 수밖에 없다. 이는 상담자로 하여금 상담 과정에서 침착하게 상담 목표들을 조정하고 합의하는 것과 같은 꼭 달성해야 할 핵심적인 과제에 집중할 수 있도록 돕는 긍정적인 측면이 있다.

제2장

아동과 해결중심 단기상담: 자연스러운 조합

우리는 그동안 해결구축의 사고가 아동과의 상담에서도 적용될 수 있는지, 그렇다면 어떻게 적용할 수 있는지에 대해 종종 질문을 받아 왔다. 대부분의 상담자들은 아동의 경우 언어 사용에서 성인보다 제한될 수밖에 없다고 믿는다. 따라서 아동 상담의 접근이나 기술과 관련된 이러한 질문 이면에 담긴 의심은 충분히 이해할 만하다. 어린 아동은 여러 면에서 아직 유약하기 때문에 그들을 잘못 이해할 경우 예기치 않은 부정적인 결과를 초래할 수 있다고 믿는 상담자들도 있다. 아동 상담을 이해하기 어려운 어떤 특별한 과정으로 묘사하는 이들도 있다. 아동은 어휘 사용에 제한이 있고, 자신의 생각을 성인에게 설명하는 능력에서 한계가 있기 때문이다. 하지만 우리는 이 책을 통해 그동안 아동 상담에 대해 가져왔던 이러한 일련의 생각들을 불식시킬 수 있기를 바란다. 그리고 아동 상담의 과정을 보다 명료하게 이해할 수 있고 실천 가능한 것으로 만들 수 있기를 기대한다.

아동의 사고나 행동방식 알아 가기

상담자는 아동에게 관심을 기울이고 존중하는 태도로 관찰하며 그들의 말에 귀를 기울임으로써 아동에 대한 많은 것들을 알아 갈 수 있다. 그동안 수많은 부모들이 성공적으로 그렇게 해 왔다. 특정한 훈련을 받아서가 아니라 각 아동의 독특한 기질과 특성을 인정하고 사랑하기 때문이다. 이러한 과정에서 사람들이 발전시키는 직관적인 감각은 아주 중요하다. 우리는 아동과 상담하는 것을 좀 더 부담 없이 즐기며 재미있게 할 수 있도록 돕고자 한다. 당신이 아동과 함께 즐거운 시간을 가진다면, 아동은 스스로를 흥미로운 존재라고 깨닫게 될 것이다. 그리고 이를 통해 한 사람으로서의 건강한 자기인식을 갖게 될 것이다. 우리는 아동과 함께 상담할 때 기억해야 할 실제적이고도 중요한 요소들을 제시하고자 한다. 그러나 그렇게 하기 전에 아동과 그들의 부모에 대해 우리가 어떻게 생각하는지에 대한 기초적인 이해와 몇 가지 전제들을 다룰 것이다.

아동은 아직 언어 기술을 충분히 발달시키지 못한 존재다. 따라서 몸짓과 표정, 상상과 공상 그리고 성인도 예전에는 알았지만 이제는 잊어버린 다양한 창의적인 방법을 동원하여 자신의 의사를 표현한다. 따라서 아동과 상담할 때는 성인과는 다른 방법으로 그들을 관찰하고 경청하는 것이 필요하다. 이때 우리가 잊지 말아야 할 기본적인 원리는 아동들 각자를 독특한 존재로 인정하고, 그들이 어떻게 나름대로의 독특한 방법으로 세상을 인식하는지 관심을 기울여 듣는 것이다. 우리가 아동들의 이러한 특성을 존중할수록 아동은 자신의 독특한 측면들을 발견하고 더욱 강화되며 한 개인으로서의 성장을 경험하게 될 것이다.

우리는 해결중심 단기상담과 아동이 조화를 잘 이룬다고 믿는다. 해결중심 상담의 전제 및 과정과 아동의 생각이나 그들의 주변 인식 간에 상당히 많은 유사점들이 존재하기 때문이다. 예를 들면, 아동은 어떤 문제에 직면할 때 무엇이 그 문제를 야기했는지 꼭 알아야 할 필요가 없다. 문제의 원인이 무엇인지 그 이유를 찾으려고 생각하지 않는다. 자세히 관찰해 보면, 아동은 다양한 방법으로 시행착오를 거듭하면서 문제를 풀어간다. 이러한 접근은 해결중심 단기상담이 그동안 발전시켜 온 방식과 아주 유사하다. 즉, 어떤 것이 효과가 있고 어떤 것은 없는지를 귀납적인 방법으로 찾아가는 것이다. 아동은 틀에 박힌 생각이나 접근을 하지 않는다. 그저 어떤 것이 효과가 있는가에 관심이 있는 것이다.

비자발적인 내담자로서의 아동

아동은 문제가 있어도 그것을 해결하기 위해 먼저 나서지 않는다. 저자들은 "선생님, 제게 행동상의 문제가 있으니 도와주세요."라고 먼저 전화하여 도움을 요청하는 아동을 본 적이 없다. 때로 교사나 부모, 가까운 사람에게 간접적으로 도움을 요청하기도 하지만 대개의 경우 직접적으로 필요한 도움을 요청하지 않는다. 아동에게 문제가 있는지 없는지, 어떤 외부적인 도움이 필요한지 그렇지 않은지는 주로 그들을 염려하는 부모나 교사에 의해 결정된다. 의사나 판사, 사회사업가, 경찰, 목회자, 보호 감찰관 등 성인에 의해 판단되기도 한다. 대부분의 아동은 의사나 상담자, 심리학자가 하는 일이 무엇인지 잘 모른다. 옷을 벗겨 숨 쉬는 것을 살피거나 대답하기 어려운 이상한 것에 대해 말하게 하고, 주사를 놓거나 약을 주는 사람 정도로 이해한다. 아동들은 치료자나 상담자가 하는 일이 무엇인지 전혀 모른다. 안다고 해도 막연히 자신의 행동을 고쳐 주고 더 나은 사람이 되도록, 그래서 거짓말을 하거나 남의 물건을 훔치지 않고 다른 친구와 싸우지 않게 만드는 사람이라는 정도로 알고 있을 뿐이다.

아동은 나이에 상관없이 자신에게 영향을 줄 수 있는 제반 상황이나 사건들에 대해 스스로 어떠한 시도를 해 볼 만한 통제력이 거의 없다. 대개의 경우 어디에서 누구와 함께 살지를 결정하는 것은 그들의 몫이 아니다. 아동의 인생 환경을 좌우하는 크고 작은 변화들이 그들 주변의 성인에 의해 이루어진다. 이러한 중요한 결정들이 그들을 깊이 사랑하고 돌봐 주는 사람에 의해 이루어진다는 것은 한편으로 다행스러운 일이다. 하지만 이러한 모든 결정이나 그에 따른 변화들이 무엇을 의미하는지를 아동이 온전히 이해한다는 것은 어려운 일이다. 아무리 반복적으로 설명을 해 준다고 해도 아동의 입장에서는 상담이 무엇인지, 왜 자신이 상담실에 와야 하는지 등에 대해 이해하는 것은 쉽지 않은 일이다. 따라서 상담자는 아동과 치료 작업을 시작하기 전에 전체적인 치료 과정과 각 단계에서 어떤 일이 발생할지를 설명해 주는 것이 중요하다. 상담실에 첫발을 들여놓을 때부터 치료 작업을 종료할 때까지 어떤 일이 일어나는지 알려 주는 것이 좋다. 성인과 마찬가지로, 아동도 긴장하거나 불안한 상태가 되면 주어지는 모든 새로운 정보들을 한꺼번에 소화하기 어렵다. 그러므로 경우에 따라서는 반복하여 설명해 주는 것이 필요하다.

상담소에 처음 오는 아동은 대개 그 환경을 낯설어하고 심지어 무서워하기도 한다. 따라서 아동으로 하여금 충분히 시간을 두고 자기 방식대로 새로운 환경에 적응할 수 있게 하는 것이 매우 중요하다. 아동과 가장 빨리 연결 관계를 성립할 수 있는 방법의 하나는 처음부터 서둘러 그들에게 파고들지 않는 것이다. 특히 그들이 자신을 상담소에 위탁한 교사나 부모, 의사, 간호사, 사회사업가 등으로부터 무슨 이야기를 듣고 왔는지 모를 때는 더욱 그러하다. 어떤 아동은 의사나 치과의사, 좋은 아줌마, 혹은 그들이 잘못한 것을 지적하고 '위탁 가정' 에 보낼지도 모를 사람을 만나러 간다는 말을 듣고 온다. 심지어 패스트푸드 식당에 간다는 말을 듣고 온 아동도 있었다. 그것이 거짓말이었다는 사실을 알았을 때 이 아동은 얼마나 화가 났을 것인가!

기초 놓기

앞서 언급한 것처럼, 성인과 아동 상담에는 서로 유사점뿐 아니라 차이점들도 있다. 아동의 상태를 평가할 때 도움이 되기를 바라면서, 아동에 대해 알아 둘 필요가 있는 기본적인 요소들을 다음과 같이 제시한다.

- 아동은 아직 언어 능력을 습득하는 과정에 있다. 따라서 아동과 상담하는 성인은 언어 능력에 의존하거나 제한받지 않고 아동과 의사소통할 수 있는 방법을 알고 있어야 한다.
- 아동 상담자는 '보통의' 혹은 '정상적인' 아동의 발달 단계나 발달 과제를 숙지하고 있어야 한다.
- 아동의 삶에 가장 중요한 사람은 부모 혹은 그들을 보호하는 사람이다. 그러므로 항상 그들과 함께 작업하라. 이것은 상담을 할 때 항상 두 내담자와 함께한다는 것을 의미한다.
- 아동은 성인에게 의존하기 때문에 상담자는 아동의 삶에 개입되어 있는 성인들, 즉 교사나 의료 종사자 및 기타 여러 관계자와 함께 작업하는 방법을 알고 있어야 한다.
- 아동 상담을 할 때 상담자는 아동과 그들을 책임지는 성인 사이에 존재하는 차이점들을 다루는 통역자가 되어야 할 때도 있다.
- 아동 상담자는 때로 리더의 역할을 해야 한다. 그래서 아동에게 영향을 줄 수 있는 결정을 내려야 할 때도 있다.
- 아동 상담자에게는 다양한 책임이 요구된다. 적절한 해결 과정을 찾는 것뿐만 아니라 그 해결책을 실천하도록 도와주어야 한다.
- 아동 상담을 하다보면 여러 장소를 찾아가야 할 때도 있다. 즉, 학교나 어린이집, 병원, 청소년 보호소, 경우에 따라서는 교도소를 방문해야 할 때도 있다.
- 아동 상담자는 융통성이 있어야 하고, 많은 시간을 전화, 회의, 방문하는 데 보낼 수 있어야 한다. 따라서 전체적인 치료 기간이 성인보다 길

어질 수 있고, 다양한 전문가와 함께 일하는 등 보다 다양한 기술을 요한다.

아동 및 부모 상담의 전제

우리는 아동이나 부모와 상담을 하기 전에 자신의 임상 활동에 영향을 미치는 상담의 기본 전제와 신념을 아는 것이 중요하다고 본다. 밀워키에서 해결중심 단기상담 모형을 시작한 초기 구성원들은 자신들이 어떤 전제들을 갖고 있는지조차 의식하지 못하였다(Berg, 1994; Berg & Miller, 1992; de Shazer, 1984, 1985, 1994). 그렇다고 내담자에 대한 나름대로의 어떤 기본 전제와 확신이 없었던 것은 아니었다. 변화의 과정에 대한 기본 전제들에 대해서는 다른 자료들에서 어느 정도 구체적으로 다루어진 바 있다(Berg, 1994; Berg & Miller, 1992; DeJong & Berg, 2001a; Miller & de Shazer, 2000). 따라서 여기서는 간략하게 소개하고자 한다. 해결중심 단기상담 접근을 처음 접한다면 관련된 여러 자료들을 참고할 것을 권한다. 우리는 전통적인 치료 모형에 따른 훈련을 받았지만 수년간의 관찰과 반복된 시행착오를 통해 해결중심 단기상담을 선호하게 되었다. 그리고 이 접근이 매우 실제적이고 효과적일 뿐만 아니라 그 결과 또한 탁월하다는 것을 믿게 되었다. 우리는 지속적으로 내담자들로부터 많은 것을 배우고 있으며, 그에 따라 치료에 대한 우리의 생각과 기술도 지속적으로 변화와 재구성의 과정을 거치고 있다. 따라서 여기에 소개되는 전제들은 고정된 것들이 아니라 앞으로도 계속 다듬어지게 될 것이다.

해결중심 단기상담에서의 부모의 역할

우리는 아동을 치료할 때 어떤 프로그램을 사용하거나 어떤 상황에 처하는지에 상관없이 부모가 중요한 역할을 해야 한다고 확신한다. 아동의 삶에서 부모가 차지하는 중요성은 결코 간과되거나 과소평가될 수 없다. 모든 부모-자녀 관계는 될 수 있는 대로 치료되어야 한다. 이미 손상된 것이라 할지라도 그러하다. 관계가 지금 당장 회복될 수 없거나 설혹 양쪽 모두 관계의 단절을 원한다고 할지라도 언젠가는 관계가 회복할 수 있다는 가능성을 열어 놓아야 한다. 우리의 과제는 부모-자녀의 본능적인 연결성을 존중하고 회복하며, 그들 사이에 관계가 이어질 수 있도록 돕는 것이다. 이것은 아동 상담의 매 순간, 각 단계마다 자녀에 대한 진정한 전문가로서 부모가 상담 과정에 참여하고, 그들에게서 필요한 정보나 자문을 받아야 한다는 것을 의미한다. 따라서 아동 상담의 시작부터 끝까지 부모는 상담 과정에 참여해야 하며, 자녀가 보이는 변화나 진보에 대한 정보를 들어야 하고, 치료 과정의 한 부분이 되어야 한다. 이에 대해서는 나중에 자세히 다루도록 하겠다.

부모에 대한 전제

다른 이론이 제기되거나 증명되지 않는 한, 우리는 모든 부모들이 다음과 같다고 확신한다.

- 자녀가 자랑스러운 존재가 되기를 원한다.
- 자녀에게 긍정적인 영향을 주고 싶어 한다.
- 자녀에 대한 좋은 이야기를 듣기 원하고 어떤 것을 잘하는지 알고 싶어 한다.
- 자녀에게 좋은 교육과 성공을 위한 좋은 기회를 제공하고 싶어 한다.
- 자녀의 미래가 자신의 삶보다 더 낫기를 원한다.
- 자녀와 좋은 관계를 갖기를 원한다.
- 자녀에 대한 소망을 갖는다.

부모는 자녀의 나이와 상관없이 자녀가 자랑스러운 사람이 되기를 바란다. 아무리 화나고 짜증이 났다가도 일단 마음이 차분하게 진정되면 그렇게 되기를 바란다. 모든 문화 속에서 부모는 저마다 이러한 소망을 갖고 살아간다. 이것은 문화를 초월하여 볼 수 있는 부모의 공통적인 모습이다. 따라서 우리는 부모의 이러한 바람에 대한 소망을 심어 주고, 자녀에 대한 자부심을 회복시켜 주어야 한다. 예외가 없지 않아 있지만, 모든 부모들은 자녀에 대한 선한 의도를 갖고 있다. 그리고 자녀의 삶이 자신이 어린 시절에 경험한 것이나, 적어도 현재보다는 더 나아지기를 기대한다. 자녀를 학대하거나 방임한 부모 혹은 입양을 보낸 부모도 자녀에게 최선의 것을 주기를 원한다고 말한다. 이러한 전제들을 믿는 것이 우리로 하여금 함께 상담하는 사람에 대한 소망을 지속적으로 갖는 데 도움이 된다. 우리가 상대방에 대한 소망을 잃지 않을 때, 그들은 은연중에 그리고 다양한 방법으로 이러한 사실을 느끼게 된다. 그리고 자신과 자녀의 미래에 대한 소망을 가질 수 있게 된다. 앞으로 보게 되겠지만, 다른 모든 치료 모형들처럼, 우리의 임상 활동 또한 이러한 전제들에 기초하여 전개된다. 우리의 모든 치료 과정에는 사람에 대한 이러한 확신이 깔려 있다. 아무런 해답을 찾을 수 없는 상황에 직면할 때도 우리는 이러한 전제들에 근거하여 움직인다. 따라서 부모로 하여금 자신이 어떤 상황에서 자녀에게 긍정적인 영향을 끼칠 수 있는지 혹은 끼치고 있는지에 대한 분명한 그림을 상상해 보도록 하는 것이 도움이 될 수 있다. 자녀와 어떤 관계를 맺고 싶어 하는지를 될 수 있는 대로 구체적으로 찾아내고, 이러한 목표들을 달성할 수 있는 가장 효과적인 방법들을 이끌어내는 것이 바람직하다.

상담자는 이러한 전제들에 근거하여 아동의 부모와 함께 치료 목표를 명료하게 구축하고 이해하도록 대화를 하는 것이 필요하다. 그리고 이러한 목표들을 성취하는 데 도움이 되는 것들을 실행할 수 있도록 해야 한다.

아동에 대한 전제

모든 아동들은 저마다 나름대로 원하는 것, 필요로 하는 것을 갖고 있다.

효과적인 아동 상담을 하려면 이러한 요소를 명료하게 이해하는 것이 좋다. 아동에 대해 우리가 믿고 있는 것을 다음에 제시해 놓았다. 아동은 자신이 필요로 하는 것들을 잘 표현하지 않거나 그렇게 하는 것이 어려운 경우가 많다. 다음에 제시된 내용들은 우리가 그들의 행동들을 관찰하거나 그들에게서 들은 것들을 정리한 것이다. 우리는 모든 아동들이 다음과 같다고 믿는다.

- 부모가 자신을 자랑스럽게 여겨 주기를 원한다.
- 부모를 비롯한 그 밖의 성인을 기쁘게 하고 싶어 한다.
- 다른 사람에게 받아들여지고 집단의 일부가 되기를 원한다.
- 새로운 것들을 배우고 싶어 한다.
- 다른 사람과의 활동에 포함되기를 원한다.
- 다른 사람을 놀라게 하고 동시에 그런 경험을 하기를 원한다.
- 자신의 견해를 표명하고 선택할 수 있기를 원한다.
- 기회가 주어질 때 적절한 선택을 하고 싶어 한다.

부모 및 아동과 상담을 하면서 이러한 전제들이 기저에 깔린 상담 접근을 어떻게 할 수 있는지에 대해서는 나중에 다루도록 한다.

이러한 전제들은 아동과의 관계 구축에 많은 도움이 된다. 그것은 상담자가 힘들게 해야 할 어떤 것이 아니라 아동에 대한 긍정적인 인식과 접근에 따른 결과물이 되게 한다. 아무리 다루기 어려운 아동이라 할지라도 스스로 자신이 원하는 것을 선택하도록 시간적인 여유를 줄 때 연결점을 구축할 수 있다. 아동 상담은 어렵거나 장기적이어야 할 필요는 없다. 그들의 문제나 부족한 부분들을 분석하여 채우려고 하기보다는 그들이 가진 천성과 자연스러운 특성 및 강점들을 잘 활용하고 강화한다면 어렵지 않게 효과적인 상담을 할 수 있다. 우리는 모든 아동들에게 적절한 도움만 제때 주어진다면 그들 스스로 더 나은 미래를 열어 갈 수 있는 능력을 갖고 있다고 믿는다. 때로는 이러한 낙천적인 믿음 때문에 지나치게 단순하고 순진하다는 지적이 따르기도 하지만, 우리는 이러한 믿음을 갖고 더욱 열심히 아동 상담에 임하고 있다. 이 믿음은 우리로 하여금 어떤 아동도 포기하지 않고 이 일을 지속하게 만드는 원천이 되기도 한다.

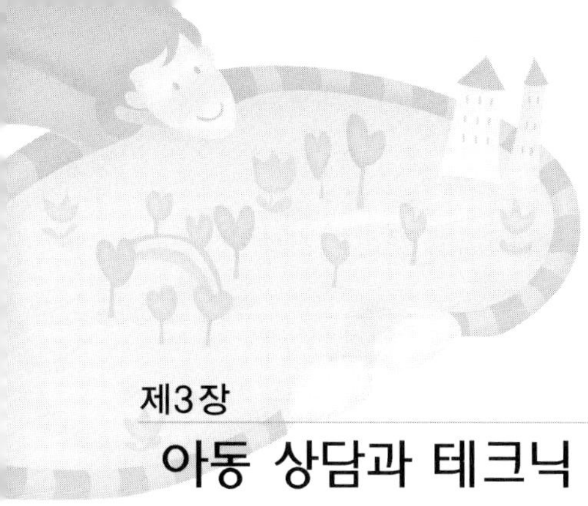

제3장

아동 상담과 테크닉

제3장에서는 해결중심 단기상담에서 일반적으로 사용하는 도구들에 대해 간단히 설명하고자 한다. 이 도구들을 언제, 어떻게, 어떤 목적으로 사용하는지에 대해서는 이미 여러 자료들을 통해 설명되었다(Berg & Dolan, 2001; Berg & Kelly, 2000; Berg & Reuss, 1997; DeJong & Berg, 2001b; de Shazer, 1991, 1994; Miller & de Shazer, 2000). 따라서 여기서는 기본적인 요소들만 간략하게 제시하고자 한다. 치료적 대화란 단순히 몇 마디 말을 주고받는다고 되는 것이 아니다. 그것은 간단히 표현할 수 없는 복잡하고도 다양한 시선과 몸짓을 교환하는 것이며, 다양한 어조의 목소리와 억양 그리고 이외의 많은 요소들을 교류하는 것이다. 따라서 아동과 상담한다는 것이 무엇인지 이해하려면, 유능하고 숙련된 상담자가 아동 및 부모와 함께 실시한 실제 상담 장면을 많이 보는 것이 좋다. 우리는 그러한 비디오테이프들을 많이 볼 것을 강력하게 권한다.

그렇다면 내담자와 상담자가 처음 만났을 때 주로 대화하는 것은 무엇인가? 그때 일반적으로 나누는 대화의 주제들을 다음과 같이 정리하였다.

1. 내담자가 상담의 결과로 얻기를 원하는 것은 무엇인가?
2. 내담자와 상담자의 입장에서 상담 목표가 달성될 수 있을 것이라고 보는 근거는 무엇인가?
3. 비록 조그마한 것일지라도 내담자가 목표 달성을 위해 그동안 성취해 온 것은 무엇인가?
4. 목표를 향하여 앞으로 나아가기 위해 실천해야 할 작은 단계는 무엇인가?
5. 목표를 향하여 내담자는 얼마나 가까이 나아갔는가?

이러한 대화들과 관련하여 상담을 진척시키기 위해 활용할 수 있는 몇 가지 기본적인 유형의 질문들이 있다. 그 네 가지 유형은 예외를 찾는 질문, 척도 질문, 기적 질문 그리고 대처 질문이다.

예외를 찾는 질문

모든 문제들에는 예외가 있기 마련이다. 예외란 현재 나타난 문제가 발생할 수도 있었는데 어떤 까닭에서인지 그렇지 않았던 시간이나 상황들을 의미한다. 예를 들어, 8세인 토미는 자신의 뜻대로 되지 않으면 바로 화를 내고 소리를 지르곤 한다. 그런데 어찌된 일인지 지난 화요일 아침에는 친구들이 자신을 떠밀며 장난을 쳤는데도 전과 같은 반응을 보이지 않았다면, 바로 이것이 우리가 말하는 예외다. 우리는 이 예외 상황을 구체적으로 탐색한 결과, 토미는 항상 성질을 부리는 것이 아니라 기분이 좋을 때는 친구들에게 비교적 관대한 태도를 보인다는 것을 발견하였다. 심지어는 친구와 교사에게 도움을 제공하는 경우들도 있었다. 좀 더 구체적인 조사를 통해, 화요일 아침에 토미는 학교에 오기 전에 집에서 스스로 학교 갈 준비를 잘하였으며, 어머니와 아주 긍정적인 대화를 나누었다는 사실을 알아내었다. 전에는 아침에 꾸물대다가 곧잘 혼나거나 꾸중을 듣곤 했는데 말이다. 이러한 사실은 토미와 어머니 사이에 즐거운 대화나 상호관계가 있으면 토미가 학교에서 친구들과의 관계에서도 좀 더 잘 참을 수 있다는 것을 보여준다. 이것은 문제 상황에서도 차분하게 인내하며 지낼 수 있는 능력이 토미에게 있다는 사실을 의미한다. 이에 대한 치료 접근은 부모와 함께 협력하여 토미로 하여금 이러한 성공적인 경험을 보다 더 자주 할 수 있게 하는 것이다. 그것이 몸에 밸 때까지 하는 것이다. 토미의 경우에서 알 수 있듯이 모든 문제 상황에는 예외가 있다. 오래 지속되는 아주 심각한 문제일지라도 조금 덜 심하거나 대처하기가 조금 나은 순간들이 있기 마련이다. 해결 상황을 구축하려면 이러한 예외 상황들을 찾아내는 것이 필수적이다.

척도 질문

우리는 그동안 아동이 어떤 단어나 말보다는 숫자로 의사소통을 할 때 더 잘 반응한다는 사실을 발견하였다. 그래서 우리는 아동에게 어렵지 않게 숫자로 대답할 수 있는 간단한 질문을 하곤 한다. 우리는 이것을 척도 질문이라고 한다. 척도 질문은 성인뿐만 아니라 아동에게도 숫자를 이용하여 다양한 요소들에 대해 그들이 생각하는 것을 구체적으로 이야기할 수 있는 방법을 제공해 준다. 부모와 교사는 아동에게 이 척도 질문을 가르쳐 다양한 상황에 적용하고 자신들의 행동을 점검하도록 할 수 있다. 이러한 유형의 질문은 대부분의 아동으로 하여금 자신이 능력 있고 성공적인 존재라는 긍정적인 느낌을 갖도록 해 준다. 성인과 말이 통할 수 있다는 것은 그들에게서 자신이 이미 상당히 성장했다는 의미로 받아들여질 수 있기 때문이다. 예를 들어, 학교 상담사가 토미에게 척도 질문을 한다고 하자. 즉, 화요일 아침에 학교에서 데비가 자신을 밀쳤다고 여기지 않고 차분하게 있을 수 있었던 토미가 그때의 자기 기분을 점수로 표시하는 것이다. 1점은 기분이 최악이어서 급우들과 당연히 싸움을 할 상황이고 10점은 기분이 최고로 좋을 때를 의미한다면, 토미는 몇 점을 줄 것인가? 토미가 자신의 기분을 조절할 수 있으려면 1점에서 10점 사이에 어느 정도에 있어야 할 것인가? 토미가 자신이 하루를 그럭저럭 잘 보내려면 5점 정도는 되어야 한다고 대답했다고 하자. 그러면 상담자는 다음과 같은 질문들을 할 수 있다. 어떻게 하면 5점까지 올라갈 수 있겠는가? 어머니가 어떻게 도와주시면 5점의 기분 상태로 아침에 집을 나설 수 있겠는가?

일단 이러한 척도 질문을 사용하면 그 다음에는 "지난번에 우리가 이야기한 거 기억나니? 1에서 10의 동일한 점수에서 오늘은 몇 점에 있다고 생각하니?"와 같이 간단하게 질문할 수 있다. 학교에서 일하는 상담자는 시간제한이나 수많은 사례들 때문에 전통적인 상담 접근을 하기가 어려울 수 있다. 그럴 때는 이러한 질문 도구를 사용하여 수월하게 상담을 전개할 수 있다. 이러한 질문을 받아 본 아동 중에는 복도에서 스치고 지나가면서 손가락으로 숫자를 표시하면서 자신이 어떤 상태에 있는지를 먼저 알려 주는 경우도 있다. 이처럼 다른 친구들은 모르는 어떤 비밀 코드를 가지고 성인과 통할 수 있다는 것은 아동으로서는 재미있는 일이다. 자신이 성인 혹은 상담자와 특별한 관계를 갖고 있다는 것을 의미하기 때문이다.

움직이기를 좋아하는 아동에게는 다음과 같이 척도 질문을 할 수 있다. "한쪽 벽은 1이고 다른 쪽 벽은 10이라고 가정하고 그 사이에 보이지 않는 어떤 선이 그어져 있다고 상상해 보자. 나와 만나기 시작한 이후로 네 상황이 얼마나 좋아졌는지를 숫자로 보여 준다면 몇 점인지 그 자리로 가볼래?" 아동은 자신이 6점 정도에 있다고 생각하면 몸을 움직여 그 점수에 해당하는 위치에 가게 된다. 이때 상담자는 아동을 한 단계 이동시켜 7점 위치에 가게 하고 7점에 있는 기분이 어떠냐고 물어볼 수 있다. 어린 아동이나 청소년에게 이러한 척도 질문을 어떻게 다양하게 사용할 수 있는지에 대해서는 나중에 좀 더 다루기로 한다.

당부의 말

척도 질문은 내담자가 정상인지 혹은 비정상인지의 상태를 구분하는 어떤 표준적인 기준을 정하려는 것이 아니다. 다만 다양한 요소들에 대해 주관적으로 생각하는 것이 무엇인지를 알아보려는 것이다. 즉, 아동이 얼마나 화가 나거나 좌절감을 느끼는지, 얼마나 행복하다고 느끼는지, 자신감이 있는지, 부모가 얼마나 자신을 사랑한다고 느끼는지, 아버지와 함께 있을 때 얼마나 안전하다고 느끼는지 등에 대해 탐색하려는 것이다. 어떤 아동의 기분 상태가 6점에 있다면 그것은 그 아동에게만 해당되는 아주 개인적인 점수다. 그 아동에게 이것이 무엇을 의미하는지는 대개의 경우 우리가 정확하게 알 방법이 없다. 하지만 6점은 4점이나 5점보다는 낫고, 8점이나 9점보다는 좋지 않다는 것을 우리는 알고 있다. 그리고 이런 기분 수준은 내일이나 다음 주에는 얼마든지 다른 점수로 바뀔 수 있다는 것도 알고 있다.

기적 질문

기적 질문은 본래 성인 내담자와 상담할 때 사용하도록 발전된 것이다. 해결중심 상담자는 다음과 같은 방식으로 기적 질문을 할 수 있다.

> 당신에게 조금 이상하게 들릴 수 있는 질문을 하나 하겠습니다. (잠깐 멈춤) 상상력을 조금 동원하여 대답하시면 됩니다. 그 이상한 질문은 이것입니다. 오늘 대화를 마치면 당신은 아마도 집에 가셔서 일상적으로 하던 일을 계속하실 것입니다. 집안일을 하고, 아들의 숙제를 도와주고, 자녀를 돌보고, 저녁식사를 하는 등의 일을 하실 것입니다. 그리고 밤에 잠자리에 드실 것입니다. 그런데 주무시는 동안에 기적이 일어납니다. (손가락으로 '딱' 소리를 낸다.) 당신을 오늘 이 자리에 오게 한 문제가

해결되는 기적이 일어난 것입니다. 이 기적은 한밤중에 일어났기 때문에 당신은 기적이 일어났다는 사실을 모릅니다. 그렇지만 내일 아침에 일어났을 때 무언가가 달라졌다는 것을 느낍니다. 문제가 사라진 것입니다. 그래서 '한밤중에 무슨 기적이 일어났나?' 하고 궁금해 합니다. 이러한 일이 당신에게 일어났다고 가정해 봅시다. 기적이 일어나 문제가 해결되었다는 사실을 어떻게 말씀하실 수 있겠습니까?

이 질문은 내담자가 가지고 있는 문제나 불만의 성격과 상관없이 효과적으로 사용할 수 있다. 자살 기도나 우울증, 행동장애, 폭력이나 학대 등과 같은 심각한 문제 상황에서도 적용될 수 있다. 이러한 기적 질문은 어떠한 문제에서든지 효과가 있는 것으로 보인다. 해결 상황을 상상하는 것만으로도 내담자의 몸짓이나 표현에 변화를 가져올 수 있다.

아동은 특별히 이러한 질문을 그들의 경험과 연결하여 제시할 때 좋아한다. 예를 들면, 밤에 '치아 요정' 이 찾아와 빠진 치아와 아동이 쓸 수 있는 어떤 것, 즉 돈과 같은 것과 교환한다는 등의 내용을 기적 질문과 연결하여 사용하는 것이다. '요술 할머니' 가 찾아와 요술봉을 흔들며 신기한 마술을 행하는 것 또한 아동에게 잘 알려진 것이다. 어떤 아동은 이처럼 상상의 세계에 들어가 마술처럼 문제가 해결되는 경험을 하는 것을 매우 좋아한다. 이때 상담자는 "다른 사람은 무엇을 보고 너에게 변화가 발생했다고 말할까?" 와 같은 질문으로 다른 사람의 생각을 그들의 입장에서 말하도록 도울 수 있다.

사례: 책상 위의 요술 상자

7세인 제이슨(Jason)은 학교에서 늘 교사에게 혼나곤 한다. 수업 중에 종이비행기를 날리거나 큰 소리를 내며 책상에서 뛰어내리고, 연필이나 지우개 등을 교실 안이나 창문 밖으로 던지곤 하기 때문이다. 이 외에도 신경을 건드리는 여러 가지 작은 일들로 교사를 피곤하고 지치게 한다. 제이슨에게 요술봉을 흔들며 기적 질문을 하자, 바로 그는 자신이 학교에 가면 호주머니에서 모든 문제를 꺼내어 요술 상자에 하루 종일 넣어 놓겠다고 대답하였다. 그러더니 잠시 자신이 한 대답을 생각하면서, 오전과 오후에 걸쳐 요술 상자에서 한 가지씩 문제를 꺼낼 수 있을지에 대해 질문하였다. 상담자와 협상을 하기 시작한 것이다. 매우 똑똑한 아이였기 때문에 자신이 한 대답을 다시 생각하며 수정한 것이다. 이에 상담자는 현재의 상황으로 미루어 볼 때, 하루에 두 가지 정도의 문제만 일으키는 것은 큰 발전이라고 생각하여 그 제안에 동의하였다. 당연히 제이슨의 행동은 요술처럼 단기간에 개선되었다.

기적 질문은 그 이름대로 아주 마술적이다. 우리는 내담자가 기적 질문에 어떻게 반응할지 예측하기가 어렵다. 경우에 따라서는 이혼한 부모가 재결합을 한다든지, 심지어는 죽은 형이 다시 살아나는 것과 같은 큰 기적을 말하는 아동과 성인도 있다. 번쩍이는 파란색 스포츠카를 갖게 된다거나, 학교에 가지 않아도 된다는 등의 기적을 언급하는 청소년도 있다. 그러면 이러한 비현실적인 꿈을 중단시키려고 하기보다는 후속 질문을 통해 이러한 '큰 기적'이 그늘의 삶에 어떤 변화를 가져올지를 추적하는 것이 좋다. 예를 들면, 다음과 같이 질문하는 것이다. "좋아, 네 부모님이 다시 함께 살게 된다고 가정해 보자. 실제로 이런 일이 일어날지는 의문이지만, 그렇게 되면 너는 지금 하고 있지 않은 것들 중에서 무엇을 할 것이라고 생각하니?" 이때 중요한 요소는 실제로 요술 할머니가 나타나 요술봉을 흔들 것인가의 문제가 아니다. 그보다는 부모가 다시 함께 살게 되면 그것이 아동의 삶을 어떻게 달라지게 할 것인가에 관심의 초점이 있다.

많은 사람들은 다양한 문제들이 자신들로 하여금 매일의 정상적인 삶과 활동을 영위하며 살아가기 어렵게 한다고 믿는다. 충분히 이해할 수 있는 일이다. 이유야 어떠하든, 아동이 부모의 이혼이나 아버지의 부재, 다른 아이들로부터 놀림을 받는 등의 문제로 성장하지 못하고 제한받는다는 것은 참으로 안타까운 일이다. 하지만 이러한 어려움들을 극복하고 많은 친구들을 사귀며, 함께 축구를 하고, 친구 집에서 밤을 지내는 등의 활동을 할 수 있게 된다면 이것은 아동에게 아주 중요한 일이 아닐 수 없다. 또한 아동은 이러한 과정을 통해 크게 성장한다. 아동이 일단 이러한 기적 그림을 상상할 수 있다면, 자신의 삶을 새롭게 구성하고 발전시키는 것이 가능하게 된다. 이제는 자신의 삶이 어떻게 달라질 수 있을지에 대한 가능성을 엿볼 수 있기 때문이다.

대처 질문

대처 질문은 내담자가 이전에 보인 어떤 반응을 이끌어 내기 위한 것이다. 힘들고 어려운, 심지어는 불가능해 보이는 상황에서 내담자는 어떻게 하였는가? 아무리 작은 것이라 할지라도 상담자는 어떤 긍정적인 요소들을 탐색하여 이끌어 내려고 한다. 상담자는 다음과 같이 대처질문을 던질 수 있다.

> "당신이 지금 묘사한 많은 어려운 상황들을 그동안 어떻게 대처해 왔다고 보십니까?"
>
> "그러한 상황에서 대부분의 사람들은 이미 오래전에 포기했을텐데 당신으로 하여금 계속 그렇게 버틸 수 있게 한 것은 무엇이었습니까?"
>
> "당신으로 하여금 그렇게 힘든 상황에서도 소망을 포기하지 않고 견딜 수 있게 한 것은 무엇이었습니까?"

이러한 질문들은 주로 아동의 부모나 성인에게 주어진다. 대개의 경우 어린 아동이 답하기에는 너무 복잡하고 추상적인 내용이 담겨 있기 때문이다. 청소년에게는 다음과 같이 질문을 약간 바꾸어 할 수 있다. "이 어려운 시기를 지날 수 있도록 네게 도움이 되는 것은 무엇이니?" 이러한 대처 질문은 특별히 부모가 서로 간의 문제나 재정적인 어려움, 기운 빠지게 하는 질병 등과 같은 문제로 힘들어하는 상황에서 자녀의 문제까지 겹쳐 그 압박이 더 이상 참을 수 없을 지경에까지 이르렀을 때 유용하게 사용될 수 있다. 상담실에 찾아오는 부모 중에는 '이제 막다른 골목에 도달한 것 같은' 느낌이라고 토로하는 경우가 많다. 우리가 이 질문을 좋아하는 이유는 상황이 절망적인 것처럼 보일 때라도 내담자는 무기력하게 그냥 있었던 것이 아니라 '오늘 아침에 침대 밖으로 나올 수 있었던' 아주 조그만 어떤 것, 즉 그들이 성공적으로 수행한 어떤 작은 요소들을 찾아낼 수 있게 한다는 점이다. 내담자는 별로 중요하게 생각하지 않았던 아주 작은 어떤 것이라 할지라도 상담자는 그것을 찾아내어 의미를 부여하고 강화시킨다. 그래서 내담자는 전문가가 아침에 침대에서 일어나는 것과 같은 아주 작은 행위에 대해 그렇게 중요한 의미를 부여하며 많은 시간을 들여 탐색하는 것을 보고 놀라곤 한다. 그리고 이러한 과정을 통해 자신이 침대 밖으로 나와 행한 작은 일들을 탐색하면서 실제로 많은 것들을 성공적으로 수행했다는 사실을 발견하고 그것을 인상 깊게 받아들이기 시작한다.

대처 질문은 자신의 삶을 시련의 연속이라고 보는 청소년에게도 아주 유용하게 사용될 수 있다. 단순히 그들의 문제를 지적하고 탐색하기보다는 그들이 무엇을 하였기에 상황이 더 악화되지 않게 할 수 있었는지 전문가들이 놀라워하면서 그 이유를 알고 싶어 할 때 청소년은 짐짓 격려를 받는다. 그리하여 청소년이 일단 자신에 대해 긍정적이고도 소망적인 태도를 갖게 되면 자기에게 있는 에너지와 재능을 동원하여 자신의 삶을 새롭게 보고 재구성하기 시작한다.

구체적으로, 구체적으로, 더 구체적으로: 내용 탐색의 확장과 강화

내담자의 문제에 대한 예외 상황이나 척도 점수, 혹은 그들이 보인 아주 작은 대처 전략이나 기적이 일어났을 경우에 일어날 수 있을 상황의 모습 등을 이끌어 내었다면 이제는 이러한 작은 해결방안들을 좀 더 확장하고 강화하는 것이 중요하다. 예를 들면, 깜짝 놀라는 표정을 지으면서 몸을 약간 앞으로 끌어당기고 다음과 같은 추가 질문을 하는 것이다. "그 날은 화난 감정을 터뜨리지 않고 스스로를 어떻게 조절할 수 있었는지 말해 줄래?" "이 기적이 일어나 문제가 해결된다면 너는 또 어떤 것을 할 수 있을 것이라고 생각하니?" "네가 척도 5의 상태에 있다면 무엇을 보고 그 사실을 알 수 있겠니?" "지금까지 경험한 어려운 상황들을 이겨내기 위해 또 어떤 것들을 했니?" 이와 같은 다양한 질문들을 하면서 내담자가 경험한 아주 조그마한 성공일지라도 그것들을 구체적으로 탐색하고 이끌어 낼 때, 내담자는 자신이 행한 긍정적인 행동이나 성공적인 경험들을 스스로 더 많이 찾으려고 노력하게 된다. 그래서 이전과 달리 아주 작은 것들이라 할지라도 자신이 경험한 성공적인 요소들을 중요하지 않다거나 관심을 기울일 만한 것이 아니라는 태도로 그냥 흘려버리지 않게 된다. 해결책을 구축하는 실제 작업은 아주 작은 것일지라도 거기에서 어떤 해결의 가능성을 보는 것으로 시작된다. 그리고 그것들을 다양한 관점에서 탐색하는 것이다. 아울러 다른 중요한 사람의 관점으로 그것을 보는 과정을 통해 진전된다. 예를 들면, 다음과 같이 다른 사람의 관점에서 질문을 던지는 것이다. "네가 이전과 달리 그 상황에서 그렇게 했다고 하면 너의 가장 친한 친구는 이에 대해 무엇이라고 말할까?" 이처럼 다른 사람의 관점을 상담 대화에 끌어들이는 것은 아동의 성공적인 행위나 경험을 개인적인 것만 아니라 사회적 관계의 맥락에서 보게 하는 효과가 있다.

생각하는 휴식

첫 번째 회기를 시작할 때, 우리는 부모와 아동에게 회기가 끝나기 전에 잠깐 '생각하는 휴식(thinking break)' 시간을 가질 것이라고 말한다. 그리고 휴식 후에는 우리가 들은 내용들을 중심으로 아동과 부모에게 유익이 될 수 있는 간단한 피드백을 줄 것이라고 설명한다. 그러면 대부분의 내담자들은 생각하는 휴식이라는 개념에 흥미를 보이며 우리가 어떤 피드백을 제공할지 듣고 싶어 한다. 처음에는 다소 놀라는 내담자도 있지만 이내 자신의 심각한 문제와 염려에 대한 납득할 수 있고 사려 깊은 접근이라며 기꺼이 수용한다.

해결중심 단기상담의 발전 초기에 우리는 내담자와의 상담 대화를 마치고 잠시 시간을 내어 방금 나눈 대화 내용에 대해 생각하고 숙고하는 시간을 갖는 것이 매우 유용하다는 사실을 발견하였다. 상담 대화 중에 상담자는 집중하여 내담자를 관찰하며 경청한다. 그리고 잠시 그 자리에서 벗어남으로써 방금 전에 나눈 대화에 대해 숙고할 수 있는 정서적 여유를 가질 수 있게 된다. 이때 상담자에게 필요한 시간은 대개 5~7분 정도의 짧은 시간이다. 이때 내담자는 대기실로 돌아간다. 어린 아동의 경우 대기실을 둘러보는 것을 좋아한다. 화장실에 가거나 물을 마시기도 하고, 과제를 하는 경우도 있다. 지난 30여 년 동안 생각하는 휴식을 가지면서 우리는 이것이 상당히 유용한 도구임을 발견하였고 또 그렇게 확신하고 있다.

그렇다면 이 생각하는 휴식 시간에 상담자는 무엇을 하는가? 상담자는 다음과 같은 질문들에 대한 답변을 점검하고 내담자와 나눌 피드백을 준비하면서 시간을 보낸다.

1. 이 만남에서 두드러진 것이 있다면 무엇인가? 부모에 대해서는 어떠한가? 또한 아동에 대해서는 어떠한가?

2. 아동과 부모에 대해 내가 들은 유용한 정보나 자원은 무엇인가?
3. 아동과 부모가 했던 것들 중에서 내가 추가적으로 발전시킬 수 있는 것은 무엇인가?
4. 아동과 부모가 오늘의 만남을 통해 원하는 것은 무엇인가?
5. 아동이 자신의 환경에서 필요로 하는 다른 자원들이 있다면 무엇일까?
6. 아동과 가족에 대해 내가 관찰한 특별한 정보나 인상은 무엇인가? 내가 목표 달성을 위해 디딤돌로 사용할 수 있는 것은 무엇인가?

내담자와 나눌 소견 구성하기

상담자는 생각하는 휴식 시간에 자신이 얻은 정보를 신속하게 정리한 후 다음과 같은 방식으로 내담자에게 피드백을 제공할 수 있다.

1. 칭찬: 관찰된 긍정적인 요소들을 지적한다. 자녀에 대한 어머니의 관심, 어머니에 대한 아동의 경청, 부모를 기쁘게 하려는 아동의 마음 등 다음 단계인 해결구축을 위해 유용하게 사용될 수 있는 여러 가지 요소들을 거론한다. 경우에 따라서는 아동이 부모를 기쁘게 하려고 상담실에 함께 오지만 해결에 대한 부모의 생각에는 동의하지 않는 일이 있을 수 있다. 특히 청소년의 경우 이럴 때가 많다.
2. 연결 문장: 문제해결의 빈도를 증가시키려면 어떤 제안을 하든지 아동에게 이해되고 동의가 되어야 한다. 그래야 새로운 제안을 실천하려는 동기부여가 되기 때문이다. 따라서 상담자는 다음 단계에 대해 간략하게 설명하고, 이제 내놓으려고 하는 제안에 대한 타당성을 제시해야 한다. 예를 들어, 베스(Beth)라는 아동과 어머니를 상담했다고 하자. 상담 중에 베스는 민첩하고 상냥하며 재미있어서 함께 놀 친구들이 많이 있는 토끼처럼 되고 싶다는 바람을 드러냈다. 베스가 원하

는 것은 어머니가 바라는 것이기도 하였다. 이때 어머니는 베스가 이렇게 될 수 있도록 지지하고 강화할 수 있는 중요한 자원이 될 수 있다. 베스와 어머니는 이러한 과정을 통해 더 나은 관계를 가질 수 있게 될 것이다. 연결 문장은 두 사람이 기대하는 결과로 나타날 수 있도록 적절히 연결하는 것이다. 이를 위해, 상담자는 베스와 어머니에게 다음과 같은 제안과 그것의 타당성을 제시할 수 있다. "두 사람은 내게 베스가 토끼처럼 민첩했던 때가 이미 있었다고 말했습니다. 그런데 새미(Sammy)라는 이 작은 토끼는 사람들로부터 약간의 도움이 필요합니다. 그렇지 않으면 너무 수줍어서 자신을 잘 드러내지 않기 때문입니다. 그러므로 (어머니에게) 지금부터 우리가 다음에 만날 때까지 새미가 집 안에 자신을 언제 드러내는지 눈여겨보시기 바랍니다."

3. 실천 과제 제안: 실천 과제 제시는 대개 두 범주로 나뉜다. (a) 효과가 있는 것은 더 많이 하라. 우리는 대개의 경우 이러한 제안을 한다. (b) 무언가 다른 것을 시도하라. 이것은 아주 극단적인 경우에 해당하는데, 특히 청소년과 관련하여 이러한 제안을 할 때가 있다. 나중에 사례를 다루면서 어떻게 다양한 방법으로 이것을 할 수 있는지를 다룰 것이다.

두 번째 및 그 이후의 상담

우리는 첫 번째 상담을 통해 작은 변화를 위한 가능성을 열어 놓으려고 한다. 그리고 이후의 상담 회기 때 실시해야 할 중요한 과제는 내담자 안에서 일어나는 긍정적인 변화 가능성에 대한 소망을 이어가는 것이다. 아울러 지금 유익하고 긍정적인 작업을 하고 있다는 확신을 강화시키고, 실질적이고도 구체적이며 행동적인 방식으로 해결의 모습을 구축하도록 도우려고 한다. 이것은 해결중심 단기상담과 관련된 여타의 요소들과 마찬가지로, 사람에 대한 상담자의 확신과 이러한 확신이 배어 있는 숙련된 기술이 조화를 이룰 때 가능하게 된다.

상담자의 중요한 과제는 내담자에게 있는 소망의 초기 흔적들을 지속적으로 계발하고 추적하는 것이다. 이 과정에서 일관되게 목표를 향하여 상담을 전개하는 것이 중요하다. 내담자가 부정적인 방향으로 나아갈지라도 곁길로 빠지지 않는 것이 좋다. 조그만 변화의 흔적을 발견했다가도 그것을 어떻게 강화시킬지 모를 때 내담자와 상담자는 금방 소망의 감정을 잃어버리기 쉽다. 따라서 우리는 이제 두 번째 그리고 그 이후에 이어지는 상담 회기를 통하여 내담자가 보이는 작지만 의미 있는 변화의 흔적들을 어떻게 추적하고 계발하여 확장할 수 있을지에 대해 구체적으로 다루고자 한다. 첫 회기를 마친 후 내담자들이 보이는 반응은 대개 다음과 같은 세 가지 범주로 나눌 수 있다.

"무엇이 좋아졌습니까?"

이 질문을 하면 대다수의 내담자들은 처음에는 깜짝 놀라는 반응을 보이다가 침묵 가운데 잠시 무엇이 좋아졌는지를 탐색한다. 그러고는 천천히 어떤 것이 좋아졌는지, 어떻게 기분이 조금 진정되었는지, 어떻게 다른 사람들에 대해 좀 더 생각하게 되었는지, 혹은 어떤 방식으로 상황이 개선되었는지 등에 대해 이야기한다. 이때 내담자들로 하여금 조그만 성공의 경험들을 구체적으로 이끌어 내게 하려면 지난 회기 이후 한 주(혹은 여러 주) 동안 있었던 일들을 기억해 낼 수 있도록 충분한 시간을 주어야 한다. 경우에 따라서는, "아무것도 좋아진 것이 없어요."라고 반응하는 내담자들도 많다. 무엇이 나아졌는지 생각해 보지 않은 내담자의 경우 그의 관점에서 그러한 대답이 나오는 것은 어떤 면에서 당연하다. 우리는 "무엇이 좋아졌습니까?"라는 질문에 내담자들이 "나아졌습니다." "똑같습니다." 혹은 "더 나빠졌습니다."라는 세 가지 중 하나로 대답한다는 사실을 발견하였다. 이러한 각각의 대답에 어떻게 반응할 수 있을지 함께 생각해 보자.

좋아졌습니다

어린 아동의 경우 '무엇이 좋아졌는지'를 말로 표현하는 것이 어려울 수 있기 때문에 이 질문 접근을 아동에게 어떻게 적용할 수 있을지에 대해서는 나중에 구체적으로 다루도록 하겠다. 여기에 제시하는 것은 부모나 청소년, 혹은 언어로 자신의 의사를 전할 수 있는 수준의 아동을 위한 것이다. 상담자가 이러한 질문을 하면 놀랍게도 대부분의 내담자는 "무언가가 달라졌다."라고 대답한다. 이때 상담자는 왜를 제외한 육하원칙(언제, 어디, 누가, 어떻게, 무엇)에 근거한 질문들을 통해 내담자의 성공 경험에 대한 구체적인 정보를 이끌어 낼 수 있다. 다음은 그러한 질문들의 몇 가지 사례다.

- 화를 내는 대신 네가 '무엇을' 했는지에 대해 좀 더 얘기해 주겠니?
- 싸우는 대신 그 상황에서 벗어나 조금 걸어야겠다는 것을 '언제' 깨달았니?
- 톰을 때리는 대신 다른 곳으로 갔을 때 '누가' 가장 놀랐지?
- 톰이 네 어머니 이름을 부르며 무례하게 행동할 때 그에게서 잠시 떨어져 있다는 것은 매우 어려운 일이었을 거야. 네가 그렇게 했을 때 '누가' 더 놀랐니? 너니 아니면 톰이니?
- 네 어머니가 이 사실에 대해 '듣는다면' '얼마나' 놀랐다고 말씀하실까? 그것을 척도로 표현한다면 1에서 10 사이에서 몇 점이라고 말씀하시겠니?
- 톰과 또 이런 성공적인 경험을 할 수 있기 위해 네가 해야 할 것은 '무엇'일까?
- 너는 톰이나 다른 아이들과 또 그렇게 할 수 있다고 '어떻게' 확신하니? 얼마나 자신이 있는지 1에서 10 사이의 척도로 표현한다면 몇 점 정도나 될까?

- 네 자신감을 한 단계 더 올리려면 '무엇이' 필요할까?
- 그 밖에 또 '무엇이' 더 좋아졌니?

내담자가 목표와 관련하여 아주 약간이라도 나아진 것이 있다고 할 때, 상담자가 해야 할 첫 번째 과제는 이처럼 더 나아진 상황을 어떻게 유지할 수 있을지 그 방안들을 찾도록 돕는 것이다. 내담자들이 개선된 상태를 유지할 수 있다는 자신감을 갖게 되면 더 나은 다음 단계의 개선 방안을 모색할 수 있다.

똑같습니다

내담자들 중에는 지난 상담 이후에 "아무 것도 달라진 것이 없습니다."라고 보고하는 이들도 있다. 이러한 대답이 주어진다고 해서 무조건 실망할 필요는 없다. 도리어 긍정적으로 볼 수도 있다. "아무 것도 달라진 것이 없다."라는 말은 부정적인 방향으로 달라진 것이 없다는 말도 되기 때문이다. 이전 단계의 상태를 유지하였다는 것은 내담자가 그만큼 자신의 삶을 조절하는 능력이 있다는 것을 보여 주는 것이다. 이러한 상황에서는 다음과 같은 말이 도움이 될 수 있다.

- 와, 대단하구나! 날마다 같은 정도를 유지한다는 것은 그리 쉬운 일이 아닌데. 그런데 '어떻게' 그렇게 할 수 있었다고 생각하니?
- 내가 너의 부모님(자녀)과 대화한다면, 그들의 입장에서는 '무엇이' 조금 나아졌다고 말씀하실까? 이번에 '무엇을' 한 것이 도움이 되었어? 대개 친구들과 부딪치곤 했는데, 이번에는 '어떻게' 너의 감정을 조절할 수 있었지?
- 너는 지금 척도상으로 어느 단계에 있다고 생각하니? 척도 4를 유지하려면 '무엇을' 하는 것이 필요할까?
- 다음 두 주 동안 척도 4에 머물러 있을 수 있다면 너의 삶에 '어떤' 변화가 있겠니?

- 우리가 지난번에 상담한 이후로 너의 선생님은 네가 척도 중에 '어느' 정도에 있었다고 추측하시겠니?
- 네가 척도 4에서 5로 올라간다면 '누가' 제일 먼저 그것을 알아차리겠니?

더 나빠졌습니다

아주 드문 경우이기는 하지만 상담 후 상황이 더 악화되었다고 말하는 내담자도 있다. 그럴 때 상담자는 무엇이 상황을 더 악화시켰는지 구체적으로 물어보는 것이 필요하다. 사실 재난이나 사고, 질병, 그 밖에 예측할 수 없는 사건들이 누구에게나 일어날 수 있다. 그럴 경우, 내담자가 설명하는 예기치 않았던, 원치 않았던 사건들에 귀를 기울여야 한다. 그러면서 이 상황을 전과 다르게 긍정적으로 다루었던 부분들을 탐색하도록 한다. 상황이 더 안 좋을 수 있었는데 그것을 예방한 경우들이 여기에 해당한다. 이때는 다양한 대처 질문들을 사용하는 것이 좋다. 이러한 질문들은 내담자로 하여금 좋지 않은 상황을 더 악화시켰다는 생각을 갖지 않도록 도와준다. 다음의 질문들을 참고하도록 하라.

- 그렇게 좋지 않은 일들이 많이 있었는데 '어떻게' 한 주간을 보낼 수 있었니? 너와 같은 상황에 있는 사람들은 너처럼 하지 못하는 경우가 많은데, '어떤 것' 이 도움이 되었니?
- 네가 한 것들 중에서 가장 도움이 되었던 것은 '무엇' 이니? 너의 가장 친한 친구는 네가 한 일들 중에서 가장 도움이 되었던 것이 '무엇' 이라고 이야기할 것 같니?
- 그렇게 힘든 상황에서 너로 하여금 그렇게 차분한 상태에 머물러 있을 수 있도록 가장 도움이 되었던 것은 '무엇' 이니?
- '어떻게' 상황이 더 나빠지지 않을 수 있었니?
- 너의 현재 상태를 유지하려면 '무엇을' 할 필요가 있다고 생각하니?
- 너의 척도 상황이 조금 더 나아졌다고 생각해 보자. 예를 들면, 2에서

3으로 올라갔다고 하자. 그러면 네게 '어떤' 변화가 일어날까? 너와 가장 친한 친구는 네게 '무엇이' 달라졌다고 말할까? (때로는 자신에게 '가장 친한 친구'가 없다고 말하는 부모나 아동이 있을 수 있다. 그럴 때는 이러한 질문을 계속 이어가는 데 어려움을 느낄 수 있다. 그럴 경우에는 "가장 친한 친구가 있다고 상상해 보자."라고 가정한 후 이러한 질문을 계속 진행할 수 있다.)

이후의 각 상담 회기들은 이와 같은 방식으로 계속 이어질 수 있다. 내담자가 아주 작은 부분이라도 나아진 부분이 있는지 보고할 때까지 이렇게 하도록 한다. 상황이 개선되었다든지, 개선된 상황을 유지할 수 있는 자신감이 생길 때까지 유사한 과정으로 진행하도록 한다.

제4장

내담자를 평가하고 함께 목표 구축하기

어른들은 숫자를 좋아한다. 어른에게 새로운 친구에 대해 이야기하면 그들은 정말 중요한 것들은 빠뜨리고 질문하지 않는다. 그들은 결코 다음과 같은 것들에 대해 언급하지 않는다.

"그 친구의 목소리는 어떠니?" "그 아이는 어떤 게임을 좋아하니?" "나비를 수집하는 아이니?"

그 대신 그들은 다음과 같은 질문들을 한다.

"그 친구는 몇 살이니?" "형제들은 몇이나 되니?" "그 아이 아버지의 수입은 얼마나 된다니?"

이러한 질문들을 함으로써 그들은 그 아이에 대해 안다는 느낌을 갖게 된다.

–어린 왕자–

비자발적인 내담자와 상담할 때 기억해야 할 핵심적인 사항 중 하나는 그들에게 중요한 것을 가지고 함께 상담하는 것이다. 전문가가 생각할 때 중요한 것이 아니라 내담자가 중요하다고 생각하는 것에 대해 상담하는 것이다. 우리는 대체로 아동은 상담에 비자발적으로 임한다고 말하였다. 하지만 부모 역시 자신이 원해서 상담적인 도움을 받으려고 하는 것은 아니다. 대개의 경우 자녀에 대한 사랑과 염려하는 마음에서 그렇게 하는 것이다. 따라서 부모는 자신을 위해 도움을 받으려고 하는 것이 아니라 자녀 때문에 상담실을 찾아오는 '비자발적인 자원자'로 보는 것이 좋다. 그렇기 때문에 우리는 부모가 중요시하는 것이 무엇인지 그들과 대화하면서 실마리를 찾는 것이 중요하다고 본다. 우리가 이것을 강조하는 이유는 부모는 저마다 자녀에 대한 관심과 사랑을 갖고 돌보지만, 모든 부모들이 똑같은 방식으로 그렇게 하는 것은 아니기 때문이다. 어떤 부모에게는 자녀가 모범적인 사람으로 성장하는 것이 부모로서의 성공을 대변하는 지표가 된다. 그런가 하면 이와는 전혀 다른 방식으로 자신의 성공을 평가하는 부모도 있다.

우리가 만나는 부모는 저마다 자신이 경험한 부모보다 자녀에게 더 나은 부모가 되기를 원한다. 자신의 자녀양육 방식에 자부심이 있든 없든 늘 그렇게 말한다. 우리는 자신의 부모보다 더 좋은 부모가 되기를 원하는 이러한 마음을 접할 때마다 가슴이 뜨거워지는 것을 느낀다. 그리고 세대를 넘어 더 나은 부모 역할을 하려고 노력하는 모습을 보면서 소망을 갖는다.

아동 평가하기

상담자가 처음 아동을 만나 상담을 통해 얻어 내는 정보들은 대개의 경우 이름, 나이, 형제자매, 학교 학년 등이다. 이외에 부모가 이혼했는지, 별거 중인지 혹은 독신인지를 확인하거나, 어떤 직업에 종사하는지 등에 대해 물어본다. 이러한 정보들은 성인의 입장에서는 중요하게 생각되지만, 아동은 그러한 요소들에 대해 똑같은 정도의 중요성을 부여하지 않는다.

아동에게는 그들이 입고 있는 옷이나 머리 모양, 그들이 가지고 오는 장난감 등이 중요하다. 그들에게 특별한 의미가 있는 어떤 것을 눈여겨보고 그것에 대해 언급하는 것이 아동을 알아가고 그들과 연결할 수 있는 중요한 방법이며 실마리가 된다. 아동이 상담실에서 눈여겨보는 것들, 그들이 보여 주는 행동 방식 또한 마찬가지다. 아동이 이러한 소소한 실마리들을 드러내지 않는다면 서둘러서 상담 회기로 들어가지 않는 것이 좋다. 대부분의 아동들은 자신이 누구와 어떤 놀이를 하고 싶어 하는지, 어떤 종류의 게임을 가장 좋아하는지 등에 대해 이야기 나누는 것을 좋아한다. 그러므로 상담자는 그들과 어떤 장난감을 좋아하는지 등의 대화를 나누는 것이 좋다. 날씨가 좋으면 밖에서 무슨 게임을 하는 것을 좋아하는지 물어볼 수 있다. 아울러 부모를 대화에 참여시켜 다음과 같은 질문들을 할 수 있다. 아동이 잘하는 것은 무엇인가? 학교 교사는 아동이 무엇을 잘한다고 말할 것이라고 예상하는가? 아동의 친구들은 어떠한가? 아동이 좋아하는 음식이나 텔레비전 프로그램, 동물이나 색깔은 무엇인가? 부모가 자녀에 대해 놀라는 것은 무엇이고, 자녀가 부모를 놀라게 하기 위해 즐겨하는 것은 무엇인가?

아동에 대한 평가는 대개 관찰을 통해 이루어진다. 예를 들면, 아동이 새로운 게임을 어떻게 갖고 노는지, 어떻게 행동하고 움직이는지, 계단을 올라갈 때 한 번에 하나씩 올라가는지 아니면 뛰어 올라가는지 등을 관찰하는 것이다. 이와 같은 행동들을 관찰함으로써 아동이 할 수 있는 것이 무엇인지, 어떻게 그러한 것들을 발달 단계의 수준에 맞게 잘 실시하는지 등을 알게 된다. 이러한 평가 작업은 자연스럽게 진행되어야 한다. 상담자에게 보이기 위해 일부러 어떤 행동을 하는 것보다는 그냥 나타나는 대로의 모습을 관찰하는 것이 좋다. 그럴 때 아동이 무엇을 못하는가보다는 무엇을 잘할 수 있는지 그 능력을 가장 잘 관찰할 수 있다. 아동 평가에 대한 보다 충분한 논의는 제7장에서 다루고 있다.

아동이 가진 능력과 강점을 평가하는 작업은 지속적으로 수정을 반복하는 과정이다. 이것은 성인의 경우에도 마찬가지다. 성인과 상담할 때, 내담자가 원하는 것에 대한 정보가 포착되면, 상담자는 그것이 얼마나 사소한 것인지와 상관없이 조그만 조각 정보들을 차곡차곡 모아 이전에 알고 있는 것들과 연결시킨다. 아동의 경우에도, 아동에 대한 어떤 새로운 이해나 이전과 다른 행동이 눈에 띄면 그러한 것들에 주의를 기울여 관찰하는 것이 필요하다. 주의력결핍과잉행동장애(attention deficit hyperactivity disorder: ADHD) 평가를 위해 의뢰된 아동에 대해 생각해 보자. 아동과 상담하면서 상담자는 어떤 활동들에 대한 아동의 주의력 집중도가 비교적 짧지만 그에 대한 예외가 있다는 것을 발견하게 된다. 예를 들어, 우주선을 그릴 때 전화벨 소리가 울려도 주의가 흐트러지지 않고 그림에 집중하는 것일 수 있다. 따라서 상담자는 여러 회기에 걸쳐 다양한 과제를 제시함으로써 아동이 집중하여 잘할 수 있는 재능과 기술을 가진 것이 무엇인지를 발견하는 것이 좋다. 아동에게 경쟁적인 성향이 있다면 이것이 그 아동의 자원이 될 수도 있다. 반면에 경쟁적인 상황에 처할 때 위축되고 동작이 느려지는 아동이 있다면 상담자는 그 행동 반응을 좀 더 빠르게 할 수 있는 다른 어떤 특성들이 있는지 탐색할 수 있어야 한다.

아동 상담에서 상담자가 해야 할 또 다른 중요한 과제는 아동이 어떻게 행동하고 반응하는지를 관찰하는 것이다. 예를 들어, 주변에서 어떤 제한이나 압력을 가하지 않을 때 더욱 창의적인 반응을 보이는 아동에게는 자신의 취향에 맞게 선택할 수 있도록 여러 가지를 제안하는 것이 바람직하다. 즉, 자기 스스로 어떠한 선택이나 결정을 할 수 있는 아동이므로 도움을 제공하면 오히려 짜증을 내는 아동인지, 자기 방식대로 행동하는 것을 좋아하는지 아니면 지시대로 따르는 것을 선호하는 아동인지 살펴보는 것이 좋다. 아동이 행동하는 속도 또한 매우 유용한 정보가 될 수 있다. 많은 아동은 성인이 자신의 수준에 맞추어 천천히 행동하면 더 잘 협조하는 경향이 있다. 어떤 계획들을 변경할 때 미리 이야기해 주면 그것에 잘 맞출 수 있다. 주의력결핍과잉행동장애가 있는 아동에게는 더욱 그렇다. 아동과의 게임을 통해서도 상담자는 아동이 스스로 느끼는 자신감 정도에 대한 유용한 정보를 얻을 수 있다. 어린 아동의 경우 방안에서 감추어진 물건을 찾거나 특정한 색깔, 즉 파란색이나 빨간색, 초록색 등으로 된 물건들을 찾는 것과 같은 '열린 게임' 은 잘한다. 그러나 미리 계획된 어떤 경쟁적인 게임이나 특정한 규칙을 따라야 하는 게임을 하면 이내 관심을 잃는 경우가 많다. 이처럼 각자의 발달 단계에 따라 아동이 잘 대처할 수 있는 게임들이 무엇인지를 미리 아는 것이 부모와 교사에게 좋은 정보가 될 수 있다.

아동을 평가할 때 상담자가 기억해야 할 것은, 무엇보다도, 아동이 중요시하는 것이 '무엇' 인지, 아동이 가진 자질이나 능력이 무엇인지를 발견하는 것이다. 이러한 요소들로는 친구를 갖는 것, 부모가 자랑스러워하는 자녀가 되는 것, 놀림거리가 되지 않는 것, 친구 모임 등에 소속감을 느끼는 것 등이 있을 수 있다. 우리는 이러한 정보를 통해 처음에 어디에 초점을 기울여야 할지를 알게 된다. 두 번째로 중요한 정보는 아동에게 '누가' 중요한 인물인가 하는 것이다. 아동이 누구와 결속력을 느끼는지, 누구와 가깝게 지내기를 원하는지, 누구와 함께 있을 때 편한지 등에 대해 담색하는 것이다. 이러한 정보들을 통해 상담자는 어떻게 상담을 진행해야 할지, 아동을 돌보는 일차적인 책임이 있는 사람은 누구이며, 누가 상담실에 와야 할지를 판단할 수 있다. 아울러 아동의 성격을 평가하는 것도 중요하다. 이것은 각 아동이 가진 특별한 특성들을 파악하고 그것을 중심으로 상담을 진행하기 위한 것이다. 상담자는 이것을 통해 아동의 본성을 바꾸려고 하는 것이 아니다. 다만 이러한 정보들을 활용하여 해결책을 찾으려는 것이다.

가족 평가하기

상담자는 처음 아동과 부모를 함께 만나면서 이미 아동과 부모에 대한 평가 작업에 들어가기 시작한다. 앞서 언급한 것처럼, 아동과 상담을 한다는 것은 언제나 두 내담자와 함께 상담한다는 것을 의미한다. 대부분의 경우 아동 상담의 내담자는 아동과 부모다. 우리는 아주 반항적인 청소년이나 아동과만 2~4회에 걸쳐 집중적인 조사와 평가 작업을 해야 할 필요가 있는 경우를 제외하고는 대개 부모와 긴밀한 관계 속에서 함께 치료 과정을 진행한다. 가족이 아동에게 얼마나 중요한지는 이미 다른 곳에서 강조하였으므로 여기서는 부모와 가족에 대한 평가에 대해 간략하게 다루고자 한다. 우리는 부모나 가족에 대한 다양한 질문들을 통해 상담을 하면서 자녀와 부모가 원하는 것이 무엇인지를 적극적으로 경청하고 파악하려고 한다. 그리고 그 과정에서 그들이 어떠한 반응을 보이는지 예리하게 관찰하려고 노력한다.

가족에 대한 평가는 대개 다음과 같은 방법을 통하여 이루어진다.

- 질문하기
- 부모의 상호작용 관찰하기
- 가족에게 몇 가지 활동을 함께하도록 제시하기(이에 대해서는 나중에 좀 더 다룰 것임)

무엇을 질문할 것인가

상담 과정에서 어떤 질문을 던지는 것이 좋을지에 대해서는 이미 어느 정도 다루었고, 또 앞으로도 더 소개할 것이기 때문에, 여기서는 가족 평가와 관련하여 간단하게 다루려고 한다. 다음은 유용하게 사용할 수 있는 몇 가지 질문 사례들이다.

- 예외 상황을 세밀하게 탐색하는 질문: 어머니/아버지는 그러한 상황에서 자녀에게 어떤 반응을 보이나요?
- 그러한 반응은 즉흥적인 것인가요 아니면 신중한 고려를 통해 내려진 의도적인 것인가요?
- 이러한 예외 상황과 관련하여 부모님의 입장에서 볼 때 어떤 것이 가

장 유익한 것이라고 보시나요?

- 다른 가족구성원들이 미치는 영향은 무엇인가요? 그들이 어떻게 도움이 되나요?
- 조부모님을 포함한 다른 가족은 어떤 것이 가족에게 가장 도움이 될 것이라 말씀하시나요?
- 가장 친한 친구들은 부모님이 가족을 위해 행하는 것 중에서 어떤 것이 가장 도움이 될 것이라고 말하나요?
- 자녀로 하여금 완벽한 10점의 상태에 도달하도록 가르치려는 부모님의 결단은 어느 정도인가요?
- 부모님은 어떻게 자녀를 놀라게 할 수 있나요?
- 부모님은 자녀와 함께 공공장소에 나타나는 것을 좋아하나요?

무엇을 관찰할 것인가

다음은 상담자가 가족 평가와 관련하여 관찰할 수 있는 비언어적인 상호작용의 사례들이다. 부모 상호 간에 혹은 부모-자녀 간에 이떤 상호작용이 나타나는지 관찰하도록 한다.

- 가족이 자신의 목표를 달성할 수 있을 것이라고 나에게 확신을 주는 요소들은 무엇인가?
- 이 가족에게서 보는 상호작용은 무엇인가? 눈맞춤이나 무언의 행동들이 잘 상호작용하는가? 부모는 적절한 시점에 자녀의 행동에 개입하는가? 자녀를 이끌어 갈 수 있는 그들의 능력을 보여 주는 것들은 무엇인가?
- 부모가 자녀에게 적절한 개입을 하는가? 부모로 하여금 감정적인 반응을 보이게 만드는 요인은 무엇인가?
- 어머니는 아버지가 자녀양육에 개입하도록 어떻게 행동하는가? (대부분의 가정은 어머니가 자녀양육에 더 적극적으로 개입한다. 아내는 남편이

좀 더 적극적으로 자녀양육에 참여해 주기를 기대한다.)

- 부모가 개인적으로 혹은 공동으로 자녀를 더 건강하게 강화시키기 위해 무엇을 하는가?
- 부모가 선택적으로 적절한 대처를 할 수 있는 능력이 있는지를 말해주는 것은 무엇인가? (성공적인 부모는 때로 보거나 듣거나 말하는 것을 선택적으로 판단해서 개입하는 것이 필요하다.)

평가에 도움이 되는 가족 활동

가족 평가를 할 때, 때로는 다음과 같은 활동들을 하게 하는 것이 도움이 될 수 있다. 특히 어린 아동이 있을 때는 더욱 그러하다. 상담자가 다음의 활동을 제안하려고 한다면, 자신은 이 과정을 통해 가족에게 도움이 될 만한 상호작용이 있는지 관찰할 것이고, 나중에 자신이 관찰한 것을 그들과 나눌 것이라고 말하는 것이 좋다. 우리는 가족이 이러한 활동을 통해 성공적인 경험을 하기를 바란다. 그래서 이러한 경험을 바탕으로 우리와 함께 그리고 그들 스스로의 힘으로 해결을 구축해 갈 수 있기를 기대한다.

- 가족이 함께 그림 그리기
- 가족이 함께 퍼즐 맞추기
- 가족 중 한 명이 어떤 물건을 감추고 다른 가족이 그것을 찾아내기
- 나무 블록으로 무언가를 만들기(모든 가족구성원에게 같은 숫자의 블록을 나누어 준다.)
- 더울 때, 추울 때, 행복할 때, 슬플 때, 화가 날 때와 같은 어떤 특정한 감정 표현하기

이러한 것들은 쉬워 보이지만 실제로 실행하려면 아주 혼란스러울 수도 있다. 다음의 사례는 상담자가 강한 확신을 갖고 주의하여 내담자의 말을 어떻게 경청하고 관찰해야 하는지를 보여 준다. 그리고 부모에게 부정적인 반응으로 나타날 수 있는 것을 어떻게 긍정적이고 유용한 것이 되게 할 수

있는가를 제시하고 있다.

사례: 치료자의 딜레마 사용하기

왓킨즈(Watkins) 부인은 상담 약속을 하면서, 9세인 아들 그레그(Greg)의 교사가 상담을 받으라고 주장해서 전화를 걸었다는 사실을 분명히 하였다. 그레그의 교사는 급우들을 자주 때리고 싸우는 그레그의 반사회적인 행동 때문에 그가 능력이 있음에도 불구하고 제대로 학습하지 못하는 결과를 초래하고 있다고 믿고 있었다.

내가(슈타이너) 그레그와 부모를 만나려고 대기실로 갔을 때, 그레그는 아버지에게 핸드폰으로 상담실에 찾아오는 길을 설명하고 있었다. 그레그와 왓킨즈 부인을 상담실로 안내한 나는 먼저 그레그가 좋아하는 것이 무엇인지에 대한 탐색을 시작하였다. 그는 레고를 가지고 노는 것을 좋아하고, 밖에 나가 노는 것보다 집안에서 노는 것을 더 좋아하였다. 가끔 함께 노는 두 명의 친구가 있긴 하지만 '진짜' 친구가 있으면 좋겠다는 생각을 하고 있었다. 미술에는 재능이 있는 반면, 학교에 가는 것은 싫어했고 TV 보는 것도 좋아하지 않았다. 척도 1에서 10까지 학교에 가고 싶어 하는 정도를 질문했을 때(10은 매우 학교에 가고 싶어 하는 것이고 1은 그 반대를 의미함), 그레그는 자신이 척도 3에 있다고 하였다. 자신의 삶에서 변화되기를 원하는 부분이 있는지 묻자, 좀 더 많은 친구가 있으면 좋겠다고 대답하였다.

15분이 지난 후 왓킨즈 씨가 도착했고, 우리는 그레그의 부모가 상담을 통해 얻기를 원하는 목표들에 대해 탐색하기 시작하였다. 이 과정을 시작하자마자 왓킨즈 부인은 자신은 교사가 하도 상담을 권유해서 그의 기분을 맞춰주려고 왔다고 하였다. 그레그가 집에서는 아무런 문제도 일으키지 않는 아이라는 것이었다. 왓킨즈 부인이 상담실에 온 두 번째 이유는 그레그가 학교에서 한 학년을 건너뛸 수 있도록 도울 수 있는 방안을 찾기 위해서였다. 그레그가 벌써 여러 번 부모에게 이러한 바람을 주장했기 때문이었다. 왓킨즈 씨는 아들의 문제가 교사가 말한 것처럼 그렇게 심각한 것은 아니라고 확신하고 있었다. 그러면서 도리어 요즘 교사들은 자신이 학교에 다닐 때의 교사들처럼 잘 훈련되지 않았다고 주장하였다. 그는 또한 그레그가 주먹다짐을 하는 것에 대해서도 별 문제의식을 갖지 않았다. 친구란 가족만큼 중요한 존재가 아니고, 그레그는 좋은 가족을 갖고 있기 때문에 문제가 된다고 보지 않았던 것이다. 그래서 아버지 또한 그레그가 한 학년을 건너뛰어 다음 학년으로 월반하는 것을 원하고 있었다.

상담 과정: 나는 그레그의 부모와 대화하면서 마음이 불편해지기 시작하는 것을 느꼈다. '대체 이 사람들은 무슨 생각을 하고 있는 거야?' 라는 생각이 들었다. 그레그가 원하는 것은 그저 학교에 가지 않는 것뿐이었다. 집에서 레고를 갖고 놀고 싶은 것이었다. 그런데 아버지는 다른 아이들 때문에 화가 날 때 주먹다짐을 해도 괜찮다고 인정하는 것이었다. 그레그에게 친구가 없는 것이 당연하였다! '그레그의 부모는 월반하는 것이 아들에게 어떻게 도움이 될 것이라고 생각하는 것일까?' 나는 차분히 앉아 그들의 논리를 이해하기 위해 여러 질문들을 던졌다.

다음은 그들과의 대화를 통해 알아낸 사실들이다.

1. 그레그는 초등학교 1학년을 두 번 다녔는데 그것은 정서적으로나 지적으로 다음 학년을 공부할 만큼 충분한 성장이 안 된 것으로 판단되었기 때문이다. 왓킨즈 씨는 이것을 잘못된 판단으로 단정하였다. 그리고 1학년 과정을 한 번 더 반복하라고 권한 학교 상담사의 말을 듣지 말았어야 했다고 생각하고 있다. 그레그는 분명히 더 잘 할 수 있는 능력이 있는데, 그때는 충분한 학업 능력을 보여 주지 못한 것뿐이라는 인식을 갖고 있다.
2. 그레그는 일 년 전에 사고로 동생이 세상을 떠나는 경험을 하였다. 그가 그때 보여 준 반응을 보면, 사실 그레그는 굉장히 성숙한 아이였다. 왓킨즈 씨에 따르면, 그레그는 아버지보다도 더 잘 자신의 생각을 표현

할 수 있는 아이이다. 그들에게 죽은 자녀가 있다는 소식을 듣고 나는 놀랐다.

3. 그레그의 아버지는, 그레그에게 사회성의 문제가 있더라도, 그러한 문제는 한 학년을 월반하면 쉽게 해결될 것으로 생각하고 있다.
4. 왓킨즈 부인은 아들이 자신과 아주 가깝고 자신의 말을 잘 듣기 때문에 자기가 집에서 그레그의 보충학습을 도울 수 있다고 생각하고 있다. 이미 하고 있는 것보다 한 시간 반 내지 두 시간 정도 더 하면 된다고 보았다. 어머니가 이야기하는 동안 그레그의 아버지는 그레그를 아기처럼 자신의 팔에 안고 그레그의 입에 자기 손가락을 넣어 빨게 하였다. 그러자 그레그는 아기처럼 그것을 빨기 시작하였다. 나는 내가 듣는 것과 보는 것이 상당히 다르다는 사실을 관찰하면서 마음이 점점 더 불편해지기 시작하였다. 왓킨즈 부인이 이야기하는 동안 아버지와 아들은 부인의 말에 완전히 귀를 막은 것처럼 보였다. 그들은 주변에 둘 외에는 아무도 없는 것처럼 행동하였다. 이제는 왓킨즈 씨 부부에 대해 화까지 나는 것을 느꼈다. 첫 회기에 이러한 강렬한 느낌이 드는 것은 매우 이례적인 일이었다.
5. 그레그에게 한 학년 월반하는 것에 대해 어떻게 생각하는지 물었는데, 그레그는 거기에 대해 아무 생각이 없었다. 다만 너무 많이 공부하는 것은 원치 않는다는 말뿐이었다. 그레그의 부모에게 다른 선택을 할 수 있는 가능성은 없는지에 대해 묻자, 그들은 아들에게 좀 더 개별적인 교육이 가능한 사립학교에 보내는 것에 대해 생각해 보았다고 대답하였다. 그들은 사립학교에 그레그를 보낼 수 있는 여유가 있을지라도 그레그의 사회성 문제 때문에 이러한 해결책이 바람직하지 않다는 것에 둘 다 동의하였다. 생각하는 휴식을 갖기 전에 나는 부모에게 월반하는 것에 대한 교사의 반응은 어떠했는지를 물어보았다. 그레그의 교사는 그들의 의견을 받아들이지 않았다고 했으며, 그레그의 사회성 문제가 먼저 해결될 필요가 있다는 것을 강조할 뿐이라고 하였다.

생각하는 휴식: 내가 그레그의 부모에게 느낀 반응은 이례적인 것이었다. 나는 그들에게 느낀 불편한 감정을 해결중심적인 방법으로 성찰할 필요를 느꼈다. 그리고 잠시 시간을 내어 주어진 정보를 유익한 방향으로 어떻게 사용할 수 있을지 탐색할 기회를 갖게 된 것에 대해 다행스럽게 생각하였다. 나는 상담을 하는 과정에서 그레그의 부모가 세상을 떠난 자녀에 대해 말하는 태도를 보면서, 그리고 그레그가 한 학년을 월반해도 잘 할 것이라고 믿는 그들의 비현실적인 생각을 접하면서 강한 반발심을 느꼈다. 아울러 그레그를 어린 아기처럼 취급하는 것을 포함한 다른 몇 가지 요소들 때문에 굉장히 부정적인 마음 상태가 되었다. 이러한 이유들로 나는 그들의 말을 주의 깊게 경청하지 못할 위험에 처해 있었다. 그러다보니 나는 자연스럽게 부모와 내적인 힘겨루기에 들어갈 가능성이 컸다. 그레그의 교사도 그들과 그러한 상태를 경험했던 것 같다. 나는 아들을 한 학년 월반시키려는 그들의 생각이 비현실적으로 들릴지라도 그들의 생각을 존중하고, 부정적인 감정에서 나오는 것이 아닌 협력적인 자세로 반응해야 한다는 사실을 내 자신에게 상기시켰다. 그리고 내가 듣고 관찰한 것들에 대한 목록을 만들기 시작하였다.

- 부모는 자녀의 바람을 진지하게 받아들이기를 원한다.
- 부모는 자녀가 잘 되는 것을 보고 싶어 한다.
- 어머니는 그레그에게 좀 더 많은 시간을 투자하려고 한다.
- 어머니와 그레그의 긍정적인 관계는 그레그로 하여금 어머니의 말을 잘 듣게 한다.
- 아버지는 그레그와 지나칠 정도로 가까운 관계를 가지고 있다.
- 그레그의 교사는 부모의 생각을 수용하지 않았지만, 그들은 여전히 자신들의 생각을 고수하고 있는 듯하다.
- 그레그의 부모는 학교에서 월반에 대한 자신들의 의견을 계속 주장하기보다는 나와 이 문제를 이야기하려고 한다. 이런 면에서 다른 선택 방안을 탐색할 수 있는 열린 자세를 볼 수 있다.

주의 깊게 생각한 후에 나는 세 사람에게 다음과 같은 피드백을 주었다. "두 분이 그레그에게 가장 좋은 것이 무엇인지를 찾아보려고 노력하는 모습에 깊은 감명을 받았습니다. 그리고 왓킨즈 씨, 그레그의 정서적 측면뿐만 아니라 지적 측면의 발달까지 고려하시는 모습이 인상 깊었습니다. 어머니의 말씀에 경청할 수 있는 그레그의 능력에 대해서도 깊은 인상을 받았습니다. 제가 볼 때, 그레그가 한 학년을 건너뛰면 그에 따라 온 가족이 해야 할 것이 매우 많아질 것이라고 봅니다. 특히 그레그는 학교와 관련하여 많은 공부를 추가적으로 해야 할 것입니다. 따라서 저는 부모님께 그레그에게 이러한 추가적인 학습을 할 수 있는 능력이나 준비가 되어 있는지 모든 관련 여건들을 세심하게 살펴보실 것을 권합니다. 그레그가 한 학년을 월반하여 잘 감당할 수 있을지에 대해서는 좀 더 명확한 평가를 위해 그레그와 세 번의 만남을 갖는 것이 필요할 것 같습니다. 이것에 동의해 주시면, 이 만남을 통해 그레그의 강점과 필요들을 탐색하고 평가하도록 하겠습니다."

그레그의 부모가 내 제안에 동의함으로써 나는 그레그와 일대일의 만남을 가졌다. 그리고 학교로 찾아가기도 하였다. 나는 그레그의 부모와 만날 것을 요청하여 내가 그동안 관찰한 것을 전달하였다. 이때 내가 관찰한 그레그의 강점을 중심으로, 특별히 그레그가 학교에서 친구들과 잘 하고 있는 것들을 이야기하는 것으로 시작하였다. 그레그에게는 물론 결점이 있는 것으로 관찰되었다. 몇 몇의 친구들과 함께 있을 때는 별 문제가 없는데, 많은 친구들이 있는 자리에서는 특별히 자신이 공격당한다고 볼 이유가 없을 때도 자신을 방어하거나 싸우는 행위를 하는 것처럼 보였다. 왓킨즈 씨는 자신들의 바람이 진지하게 받아들여진 것은 이번이 처음이라는 반응을 보였다. 특히 한 학년을 월반하는 것에 대해서는 더욱 그러했다. 그들은 여러 가지를 고려하면서, 그레그가 갈 만한 사립학교를 찾아보기로 결정하였다.

이러한 사례는 부모가 무척 비현실적이고 일관성이 없어 보일지라도 그들의 말에 주의를 기울여 경청하는 것이 얼마나 중요한지를 보여 준다. 부모의 불합리한 생각에 교사가 그러한 반응을 보인 것은 충분히 이해가 된다. 하지만 상담자는 그러한 상황에서도 전문가적 입장에서 그 부모를 판단하기보다는 해결을 향해 진지하게 경청하는 자세를 취함으로써 긍정적인 방향 전환을 가져올 수 있었다. 이것은 아주 간단하고 쉬운 것처럼 들리지만, 경험 많고 능력 있는 상담자라 할지라도 자칫 부모와 아동에게 다 도움이 되지 않는 힘겨루기 상황에 빠질 수 있다. 진정한 전문성은 내담자의 말에 귀를 기울여 경청하면서 전문가가 아닌 내담자의 시각으로 상황을 보는, 그러면서도 내담자가 보는 그대로 상황을 인식하지 않는 것에 있다. 내담자와 유사하게 보면서도 동시에 다르게 볼 수 있는 능력이야말로 상담자에게 요구되는 전문성이라고 할 수 있다.

반응이 느린 아동

아동 중에는 상담 초기 한두 번의 만남에서 상담자의 접근에 잘 반응하지 않는 경우가 있을 수 있다. 그럴 때 상담자가 보일 수 있는 가장 좋은 반응은 아동의 그러한 조심스러운 태도를 정상적인 것으로 인정하고, 적절한 때가 되면 아동 스스로 입을 열게 될 것이라고 부모에게 확신시켜 주는 것이다. 그러므로 대화하기를 주저하는 아동에게는 첫 상담 시간 내내 인내하며 기다려 주고, 그들의 부모나 보호자와 일반적인 대화를 나누는 것이 좋다. 아동의 장점이나 잘 하는 것, 예를 들면 긍정적인 성격이나 습관들, 좋아하는 음식이나 게임 등에 대해 이야기하는 것이다. 그러면서 아동이 보이는 행동이나 자세를 통해 대화에 참여할 마음이 있는지를 관찰해야 한다. 상담자는 이때 부모로 하여금 자녀와 나누고 싶은 긍정적인 대화나 활동을 하도록 안내할 수 있다. 아동에게는 어린 나이에도 생각보다 성인의 대화에 주목할 수 있는 능력이 있다. 그리고 부모가 자신에 대해 긍정적으로 이야기하면 더 차분하게 대화에 임하는 경우들도 있다. 아동이 대화에 적극적으로 참여하지 않더라도 상담자는 다양한 측면에서 아동이 잘 할 수 있는 것들을 찾아낼 수 있다. 즉, 어린 동생을 잘 도와주거나 책을 읽는 것, 아침에 혼자 알아서 옷을 갈아입거나 식사 준비를 돕는 것 등의 대화를 나누면서 부모와 자녀에 대해 간접적인 방식으로 칭찬을 할 수도 있다.

제7장에서는 특별한 필요를 가진 아동과 상담하는 기술에 대해 논의하면서 부모에게 자녀의 발달상의 문제나 한계에 대한 '좋지 않은' 사실을 알리는 방법에 대해 다룰 것이다. 그리고 어떻게 이러한 평가에 도달하게 되는지를 구체적으로 설명하고자 한다. 아울러 부모와 학교가 아동의 능력을 최대화할 수 있도록 어떻게 계획을 세울 수 있는지 등에 대해서도 언급할 것이다.

목표 세우기: 성공적인 결과를 위한 안내

해결중심 단기상담은 흔히 목표 지향적인 접근으로 알려져 있다. 그래서 처음부터 종결을 염두에 두고 그 조건을 함께 이끌어 내려고 한다. 그것이 성공적인 상담 결과를 위한 첫 단계라고 보기 때문이다. 성공적인 상담이란 내담자가 원하는 결과에 대한 정의와 그 조건에 의해 평가되어야 한다. 내담자는 우리가 제공하는 서비스의 소비자이므로 상담의 성공 여부는 내담자가 판단할 문제다. 다음에 제시한 것은 성공적인 상담 결과를 위해 구체적으로 상담 목표를 어떻게 설정할 수 있는지에 대해 보여 주고 있다. 상담을 받으러 오는 아동은 주로 성인, 즉 학교 교사나 간호사, 의사, 부모 혹은 보호자, 가족구성원, 베이비시터 등이 보내서 온다. 그들은 아동에게 어떤 문제가 있는지 나름대로 이미 많은 것을 판단하고 아동을 상담소로 보낸다. 문제를 해결하기 위해 어떤 것이 필요한지에 대해서도 나름대로 의견을 갖고 있다. 그러나 아동이 어떻게 행동하기를 원하는지, 그들이 보고 싶어 하는 모습이 무엇인지 말해 달라고 하면 잘 대답하지 못한다. 그 대신

'왜' 아동이 그렇게 행동하는지, 아동이 잘못하고 있는 것이 무엇인지에 대해서 묻곤 한다. 그러므로 상담자는 이러한 문제 중심의 말들을 넘어 해결이나 목표의 증상이 무엇인지 살펴보도록 내담자를 인도할 수 있어야 한다. 이를 위해 성공적인 상담의 결과라고 볼 수 있는 증상들이 무엇인지 구체적이고 행동적으로 평가할 수 있는 방법을 제시하도록 질문하는 것이 필요하다. 이러한 변화를 목격하기 시작하면 성인은 더욱 자녀를 격려하고 지지하는 태도를 취하게 된다.

성공적인 상담을 하려면 상담자와 아동의 보호자는 다음과 같은 특성들을 가진 목표를 세우는 것이 좋다.

- 문제가 없어지기보다는 어떤 해결의 모습이 새롭게 등장한다.
- 문제의 끝이 아니라 해결의 시작으로 묘사된다.
- 확고하고, 평가 가능하며, 셀 수 있고, 구체적이며, 행동적이다.
- 관련된 사람들에게 현실적이며 실행 가능하다.
- 사회 관계적인 맥락에서 관련된 사람 간의 상호작용을 이끌어 낸다.
- 이러한 결과를 성취하기가 그리 쉽지는 않다고 생각한다.
- 내담자에게 중요한 것이다.

상담을 시작하면서 이미 그 결과를 설정하는 것은 부모로 하여금 문제가 해결될 수 있다는 낙관적인 생각을 갖게 한다. 이것은 간단하게 들리지만, 상담자로서는 상당한 인내와 지속적인 집중력이 요구된다. 아동을 데려오는 대부분의 성인은 문제 상황에 시선이 집중되어 있고, 상황이 어떻게 변화되기를 원하는지에 대해서는 뚜렷한 인식을 갖고 있지 않기 때문이다. 사실 그들은 문제와 더불어 살아오면서 문제에 익숙해 있고, 그 구체적인 내용들을 상담자에게 이야기함으로써 도움을 얻으려고 하는 것이다. 다음은 상담자가 자녀 문제로 찾아온 아동의 어머니와 목표 설정 초기에 나눈 전형적인 대화 내용을 정리한 것이다.

상담자: 여기에 와서 저와 대화를 나눈 것이 도움이 되었다고 말하려면 오늘 어떤 일이 일어날 필요가 있을까요?

어머니: 멜로디(Melody)는 아주 힘든 기질상의 문제를 갖고 있어요. 멜로디는 어렸을 때부터 힘든 아이였어요. 사소한 것에서도 감정을 폭발하곤 합니다. 나를 더 힘들게 하는 것은 커가면서 그런 기질적 특성이 나아지기보다 더 악화되는 것 같다는 것입니다. 크면 좀 나아지려니 했는데 도리어 더 악화될 뿐이에요. 학교에 가서도 이제는 다른 아이들을 때리고 밀치고 물기까지 한답니다.

상담자: 정말 멜로디에 대한 걱정이 많으시겠어요. 그러면 멜로디가 다른 아이들을 밀치고, 때리고, 발로 차고, 물고, 감정을 폭발시키는 대신 무엇을 하면 좋겠습니까?

어머니: 어쩌면 타고난 것인지도 모르겠어요. 아이의 아빠도 그랬거든요. 정말 성격이 급하고 인내심이란 전혀 없어요.

상담자: 멜로디가 무엇을 하는 것을 보면 기질적인 문제가 조금 나아지고 있다고 말할 수 있을지 궁금하군요.

어머니: 나는 이 아이가 "아니요."라고 하는 대답을 수용하고 다른 아이들에게 잘 대할 수 있으면 좋겠어요. 하도 공격적이다보니 다른 아이들이 쉬는 시간에 함께 놀기를 원하지 않아요.

상담자: 그러니까 멜로디가 다른 아이들과 잘 놀고, 친구도 더 많이 사귀고, 규칙도 잘 따르는 아이가 되기를 원하시는 것 같군요.

어머니: 맞아요. 이 아이는 어디를 가든지 거기에는 지켜야 할 규칙들이 있다는 것을 알아야 해요. 다른 아이들이나 성인과 잘 어울리고, 사람들의 말에 귀 기울이는 것을 배워야 해요.

상담자: 예, 멜로디가 지금 여섯 살이라고 하셨는데 충분히 그러한 요구를 할 수 있다고 생각됩니다. 그렇다면 좀 더 구체적으로 아이가 무엇을 하는 것을 보면 멜로디가 지금 다른 아이들이나 어른들과 잘 어울리는 법을 배우고, "아니요."라는 대답을 수용할 줄 알며,

"성인의 말에 귀를 기울일 줄 아는구나."라고 말할 수 있을까요?

어머니: 나는 멜로디가 항상 성인의 말에 귀를 기울일 것을 기대하는 것은 아니에요. 그렇지만 그런 일이 일어난다면, 가끔 한 번씩은 선생님의 말에 귀를 기울이겠지요. 저와 할머니의 말씀에도 그렇고요. 그리고 항상 무엇이든지 자기 맘대로 하려고 하지 않겠지요.

이 대화가 보여 주는 것처럼, 어머니는 점점 더 확고하고 구체적으로 멜로디의 해결 상황을 묘사하기 시작한다. 이처럼 일관성 있게 해결 상황을 탐색하면서 우리는 두 가지 유익을 얻을 수 있다. 첫째, 보다 현실적인 목표를 세우기 시작한다. '항상' 성인의 말에 귀를 기울이는 것이 아니라 '가끔 한 번씩' 그렇게 되기를 기대하는 것이다. 둘째, 좀 더 분명하고 확고하게 된다. 일단 해결적인 차원에서 기대하는 멜로디의 행동을 언급한 어머니는 멜로디가 그러한 노력을 보이거나 그러한 방향으로 나아지는 모습을 볼 수 있는 가능성이 커진다. 그래서 멜로디가 어머니를 기쁘게 하려고 노력하는 모습이 보이기 시작하면 그들의 관계는 더 개선되기 쉽고, 이는 다시 멜로디로 하여금 더 나은 행동을 하도록 동기부여를 하는 요소가 될 수 있다.

아동의 문제 이면에 있는 이유 '이해하기'

성인의 입장에서 아동의 문제 이면에 있는 어떤 '이유들' 이나 문제 '요인들' 을 이해하고 싶어 하는 것은 당연한 일이다. 아동이 부모의 말을 듣고 싶어 하지 않을 때 우리 모두는 그 이유를 알고 싶어 한다. 어떤 문제가 있으면 그 문제를 야기한 과거의 어떤 사건이나 이유가 있을 것이라는 인과관계적인 인식도 타당성이 있다. 하지만 우리의 임상 경험으로 볼 때, 일단 무엇이 잘못되었는지 혹은 문제가 어떻게 불거지게 되었는지 등에 대화의 초점을 맞추어 진행되기 시작하면, 그것을 미래의 바람직한 해결 상황의 대화로 전환하기가 쉽지 않다. 따라서 상담자는 적절한 시점에 내담자가 원하는 바람직한 미래의 모습으로 대화를 전환하는 것이 좋다. 다음의 대화에서 나타나는 것처럼, 상담자는 이러한 대화의 방향 전환을 통해 내담자와 함께 상담 목표 세우기를 시작할 수 있다.

어머니: 나는 데본(Devon)이 왜 그렇게 고집이 세고 항상 자기 마음대로 하려고 하는지 그 이유를 알고 싶어요. 다른 형제들은 그렇지 않거든요.

상담자: 예, 데본이 왜 그러는지 알고 싶으신 것이 당연하지요. 그런데 그냥 그 이유를 이해하고 싶으신 건가요, 아니면 데본이 그 문제에 대해 무언가 좀 달라진 행동을 하기 원하시는 건가요?

어머니: 좋은 질문이시네요. 데본이 좀 달라졌으면 좋겠어요. 제 삶이 좀 수월해지면 좋겠구요. 저는 데본과 잘 지내고 싶어요. 아이가 해야 할 일들 때문에 지금처럼 사사건건 싸우는 일이 없으면 좋겠어요. 늘 잔소리하고 싸우다보면 너무 힘들고 지쳐요.

상담자: 자, 그러면 데본이 사사건건 어머니와 싸우지 않고 자신이 해야 할 일들이 있다는 것을 인정하고 수용할 줄 알게 된다고 가정해 봅시다. 이 상황에서 데본은 이전에 하던 행동 대신에 어떤 일을 할 것이라고 생각하십니까?

어머니: 글쎄요, 먼저 역겨운 표정을 하면서 크게 한숨 쉬지 않을 것이고, 눈을 이리저리 굴리며 딴청하지 않겠지요. 그럴 때면 정말 뺨이라도 때려 주고 싶어요. 하지만 그렇게 하지 않으려고 대개 제가 그 자리를 피해 버리고 말죠.

상담자: 그러면, 데본은 이전에 보인 태도나 행동 대신 무엇을 할 것이라고 생각하세요?

어머니: 얼굴이 좀 펴지겠지요. 그냥 그렇게 하면 되잖아요. 어쩌면 이것도 너무 많은 요구일지 모르겠어요. 하지만 데본은 왜 다른 아이들처럼 되지 못하는 것이지요?

상담자: 데본이 그렇게 얼굴을 피고 다닌다고 가정해 봅시다. 어떻게 그런 일이 일어날지는 모르겠어요. 하지만 일단 그렇다고 상상해 보세요. 그러면 어머니와 데본 사이에 어떤 변화가 일어날까요?

어머니: 그러면 저도 평소 데본에게 했던 방식에서 벗어나 아이를 위해 더 많은 것을 해 주고 싶겠지요. 예를 들면, 데본이 좋아하는 저녁을 해 주고, 친구와 함께 자고 올 수 있도록 허락할 수도 있을 거예요. 데본이 하고 싶은 것을 하도록 해 주는 것이지요.

이 대화에서 보듯이, 데본의 어머니는 비교적 짧은 시간에 상황이 조금 더 나아졌다고 볼 수 있는 행동 지표들을 찾아내었을 뿐만 아니라, 자신을 그 해결 과정에 참여시킬 수 있었다. 어머니가 데본뿐만 아니라 자신도 어떻게 변화될 수 있을지 탐색하게 된다면 치료 기간은 훨씬 짧아질 것이다. 데본을 대하는 어머니의 행동이 긍정적으로 변화되면 데본 또한 어머니의 기대에 긍정적으로 반응할 가능성이 높아지기 때문이다.

여러 목표 다루기

상담자는 부모를 비롯하여 아동의 치료를 요청하는 많은 사람들이 아동이 가진 수많은 문제들에 대해 이야기하는 것을 들으면서 무엇을 어떻게 해야 할지 압도당하는 느낌을 받을 수 있다. 이럴 때는 부모나 보호자에게 어떤 것부터 상담을 시작하면 좋을지 우선순위를 설정해 줄 것을 요청하는 것이 좋다. 다음에서는 두 명의 상담자가 상담 목표를 설정하기 위한 작업을 진행하고 있다. 첫 번째 상담자는 다음과 같이 접근하고 있다.

많은 분들이 조나단(Jonathan)이 조속한 시일 내에 적절한 도움을 받기를 원하시는군요. 조나단에게 희망이 있다고 생각하는 분들이 이렇게 많다는 것은 좋은 징조라고 생각합니다. 그렇다면 이러한 모든 관심들을 염두에 두고, 우리가 어디에서 상담을 시작하면 조나단이 바른 방향으로 나아가고 있다고 말할 수 있겠습니까?

다른 상담자는 다음과 같은 방식으로 치료 목표 설정을 시도하고 있다.

> 조지(George)에 대한 이야기를 통해 그에게 많은 문제들이 있다는 말씀을 잘 들었습니다. 여러 해에 걸쳐 그런 많은 문제들과 씨름하면서 정말 어려운 시간들을 보내셨군요. 이제는 그런 것들로부터 조금이라도 벗어나야 할 것 같습니다. 물론 모든 것을 단번에 처리할 수는 없습니다. 우리가 제대로 가고 있다는 것을 알 수 있으려면 어떤 작은 변화가 있어야 할까요?

이 두 가지 사례는 유사한 접근을 보여 주고 있다. 물론 강조점에서는 약간의 차이가 있다. 조나단의 상담자는 그의 변화에 희망을 가진 사람들이 많다는 것을 강조하고 있다. 그리고 조지의 상담자는 부모(보호자, 교사 등)가 이미 오랫동안 조지의 복잡한 문제로 고생했고 이제는 그런 상태에서 조금 벗어나야 할 때가 되었다는 사실을 언급하고 있다. 그러나 두 상담자는 '작은 변화'와 '올바른 방향'에 대해 언급하면서 성인의 우선적인 관심사를 이끌어 내려 하고 있다. 그리고 엄청나게 놀라운 변화가 아닌 작은 변화들을 찾는 것이 중요하다는 점을 강조하고 있다.

자녀가 먼저 변화되기를 원하는 부모

우리는 세미나, 상담 혹은 상담 훈련을 할 때 자녀가 먼저 변화될 것을 기대하거나 그런 요구를 하는 부모가 있을 때 어떻게 해야 하는지에 대한 질문을 자주 받는다. 부모의 입장에서는 자녀의 문제가 바로 잡혀지면 자신들의 삶이 훨씬 수월해지고, 자녀와의 관계도 더 나아질 것이라고 믿을 수 있다. 충분히 이해할 수 있는 부분이다. 실제로 이러한 일은 자주 일어난다. 아동의 조그만 변화가 부모의 삶을 놀랍게 달라지게 하는 경우들을 자주 보아 왔다. 그러나 이와 반대의 현상도 일어난다. 부모가 변하면 자녀와 더불어 사는 것이 수월해지는 것이다. 우리는 이러한 모습을 보면서 배운 것이 있다. 즉, 누가 변화의 과정을 시작하든지 관계의 맥락 안에 있는 사람은 상대방의 변화에 적응하도록 자신을 변화시켜 가야 한다는 것이다.

사실 반항적인 청소년이나 기가 죽어 자신에 대해 어떤 긍정적인 말도 할 수 없는 아동의 경우, 그들을 대상으로 이러한 개념을 실천에 옮긴다는 것은 어려운 일이다. 우리가 만나는 내담자 중에는 상담을 통해 다루기가 아주 까다로운 청소년이나 어린 아동이 있다. 이러한 내담자는 협조적이지도 않으며 그들과 긍정적인 관계를 맺으려는 치료자의 노력을 수포로 돌아가게 하려는 것처럼 보인다. 함께하기가 까다로운 아동이나 부모일수록 그 동안 더 절박한 경험들을 해 왔을 가능성이 크다. 그러므로 상담자는 이들을 더 많이 인정하고 지지해 주는 것이 필요하다는 사실을 인식하는 것이 중요하다. 그리고 그들의 까다로운 행동들을 너무 개인적으로 받아들이지 않는 것이 좋다. 그것은 그들이 얼마나 화가 나 있고, 희망을 상실한 상태에 있는지, 그래서 더욱 절박하게 도움이 필요하다는 사실을 전달하는 의사소통의 한 방식이기 때문이다.

부모나 아동의 까다로운 행동은 그들을 알아가려는 관심과 흥미를 갖고 그들의 관점으로 제반 상황을 보면 훨씬 수용하기가 쉬워진다. 따라서 상담자는 먼저, 내담자가 말하는 것을 있는 그대로 수용할 수 있어야 한다. 예를 들면, 부모가 자녀의 변화가 먼저 있어야 한다고 주장하면 일단 그것을 받아들이고 상황을 그 부모의 관점에서 이해하도록 노력해야 한다. 다음의 대화 사례를 참고하도록 하라.

상담자: 자, 그러면 우리가 이야기한 것처럼 어머니가 원하시는 대로 따님이 그 모든 것들을 한다고 가정해 봅시다. 그러면 따님은 어머니가 어떻게 달라질 것이라고 말할까요?

어머니: 정곡을 찌르셨네요. 사실 저는 제 아이를 얼마나 알고 있는지 모르겠어요. 아이의 머릿속에서 어떤 일이 진행되고 있는지 도대

체 알 수가 없어요. 그러나 상상해 보면, 제가 좀 더 차분해지고, 자기에게 기분 좋게 말을 건네며, 아침에는 자신을 보며 "좋은 아침!"하며 아침 인사를 나눌 것이라고 말할 것 같아요. 그렇지만 그렇게 하기는 정말 힘들어요. 아이는 아침에 일어나면서부터 밤에 잠들 때까지 저를 너무 힘들게 하거든요.

상담자: 아침에 어머니가 따님에게 "좋은 아침!"하고 말을 건네면 따님은 무엇을 하겠다고 말할까요?

어머니: 제 딸에게 그렇게 말해 본지도 꽤 오래되었네요. 그렇게 말을 건네면 '엄마가 오늘 아침에 무엇을 잘못 먹었나.'라고 생각할 것 같아요.

상담자: 따님이 엄마가 진심으로 그렇게 이야기했다는 사실을 알게 되면, 오늘 아침에 하지 않은 어떤 다른 행동을 할 것이라고 보십니까?

어머니: 그러면 마음이 차분해지고 기분도 좋아지겠지요. 가족에게 말을 툭툭 내뱉으며 다니지도 않고요. 그리고 제가 잔소리하지 않아도 아침식사를 하고 스스로 알아서 학교 갈 준비를 하겠지요.

이처럼 내담자와 대화를 나눌 때 치료자는 목표 설정을 위한 포인트를 찾아내기 위해 상대방의 말을 선택적으로 듣는 법을 배워야 한다. 앞의 사례에서, 상담자는 자꾸 문제 중심의 대화로 돌아가는 어머니를 해결의 구체적인 상황에 대해 이야기하도록 유연하게 인도하고 있다. 우리가 현장 경험을 통해 발견한 사실에 따르면, 문제 중심의 대화에 오래 젖은 내담자일수록 문제 대신 개인적인 바람에 대해 생각하고 이야기하기까지 더 오랜 시간이 걸린다는 것이다.

목표 바꾸기

상담을 하다 보면 중간에 목표를 재조정하는 경우가 생길 수 있다. 실제로 이러한 일은 흔히 일어난다. 단순히 부모가 자신이나 자녀의 성장에 대해 개인적으로 원하는 것이 무엇인지 불확실하거나 양가감정이 있어서라기보다 상담이 진행되면서 다른 이유 때문에 목표를 수정할 필요가 발생할 수 있는 것이다. 이러한 사실은 어떤 아동의 어머니가 한 다음의 말에서 잘 나타나고 있다. "이 문제를 해결하고 나니까 그 다음에 다룰 문제를 바꿀 필요가 있다는 사실을 알게 되었어요." 척도 질문을 언급하며 다음과 같이 자신이 처한 딜레마를 설명하는 어머니도 있었다. "척도 5에 도달하기까지는 척도 6의 상황이 어떨지 예상조차 할 수 없었어요. 그런데 지금은 알 것 같아요." 막상 그 상태에 도달하니까 다루어야 할 또 다른 요소들이 드러났다는 것이다. 지금 당장 심한 스트레스에 처한 상황에서는 자신의 삶이 어떻게 나아질 것이라는 큰 그림을 생각할 여유를 갖기 어렵다. 자녀가 당면한 문제로 압박을 받으며 '날마다 불끄기'에 여념이 없는 것 같은 느낌을 받을 때, 어떤 전체적인 그림을 보며 우선순위를 설정한다는 것은 그리 쉬운 일이 아니다. 그러나 일단 조금씩이나마 장애물들을 극복해 가면서 더 큰 그림을 보기 시작하면, 내담자들은 새롭게 다룰 어떤 더 큰 쟁점들을 볼 수 있고 이러한 쟁점들을 다룸으로써 더 큰 변화를 경험할 수 있게 된다. 그러므로 내담자가 어떻게 목표를 성취하는지, 그리고 그러한 상황에서 어떻게 다른 다양한 목표들을 구축하고 달성하는 것이 자신의 삶을 조금 더 나아지게 할 수 있는지에 대해 생각하는 것을 경청하는 것이 상담자에게는 중요하다.

제5장

상담에 돌입하기

지금까지 상담할 때 사용할 수 있는 몇 가지 기본 기술들을 살펴보았다. 이제는 실제로 상담을 어떻게 진행할지에 대해 생각해 보고자 한다. 이 장에서는 상담 회기의 구조화와 부모와의 상담 과정, 아동과 상담할 때 어떤 도구와 장난감들을 사용할 수 있을지 등에 대해 실제적으로 다루고 있다.

상담 시작하기

첫 번째 상담에 누가 와야 하는가

아동 상담을 원하는 부모나 아동을 상담실에 보내기를 원하는 사람들이 자주 제기하는 질문의 하나는 처음 상담을 할 때 누가 그 자리에 와야 하는가다. 때로는 상담자가 이러한 질문을 하는 경우도 있다. 이에 대한 우리의 일반적인 입장은 '아동을 위한 해결책을 찾는 데 가장 도움이 될 수 있는 사람은 누구나 다 환영' 한다는 것이다. 대개의 경우, 아동의 어머니나 그 밖에 아동에게 중요한 사람이 여기에 해당된다. 청소년은 친한 친구를 데려오기도 한다. 자신이 가깝게 느끼는 특별한 교사, 상담자, 사역자, 이웃의 성인과 함께 오는 경우도 있다. 우리는 누가 참석하는 것이 좋을지를 부모에게 결정하도록 하기도 한다. 일반적으로 자녀를 가장 잘 아는 사람은 부모일 것이기 때문이다.

하지만 첫 상담에 누가 와야 하는지를 좌우하는 것은 부모만이 아니다. 교사나 간호사, 변호사, 판사, 사회복지사 등 아동을 상담에 의뢰하는 사람도 자신의 생각을 제시한다. 그들은 전 가족이 상담에 참여할 것을 제안하는가 하면 아동만 상담자를 만나야 한다고 주장하기도 한다. 아동과 관련된 주변 사람이 다 참석할 것을 권하는 경우도 있다. 때로 전체 가족이 다 상담에 참여하려면 아기를 돌봐주는 사람을 구하고 교통편의를 제공할 사람을 찾아야 하는 불편함이 있을 수 있다. 따라서 상담자 자신은 그렇게까지 할 필요를 느끼지 않더라도 아동을 위탁하는 사람이 그러한 생각을 갖고 있다면 그것을 존중해 주는 것이 유익하다. 전체 가족이 첫 번째 상담에 참여하여 아동을 치료하는 데 어떤 면에서든 도움이 되려고 하면 상담자는 가족의 그러한 선한 의도를 언급하며 칭찬하는 것이 좋다. 실제로, 특별한 경우가 아니라면 우리는 대개 먼저 부모와 이야기를 나누려고 한다. 아동에게 영향을 줄 수 있는 중요한 결정을 내리는 사람은 대개의 경우 부모이기 때문이다.

상담자는 상담을 요청하는 사람이 누구이든지 그와 함께 상담에 임할 수 있는 충분한 융통성과 의지를 갖고 있어야 한다. 그리고 어떠한 정보가 주어지든지 그것을 통해 최선의 결과를 이끌어 낼 수 있는 능력을 가져야 한다. 완전하고 충분한 정보라는 것은 없다. 우리는 될 수 있는 대로 다양한 요소들에서 필요한 정보를 수집하는 것이 필요하다. 때로는 여기저기에서 조각 정보들을 얻고, 경우에 따라서는 위탁 기관에서 보내는 산더미 같은 서류나 평가 자료들을 통해 문제해결에 도움이 될 수 있는 유용한 정보들을 찾아낸다.

청소년은 많은 경우 혼자 상담실을 찾거나 부모 대신 친한 친구와 오는 것을 선호한다. 또는 청소년 자녀 대신 부모만 오는 경우도 있다. 상담을 받으러 가면 자신이 비난받거나 장황한 훈육을 받아야 한다고 생각하여 청소년 자녀가 함께 가려고 하지 않기 때문이다. 그들은 '상담인지 뭔지를 하는 이상한 사람' 을 만나러 가면 마치 자신이 '미친 놈' 혹은 '사이코' 처럼 느껴지거나 '비정상적' 이라는 사실을 입증하는 것처럼 여겨져 또래나 주변 사람들로부터 따돌림을 받을 것 같아 상담을 거부하기도 한다. 그런 경우에는 청소년 자녀를 굳이 상담실에 오도록 강요하지 않아도 도울 수 있다. 특히 청소년 자녀가 어떤 자극을 받아 감정이 폭발하면 폭력적이 되거나 행동이 더 악화될 것을 염려하는 부모의 경우에는 더욱 그러하다. 다시 말하지만, 우리가 이렇게 할 수 있다고 생각하는 것은 내담자를 만나 그들에게서 어떤 문제 상황을 평가하려는 것이 아니라 해결에 초점을 두고 그것을 평가하고 그 가능성을 찾아내려고 하기 때문이다. 이것은 문제를 평가하는 것과는 상당히 다른 접근이다. 부모는 저마다 자녀의 상황이 어떻게 달라지기를 원하는지, 문제가 해결되면 어떤 상황이 될지에 대해 나름대로 생각하는 것이 있다. 그리고 아동이나 청소년도 제각기 나름대로의 생각과 판단을 하며 상담실을 찾아온다.

상담 예약과 첫 만남 사이

우리는 상담 예약이 되면 대개의 경우 다음과 같은 서신을 부모와 아동을 위탁한 사람에게 보낸다.

- 상담에서 기대할 수 있는 것에 대한 정보, 상담실 운영 시간, 상담비, 전화 및 팩스 번호, 전자 우편 주소 그리고 상담자의 자격 및 전문 분야와 관련된 정보 등

- 아동의 문제와 자원에 대한 부모의 염려와 인식을 이끌어 낼 수 있도록 고안된 질문지(이에 대해서는 부록을 참고하라.). 우리는 이 질문지를 작성하여 첫 번째 만남에 가져오라고 요청하지만, 많은 경우 이 사실을 잊어버리거나 딴 곳에 놓고 그냥 온다. 따라서 첫 만남 때 여분의 질문지를 갖고 있는 것이 좋다.

우리는 아동의 부모나 교사 혹은 아동을 위탁한 사람이 누구보다도 아동에 대해 가장 잘 안다고 생각한다. 따라서 이들은 우리가 상담하는 과정에서 함께 작업할 수 있는 가장 중요한 자원이 된다. 이들에게 제시하는 질문지는 아동의 성공이나 강점, 기술 그리고 각종 성공의 경험들을 이끌어 내기 위해 고안된 것이다. 이러한 것들은 성인이나 아동 당사자들도 인식하지 못하고 있는 것들일 수 있다. 놀랍게도 이 질문지를 작성한 많은 부모들은 이미 자녀를 이전과는 약간 다르게 보기 시작한 상태에서 상담실을 찾아온다.

상담 진행 과정에 대해 설명하기

우리는 상담을 시작할 때 상담 중에 어떤 일들이 진행될지에 대해 내담자에게 미리 설명해 주는 것이 좋다고 여긴다. 상담 전에 기록된 형태로 이러한 정보를 보내 주었을지라도 다시 한 번 알려 주는 것이 바람직하다. 부모가 이러한 내용을 인지했더라도 상담에 임할 자녀에게까지 그 내용들을 설명해 준다고는 확신할 수 없기 때문에 확인을 하는 것이 중요하다. 다음의 내용은 부모와 아동에게 흔히 소개되는 설명의 한 가지 예다.

[아동에게] 나에게 상담하러 오는 다른 아이들과 마찬가지로 너 역시 이곳에 오는 것이 쉽지는 않았을 거야. 어쩌면 집에서 네가 하고 싶은 일을 하거나 좋아하는 장난감을 갖고 놀고 싶을 수도 있겠지. 이것은 지극히 정상적인 것이야. 나를 만나러 오는 다른 아이들도 다 그렇게 생각하

거든. 오늘 우리가 무슨 일을 할지 알면 네가 조금 더 쉽게 이 시간을 보낼 수 있을 것이라고 생각해. 나는 우선 너에 대해 알고 싶어. 네가 좋아하는 것이 무엇인지, 잘하는 것은 무엇인지 등에 대해 알고 싶어. 두 번째는, 네 삶에서 변화시키기를 원하는 것이 무엇인지, 부모님은 무엇이 달라진 것을 보고 싶으실지 등에 대해 알아보는 거야. 대부분의 부모님과 아이들은 저마다 나름대로 변화시키고 싶은 것들을 갖고 있어. 다 조금씩 다른 생각들을 갖고 있지. 이런 것 또한 지극히 정상적인 거야. 나는 각 사람이 원하는 것들이 무엇인지 각자의 생각들을 알아보려고 한단다. 이를 위해 나는 너와 잠시 대화를 나누고, 네 부모님과도 그렇게 할 거야. 그동안 너는 밖에 나가서 장난감을 갖고 놀거나 그림을 그려도 좋아. 네가 원한다면, 어른들이 무슨 이야기를 나누는지 들어도 괜찮아. 그러다가 모든 대화가 끝내면 잠시 휴식 시간을 가지면서 네가 말한 이야기들에 대해 생각하는 시간을 가질 거야. 그러고 나서 다시 이 방에서 만나 너는 이 의자에 앉고 나는 내가 생각한 것들을 네게 이야기하는 시간을 갖게 될 거야.

부모가 자녀를 먼저 상담하도록 요청할 때

상담을 하다보면 자녀를 먼저 상담해 달라고 요구하는 부모를 만나게 된다. 그것이 타당하다고 판단되면 우리는 될 수 있는 대로 그렇게 하려고 한다. 하지만 아동의 얼굴에 두려워하는 표정이 나타나거나 눈물을 짓는 등 정서적으로 감당하기 어렵다고 판단되면 이러한 제안을 제고할 수 있어야 한다. 그럴 때는 아동이 심리적으로 안정되어 부모가 곁에 없어도 되겠다는 판단이 설 때까지 부모가 함께 상담실에 앉아 있도록 요청하는 것도 좋다. 상담자보다도 부모가 자녀를 더 잘 알기 때문이다. 부모가 자녀를 홀로 상담하도록 요청할 때, 상담자는 그에 대한 '타당한 이유' 를 물어볼 수 있다. 그리고 아동이 가진 다양한 긍정적인 자질들을 탐색할 수 있다. 상담실을 찾아와 이러한 과정들을 거치는 동안 아동은 대개의 경우 심리적으로 안정되며 차분한 상태가 된다. 그리고 호기심을 갖고 주위를 살피기도 한다. 그러나 경우에 따라서는 매우 수줍어하며 자신의 의견을 잘 표현하지 못하는 아동도 있다. 그럴 때는 놀이를 통해 아동의 관심을 환기시킬 수 있다. 인형을 가지고 익숙한 가족 노래나 활동에 들어갈 수도 있다. 이때 너무 서둘러 아동과 친해지려고 하지 않는 것이 중요하다는 사실을 기억하라. 그렇게 할 수도 없으며 해서도 안 된다. 아동에게는 나름대로 시간이 필요하다. 그리고 아주 어린 아동도 나름대로 판단하고 선택할 수 있도록 해야 한다.

부모와 자녀를 따로 만나야 할 때

청소년을 상담할 때, 부모와 청소년 자녀를 별도로 만나야 할지를 결정하는 것은 그리 어려운 일이 아니다. 청소년 자녀 때문에 지쳐 있는 부모의 경우, 어떤 대화를 해도 자녀의 문제에 대한 이야기로 귀결되는 경우가 흔히 있다. 또는 다양한 이유들 때문에 자녀의 문제에 집착하는 부모도 있다. 이럴 때는 따로 상담을 하는 것이 좋다. 상담 약속을 한 이후로 자녀가 보인 어떤 긍정적인 변화들이나 잘한 것들로 대화 주제를 이끌어 가려고 여러 번 시도했지만 여전히 이루어지지 않을 때도 따로 만나는 것이 좋다. 경우에 따라서는 자녀의 불만이 고조되고 상호 존중이나 협동의 분위기를 형성하기가 불가능해 보이는 때도 있다. 부모에 대한 불만을 가진 청소년이나 자녀의 반응은 금방 드러난다. 예를 들면, 고개를 푹 숙이고 불손한 태도를 보이는가 하면 눈을 내리깔고 어떤 요구에도 반응하거나 대꾸하지 않는 아동이 있다. 얼굴에 온갖 불만 있는 표정을 하고 좌절하거나 절망하는 모습을 보이는 경우도 있다.

어떤 때는 부모와 자녀 간에 긴장이 팽배해서 도저히 서로를 용납할 수 없는 것처럼 행동할 때도 있다. 이럴 때는 이들을 분리하여 따로 만남으로써 각자와 충분히 상호작용할 수 있는 여유를 가질 수 있다. 이들이 상담자와의 만남을 통해 달라질 수 있다면, 다른 관계의 맥락에서도 달라질 수 있다는 것을 보여 주는 좋은 예시가 된다.

한편, 부모 자녀 간에 대화가 잘 이루어지지 않을 때 상담자는 부모에게 대기실에 가 있도록 요청하고 아동과 단 둘이 남아 대화를 시도할 수 있다. 모르는 사람 앞에서 부모에게 책망을 당하거나 꾸짖음을 당한다면 자녀로서도 자신의 부끄러운 부분을 노출하게 되므로 당황스러운 일이 아닐 수 없다. 집에서 이런 상황이 반복된다면, 최소한 다른 방으로 가 버리거나 방문을 닫아걸 수도 있고, 밖으로 나가 버릴 수도 있다. 그러나 상담실에 앉아 있는 상황에서는 그와 같은 도피를 하기가 어렵다.

사례: 비디오 게임

15세의 피터(Peter)는 밤새도록 비디오 게임을 하고는 다음 날 아침에 일어나지 못해 학교에 가지 못하는 생활을 하곤 하였다. 이것을 더 이상 보다 못한 부모가 억지로 상담실로 데리고 왔다. 피터는 간신히 학교에 가는 날도 대부분의 시간을 잠자며 보내고 밤에는 다시 밤새 컴퓨터 게임을 하는 것으로 시간을 보내는 아이였다. 학교 성적은 형편없이 떨어졌고, 학교에서도 피터의 상황에 깊은 우려를 표하고 있었다. 부모는 피터가 컴퓨터 게임에 중독되었다고 확신하고 그를 상담실에 데리고 온 것이었다. 아버지는 피터에 대해 매우 화가 나 있었고, 지난 몇 달 동안 피터의 행동이 얼마나 공격적이고 악화되었는지를 반복하여 강조하였다. 그리고 피터를 질책할 뿐만 아니라 아내에게도 아이를 잘 양육하지 못했다고 번갈아가며 비난하였다. 피터의 어머니는 남편의 상태가 더 심해질 것이 두려워 별 말을 하지 못하고 앉아 있었다. 그러다가 피터의 덩치가 점점 커짐에 따라 언젠가 남편과 아들이 신체적으로 부딪칠까봐 염려된다는 말을 하였다.

피터는 말없이 점점 더 고개를 떨어뜨렸다. 내적으로 상당히 고통스러워하고 있음이 분명하였다. 지속되는 아버지의 비난과 어머니의 침묵이 좋지 않은 결과를 가져온다는 것을 깨닫고 나(김인수)는 부모에게 대기실로 가 있으라고 요청한 후 피터와 단독으로 대화를 나누었다. 피터에게 "네가 그렇게 컴퓨터 게임을 많이 하는 데는 무슨 그럴 만한 이유가 있을 것이라고 생각되는데, 그게 뭐지?"라고 묻자 피터는 갑자기 울음을 터뜨리며 형과 아버지로부터 맞곤 했다고 말하였다. 컴퓨터 게임은 그에게 매일의 힘든 삶에서 약간이나마 마음의 평안과 즐거움을 얻을 수 있는 유일한 도구였던 것이다.

피터는 부모가 3일 전에 상담 예약을 한 후로 학교에 가서 공부에 집중하려고 노력하였다. 자기 스스로 이러한 변화를 시도하였던 것이다. 그래서 우리는 그가 원하는 변화들에 대해 한동안 대화를 나누었다. 피터는 다음 주에 이어지는 상담에 혼자 오겠다고 약속하였다. 물론 부모의 허락을 얻었다.

휴식 시간에 나는 다른 상담자와 상의한 후 상담실로 돌아와서 먼저 부모의 인내심에 대해 칭찬하였다. 그리고 피터가 학교에서 잘할 것으로 기대하고, 또 잘할 수 있다는 믿음을 가진 것에 대해 칭찬하였다. 피터에게는 잘할 수 있는 자질이 있지만 그것이 실천되지 않는 것을 보면서 아버지는 매우 답답함을 느꼈다. 하지만 피터가 몇 주씩 학교를 빠진다고 해도 결국은 학교 진도를 따라갈 수 있다는 확신을 갖고 있었다. 그래서 우리는 피터가 원래의 모습을 회복하기 시작했음을 보여 주는 여러 가지 크고 작은 증상들을 탐색하며 눈여겨볼 것을 부모에게 요청하였다.

부모와 자녀를 함께 상담할 때

부모와 자녀를 함께 상담하는 것은 상당 부분 상담이 어떻게 진행되느냐에 의해 좌우된다. 그렇지만 우리의 일반적인 규칙은 부모와 자주 접촉을 한다는 것이다. 매번 상담을 하러 데려다 주는 것은 주로 부모이기 때문이다. 상담자는 부모와 함께 상담을 진행할 때 자녀의 성공적인 예외 상황을 눈여겨보도록 요청하는 것이 좋다. 즉, 언제 자녀가 자신의 감정을 절제하는지, 언제 차분해지는지, 언제 말을 잘 귀담아듣는지, 언제 학교 성적을 잘 받아오는지 등을 살펴보는 것이다. 이런 과정을 통해 부모는 자녀의 행동 개선을 위해 함께 노력하고 있다는 느낌을 받게 된다. 언제 부모와 자녀를 함께 만나는 것이 좋은가? 우리가 생각할 때, 가정과 학교에서 긍정적인 방향으로 어떤 변화들이 나타날 때 함께 만나는 것이 좋다. 가족이 성공적인 경험을 할 때 상담 대화도 그런 내용으로 전개되기가 쉽다. 저마다 상황 개선을 위해 무엇을 하는지, 어떻게 노력하는지에 초점을 맞추어 대화할 수 있는 것이다. 이때 상담자는 그들의 노력을 치하하며 격려하도록 한다.

아동의 상태 수용하고 평가하기

상담에 임하는 아동이 주저하며 두려워하는 모습을 보이면 부모가 자녀와 함께 상담실에 있는 것이 좋다. 이러한 상태에 있는 아동에게는 다양한 방법으로 격려하고 확신을 주는 것이 필요하다. 그럼에도 불구하고 어머니와 떨어지는 것을 두려워하고 주저하는 소심한 아동이 있다. 이럴 때는 아동이 어머니와 함께 있을 때 안정감을 느끼고 있음을 언급하며 그러한 태도를 수용하거나 '정상인 것' 으로 받아주는 것이 중요하다. 그리고 아동이 가진 특별한 재능이 무엇인지, 좋아하는 장난감이나 잘하는 것은 무엇인지, 숫자 세기나 색깔 분별하기, 책 읽기, 모양 지각하기 등 그동안 무엇을 배웠는지 등을 질문하여 상담 진행의 완급을 조절하는 것이 좋다. 최근에 다섯 살 반이 된 남자 아이와 상담을 하면서 나(김인수)는 그가 유치원에서 무엇을 배웠는지를 물어보았다. 글자 쓰기, 숫자, 색깔 등에 대해 아는지 살펴본 것이다. 아동은 자랑스럽게 자신이 '수학' 을 배운다고 대답하였다. 그러면서 내가 그를 여섯 살 정도로 추측하자, "다섯 살하고도 반." 이라며 아주 정확하게 말했다. 내게 자기 나이를 정확히 알리려고 한 것이었다. 이런 간단한 대화에서도 우리는 내담 아동의 특성을 알아차릴 수 있다. 그리고 이를 통해 아동과 어떻게 상담을 진행하는 것이 좋을지에 대한 실마리를 얻어 낼 수 있다. 예를 들면, 이런 대화가 있은 후 나는 막연히 '숫자' 라는 말 보다는 '수학' 이라는 용어를 쓰면서 상담을 이끌어 가려고 노력하였다.

반면에 소심하고 부끄러움을 타는 것과는 정반대의 아동도 있다. 이런 아동은 상담실에서 처음 보는 것들에 대해 신기해하고, 방을 휘젓고 다니며 이것저것을 만져 보거나 눈에 띄는 새로운 장난감들을 갖고 놀려고 한다. 어떤 경우에는 그 자리에 있는 물건들을 마음대로 분해하고서는 원래대로 복구시키지 못할 때도 있다. 이런 아동은 호기심이 많은 아이일 수 있다. '똑똑하다' 고 볼 수도 있고, '활동적인 아이' 라고 말할 수도 있다. 물론 통제하기가 '다소' 만만치 않을 수 있다. 따라서 상담 초기에 부모가 아동의 문제에 어떤 반응을 보이는지 살펴보는 것이 좋다. 어떤 부모는 자녀의 행동을 무언가가 부족하거나 결핍되었기 때문에 혹은 부모에게 의식적으로 반항하기 때문에 그런 것이라고 생각한다. 어떤 이유 때문에, 예를 들면 자신들이 이혼을 했기 때문에 화가 나서 반항하는 것이라고 주장하는 부모도 있다. 우리는 바로 이러한 시점에서 개입을 시작한다. 부모와 아동으로 하여금 문제 상황을 약간 다르게 보도록 인도하고, 이러한 우리의 접근에 부모가 어떻게 반응하는지를 눈여겨보는 것이다. 우리는 이러한 과정을 통해 저마다 다른 부모와 어떻게 관계를 이어가야 할지에 대한 실마리를 얻는다.

문제 상황이나 자녀에 대한 부모의 인식 혹은 반응을 평가하는 것은 그리 어려운 일이 아니다. 그들이 원하는 것 혹은 원하지 않는 것을 말로 설명할 수 있기 때문이다. 많은 부모들은 아동에게 성인처럼 의자에 똑바로 앉아 상담자가 질문하는 것에 대답할 것을 요구한다. 그런가하면 자녀의 행동에 무관심하거나 통제하지 못하는 부모도 있다. 완전히 질려 무엇을 어떻게 해야 좋을지 모르는 경우도 있다. 부모가 자녀에게 진절머리를 낼 때 우리는 그것을 금방 알아챌 수 있다. 이럴 때도 상담자는 부모가 느끼는 어려움에 공감을 표하며, 자녀에게 그러한 반응을 보이는 것을 수용하고 정상화하는 것이 좋다. 부모가 자녀의 문제로 힘들어하는 것은 청소년 자녀를 가진 경우에 더 흔히 일어난다. 그들은 이미 수년 동안 자녀의 문제와 씨름해 왔을 것이기 때문이다. 그리고 청소년은 어린 자녀보다 더 공개적으로 부모의 권위에 도전하거나 부모가 바라는 것을 과장된 방식으로 비판하거나 거부할 수 있기 때문이다.

상담 목표가 상충될 때

해결중심 단기상담의 가장 강력한 특성 중 하나는 상담을 시작하면서부터 상담 종결의 요건들을 토론하도록 강조하는 것이다. 많은 경우 상담 초기에 대두되는 첫 번째 중요한 과제는 바로 이것이다. 우리는 주로 아동의 부모나 관련 보호자와 이 작업을 한다. 아동에게 문제가 있다고 주장하거나, 문제해결을 위해 상담 서비스를 요청하는 것도 이들이기 때문이다. 적절한 상담 목표를 세우는 것은 이미 제4장에서 논의하였고, 또한 많은 전문가들이 다루었다(Davis & Osborn, 2001; DeJong & Berg, 2001b; de Shazer, 1994; Hoyt & Berg, 1998). 따라서 여기서는 간략하게 설명하며, 특별히 상충되는 목표들이 제기될 때 어떻게 할 것인가에 대해 초점을 맞추고자 한다.

많은 부모들은 자녀를 상담실에 데려오면서 자녀의 문제만 바로 잡아진다면 자신의 삶도 나아질 것이라고 믿는다. 충분히 그렇게 생각할 수 있으며 이해할 수 있는 일이다. 실제로 자녀에게 일어난 약간의 변화가 부모의 생활에 엄청난 차이를 가져오는 것을 우리는 보아왔다. 한편, 우리는 자녀도 이와 똑같은 생각을 하고 있는 것을 종종 발견한다. 즉, 부모만 변한다면 자신의 삶이 크게 달라질 것이라고 믿는 것이다. 특히 청소년이 이러한 생각을 많이 한다. 예를 들면, 어머니가 딸의 좋지 못한 식생활 습관을 타박하지 않는다면, 아들이 통행금지 시간을 지키지 않는다고 잔소리하지 않는다면, 그리고 그 밖에 서로 갈등을 일으키는 각종 요구들을 하지 않는다면 자신도 달라질 것이라고 말하는 것이다. 다시 말하면, 부모는 자녀가 변해야 한다고 말하고, 자녀는 부모가 변화되면 좋겠다고 말하는 것이다. 이것은 얼마든지 있을 수 있는 정상적인 기대다. 하지만 이런 정도를 넘어 매우 무례하고 속을 뒤집어 놓는 청소년이나, 청소년 자녀의 개인적인 영역을 전혀 존중하지 않는 부모를 만나면, 상담자의 입장에서도 객관적인 태도를 유지하는 것은 쉽지 않다. 예를 들어, 상담자가 문제에 대한 책임이 누구에게 있는가 하는 것에 초점을 맞춘다면 객관성을 상실하기 쉽고 부모나 자녀 어느 한 쪽을 편들기 쉽다. 이러한 태도는 양 당사자들의 신뢰를 상실케 하고, 결국 상담의 효율성까지 잃게 만들 수 있다. 청소년은 반발심을 느껴 다음 상담 약속 때 나타나지 않을 수 있다. 그리고 부모 또한 마치 자신이 비난당하는 느낌을 받으며 자녀를 더 이상 상담에 보내려고 하지 않을 수 있다.

이처럼 상담을 통해 얻고자 하는 기대나 목표에서 부모와 자녀 간에 충돌이 일어나는 것은 어린 아동보다는 청소년을 상담할 때 흔히 나타나는 현상이다. 어린 아동은 자신의 아픈 심정이나 상처가 되는 것을 명료하게 인식하고 표현하는 데 한계가 있을 수 있기 때문이다. 그래서 말보다는 주로 짜증을 내거나 물건 던지기, 혹은 다른 사람이나 물건을 치는 등의 행동으로 표현할 가능성이 크다.

사례: 친구 관계에 대한 부모 자녀 간 갈등

헤더(Heather)는 12세 반인 중학생이고, 힘차게 달리는 말과 랩 음악을 좋아하는 소녀다. 당연히 친구들을 좋아한다. 헤더가 가장 소중하게 생각하는 것이 바로 이 친구들과의 관계다. 헤더는 자신이 만나는 친구들 중에서 가장 나이가 어리다. 그래서인지 헤더는 친구들이 자신을 잘 돌봐 준다고 느낀다. 헤더는 지금까지 두 번의 자살 시도를 하였다. 이 때문에 가족 주치의의 권유로 어머니와 함께 상담실을 찾아왔다.

헤더: 매일 저녁 외출하는 것이 내게는 굉장히 중요해요. 그런데 부모님은 밖에 나가지 못하게 해요. 밖에 나가는 것이 내게는 마치 숨 쉬는 것과 같다는 사실을 이해하지 못해요. 나는 나가야 해요. 그렇지 않으면 살 수 없어요.

어머니: 제발 사실을 얘기하렴. 나가지 말라고 하는 것은 네가 만나는 친구들 때문이잖니. 우리는 그런 부류의 아이들을 좋아하지 않아. 그 아이들은 다 술 마시고 마리화나를 피우잖니? 네가 그런 사람들을 만나지 않으면 좋겠어. 네게 부정적인 영향을 줄 뿐이야. 우리는 네가 그런 방식으로 살도록 키우지 않았어.

상담자: 오늘 이 만남을 통해 어떤 결과가 나오기를 원하시는지 알면 제게 도움이 되겠습니다. 어머니가 먼저 말씀해 주시고, 다음에는 헤더, 네가 이야기해 줄래?

어머니: 헤더가 술 마시고 마약하는 것을 끊으면 좋겠어요. 그리고 밖에 나가지 못하게 할 때마다 죽어 버리겠다고 칼로 위협하는 짓을 안 했으면 좋겠어요. 헤더가 저녁에 밖에 나가 그런 친구들과 어울리면 안 돼요. 마약을 한 후로 헤더는 정말 많이 달라졌어요. 다 그 마약 때문이에요. 전에는 얼마나 훌륭한 딸이었는데요. 부모 말도 잘 듣고 집안일도 잘 거들어 주는 아이였어요.

상담자: 우리가 도달해야 할 목표들이 여럿 있군요. 그러면 당장 다루어야 할 가장 중요한 목표는 무엇이라고 생각하시나요?

어머니: 지금 당장 헤더가 마약을 끊는 것이지요.

상담자: 좋습니다. 헤더, 너는 어때?

헤더: 나는 매일 밤 밖에 나가기를 원해요. 그리고 몇 시까지 돌아와야 한다는 말을 듣지 않았으면 좋겠어요. 내 친구들을 비판하는 것과 마약하는 것에 대해서도 그렇게 계속 잔소리하지 않으면 좋겠어요. 나는 집에서 살고 싶지 않아요. 언니가 내 나이에 집에서 벗어났던 것처럼 나도 그렇게 하고 싶어요. 언니는 일 년 이상 정신병원에 있었어요. 나도 부모님으로부터 벗어나 있는 시간이 필요해요.

이것은 부모와 자녀 쌍방이 모래 위에 선을 그어 놓고 서로 먼저 움직이라고 주장하는 것과 같다. 상담할 때 흔히 볼 수 있는 전형적인 상황이다. 헤더의 경우, 이런 상황에서 두 번이나 자살을 시도하는 지경까지 갔던 것이다. 어머니는 딸의 문제가 잘못된 친구들과 어울려 다니면서 시작되었다고 확신하고 있었다. 마약도 그 때문에 하게 되었다고 보았다. 그리고 딸이 좋지 못한 친구들을 사귀고 그런 행동을 하고 다니는 것을 통제할 수 없어서 염려하는 동시에 자신이 무엇을 할 수 있을지에 대해서도 무력감을 느끼고 있었다. 반면에 헤더는 가족과 관련하여 자신이 마치 어떤 덫에 걸린 것처럼 느끼고 있었다. 따라서 감옥과도 같은 삶에서 벗어나는 유일한 길은 언니처럼 정신병원에 가든지 자살 시도와 같은 극단적인 방법을 택하는 것밖에 없는 것 같았다. 헤더로서는 자신을 억압하는 집에서 벗어나는 것만이 유일한 해결책처럼 보였던 것이다.

이럴 때 상담자가 취할 수 있는 가장 좋은 접근은 양 쪽의 견해가 다 나름대로 일리가 있고 이해할 만하다고 보는 것이다. 중립적인 입장을 취하는 것이 중요하다. 앞서 본 것처럼, 헤더와 부모는 자신들의 관계에 무엇이 있으면 좋을지보다는 무엇이 없어지면 좋을지에 대해 대화를 주고받고 있다. 해결중심 단기상담에서는 문제의 부재보다는 어떤 해결 상황이 나타나도록 하는 것이 좋은 상담 목표라고 말한다. 따라서 이처럼 서로 기대하는 것이 상충되는 난관에 부닥쳤을 때 상담자는 계속해서 쌍방이 정말로 자신들의 삶에 추가되기를 원하는 것에 대한 의견일치에 도달할 때까지 상담 목표를 정교하게 다듬어 가는 것이 필요하다. 다음에 제시되는 대화는 헤더와 부모가 원하는 것이 무엇인지, 그리고 그것이 그들의 관계에 어떤 변화를 가져올지에 대해 서로의 생각을 조율하는 부분이다. 이때 어느 한 쪽을 비난하는 방향으로 대화가 흘러가기보다는 그들의 상호관계에 다시 초점을 맞추는 것이 중요하다. 다음의 사례가 보여 주듯이 어느 한 쪽에 대한 비난은 바로 갈등적인 대화로 전환된다는 것을 기억하라. 상담자가 어떻게 비난이나 과거 문제를 넘어 신속하게 쌍방이 원하는 관계의 변화로 대화를 이끌어 가는지 주목하라.

상담자: 헤더, 질문 하나 할게. 다음 주 어느 날 저녁에 집에 있다고 가정해 보

자. 어떻게 이렇게 할 수 있을지는 모르겠어. 그냥 그렇게 되었다고 가정해 보는 거야. 그러면 이것이 너와 부모님 사이에 무엇이 달라지게 할까?

헤더: 모르겠어요. …… (긴 침묵) 어쩌면 제게 조금 점수를 주시겠지요.

상담자: 부모님이 네게 점수를 조금 주신다면, 어떤 것으로 부모님이 그렇게 하신다는 것을 알 수 있을까? 그때 부모님은 무엇을 하실까?

헤더: 글쎄요, 내 방에서 큰 소리로 음악을 들어도 내버려 두시겠지요. 그렇게 못하게 하시거든요. 음악을 들으려면 꼭 이어폰을 써야 해요. 그렇게 들으면 재미가 없는데도요.

상담자: 네가 큰 소리로 음악을 듣도록 허용하신다면, 그것이 어떠한 변화를 만들어 낼 수 있겠니?

헤더: 별로요.

상담자: 다음 주에 하루 저녁 네가 외출하지 않고 집에 있으면, 너와 부모님 사이에 무엇이 달라질지 좀 더 이야기해 주겠니?

헤더: 다음 날 아침 식사를 하면서 서로 소리를 지르지는 않겠지요.

상담자: 대신에 너는 무슨 일을 하겠니?

헤더: 모르겠어요.

상담자가 '하루 저녁 집에 있는 것' 에 대해 이야기했을 때 헤더가 그러한 가능성에 대해 거부하지 않은 것에 주목하라. 어머니와 딸의 대화에서 나타난 첫 번째 방향 전환이었다. 그리고 놀랍게도 헤더는 그러한 가능성을 갖고 이전과는 다른 대화를 할 수 있었다. 미약하지만 이러한 점진적인 사고의 전환을 이루고 조그만 변화에 대한 이야기를 이끌어 가려면 상담자에게는 끝없는 인내심이 필요하다. 주지하다시피, 대화 내용이 조금 바뀌면서 그동안 계속되어온 비난–방어–반격의 과정은 점점 그 힘을 잃어 간다. 이처럼 대화의 주제가 바뀌면 대개 이전의 비난–공격의 관계 패턴으로 돌아가기 어렵다. 다음의 대화에서 상담자는 내담자로 하여금 자신의 상황을 스스로 평가

할 수 있도록 돕기 위해 척도 질문을 활용하고 있다. 그리고 그 과정에서 상당한 변화가 일어나고 있다.

상담자: 헤더, 1에서 10까지의 척도에서 1은 부모님이 매일 저녁 외출하도록 허용해 주실 가능성이 전혀 없는 것이고 10은 얼마든지 허락하실 것을 의미한다면, 너는 지금 어느 정도에 있다고 생각하니?

헤더: 1이요.

상담자: 꽤 상황이 좋지 않구나. 그럼 이것에 대해 어떻게 할 생각이야?

헤더: 모르겠어요. 어쨌거나 나는 나가야 해요. 그것만이 내가 살 수 있는 길이에요.

상담자: 네가 굉장히 어려운 상황에 있다는 것을 알 수 있겠다. 네가 척도 1의 상황에 있지만 매일 저녁 부모님과 계속 싸우는 데는 그만한 이유가 있을 것 같은데 그것에 대해 말해 주겠니?

헤더: 특별히 어떤 정당한 이유는 없어요. 다만 견디기가 힘들 뿐이에요. 집에 있는 것이 너무 힘들어요.

상담자: 자, 앤드류(Andrews) 부인! 따님이 원하는 대로 외출을 허용하는 것에서, 똑같은 척도 1에서 10 사이에 자신이 지금 어느 정도에 있다고 보십니까?

어머니: 헤더는 우리가 어떤 상태에 있는지 잘 알고 있을 거예요. 여전히 1의 상태에 있습니다.

상담자: 헤더는 방금 자신이 절박한 상태에 있다고 말했습니다. 따님의 상황이 조금 나아지도록 어머니가 할 수 있는 것이 있다면 무엇이라고 보십니까?

어머니: 헤더 언니와 오빠에게 부탁하여 헤더가 마약에서 손을 떼도록 충고하라고 해야 할 것 같아요.

상담자: 헤더가 마약을 끊는다면, 무엇이 달라질까요?

어머니: 모든 것이 달라지겠지요! 헤더는 다시 정상으로 돌아갈 것입니다.

상담자: 헤더가 정상으로 돌아간다면, 두 사람 사이에 무엇이 달라질까요?
어머니: 글쎄요. 학교생활과 성적에 대해 신경을 쓸 것이고, 부모 말을 잘 들으며, 어디로 도망가려고 하지도 않겠지요.
상담자: 헤더가 그런 것들을 다 한다면, 두 사람 사이에 무엇이 달라질까요?
어머니: 예전에 우리는 함께 요리도 하며 대화를 나누었어요. 아시다시피 헤더는 유머 감각이 아주 탁월해요. 저는 그 애가 하는 농담을 좋아해요.
상담자: 어머니가 진실로 일어나기를 바라는 것은 그런 것들이군요. 다시 함께 요리도 하고, 따님의 농담을 들으며 웃기도 하는 것, 바로 그러한 것들을 원하시는군요.
어머니: 예, 물론이죠!

비록 시간이 좀 걸리기는 했지만 어머니가 진정으로 원하는 것은 예전처럼 딸과 함께 요리도 하고, 농담를 하며 웃기도 하는 '정상적인' 삶으로 돌아가는 것이었다. 척도 질문은 쌍방이 정면충돌하기보다는 자신들이 설정한 대립 경계신으로부터 얼마나 물러설 수 있는지를 평가하도록 돕기 위해 사용되었다. 이를 통해 어머니와 딸은 예전에 함께 나누었던 '정상적인' 삶을 회복한다는 공통의 목표에 도달할 수 있었다.

부모와 자녀를 상담하다보면 상담 목표가 종종 상충되는 것을 경험한다. 여기서 지적하고 싶은 것은, 그런 상황이 발생한다고 해도 상담자는 내담자들과 함께 제3의 해결책을 구축해 갈 수 있다는 것이다. 다음의 사례를 통해 그러한 과정을 살펴보도록 하자.

사례: 설거지 문제에 따른 갈등

이 사례는 직장 일을 하며 다섯 자녀를 키우는 홀어머니와 15세인 아들 간에 일어난 갈등에 관한 것이다. 어머니는 아들이 저녁식사 후 설거지를 할 차례가 되면 그렇게 하는 것이 중요하다는 것을 '이해해 주기를' 바랐다. 그런데 아들, 닉(Nick) 또한 아버지 집에 가서 저녁을 하는 날에는 설거지를 하지 않겠다는 자신의 입장을 어머니가 '이해해 주기를' 바랐다. 그런 날에는 자신이 접시를 더럽히지 않으므로 다른 날처럼 자기 차례가 돌아온다고 해도 그 많은 접시들을 닦을 필요가 없다고 생각하는 것이었다.

상담자: 그래, 어머니가 이 문제에 대한 너의 생각과 느낌을 이해하신다면 무엇이 달라질까?

닉: 나에 대한 어머니의 반응이 달라질 것 같아요. 지금은 아니지만, 일주일 후, 아니면 그 후에는 조금 달라지시겠지요.

상담자: 어머니가 어떻게 변하실지 좀 더 이야기해 주겠니?

닉: 좋아요. 예를 들면, 내가 하루 종일 학교에서 축구 연습을 비롯한 이런저런 일들을 하고 집에 오잖아요. 그리고 아버지 집에 가면, 어머니 집에서는 접시를 사용하지 않잖아요. 그러니까 설거지를 할 필요가 없다고 봐요. 내가 접시들을 사용한 것이 아니니까요.

상담자: 그래, 네 나름대로는 충분한 논리가 있구나. 어머니께서 그것을 일단 이해하게 되시면, 그 후엔 어떤 일이 일어날까? 네가 아버지를 방문하는 날 저녁에는 설거지를 시키지 않게 되실까?

닉: 그렇지요. 어쩌면 내가 설거지하는 것을 줄이는 쪽으로 함께 생각해 볼 수도 있겠지요.

상담자: (닉의 어머니에게) 어머니는 이것을 어떻게 생각하세요? 닉이 설거지를 하며 서로를 도와야 할 이유를 이해하게 되면 두 사람 사이에 어떤 것이 달라질까요?

어머니: 그러면 "오늘은 네 차례야!" "아니에요!"라고 서로 주거니 받거니 말다툼하는 일이 줄어들겠지요. 닉은 모든 식구가 자기 차례를 지켜야 한다는 것을 이해하게 되겠지요. 하지만 자신이 밥을 집에서 먹든 안 먹든 관계없이요. 집은 집이에요. 목요일 저녁에 집에서 밥을 먹지 않았다고 해도 금요일이 되면 여전히 설거지해야 할 접시들이 나오잖아요. 그것이 바로 순번을 정해 할 일을 나누어 해야 하는 이유예요. 자기 차례가 오면 집에 있든 없든 맡은 일은 해야 하는 것이지요.

상담자: 그러니까 어머니는 집에서 좀 덜 부딪히기를 원하시는 거군요.
어머니: 그렇게 되면 집안 분위기가 좀 부드러워지겠지요.

이 사례에서 어머니와 아들 간의 갈등은 목요일에 설거지를 하느냐 안 하느냐의 문제로 시작되었다. 하지만 상담자는 양쪽의 이야기를 경청하고 중립적으로 대화를 나누면서 두 사람이 궁극적으로 원하는 것은 집안 분위기가 '좀 더 부드럽게 돌아가는' 것이라는 결론에 도달할 수 있었다. 이러한 목표는 양쪽 모두 어렵지 않게 동의할 수 있는 성질의 것이었다. 어머니와 아들 모두에게 유익이 되기 때문이었다. 그리고 보다 더 중요한 것은, '좀 더 부드럽게 돌아가는' 집이 되게 하려는 목표는 다양한 방법으로 실천이 가능하다는 점이다. 그래서 목요일에 설거지를 하는 문제는 논의의 초점에서 뒤로 빠지게 되었다. 우리가 이 사례에서 지적하고 싶은 것은 상담자가 너무 성급하게 빠른 해결을 위해 식기세척기를 구입하든가 일회용 접시나 수저 등을 사용하도록 제안했다면 집안일이 잘 돌아가기를 원하는 어머니의 궁극적인 관심사를 확인할 기회를 어머니 자신과 아들 모두 놓쳤을 것이라는 점이다. 덧붙여 목요일에 설거지하는 문제에 대화가 머물렀다면 두 사람 중 한 사람은 말싸움에서 졌다고 혹은 이겼다고 느낄 것이나. 이것은 궁극적으로 좋은 해결책이 아니다. 나중에 다른 내용으로 또 다시 유사한 갈등을 촉발할 수 있기 때문이다.

"이것이 두 분 사이에 무엇이 달라지게 할까요?" 혹은 "이것이 당신에게 어떻게 도움이 될까요?"

부모 자녀 간의 상담 목표가 다를 때, 상담자는 이러한 질문들을 통해 양쪽의 시선을 조금 돌리게 함으로써 실질적인 변화를 이끌어 낼 수 있다. 부모와 자녀를 포함하여 대부분의 사람들은 서로의 의견이나 선택 방안에 대한 어떤 차이가 있을 때 즉각적으로 누가 '옳고 그른가'의 문제로 상황을 전환시키는 경향이 있다. 서로에게 있는 차이점을 순수하게 받아들이면 서로가 공감할 수 있는 다른 어떤 해결책을 구축하는 방향으로 나아갈 수 있는데도 말이다. 강렬한 논쟁이나 감정적인 반응을 보이다보면 자신들이 원하는 궁극적인 변화는 온 데 간 데 없어지고 예전의 문제를 반복하게 될 가능성이 크다. 따라서 우리는 어느 쪽이 옳은가 혹은 그른가보다는 사람들 사이의 공간, 즉 부모와 자녀 '사이'의 관계에 관심을 갖고 그것에 주목한다. 우리는 부모나 아동의 내면적인 심리적 문제를 해결하는 데 관심이 없다. 서로를 아끼고 사랑하는 이들 사이에 진행되는 질적인 관계에 관심이 있다는 사실을 기억하는 것이 중요하다. 이처럼 누구도 비난하지 않는 입장을 취할 때, 부모와 자녀는 어느 한 쪽이 이기고 지는 싸움의 차원을 넘어 서로에게 유익을 줄 수 있는 방안을 생각해 낼 수 있다.

"이것이 당신에게 어떻게 도움이 될까요?"라는 질문의 내용을 다시 한 번 생각해 보라. 여기에는 부모 혹은 자녀가 행하는 것이 상대방은 물론 자신에게도 도움이 될 수 있다는 의미가 깔려 있다. 그리고 상담자는 그것이 '어떻게' 도움이 될 것인지를 찾는 것에 관심이 있다. 다시 말하지만, 이러한 접근은 '왜'라고 묻는 것과 여러 면에서 다르다. 이유를 묻는 질문은 흔히 어떤 잘못을 찾아내거나 비난하는 것으로 해석될 수도 있으며, 이러한 접근은 방어적인 반응을 촉발할 수 있기 때문이다.

다음의 사례는 자신이 나쁜 어머니처럼 느껴져 갈등하는 내담자를 만났을 때 상담자가 어떻게 치료 목표를 설정하였는지에 대한 과정을 조금 길게 묘사하고 있다. 이처럼 자녀에 대해 절망감을 느끼는 부모와 상담하다보면 그 상황에서 더 이상 앞으로 나가지 못하는 경우가 생길 수 있다. 이 사례를 통해, 상담자가 무언가 할 말이 많은 어머니와 나름의 방식대로 문제해결을 하려는 자녀 양쪽의 필요들을 균형 있게 유지하면서 어떻게 치료 목표를 합의하고 설정해 가는지를 살펴보도록 하자.

사례: 토끼처럼 빠른 아이

올해 8세인 사라(Sarah)는 집과 학교에서 '심각한' 문제행동을 보인다고 판단되어 상담실에 왔다. 나(슈타이너)는 상담 과정에 대해 간략하게 설명한 후 사라의 어머니인 하인즈(Heinz) 부인이 갖고 있는 상담 결과에 대한 기대를 탐색하기 시작하였다.

상담자: 오늘 어머니께서 여기에 온 것이 참 가치 있었다고 말하려면 오늘 어떤 일이 일어날 필요가 있을까요?

어머니: 예, 사라는 문제가 참 많은 아이예요. 내 말도, 선생님의 말도 전혀 듣지 않아요. 매우 다루기 힘든 아이지요. 어렸을 때도 조용히 있지를 못했어요. 가만히 있지를 않아서 내가 어떻게 할 수 있을지 도대체 알 수가 없었지요. 그러면서 저는 정말 제가 나쁜 엄마처럼 느끼게 되었어요. 사라는 시도 때도 없이 울었어요. 그리고 여동생이 태어나니까 이제는 그 아이를 괴롭히기 시작했지요.

상담자: 사라에게 좋은 어머니가 되고 싶은데 그것이 쉽지 않으신 것 같습니다. 그리고 사라가 어머니 말씀을 듣는 아이가 되기를 바라시는 것으로 이해됩니다.

어머니: 예, 그래요. 아주 지옥이었어요. 아이가 하도 고집이 세서 내 인생을 망치고 있어요. 제게 남자 친구가 있는데 사라가 하도 고집에 세서 더 이상 참을 수 없다며 우리를 떠나고 싶어 해요. 아이는 오랫동안 잠자는 데 어려움을 겪어 왔고, 여러 가지에 알레르기 반응을 보이고 있어요. 늘 아이를 의사에게 데리고 가는데, 의사 말이 항상 감기에 걸리곤 하기 때문에 편도선을 제거해야 된다고 하네요. 학교에서는 읽기는 잘한다고 하는데 수학은 가망이 없는 상태래요. 내가 데리고 한참을 연습해도 곱셈과 숫자 기억하는 것을 못해요.

상담자: 예, 지금까지 제게 주신 정보에 근거해서 제 이해를 좀 정리해 보겠습니다. 제가 이해하기에 사라는 굉장히 활동적인 아이이지만 함께 지

내기는 쉽지 않은 아이라고 생각됩니다. 많은 아이디어를 갖고 있고, 의지도 강한 아이이지만, 학교에서 곱셈과 같은 수학 공부에 어려움이 있군요. 그리고 어머니는 좋은 어머니가 되고 싶어 하시는군요. 그래서 사라의 공부를 도와주기 위해 여러 시간을 함께 보내기도 하시구요. 사라는 알레르기 문제들을 갖고 있고, 편도선 수술을 해야 될 것 같네요. 와, 짧은 시간에 정말 많은 것들을 알게 되었네요. 자녀를 주의 깊게 관찰할 수 있는 부모가 있다는 것은 치료에 큰 도움이 될 수 있습니다. 자녀와 관련된 조그만 사실들을 인식하는 것이 중요하기 때문에 부모님은 제게 큰 도움이 되실 거예요. 자, 그렇다면, 만약 사라가 어머니의 말씀을 잘 듣기 시작한다면 어떤 변화들이 생길지 말씀해 주시겠습니까? 아이가 어떻게 그렇게 할 수 있을지에 대해서는 모르지만 그렇게 할 수 있다고 가정하고 말씀해 주시지요.

어머니: 저를 기분 좋게 하겠죠. 나를 어머니로 인정하고 고마워하겠지요. 제가 어릴 때 가져 보지 못했던 많은 좋은 것들을 사라에게 주기 위해 저는 무척 애쓰고 있답니다.

상담자: 그 밖에 두 사람 사이에 또 어떤 변화가 일어날지 좀 더 말해 주시겠어요?

어머니: 어린 동생에게 하듯이 사라에게도 더 많이 웃어 주고 농담도 하겠지요.

상담자: 그러면 사라는 무엇이 달라질까요?

어머니: 여동생에 대한 시기가 줄어들고 괴롭히는 것도 멈추겠지요.

상담자: 그 외에 또 무엇이 달라질까요?

어머니: 아마 좀 더 자신감을 갖게 되겠죠. 사라는 자신감이 아주 적기 때문에 항상 분위기를 망치고 무슨 말을 해도 그대로 행동하지를 않아요.

상담자는 신중하게 무시할 것과 주목할 것을 선택하여 어머니와의 대화를 이끌어 갔다. 그 결과, 사라의 어머니는 자신의 상황이 어떻게 달라지기를 원하는지에 대해 생각할 수 있었다. 놀랍게도 자신과 사라에게 어떤 일이 발생할지를 어느 정도 정확하게 말할 수 있었고, 자신이 좀 더 웃으면 사라의 자신감도 더 상승할 것이라고 연결 지어 생각할 수도 있었다. 만약 이때 사라의 어머니와 단 둘이 상담하고 있었다면 계속해서 그녀가 가진 변화 비전과 기적 질문 등으로 대화를 계속 이어갈 수 있었을 것이다. 그러나 아동과 함께 상담을 할 때는 부모가 원하는 것과 그에 대한 아동의 판단을 연결하는 것이 중요하다. 상담자는 이때 아동에게 자신이 원하는 해결의 모습을 상상하도록 함으로써 부모가 원하는 것과 연결점을 구축해 나갈 수 있다. 물론 그러한 상상 속의 해결책은 부모는 물론 아동에게도 중요한 것이어야 한다.

상담자: 사라, 너와 엄마에게 약간의 상상력을 요하는 한 가지 특별한 질문을 할게. 자, 이 요술봉을 보거라. 너는 이제 상담이 끝나면 어머니와 함께 집에 가서 평소와 같이 네가 할 일을 하겠지. 어쩌면 친구를 만나거나, 숙제를 할 수도 있을 거야. 네가 늘 하는 것 말이야. 저녁이 되면 식사를 하고, 조금 있다가 잠자러 갈 거야. …… 그런데 자는 동안 이 요술봉 때문에 기적이 일어나서 오늘 엄마와 함께 상담하러 온 문제가 한순간에 사라졌다고 하자. 너는 자고 있었기 때문에 밤 사이에 이러한 일이 일어난 사실을 아는 사람은 아무도 없어. 그렇다면 내일 아침에 일어났을 때 이 요술봉이 마술을 부렸다는 사실을 알려 주는 첫 번째 작은 증거가 있다면 무엇이 있을까?

사라: 몰라요.

어머니: 바보같이 굴지 마. 너는 너무 생각하지 않으려고 하는 것이 탈이야.

상담자: 이것은 아주 특별한 질문이라고 말했지? 따라서 어떻게 대답할지 모르는 것은 지극히 정상적인 일이야. 이것에 대해 생각하려면 시간이 좀 필요할거야. 어른들도 이러한 질문을 받으면 생각할 시간이 필요한 법이거든.

사라: 기적이 일어나면 침대 위에서 덮는 빨강 담요를 가질 수 있게 될 거예

요. 저는 굉장히 그것을 갖고 싶어요.

상담자: 또 뭐가 있을까?

사라: 내 동생이 나 대신 집에서 키우는 기니피그에 먹이를 주고, 함께 아침을 먹을 거예요.

상담자: 또 뭐가 있지?

사라: 어머니가 내게 토스트와 버터를 먹으라고 강요하지 않겠지요. 아마 우유는 마실 거구요.

상담자: 사라, 침대 위에 빨강 담요가 있고, 동생이 기니피그 먹이를 주면, 너는 무엇을 할 것 같니?

사라: 그럼 엄마가 날 좋아한다는 걸 알게 될 거예요, 저도 신경질 부리지 않을 거구요.

상담자: 그럼 그 대신 뭘 할까?

사라: 기분이 좋아지겠지요.

상담자: 오, 그래? 기분이 좋을 때 무엇을 하는지 말해 줄래?

사라: 웃어요. 그리고 동생과 노는 것을 좋아해요. 때로는 엄마가 말씀하시는 것을 하기도 해요.

상담자: 기분이 좋으면 아침식사 시간은 어떻게 달라질까?

사라: 모르겠어요. 아마 소리 지르지 않겠죠. 엄마 친구가 나에 대해 이런저런 좋지 않은 소리를 하지도 않을 거예요.

상담자: 그 후에는 또 어떤 일들이 일어나서 마술이 일어났다는 사실을 알 수 있을까?

사라: 학교 친구들과 잘 놀고, 수학도 잘 할 거예요. 학교에 다른 아이들처럼 여자 친구가 있었으면 좋겠어요. 그런데 나랑 놀고 싶어 하는 아이는 아무도 없어요.

사라는 계속해서 기적 이야기를 나열하였다. 포켓몬 카드를 다른 아이들과 교환하고, 점심시간에 애니(Annie)와 베키(Becky)와 게임을 하고, 교사가 계속해서 사라에게 집중하라고 말하지 않으면 그것도 기적이라고 하였다. 상담자는 사라에게 이런 어려운 질문들에 답할 수 있었던 능력에 대해 칭찬하고, 어머니와 이야기를 나누는 동안 잠시 방에 있는 장난감들을 둘러보도록 요청하였다. 하인즈 부인이 생각하는 기적은 다음과 같았다. 즉, 사라가 아침에 혼자 일어나 씻고, 알아서 기니피그에게 먹이를 주면 그것이 기적이었다. 그러면 자신은 아침에 마음이 차분해지고, 기분을 가라앉히기 위해 굳이 담배를 피울 필요가 없을 것이었다. 아침식사 시간도 훨씬 평화로울 것이고, 사라가 학교에 가기 전에 뽀뽀를 해 줄 것이었다. 사라 또한 엄마의 말을 잘 들을 것이었다. 그리고 세척기에서 접시들을 빼어 정리하고, 자기 방도 알아서 청소할 수 있을 것이다. 그리고 상담자는 다시 사라를 불러 대화에 참여하게 하였다.

상담자: 엄마가 기적이 일어났다고 하는 사실을 어떻게 알게 될지에 대해 들었지? 엄마에게 가장 중요한 것은 네가 엄마의 말을 잘 듣고 엄마가 너에게 요청하는 것들을 하는 것이구나. 너는 기분이 좋아지고 친구가 생기기를 원하고. 여기에 장난감 동물들이 들어 있는 바구니가 있어. (상담자는 동물들을 바닥에 흩어 놓고 사라와 함께 앉는다.) 네가 이 동물들 중 하나라고 가정해 보자. 너는 말도 잘 듣고, 아주 빠르며, 모든 것을 제대로 잘해. 그리고 기분도 좋은 상태야. 그렇다면 어떤 동물이 그 상태와 가장 잘 맞을 수 있을까?

사라는 여러 장난감 동물들을 만지작거리면서 나름대로 무엇을 선택할지 생각하는 것처럼 보였다. 상담자가 보기에 말을 좋아하는 것 같았다.

상담자: 너는 말을 좋아하는 것 같구나. 그 말들에 대해 좀 얘기해 주겠니?
사라: 저에게는 블래키(Blackey)라는 말이 있어요. 매주 말을 타러 가요. 블래키는 내 말을 아주 잘 듣고 아주 기분 좋게 만들어 줘요. 그런데 전혀 빠르지는 않아요. 그러니까 말을 택하지는 않을 거예요.

상담자: 좋아, 그럼 다른 것을 찾아보자. 네가 더 좋아하는 동물이 있으면 그 것을 찾아보도록 하자.

어머니: 이 아이는 결정을 못할 거예요, 굉장히 느리거든요.

상담자: 예, 맞습니다, 시간이 필요하지요. 빠르면서도 말을 잘 듣는 동물을 찾으려고 하는 것을 보니 제가 볼 때 사라는 제 말을 신중하게 듣고 반응하는 것 같아요.

사라: 찾은 것 같아요! 다람쥐예요. 지난 여름방학 때 산에 갔는데 거기서 다람쥐들을 보았어요. 다람쥐들은 항상 눈을 크게 뜨고 어떤 소리가 나는지 예민하게 들어요. 그래서 자기들이 모르는 어떤 것이 있으면 소리를 내면서 옆 구멍으로 달려 들어가요. 맞아요. 바로 그거예요. 다람쥐들은 굉장히 잘 듣고 아주 빨라요. 그리고 아주 기분 좋은 상태에 있어요. 벌렁 누워 아무 것도 하지 않으면서 햇볕을 쬐곤 하지요. 제가 볼 때 친구들과도 아주 잘 노는 것 같아요. 아주 즐겁게 사는 것 같아요.

상담자: 아주 잘 선택한 것 같구나. 다른 동물들은 이제 바구니에 담고, 손에 다람쥐를 올려 놓아 봐. 다람쥐와 간단한 대화를 해 보자.

사라는 상담자가 말하는 대로 잘 따라했다.

상담자: (인형을 가리키며) 네 이름이 뭐니?

다람쥐(사라): 내 이름은 토미(Tommy)예요.

상담자: 아주 좋은 이름이구나. 몇 살이야?

다람쥐(사라): 아홉 살이요.

상담자: 너 사라 아니? 사라가 다른 모든 동물들 중에서 지금 방금 너를 뽑았단다. 왜 그런지 아니?

다람쥐(사라): 물론 알죠. 나는 아주 잘 듣고, 빠르고, 형제자매들을 돌보기 때문이지요. 또 내가 소리를 낼 때마다 다른 모든 친구들은 위험이 가까이 있다는 것을 알고 안전한 곳으로 갈 수 있기 때문이에요. 나는 다른 사람들을 돕는 것을 좋아해요.

상담자: 넌 참 좋은 동물인 것 같구나. 또 실제로 큰 도움이 되고. 토미, 어떻게 이 모든 것들을 배웠는지 말해 줄래?

다람쥐(사라): 음…… 모르겠어요. 그것은 비밀이에요. 아주 어렵죠.

상담자: 그래, 그런 것 같구나. 하지만 네게는 무언가 생각하는 것이 있는 것 같은데?

다람쥐(사라): 엄마는 내가 가장 빠른 아이라고 말씀하세요. 엄마는 나를 굉장히 자랑스러워해요.

상담자: 사라가 너와 비슷한 부분이 있다고 생각하니?

다람쥐(사라): 모르겠어요……. 어려워요…….

상담자는 사라가 이미 다람쥐처럼 빠르고 주의 깊었던 때를 탐색한 후에 잠시 휴식 시간을 가졌다. 그리고 모녀와의 대화를 통해 관찰한 것들에 대한 피드백을 가지고 다시 마주 앉았다. 상담자는 사라가 열심히 상담에 참여한 것에 대해 칭찬한 후 사라의 상상력이 아주 인상적이었다고 언급하였다. 그리고 어머니에게 사라의 나이를 고려할 때 그처럼 자기자신을 잘 표현하고, 창조적이며 협조적인 자녀를 둔 것에 대해 칭찬하였다. 아울러 어머니가 딸의 보다 나은 삶을 위해 얼마나 노력하는지 알 수 있었고, 딸에게 가장 좋은 것을 주고 싶어 하는 어머니의 모습을 분명하게 볼 수 있었다고 말하였다. 다음의 내용은 상담자가 어머니와 딸에게 주는 제안 사항이다.

상담자: 사라야, 네가 토미처럼 된다면 큰 변화를 만들어 낼 수 있을 것 같구나. 그러려면 토미가 말했듯이 아주 많은 노력이 필요할 거야. 지금부터 우리가 다음에 다시 만나게 될 때까지, 그 사이에 될 수 있는 대로 토미를 잘 알아 가면 좋겠다. 다람쥐에 대해 많은 것들을 발견하게 될 텐데, 그들이 어떻게 자신의 생활을 즐기면서 동시에 빠르고 집중력이 있는지를 알면 좋겠어. 하인즈 부인은 사라가 언제 어디서 어떻게 다람쥐처럼 행동하는지 주의 깊게 관찰하시기 바랍니다. 저는 처음 상담을 시작하면서 어머니의 관찰력이 뛰어나다는 것을 발견했습니다. 토

미가 집에 나타나면 몇 분 안에 어떤 변화의 현상을 파악하실 거라고 확신합니다.

다람쥐처럼 잘 귀 기울여 듣고, 즐겁게 살아가고, 친구들을 가질 수 있다는 생각을 한 것은 바로 사라 자신이었다. 사라는 어머니의 바람과 자신의 바람을 함께 만족시키는 동물로 다람쥐를 찾아낼 수 있을 정도로 창의적이고 똑똑한 아이였다. 어머니는 골치 아픈 아이를 말 잘 듣는 순종적인 아이로 바꾸려고 무척 애썼지만 성공적이지 못하였다. 그러나 사라를 다람쥐와 연결시켜 토미처럼 행동하게 함으로써 이전과 다르면서도 훨씬 쉽게 목표 달성을 향해 나아갈 수 있었다.

다시 반복하지만, 우리는 부모가 자녀에게 바라는 것을 얻도록 돕거나 아니면 자녀 편을 들거나 하는 두 가지 사이에서 어느 한 쪽을 선택해야 한다고 생각할 필요가 없다. 앞의 사례에서, 상담자는 모녀가 바라는 것들을 서로 연결하여 두 사람 모두에게 새롭고도 도움이 되는 과제를 이끌어 낼 수 있었다. 우리는 이러한 첫 번째 작은 시도가 결국에는 오늘과 다른 미래를 세우는 디딤돌이 될 것이라고 믿는다.

다른 전문가와의 공동 작업

특별한 해결책이 필요한 아동을 도울 때는 여러 전문가들이 함께 참여할 필요가 있을 수 있다. 그럴 때는 전화나 전자 우편을 통해, 혹은 함께 만나 상의하는 과정이 필요하다. 일반적으로 아동과의 상담은 다양한 전문가들과 조율하는 과정을 포함한다. 그렇게 함으로써 마음이 복잡한 상태에 있는 부모와 아동으로 하여금 더 혼란스럽게 하지 않도록 예방할 수 있다. 이런 면에서 아동 상담은 다른 연령층의 내담자들과 상담하는 것보다 더 많은 노력이 요구된다. 그리고 여러 가지 이유에서 성인과 상담하는 것보다

시간적으로 더 오래 걸리곤 한다. 이처럼 다른 전문가들과 함께 작업하다 보면, 문제를 찾아 먼저 그것을 평가하고자 하는 '문제해결' 접근을 취하는 사람들과 만날 가능성이 매우 크다. 다음은 이럴 경우를 대비하여 기억해 둘 중요한 요소들이다.

1. **아동과 부모에 대한 상담 목표를 항상 염두에 두라.** 아동과 부모를 위해 가장 좋은 것에 초점을 맞추고 그것을 유지하려면 늘 상담 목표를 기억해야 한다. 상담 목표는 이러한 과정의 안내 지침이 되기 때문이다. 상담을 하다 보면 대화의 초점이 상담 목표에서 벗어나 자녀에 대한 문제 이야기나 부모에 대한 불만으로 대화가 바뀌기 쉽다. 그럴 경우 생산적인 결과를 가져오기 어렵다.

   전문가 모임에 참여할 때는 항상 그 모임의 목적에 대해 질문하고, 대화가 부정적으로 흐르면 부드럽게 그것을 지적하는 것이 좋다. 예를 들어, 모임을 주도하는 사람이 아동의 행동에 대한 '염려'를 나누기 위해 모였다고 하면, 그러한 염려를 나누는 것이 아동에게 어떻게 도움이 될지에 대해 더 명료하게 설명해 줄 것을 요청하는 것이 도움이 된다. 물론 부모나 다른 보호자와 만났을 때도 이렇게 하는 것이 좋다. 어떤 학교에서 이러한 모임이 열렸던 적이 있었다. 이때 아동을 담당한 교사가 자신이 속으로 생각하고 있던 것을 털어놓았다. 즉, 아동의 어머니와 동거 중인 애인은 심리치료를 받고, 아동은 위탁 가정에 보내지는 것이 좋겠다고 말한 것이었다. 그러자 아동의 어머니는 순간 자신이 공격당한다고 느꼈다. 그래서 즉각적으로 그 교사를 향해 아이들을 어떻게 가르치고 관리하는지를 모르는 교사라며 비난하기 시작하였다. 그러므로 모임의 목적을 잊지 않는 것이 좋다.
2. **내면의 긍정적인 동기를 성찰하고 재구성하라.** 문제 중심의 접근을 하는 전문가들과 함께할 때 그들이 갖고 있는 것, 아동을 도우려는 긍정적인 숨은 동기를 성찰하고 점검하는 것이 유익할 수 있다. 앞의 사례

에서 상담자는 그들 모두가 자녀에게 무엇이 가장 좋을지에 대해 생각해 보았으며 학교에 잘 적응할 수 있는 가장 좋은 기회가 주어지기를 원하고 있음을 지적하였다. 그리고 이를 위해 어떤 접근을 취하는 것이 가장 좋을지 살펴볼 필요가 있다고 말하였다. 그러자 성인은 차분히 안정된 분위기를 회복하고 모임의 목표에 다시 초점을 맞출 수 있게 되었다.

3. **항상 다른 사람들의 긍정적인 부분이나 잘한 것을 칭찬하고 공적을 그들에게 돌리라.** 상담자는 잔소리가 많은 부모나 교사에게 아동을 잘 관찰한다는 칭찬을 줄 수 있다. 아동이 잘되고 긍정적인 미래를 맞이하기를 바라는 마음에서 그러한 행동을 한다고 보는 것이다. 아동의 상태가 상담을 시작한 후로 좋아지기 시작하면, 부모와 교사가 이러한 결과를 가져올 수 있도록 모든 중요한 바탕을 제공해 주었기 때문이라는 말로 그들에게 공적을 돌릴 수 있다. 그리고 상담자가 한 일은 단지 자녀가 부모나 교사에게서 배운 것을 나타내 보일 수 있는 기회를 아동에게 주었을 뿐이라고 말한다.

아동은 종종 학교에서 좋았던 것들을 부모에게 말하곤 한다. 미술시간에 했던 것이나 새로운 노래를 배운 것, 수영을 배운 것, 혹은 학교에서 비디오를 본 것 등에 대해 말한다. 부모가 자녀와 나눈 이러한 대화를 상담자에게 말하면, 상담자는 부모에게 학교 교사를 만나 자녀가 집에서 말한 내용을 나누도록 권할 수 있다. 교사에게 이러한 긍정적인 피드백을 제공함으로써 부모는 학교에서 교사와 자녀 사이에 긍정적인 상호작용이 일어나도록 영향을 끼치는 것이다. 그리고 교사는 이러한 과정을 통해 학생이 학교에 대해 늘 불평만 하는 것이 아니고 학교에서 배우는 것에 관심을 갖고 주목한다는 것을 알게 된다. 동시에 부모 또한 자녀가 학교에서 무엇을 배우는지, 교사는 얼마나 효과적으로 학생을 가르치는지 등에 관심을 갖고 주목하고 있음을 인식하게 된다.

4. 우리는 아동을 도우려는 선한 의도로 만났다는 사실을 정기적으로 상기하고 강조하라. 아울러 모임 중에 아동의 강점과 성공의 경험들을 반복하여 정리하고 언급하라.
5. 대화할 때 가정적인 용법을 사용하도록 하라. 이러한 접근을 할 때 다른 사람들이 귀기울여 듣고 동시에 그들의 협력을 이끌어 낼 수 있는 가능성이 커진다. 가정적인 용어들로는 다음과 같은 것들이 있다. "……같군요." "선생님께서 진정으로 원하시는 것은 ……인 것처럼 들립니다." "……이 아닐까 생각합니다." "어쩌면……" "이것이 ……일 수 있을까요?"

제6장

아동의 용어로 의사소통하기

아동은 다양한 방법으로 의사소통을 한다. 행동을 통해, 시각적인 이미지를 통해, 혹은 놀이나 게임 등을 통해 의사소통한다. 따라서 이 장에서는 아동이 가진 다양한 자원들을 이끌어 내기 위해 치료자가 활용할 수 있는 다양한 방법들을 다루고자 한다. 여기에 제시되는 모든 활동들은 아동의 자신감, 의지 표현, 자율적인 선택 그리고 무엇보다도 자신의 환경을 조절할 수 있다는 인식을 심어 주고 강화시키도록 고안되었다. 궁극적인 목표는 상담실을 찾아오는 아동이나 청소년을 강화하여 그들로 하여금 자신감을 가지고 자기를 발전시키며 보다 성공적인 삶을 살아가도록 하는 데 있다. 여기서는 우리가 아동과 의사소통을 하면서 가장 도움이 되었던 도구나 자료들을 소개하고자 한다.

편안한 환경 제공하기

모든 상담자들은 될 수 있는 대로 좋은 환경과 우리가 다음에서 제시할 모든 도구들을 구비하고 싶어 할 것이다. 그러나 그러한 것들이 반드시 있어야 하는 것은 아니다. 아동이 가장 좋아하는 장난감은 그들이 스스로 만드는 것임을 기억하라. 나(김인수)의 딸이 어릴 때 가장 좋아했던 장난감은 가게에서 공짜로 얻은 커다란 종이 상자들이었다. 나는 그 상자들을 거실로 가져와 딸과 함께 문과 유리창을 만들고 크레용과 매직으로 집처럼 보이도록 색칠을 하고 장식하였다. 그리고 집에서 쓰던 담요를 바닥에 깔고, 헌 담요나 낡은 천 조각을 종이 집 위에 덮어 씌운 다음 앞에 '출입금지' 라는 간판을 달았다. 우리만의 은밀한 은신처가 된 것이다. 수많은 동네 아이들은 날마다 우리 집에 몰려와서 몇 시간씩 그 안에서 즐겁게 놀았다. 그러다가 종이 상자로 만든 이 '집' 이 무너져 내리면 다시 가게로 가서 새로운 상자를 얻어 오곤 하였다.

장난감에 대하여

나(슈타이너)에게는 장난감이 별로 없다. 일부러 많은 장난감을 가지려고 하지 않는다. 그보다는 다양한 옷들이나 도화지, 색연필과 같은 자료들을 더 선호한다. 아동의 독특한 세계에 들어가기 위해서는 그러한 것들이 더 도움이 되기 때문이다. 아동의 세계에서 옷은 강이 될 수도 있다. 옷으로 포켓몬을 만들 수도 있고, 동화 나라 공주의 베일이 될 수도 있다. 왕이나 여왕이 머리에 쓰는 왕관이 될 수도 있다. 상담자가 어떤 재료들을 사용하든지 그것은 아동과의 의사소통 증진이라는 구체적인 목적을 달성하기 위한 것이다. 이처럼 자유로운 용도로 쓸 수 있는 재료들은 아동이 쉽게 싫증을 내는 장난감 액션 용사들과 달리 그들이 갖고 있는 창의성을 이끌어 내는 데 도움이 된다.

이미 완성된 어떤 형태의 도구나 재료들을 사용하지 않는다는 것은 아동으로 하여금 스스로 창의성을 발휘하여 자기만의 장난감을 만들게 한다는 것을 의미한다. 대부분의 아동은 자신이 만든 것을 부모를 비롯한 여러 사람에게 아주 자랑스럽게 보여 주고 싶어 한다. 그래서 나는 늘 곁에 사진기를 두고 아동들이 무언가를 만들면 그것을 찍어 집에 가서 다른 사람에게 보여 주게 한다. 이러한 활동은 아동의 가족을 포함하여 다음 상담 회기와 연결할 수 있는 좋은 연결고리가 된다.

나는 자주 사무실 근처에 있는 난민 센터에 가서 자원봉사 활동을 한다. 이곳은 주로 동구권 나라에서 온 난민들을 대상으로 필요한 서비스를 제공하는 곳이다. 그런데 이곳에는 적절한 공간이 부족하여 소장실이 아동 집단 상담실처럼 사용된다. 나는 대개 풍선과 컬러 매직, 크레용, 도화지, 작은 공 등을 가방에 채워 그곳으로 간다. 설명하겠지만, 이러한 몇 가지 재료들만으로도 우리는 아동과 아주 유익한 시간을 보낼 수 있다.

상담실은 모든 연령대의 아동에게 편안함을 제공할 수 있어야 한다. 그러려면 충분한 공간이 확보되어야 한다. 활동적인 아동이 움직이거나 바닥에 내려 앉기를 원하면 그렇게 할 수 있어야 한다(주의: 우리가 만난 부모들 중에는 자녀가 바닥에 앉는 것을 허락하지 않는 경우도 있었다. 이럴 때는 부모의 규칙을 존중하는 것이 중요하다.). 상담실은 청소하기 쉬워야 한다. 그리고 창문이 있어서 아동이 밖에서 들려오는 새소리를 듣고, 하늘이나 구름을 쳐다볼 수 있고, 꽃이나 나무들을 볼 수 있으면 이상적이다. 하지만 효과적인 상담을 위해 이러한 요소들이 꼭 구비되어야만 하는 것은 아니나. 나반 아동이 집중할 수 있는 시간은 성인에 비해 훨씬 짧으므로 다양한 활동을 할 수 있는 여러 재료들을 구비하고 있는 것이 좋다.

상담실이 크다면 우리는 공간을 서로 구분된 세 가지 지역으로 나눌 수 있다. 즉, 안락의자가 구비된 대화 공간과 침대 주변의 놀이 공간, 그리고 책상을 중심으로 한 활동 공간이다. 대화 공간에는 보통의 성인용 책상 및 여섯 개의 의자와 아동용 작은 책상과 네 개의 작은 받침을 놓으면 된다. 아동은 언제나 자신이 원하는 책상을 선택할 수 있다. 그러면 어떤 아동은 굳이 큰 책상에 앉으려고 한다. 쉽게 앉지도 못하면서 자신이 얼마나 크고 강한지를 보여 주려고 그렇게 한다. '놀이 공간' 에는 책상이 있고 그 위에 도화지와 컬러 펜, 투명테이프 그리고 학습용 가위들을 놓는다. 아주 어린 아동을 대상으로 할 때는 각각 '놀이 나라' '활동 나라' 그리고 '대화 나라' 등으로 구분하고, 상담자가 직접 어린 아동의 손을 잡고 각 공간을 이동하게 할 수 있다. 나는 이처럼 상담실을 몇 개의 공간들로 나누어 서로 명료하게 구분하는 것이 좋다는 사실을 발견하였다. 이렇게 각 공간을 나눔으로써 우리는 장난감들이 대화 공간에 널려 있지 않도록 할 뿐만 아니라 아주 어린 아동도 잘 협조하며 따르게 할 수 있기 때문이다.

은밀한 은신처

내 상담실의 구석에는 별로 비싸지 않은 이층 침대가 하나 있다. 나는 상단 침대는 그냥 두고 아래 쪽 침대를 걷어 내었다. 그리고 바닥에 쿠션을 깔아 아동이 앉아 놀게 하였다. 아울러 앞에 커튼을 달아 내가 부모와 이야기하는 동안 아동이 그 안에 들어갈 수 있게 하였다. 아동이 숨을 수 있는 은신처가 된 것이다. 아동 중에는 상담에 대해 어떤 판단이나 이해, 확신을 하지 못하는 경우가 있다. 그럴 때는 이곳에 숨어 성인이 자신에 대해 (대개 긍정적이고 좋은 이야기들) 대화하는 것을 편하게 들을 수 있다. 그리고 자신들이 나오고 싶으면 언제든지 그렇게 할 수 있다. 이 침대 옆에는 인형의 집과 목각 동물들, 다양한 색깔의 나무 블록 바구니, 손 인형들이 있다.

나는 때로 가족들을 따로 만나곤 한다. 이를 위해 또 다른 상담실이 있는데 이것은 앞서 설명한 방보다는 훨씬 작다. 여기에는 모래와 다트 게임, 어린이용 책들이 구비되어 있다. 그 밖에 꼭 있어야 하는 것은 아니지만 구비하고 있으면 좋을 것들로 다음과 같은 것들이 있다.

- **화이트 보드** 아동이 글을 쓰거나 (이에 대해서는 나중에 설명할 것임) 그림을 그릴 수 있는 적당한 크기의 보드가 있으면 유용하게 사용될 수 있다. 이것을 벽에 걸 때는 어린 아동이 앉아서도 쓸 수 있을 정도로 낮게 걸어야 한다.
- **큰 메모판** 내 사무실에는 한 쪽 벽에 코르크로 만든 커다란 메모판이 있다. 나는 상담실에 와서 그림을 그린 아동에게 그 그림을 사무실에 놓고 갈지 아니면 집에 가져가기를 원하는지 질문한다. 많은 아동이 그림을 놓고 간다. 그러면 나는 그것들을 메모판에 걸거나, 그들이 다시 왔을 때 그림 작업을 계속하게 한다. 어떤 아동은 그림을 집에 가져가 자기 방이나 냉장고에 붙여 놓기도 한다.
- **편안한 의자와 소파** 상담실에는 부모가 앉아 대화할 수 있는 튼튼한 소파와 두세 개의 편안한 의자가 있어야 한다. 어린 아동 중에는 상담실의 환경에 익숙해지기까지 어머니의 무릎에 앉아 있으려고 하는 경우도 있다.

아동과의 눈 맞춤

어린 아동에게는 끊임없이 솟아나는 에너지가 있어서 가만히 있지를 못한다. 따라서 대화할 때라도 아동이 손으로 가지고 놀 수 있는 것들을 마련해 놓는 것이 좋다. 성인도 심각한 이야기를 할 때는 서로 눈을 맞추며 하기보다는 나란히 앉아서 대화를 나누거나 산책을 하는 것이 보다 자연스럽고 편안한 방법일 수 있다. 차 안에서 두 사람의 연인이 속삭일 때 혹은 흔들의자에 앉아 먼 곳을 바라보며 이야기할 때 가장 친밀한 대화가 이루어지는 이유가 바로 여기에 있다. 그러므로 어린 아동이 대화를 나누면서 눈맞춤을 유지할 것이라고 기대하지 말라. 아동은 대개 신발을 쳐다보거나 자신의 손이나 바닥을 내려다보곤 한다. 이것은 청소년도 마찬가지다. 따라서 청소년과 상담을 할 때는 함께 걸으면서 대화하는 것이 더 좋을 수 있다. 그들은 어려운 질문에 직면하면 대개 주위를 돌아다니면서 생각하는 것이 더 수월하다고 느끼기 때문이다.

전화 벨소리

상담실에 직원이 있어서 상담 중에 걸려 오는 전화를 받을 수 있다면 좋을 것이다. 그러나 나(슈타이너)에게는 그런 사람이 없다. 그래서 자동응답기를 설치해 놓았다. 많은 아이들은 내가 상담 중에 걸려 오는 전화를 받지 않을 때 놀란다. 어떤 아동은 전화를 받으라고 하기도 한다. 그들은 성인들로부터 상담실에서 받는 그런 집중적인 관심을 받아 본 적이 없기 때문에 이러한 상황이 발생할 때 아주 다양한 반응을 보인다.

해결 발견자로서의 아동

동료인 브라이언 모건(Brian Morgan)이 전국정신건강주간에 5학년 학생과 정신건강 문제에 대해 대화하며 받은 인상에 대해 이야기를 한 적이 있다. 그가 지역사회의 정신건강센터 소장으로 있을 때 5학년 학생을 가르치던 친구가 정신건강에 대해 학생에게 강의해 달라고 초빙한 것이었다. 특히 아동이 정신건강 문제를 이해하는 것이 왜 중요한지, 어떻게 정신적으로 건강한 사람이 될 수 있는지 등에 대해 이야기해 달라고 요청하였다.

처음에 이 제안을 받은 브라이언은 매우 난감하였다. 5학년 아동에게 정신건강이 무엇인지 어떻게 설명할 수 있을 것인가? '그렇게 복잡한 개념'을 어떻게 10세 혹은 11세 아동에게 가르치면서 그들과 연결될 수 있을지 확신이 서지 않았던 것이다. 그때 마침 자신이 배우던 해결중심 접근을 생각해 낸 그는 자신이 가르칠 내용과 아동에게 익숙한 것들을 어떻게 통합시킬 수 있을지를 생각하기 시작하였다. 아동들은 워싱턴 주 북쪽의 시골 지역에 살고 있었기 때문에 산과 사과나무, 말을 기르는 것들에 익숙하였다. 브라이언은 순간 자신의 강연을 들을 학생들이 살고 있는 환경을 통해 어떻게 정신건강의 문제를 가지고 아동에게 접근할 수 있을지 깨닫게 되었다. 즉, 학생들이 잘 알고 잘할 수 있는 것을 가지고 강연을 해야겠다고 생각한 것이다.

브라이언은 학생들에게 그들이 잘할 수 있고 또 어떻게 할지 잘 알고 있는 것에 대해 질문할 것이라고 말하면서 강연을 시작하였다. 당연히 학생들은 그가 말하는 것에 관심을 보이며 집중하였다. 브라이언은 집에 고양이나 개 혹은 말이 있는 사람은 손들어 보라고 하였다. 물론 모든 아동들의 손이 올라갔다. 동물은 말을 할 수 없다. 그런데 만약 동물이 아프면 어떻게 그 사실을 알 수 있느냐고 그가 질문하였다. 다시 손이 올라가기 시작했고, 아동들은 동물을 보면 목이 마른지, 지쳤는지, 아픈지, 행복한지, 슬픈지, 자신을 보고 좋아하는지 등등에 대해 어떻게 알 수 있는지를 말하였다. 브라이언은 누가 앞으로 나와 동물이 목마르거나 배고플 때, 지치거나 슬플 때, 기분 좋을 때 어떤 모습을 하는지 보여 줄 수 있는지 질문하였다. 그러자 그들은 온 몸과 얼굴 표정들을 동원하여 자신이 알고 있는 것들을 설명하기 시작하였다. 의자에 앉아 있는 학생들 중에서 어떤 아동들은 앞에 나온 친구의 자세나 태도, 손과 발의 위치, 얼굴 표정 등을 바꿀 것을 요구하며 자신의 생각에 맞다고 판단될 때까지 열심히 설명하였다. 브라이언은 이어서 상태가 좋지 않은 동물이 있을 때 어떻게 도울 수 있었는지를 설명하도록 요청하였다. 그는 동물에 대한 아동의 지식에 대해 깊은 인상을 받았다. 그리고 외향적인 자신의 특성에 따라 약간은 과장하여 그러한 사실을 표현하였다. 그 결과, 브라이언이 그들을 좋아한 것만큼이나 아동들 또한 브라이언을 좋아하게 되었다. 그는 계속하여 몸 상태가 좋지 않은 동물을 어떻게 돌봐 주었는지 이야기하도록 학생들을 격려하였다. 그들은 동물이 아프거나 목이 마를 때, 배고프거나 다쳤을 때, 혹은 기분이 좋지 않을 때 어떻게 돌볼지 다양한 아이디어들을 갖고 있었다.

브라이언은 이어서 부모가 정원에서 기르는 나무나 꽃, 식물, 채소에 대한 이야기를 하였다. 학생들은 식물이나 나무, 꽃에 대해서도 그 상태가 좋지 않을 때 어떻게 대처해야 할지에 대한 많은 지식을 갖고 있었다. 그들 중에는 브라이언도 잘 모르는 니트로겐이나 다른 화학 약품들을 사용하는 것에 대해 말하는 아동도 있었다.

브라이언은 계속하여 친구들이 신체적으로 혹은 정서적으로 좋지 않은 상태에 있으면 그 사실을 어떻게 알지에 대해 질문하였다. 어떤 아동은 자신이 지금 그런 상태에 있다고 자청하여 나서기도 하였다. 그러자 학생들은 그런 상태에 있다면 얼굴 표정이나 자세는 어떠해야 할지를 몸짓을 하며 설명하였다. 그리고 자기 친구가 슬프거나 화가 났을 때, 외로워하거나 친구가 없을 때 어떻게 도울 수 있을지 알고 있는 것들을 총동원하여 열심히 설명하려고 하였다.

이들의 토론은 각자의 가족과 이웃 및 친척에게로 확장되었다. 브라이언을 초청한 교사도 이 시간을 아주 즐겁게 보냈다. 그래서 다음 주에도 또 와 달라고 초청하였다. 그는 결국 세 번이나 더 그 학교에 가서 친구를 돕는 방법들에 대한 대화를 이끌었다. 브라이언은 도움이 필요한 친구들의 필요에 귀 기울이는 5학년 학생들의 민감함과 다른 사람이 말하는 것을 경청하는 능력과 배려에 깊은 인상을 받았다고 언급하였다.

이 모든 과정을 지켜본 교사는 큰 감명을 받고 나중에는 아예 한 학기 내내 매주 한 시간씩 학교에 와 줄 것을 브라이언에게 요청하였다. 우리는 브라이언과 마찬가지로, 아동은 어려움에 처한 사람들에게 공감할 수 있는 직관적인 능력과 지식을 갖고 있다고 확신한다. 그들의 이러한 능력과 지식을 존중함으로써 우리는 그들로 하여금 이러한 잠재력을 발휘하게 할 수 있다.

아동의 일차적인 의사소통 방식은 주로 놀이를 하거나 몸을 움직이고 자신이 잘 알거나 익숙한 것들을 말하는 것이다. 자신의 주변에 대해 알고 있는 것을 말해 달라고 하면 대부분의 아동들은 브라이언이 학교에서 만났던 아동과 같은 행동이나 반응을 보인다. 따라서 다양한 시각적인 이미지를 사용하여 아동과 성인의 세계를 연결하는 것은 자연스러운 현상이다. 이러한 접근은 모든 내담자를 같은 방식으로 보는 해결중심의 철학과도 잘 들어맞는다. 우리는 여기서 소개하는 상담 기술들을 다양한 경로를 통해 배웠다. 어떤 것들은 우리의 도움을 필요로 했던 아동에게서 배웠다. 그런가 하면 우리가 읽은 아동의 이야기나 동화에서 영감을 받은 것도 있고, 우리가 실험을 통해 얻은 혹은 다른 출처를 통해 들은 것들도 있다.

우리는 이 책을 읽는 독자 또한 해결을 구축하는 사고 이면의 원리들에 익숙해지면 각자 나름대로의 기술들을 어떻게 발전시킬 수 있을지 알게 될 것이라고 확신한다. 이러한 차원에서 우리의 상상과 창의성에는 제한이 없다. 다음에 제시되는 사례들은 다양한 기술들을 시도할 수 있도록 돕기 위한 것이다.

변화에 이름을 붙이고 시각화하기

수년 전 취리히에 있는 민족학 박물관에서 전 세계 아동의 평범한 일상의 삶을 담은 사진 전시회를 개최한 적이 있었다. 이 전시회가 특별한 점은 전시된 모든 사진들을 아동들이 찍었다는 사실이었다. 그들은 자신들이 보기에 중요하다고 생각되는 사진들을 뽑아 전시하였다. 나(슈타이너)는 아동들이 다른 아동과 성인들에게 보여 주기 위해 선택한 그 사진들을 보며 큰 감동을 받았다. 그 전시회는 내가 날마다 상담실에서 보는 아동들에게 활용할 수 있는 좋은 영감을 불러 일으켰다. 나는 이 전시회를 통해 사진이 아동으로 하여금 자기 삶의 긍정적이고 좋은 것들이 무엇인지를 생각하게 하는 아주 좋은 방법이 될 수 있다는 것을 깨닫게 되었다. 그리고 그들이 가진 시각적 이미지를 더욱 선명하게 하여 자신의 꿈과 희망을 기억하는 데 도움이 될 수 있음을 알게 되었다.

다음에 설명하는 내용을 통해 보게 되겠지만 아동들에게는 어떤 해결책에 이름을 붙이고 어떻게 문제가 해결되는지 구체적인 내용을 다루는 것이 도움이 된다. 이때 이름을 붙이고 변화가 어떻게 일어나는지에 대한 그림을 그리거나 제시할 때 아동의 삶에 의미가 있고 이해될 수 있는 것으로 하는 것이 중요하다. 그리고 이때 다루는 해결책은 아동의 삶에 중요한 영향을 미치는 성인이 생각하는 것과 연관성이 있어야 한다. 이처럼 해결책에 이름을 붙이고 시각화하는 것은 추상적인 단어나 개념 또는 표현들을 아동이 이해할 수 있는 구체적인 어떤 것으로 만드는 데 도움이 된다. 그러므로 각 아동이 가진 개인적이고도 개별적인 이미지에 귀를 기울이는 것이 중요하다.

해결중심 상담자들은 상담 첫 회기에 목표를 세우려고 한다. 목표가 분명해지면 상담자는 바로 어떤 숫자나 동물, 자연의 사건이나 스포츠, 영화, 혹은 잘 알려진 아동 이야기의 주인공들을 활용하여 바람직한 변화를 묘사하거나 그 특징을 드러내게 할 수 있다.

예를 들어, 7~10세의 아동은 대부분 자기자신이나 자신의 문제 혹은 변화를 통하여 도달하고자 하는 상태를 묘사하는 동물을 선택하라고 하면 별 어려움 없이 그렇게 할 수 있다. 뿐만 아니라 아주 개인적이면서도 나름의 개별적인 방법으로 그 변화의 과정에 참여할 수 있다. 따라서 상담자는 어린 내담자로 하여금 스스로 '정상'이라고 생각되는 이미지를 가진 동물을 찾아내어 이러한 과정에 들어갈 수 있도록 돕는 것이 필요하다. 다음의 사례를 눈여겨 보라.

사례: 잘 들어맞는 동물 찾아내기

매튜(Mathew)는 학교와 집에서 많은 말썽을 일으킨다. 교사가 지속적으로 그를 지적하고 혼내기도 하지만, 그는 가만히 있지 못하고 돌아다니며 장난 섞인 말들을 지껄이며 묘한 표정으로 다른 아동으로 하여금 낄낄대며 웃게 한다. 그에게는 과잉행동아(hyperactive)라는 수식어가 붙여졌다.

매튜: 나는 교실에 있을 때 동물원에서 본 원숭이처럼 행동해요. 그런데 조용히 공부할 때는 정상이에요.

상담자: 네가 정상적인 상태에 있을 때 너랑 가장 닮은 동물이라고 생각되는 것은 무엇이니?

매튜: 나무늘보요. 이 동물은 굉장히 천천히 움직이고 조용하니까요.

상담자: 그래? 나무늘보가 너랑 가장 닮았다고?

매튜: 아뇨, 아니에요. 나무늘보는 원숭이의 반대예요. 나와 닮은, 어…… 나를 꼭 닮은, 정상적인 동물, 어…… 글쎄요, 나를 닮은 동물은 고양이 아니면 강아지라고 할 수 있어요.

상담자: 고양이와 강아지 중에서 네가 더 정상이라고 생각하는 동물은 뭐야?

매튜: 고양이요.

상담자: 어떤 면에서 고양이가 정상이지?

매튜: 음, 여기저기 뛰어다니기도 하고, 잠자기도 하고, 쥐를 잡을 때는 아주 집중해서 그렇게 해요. 내가 볼 때, 고양이는 필요한 모든 다양한 것들을 할 수 있어요.

상담자: 네가 원숭이에서 고양이가 되면 그것이 도움이 될까? 그렇게 할 수 있을까?

매튜: 예, 그러면 저도 제 친구들처럼 될 거예요, 다른 아이들처럼요.

매튜는 놀랍게도 마음속으로 돌아가는 상황을 파악할 수 있었고 자신의 생각을 명료하게 표현할 수 있었다. 그리고 이런 과정을 통하여 자신의 어려움을 스스로 어떻게 보는지를 드러내었다. 그는 자신이 친구들과의 관계에서 어려움을 갖고 있고, 다른 아동과 다르다는 사실도 인식하고 있었다. 외아들인 매튜는 친구들과 어울리고 '정상적인' 아동으로 인식되기 위해서는 어느 정도의 도움이 필요하였다. 매튜가 사는 곳은 시골이었으므로 고양이와 개들이 흔한 곳이었다. 따라서 고양이처럼 된다는 것은 튀지 않는 평범한 아이가 된다는 것을 의미하였다.

샨텔리(Shantele)는 7세 소녀이며, 매우 수줍음을 타는 아동이었다. 그녀는 학교에서 쉬는 시간이 오는 것이 두려웠다. 큰 남자 아이들이 계속 짓궂게 놀렸기 때문이었다. 샨틸리는 처음에 자신을 조그만 생쥐로 묘사하였다. 그러면서도 아주 용감한 호랑이가 되고 싶어 하였다. 샨틸리는 최근에 아프리카에 사는 호랑이에 관한 영화를 보았다. 샨틸리에게 호랑이는 아주 중요한 의미로 다가왔다.

9세인 브래드(Brad)는 집에서 형제들에게 공격적인 행동들을 하였다. 뿐만 아니라 학교에서도 친구들에게 그러한 행동을 하여 상담에 의뢰되었다. 브래드의 학교 교사에 따르면, 브래드는 전혀 규칙들을 따르지 않았고 제멋대로여서 늘 숙제하는 것을 잊어버렸다. 연필이나 공책, 신발 등도 자주 잃어버리고, 자기가 무엇을 어떻게 해야 할지 도무지 알지 못하였다. 나와 함께 동물에 대한 시각적인 이미지를 표현할 때도 도무지 감을 잡지 못하는 것 같았다. 그래서 나는 동물 인형들을 한 보따리 안고 브래드와 함께 바닥에 앉았다. 브래드는 자신이 동물이 된다면 어떤 동물이 되고 싶은지를 선택하는 데 애를 먹었다. 나는 그런 브래드를 지켜보면서 문득 그가 무언가를 직접 만져 보면 한결 자신이 하는 일을 더 잘하게 된다는 것을 발견하였다. 그래서 동물 인형들을 하나씩 손으로 직접 만져 보고 충분히 그 촉감을 느껴 보도록 하였다. 이것이 도움이 되었다! 브래드는 마침내 손에 들고 있던 노랑가오리를 내려놓고 올빼미를 선택하였다. 노랑가오리는 매끈매끈한 물질로 만들어졌고, 올빼미 인형은 깃털로 된 것이었다. 나는 이 두 인형이 주는 촉감의 차이가 브래드의 선택에 가장 중요한 요소가 되었음을 확신하였다. 브래드는 미끌미끌한 노랑가오리가 아닌 부드럽고 따스한 느낌을 주는 올빼미를 선택한 것이었다.

브리타니(Brittany)는 10세의 소녀로 다른 사람들에게 좋지 않은 기분을 표출하기보다는 느긋하고 친절하게 대하는 것을 좋아하였다. 나는 미국의 독립기념일이 지난 직후에 브리타니를 만났다. 독립기념일에는 모든 사람들이 공원에 나와 불꽃놀이를 지켜본다. 브리타니는 나를 만난 자리에서 이렇게 말하였다. "나는 화산이 태양으로 바뀌면 좋겠어요. 화산이라는 불꽃놀이는 아주 요란한 소리를 내고 불꽃을 튀기기도 하죠. 태양은 그것보다는 덜 볼 만하지만 그것을 바라보면 기분이 좋아요. 커다란 빨간 공을 보는 것처럼 요." 브리타니의 이러한 생각은 최근의 경험에서 온 것이었다. 화산과 태양은 브리타니에게 아주 중요한 의미가 있는 것임이 분명하였다.

15세인 베티(Betty)는 어머니와의 관계가 고무줄 꼬기 게임과 같으면 좋겠다고 말하였다. 베티에게 고무줄 꼬기 게임은 아주 융통성 있고 즐거운 시간을 갖는 것과 연결되어 있기 때문이었다.

클라우디오(Claudio)는 12세 소년인데, 학교를 중퇴할 가능성이 높은 아동으로 판단되었다. 거기에는 그가 자신보다 나이 많고 덩치가 큰 아이들을 무서워한 이유도 포함되어 있었다. 그는 자신이 파란색 쉐비 자동차에서 힘 좋은 빨간색 스포츠카인 페라리가 되는 상상을 하였다. 클라우디오는 페라리를 가리켜 다양한 변속기어를 갖고 있고 아주 신속하게 속도를 올릴 수 있으며, 페라리를 타면 모든 사람들이 탄성을 올린다고 설명하였다.

이러한 작업을 하다 보면 어떤 아동은 시각적 이미지를 쉽게 찾아내는가 하면, 어떤 아동은 그러지 못하여 도움을 필요로 하는 경우도 있다. 이때 상담자는 아동에게 의미가 있을 수 있는 어떤 상징이나 내상의 범주를 제공할 수 있다. 그런 범주들로는 동물이나 스포츠, 게임, 영화배우, 가수, 운동선수, 이야기에 나오는 주인공, 오토바이, 자동차, 만화의 등장인물 등이 있을 수 있다.

상담 초보 단계에 있는 상담자 중에는 아동이 어떤 방향으로 상상하느냐에 따라 어떤 차이가 발생하는지 궁금해 하는 사람들이 많이 있다. 예를 들면, 생쥐에서 호랑이로 변하는 것, 혹은 야생 호랑이에서 길들여진 얌전한 호랑이로 변하는 과정에서 어떤 방향으로 변하는가에 따라 무슨 차이가 생기는지 알고 싶어 하는 것이다. 그러나 아동이 어떤 변화를 상상하고 그것을 인지할 수 있다면, 상상의 방향이 어떤 쪽으로 진행되느냐 하는 것 자체는 그리 큰 문제가 되지 않는다. 우리가 볼 때, 대부분의 아동은 어떤 분명하고 극적인 변화를 좋아한다. 즉, 난폭하고 잔인한 동물이 순하고 사랑스러운 동물로 바뀌거나, 겁에 질린 생쥐가 용맹한 호랑이로 혹은 아주 동작이 빠른 토끼로 변하는 모습을 시각화하는 것이다.

우리는 이와 같은 아동의 상상이나 시각적인 변화, 바람들을 수용하는 것이 중요하다고 믿는다. 상담자 자신이 생쥐나 호랑이, 고양이나 강아지 등 어떤 특정한 동물을 선호하는지와 상관없이 아동들이 선택한 동물이 갖고 있는 어떤 개인적인 혹은 특별한 의미를 탐색하고 받아들이는 것이 중요하다.

어린 아동

아동 상담을 할 때, 유치원에 다니는 아동이나 그보다 더 어린 나이의 아동에게는 학령기의 아동보다 더 구체적인 방향과 안내가 필요할 수 있다. 이들에게는 잠정적인 용어를 사용하고, 필요하다면 그들의 생각에 맞지 않는 것은 바꾸거나 거절할 수 있도록 하는 것이 좋다. 상담자는 자신의 견해를 강요하기보다 진지한 자세로 어조나 목소리의 높낮이, 그리고 다양한 언어적 기술을 통하여 아동의 반응을 이끌어 내는 것이 중요하다. 이때 움직이는 장난감 인형들이 아동과 상담할 때 아주 유용하게 사용될 수 있다. 예를 들면, 나무 막대기에 악어 인형을 고정시키고, 얇은 도화지로 악어 집을 만들 수 있다. 그리고 상담자나 어린 아동이 악어 인형이 고정된 막대기를 잡고 악어가 자기 집에 숨어 있다가 튀어나오게 하는 등의 놀이를 할 수 있다. 상담자는 이러한 상황에서 다음과 같은 대화를 할 수 있다.

상담자: 가만히 보니까 집에 성난 악어가 있는 것 같구나. 화가 나면 뛰쳐 나오는 모양이지? 너는 어떻게 생각하니?

아동: (고개를 끄덕이며) 네.

상담자: 그게 정말이야? 그렇다면 이 악어는 길들여져야겠다. 네 말을 들

도록 말이야!

때로 아동이 조그만 거북과 같다는 인상이 들면 상담자는 손에 자라 인형을 들고 다음과 같이 대화를 나눌 수 있다

상담자: 네가 다른 큰 남자 아이들을 무서워할 때 나는 네가 마치 이 조그만 거북과 같다는 생각이 드는구나. 거북은 가끔 머리를 살짝 내밀었다가는 얼른 도로 집어넣지. 거북이 머리를 좀 더 밖으로 내밀고 주변을 살펴보면 무언가 다른 변화를 경험할 수 있을 텐데.

이렇게 말하고 상담자는 거북 인형의 머리가 앞으로 나오도록 동작을 취한 후 아동에게 인형을 건네주어 직접 그것을 경험하게 할 수 있다. 그러면 아동은 이내 거북처럼 소리를 내고 다양한 동작을 하게 된다.

손 인형 활용하기

손 인형은 아동과 대화를 시도할 때 유용하게 사용될 수 있다. 그들이 처한 상황들을 인식하도록 시각적인 도움을 주기 때문이다. 뿐만 아니라 치료 과정 내내 어린 내담자와 대화를 하는 데 좋은 지원 수단이 된다. 인형은 아동으로 하여금 환상의 세계로 들어가도록 한다. 그리고 그러한 상황 속에서 자신을 보도록 도와준다.

상담자는 손 인형을 사용할 때 다음의 사실을 기억해야 한다. 즉, 손 인형을 대화 상대로 삼아야 한다는 것이다. 어린 내담자가 아닌 인형을 보면서 인형에게 이야기하고, 인형의 동작에 반응하면서 흉내를 내야 한다. 이렇게 하는 중요한 이유는 이를 통해 아동이 안전한 상황에서 자신이 선택한 동물의 역할을 경험할 수 있으며, 동시에 앞으로 자신이 행할 행동들을 부분적으로나마 경험하게 되기 때문이다.

다음은 상담자가 인형을 가지고 대화할 때 유용하게 사용할 수 있는 몇 가지 질문 사례들이다.

- 네 이름은 뭐니? 몇 살이야?
- 친구들이 있니? 그 친구들의 이름은 뭐야?
- 너는 무엇이 하고 싶니? 네가 좋아하는 게임은 뭐야?
- 네가 있고 싶은 장소는 어디야?
- 네가 잘하는 것은 무엇이니?
- 네가 좋아하는 음식은 뭐야?

아동이 조그만 자라를 선택할 때, 상담자는 다음과 같은 질문들을 할 수 있다.

- 네 몸을 둘러싼 껍질에 목을 숨기는 이유가 뭐니?
- 언제 목을 내밀어야 할지 그때를 너는 어떻게 알 수 있니?
- 껍질 안에 숨어야 할 때를 어떻게 알 수 있니?

아동이 두 종류의 동물들을 선택하면 그 두 가지와 대화를 나누도록 한다. 우리가 앞서 다룬 브래드의 경우, 대화가 지속되면서 이렇게 하는 이유를 분명하게 보여 주고 있다.

상담자: 안녕! 와, 너는 정말 멋진 색깔을 가졌구나!

노랑가오리(브래드): 멋있지요? 회색과 함께 등에는 파란색 반점도 있어요. 가슴은 노란색이구요. 그런데 내 꼬리에 대해서는 아무 말도 안 하네요. 내 꼬리는 아주 강해서 그것으로 모든 적들을 물리칠 수 있어요. 이것 좀 봐요. (브래드는 노랑가오리 인형의 꼬리를 잡고 내 쪽으로 흔든다.)

상담자: 와, 네 꼬리는 아주 무섭구나! 너는 언제 그것을 사용해야 할지 어떻게 아니?

노랑가오리: 음, 물고기들이 너무 시끄러워 짜증날 때 사용해요. 그리고 내게 너무 가까이 다가올 때, 내가 놀고 싶은 것이 있는데 그들은 원하지 않을 때, 특히 어른들에게 거짓말을 할 때, 그리고 나는 아무 잘못도 하지 않았는데 꾸중을 들을 때 그렇게 해요.

상담자: 너는 꼬리를 갖고 원하는 것을 하려는 것 같구나. 효과가 있니?

노랑가오리: 어떤 때는요. 그런데 대개는 그렇지 않아요. 주위에서는 내가 매우 위험한 동물이라고 그래요. 그래서인지 다 나를 가까이 하지 않으려 하고, 함께 놀려고 하지도 않아요. 그래서 심심해요. 아무도 나를 좋아하지 않아요! 나도 형처럼 인정받고 싶어요. 하지만 괜찮아요. 나는 내 자신이 그래도 자랑스러운 걸요. 나는 아주 강하니까요!

상담자: 그렇구나. 너는 강한 존재가 되고 싶구나. 동시에 다른 아이들과 놀고 싶고, 어른들에게 인정받고 싶은 마음도 있구나. 그런데, 여기에 동물이 하나 있어. 이름은 헨리야. 헨리를 아니?

노랑가오리: 그럼요. 하지만 말을 나눠 본 적은 없어요. 허약한 올빼미와는 이야기하고 싶지 않아요.

상담자: 그래도 괜찮아. 내가 지금 올빼미와 대화를 나누려고 하거든. 잠깐 기다려 줄래? 금방 돌아올게!

브래드에게 노랑가오리 인형을 내려놓고 올빼미 인형을 손에 끼도록 요청한다.

상담자: 안녕, 좋은 오후야. 눈을 동그랗게 뜨고 있구나. 너는 모든 것을 아주 잘 볼 수 있겠다?

올빼미: 지금은 그렇지 않아요. 하지만 밤이 되면 땅에 있는 작은 동물들도 아주 잘 볼 수 있어요. 그래서 생쥐 같은 것도 잘 잡을 수 있어요.

상담자: 그렇구나. 너는 참 멋진 깃털을 갖고 있구나. 전체가 하얀 깃털 말이야.

올빼미: 나는 보통 올빼미가 아니에요. 아주 특별한 종류지요.

상담자: 네가 잘하는 것이 무엇인지 말해 줄래?

올빼미: 움직이지 않고 아주 소리 없이 앉아 있을 수 있고, 주위를 아주 꼼꼼하게 관찰할 수 있어요. 그리고 사람들은 종종 내게 와서 의견을 묻곤 해요. 나는 아주 똑똑하니까요.

상담자: 그렇다면 다른 동물들도 너를 보러 와서 질문을 할 수 있겠구나. 너랑 같이 놀기도 하니?

올빼미: 물론이지요. 저는 좋은 조언을 주곤하기 때문에 모두가 나를 좋아해요.

상담자: 너는 아주 잘 살고 있는 것 같구나. 너, 브래드를 아니? 브래드도 너처럼 잘 살고 싶어 하는데, 지금은 그렇지를 못해. 브래드는 아주 강한 꼬리를 갖고 있는 노랑가오리야. 그에게는 어떤 변화가 필요해. 그런데 그게 잘 안 되고 있어. 내가 말하는 노랑가오리가 누구인지 알겠니?

올빼미: 아, 그 바보요? 걔는 항상 모든 것을 엉망진창으로 만들어요. 할 줄 아는 것이라곤 자기 꼬리로 다른 아이들을 때리는 것밖에 없어요.

상담자: 노랑가오리에 대해서는 별로 생각해 보지 않은 것 같구나.

올빼미: 아니요, 전 그 아이를 좋아하지 않아요.

상담자: 무엇 때문에 그래?

올빼미: 말씀드렸잖아요, 그 아이가 하는 짓을 가까이서 잘 보세요.

상담자: 그렇게 해서 그 아이를 잘 알 수 있었다는 말이야?

올빼미: 물론이죠.

상담자: 그렇구나. 그런데 말이야, 브래드는 지금 어려운 상황에 있어. 학교에서는 선생님이 야단치시고, 집에서는 큰 싸움도 있었어. 너

도 노랑가오리가 하는 것들이 잘못되었다고 생각하니?

올빼미: 모르겠어요.

상담자: 노랑가오리와 이야기해 본 적이 있니?

올빼미: 아니요, 내가 왜 해야 해요?

상담자: 내 마음속에는 그냥 너희 둘 다 똑같은 것을 원하고 있다는 생각이 드는구나. 잘 사는 것 말이야. 어떻게 그렇게 하는 가는 서로 다르지만 말이야.

올빼미: 어…….

상담자: 내가 볼 때 너는 부모님과 선생님을 기쁘게 하는 것 같아. 그런데 노랑가오리는 때로 자기가 얼마나 화가 났는지, 얼마나 짜증이 났는지를 그런 식으로 표현하는 것 같아. 그 아이가 꼬리를 그렇게 휘두르는 것은 화난 감정을 푸는 데 도움이 되기 때문인 것 같아. 물론 그 때문에 헨리가 힘들어지고 상황이 엉망진창이 되곤 하지만 말이야.

브래드는 인형을 갖고 놀면서 그 역할과 자기 사이를 오가는 것이 분명하였다. 그리고 다음과 같은 말로 자신의 상태를 드러냈다.

브래드: 그래요, 내게는 큰 분노가 있어요.

상담자는 브래드에게 한 손에는 노랑가오리를, 그리고 다른 손에는 올빼미 인형을 끼라고 요청한다. 그리고 두 인형에게 말한다.

상담자: 너희 들었니? 브래드는 다른 사람들을 주의 깊게 관찰하고 친해지고 싶어 해. 같이 놀 수 있는 친구들이 있으면 좋겠어. 동시에 자기 안에 있는 큰 분노를 없애야 할 필요도 있어. 너희 둘이 이야기를 해 줄 수 있을까? 올빼미 너는 모든 것을 잘 관찰하며 친절하고, 노랑가오리 너는 화를 잘 제거할 수 있으니까 말이야. 지

금부터 다음에 우리가 만날 때까지 아주 좋은 아이디어를 생각해 낼 수 있을 거야.

우리는 지금까지 손 인형을 가지고 어떻게 상담대화를 이끌어 갈 수 있을지를 살펴보았다. 이 대화를 통해 아동으로 하여금 해결책을 만들어 가도록 대화할 수 있을지를 이해하는 데 도움이 되었기를 바란다.

이야기 나누기

대부분의 아동은 이야기를 좋아한다. 이야기는 성인이건 아동이건 여러 면에서 의사소통을 할 수 있는 좋은 방법이다. 아동은 다른 사람들이나 동물, 장난감들이 자신이 겪었던 사건이나 어려움과 비슷한 갈등들을 어떻게 넘고 승리하였는지에 대한 이야기를 듣는 것을 좋아한다. 이야기의 주인공이나 영웅이 힘들고 고통스러운 상황을 극복하고 해결책을 찾아가는 과정에 매료된다. 안전거리를 유지하면서 힘들고 어려운 문제뿐만 아니라 그것을 해결하고 성공하는 과정을 경험하는 것은 멋진 일이다. 우리는 함께 꿈과 환상을 나누며, 다양한 이야기들과 감정을 나누면서 아주 친밀한 경험을 하게 된다. 그리고 그런 과정을 통해 인생에 대한 것들을 함께 배워 간다.

이야기를 나눌 때 상담자는 아동이 원하는, 필요로 하는, 그리고 감당할 수 있는 친밀감의 정도에 따라 다양하게 할 수 있다. 예를 들면, 책을 들고 이야기를 읽기보다는 같은 이야기라도 기억을 더듬으며 이야기할 수 있다. 그리고 아동으로 하여금 자기 나름의 시각적 이미지를 마음속에 만들어 내도록 다양한 몸짓과 자세, 음성의 변화 등을 가미하여 읽을 수 있다. 아울러 대개의 부모가 오래 전부터 실천한 방법으로, 아동의 옆에 앉아 이야기를 나누거나 아동을 쓰다듬으면서 혹은 손을 잡고 하는 것도 아주 유익할 수 있다.

그렇지만 11~14세의 아동은 이야기를 들으면서 그림을 그리거나 낙서를 하는 등의 행위를 선호할 수 있다. 이 나이나 그보다 위인 아동의 경우 손으로 같은 행동을 반복하면서 무언가를 쓸 때 집중하여 잘 듣는 경향이 있다.

그림책

그림책은 말로만 하는 것보다 훨씬 더 많은 것들을 아동에게 효과적으로 전해 준다. 따라서 상담자는 '해결중심' 적인 것을 염두에 두고 이러한 책들을 찾아 모으는 것이 좋다. 이때 이야기들은 상담자 자신이 좋아하고 공감할 수 있는 것들을 택하는 것이 바람직하다. 이야기가 듣는 사람에게 효과적이려면 그것을 말하는 당사자에게도 와 닿아야 하기 때문이다. 현재 해마다 출판되는 이야기책들은 수도 없이 많다. 그런데 그중에서 당신이 알게 되는 것은 10~12권 정도에 불과할 것이다. 상담을 위해서 수많은 아동 서적을 집이나 상담실에 비치해야 할 필요는 없다. 우리는 상담자 자신이 즐겁게 읽을 수 있는 책, 그리고 그림이나 이야기들이 자신의 특성과 잘 맞는 몇 권의 그림책이면 충분하다고 생각한다. 상담 중에 어떤 이야기를 읽을지는 그동안 어떤 대화를 나누었는지, 그리고 성취 목표가 무엇인지에 따라 크게 달라질 수 있다.

그림책이나 이야기로 피드백 나누기

우리는 상담을 하다가 어느 시점이 되면 잠시 대화를 중단하고 생각하는 휴식을 갖는다. 이때 우리는 상담 내용을 전체적으로 정리하고 내담자에게 기억할 만한 메시지를 전달하여 그것을 가지고 귀가하도록 돕는다. 상담자는 자신이 아동에 대해 관찰하고 듣고 배운 것들에 대해 칭찬을 하고 다음과 같이 말할 수 있다. "상담을 통해 네가 말한 것들 중에서 긍정적인 것들을 잠시 생각하는 동안 한 가지 이야기가 생각났단다. 그것을 네게 말해 주고 싶구나." 혹은 아동의 필요나 상태에 따라 이와 유사한 방식으로 말할 수 있다. 어떤 아동이나 부모도 이러한 이야기를 듣는 것을 거부하는 경우는 거의 없지만 그래도 상담자는 이를 위한 허락을 구하거나 동의를 기다리는 것이 좋다. 이야기를 마치면 상담자는 이에 대해 더 이상의 어떤 토론도 하지 않고 그대로 회기를 마치도록 한다. 아동에게 이 이야기가 의미하는 것이 무엇인지 토론하지 않도록 한다. 아동이 직관적으로 이야기의 의미를 이해하고, 이 이야기를 자신의 삶의 상황에 적용할 수 있는 유익한 방안을 찾아낼 수 있을 것임을 믿어야 한다. 우리는 지속적으로 이러한 경험을 하고 있다.

이야기 만들기

상담을 하면서 어떤 특정한 상황에 딱 들어맞는 이야기를 찾는 것은 그리 쉬운 일이 아니다. 따라서 내담자의 개인적인 상황에 맞는 이야기를 만들어 내는 것이 필요할 때가 있다. 아동의 상황에 맞는 이야기를 만드는 몇 가지 지침을 제공하고자 한다.

모든 동화에는, 성인 이야기와 마찬가지인데, 나름대로의 어떤 패턴이 있다. 해리 포터 시리즈는 문화와 언어를 초월하여 모든 아동이 좋아하는 책이다. 『해리 포터의 모험』에는 아동을 끌어당기는 어떤 패턴이 있음을 분명하게 알 수 있다. 따라서 상담자가 나름대로 어떤 이야기를 만들려고 할 때 이러한 패턴을 염두에 두고 있으면 도움이 된다. 우리는 반복적인 연습을 통해 이야기를 만드는 작업을 잘 해낼 수 있다.

이야기의 주인공이나 영웅은 대개 어떤 문제나 곤경에 직면하게 되는데, 주인공은 이 어려움을 해결하기 위해 어떤 과제를 수행해야 한다. 목표에 도달하기 위해 이야기 속 영웅은 위험하고 힘든 상황을 통과해야 한다. 이 때 원수 혹은 악당은 모든 노력을 동원하여 주인공이 목표를 달성하지 못하도록 각종 장애물을 만든다. 그러나 영웅은 혼신의 힘을 다하여 이 문제들을 극복한다.

이야기에는 주인공을 돕는 사람이 등장한다. 그들은 지혜로운 남자나 여자일 수 있고, 난쟁이나 거인일 수 있다. 때로는 사자나 원숭이, 뱀이나 부엉이처럼 말하는 동물이 나오기도 하고, 거대한 오동나무나 덤불 등 말하는 나무가 등장하기도 한다. 말하는 꽃들은 아직까지 별로 나타나지 않았다. 이들은 큰 힘이나 에너지를 갖고 있거나 탁월한 지혜를 갖춘 존재로 나타나 주인공에게 기발한 아이디어나 조언을 주곤 한다. 때로는 특별한 열쇠나 칼, 비밀의 지도 등을 제공하기도 한다. 물론 이러한 것들은 어떤 특정한 방법으로만 사용되어야 한다. 주인공은 왜 꼭 그런 방법을 따라야만 하는지 그 이유를 알 수는 없지만, 위험한 상황을 지나면서 자신에게 주어진 지침을 따라 혼신의 노력을 다한다면 이들의 도움을 받게 된다. 때로는 잘못된 것 같고 안 될 것 같아도 주인공은 은밀한 어떤 의식을 따라 자신이 들은 것을 그대로 실천해야 한다.

동화에서 영웅은 어떤 경우에도 자신의 목표에 쉽게 도달하지 못한다. 항상 예기치 않은 어떤 장애물이나 재앙이 나타나 주인공이 포기하거나 실패할 것처럼 보이게 만든다. 그러나 주인공은 그러한 곤경 속에서도 포기하지 않고 결국 목표를 달성한다. 이야기는 어떤 특별한 예식이나 성공의 증거와 함께 끝이 난다. 예를 들면, 가장 아름다운 공주와 결혼하거나 부자가 되는 것으로 마무리된다. 혹은 왕이나 여왕이 되어 강력한 힘을 갖고 오랫동안 지혜롭고 선한 통치를 하거나 사람을 돕는다.

어떻게 이야기를 구성할 것인가

우리가 만드는 이야기에서 내담자는 주인공이자 영웅이 된다. 내담자와 주인공 사이에는 사는 장소나 연령, 성별, 행동 패턴과 아이디어 등에서 어느 정도 유사점들이 있어야 한다. 그러면서도 이야기가 단순히 내담 아동의 판박이가 아니라 하나의 이야기로 성립되려면 충분히 다르게 설정되는 것이 중요하다. 이야기에는 대개 주인공을 돕는 존재들이 등장한다. 내담자가 좋아하는 어떤 특정한 인물이나 동물 혹은 식물 중에서 선택할 수 있다. 이들은 내담자와 동일한 어떤 강점들이나 유사한 성격 혹은 특성을 지닌 존재로 묘사될 수 있다.

한편, 이야기에는 악당이 등장하게 마련이다. 여기서 악당은 내담자의 문제를 '의인화' 한 것으로 동물이나 로봇, 마녀와 같은 악한 존재로 등장한다. 이렇게 주인공과 주인공을 돕는 사람, 그리고 악당 등 세 가지 주요 등장인물이 설정되면 다음과 같이 본격적으로 이야기를 전개할 수 있다.

1. 이야기의 전체 개요와 배경을 도입한다. 주변 환경과 시기, 날씨 및 발생되는 사건들을 설명한다. 즉, 크리스마스나 생일을 기념하는 행사에서 일어나는 일들을 묘사할 수 있다. 소풍 가는 날의 날씨나 숲 속에서 자전거 하이킹을 하는 장면 등을 설정하여 내용을 전개하도록 한다.
2. 주인공을 소개한다. 영웅의 특징이나 강점을 제시하고, 다른 사람들이 그에 대해 어떻게 생각하는지 등에 대해 서술한다.
3. 악당을 등장시키고 그가 영웅에게 어떤 문제나 어려움을 주는지를 묘사한다. 될 수 있는 대로 문제를 구체적으로 묘사하여 내담자로 하여금 영웅이 직면하는 상황을 분명하게 이해하게 한다.
4. 주인공이 절망적인 상태가 되어 무엇을 어찌해야 좋을지 모르는 상태까지 이야기를 몰고 간다.
5. 절망적인 상황까지 몰린 주인공으로 하여금 과거에 도움이 되었던 어떤 것을 떠올리게 한다. 혹은 돕는 자가 나타나 도움이 필요한지를 묻게 한다.
6. 조력자로 하여금 주인공이 필요로 하는 조언을 주게 한다. 조언을 따른다는 것은 결코 쉬운 일이 아니다. 주인공은 조언을 들은 그대로 실행해야 한다. 어떤 지름길이나 변경은 허용되지 않는다.

7. 주인공이 용기를 내는 상황을 만든다. 목표를 향해 나아가면서 주인공은 자신이 조력자보다 더 똑똑하다고 생각한다. 그래서 주어진 조언을 따르기보다 자기만의 방식으로 목표에 접근한다.
8. 주인공은 실패하고, 결국은 다시 시작해야 하는 상황에 직면한다. 이때 상황은 이전보다 더 악화된다. 신발도 없이 산을 기어 올라가든가 눈보라 속에서 옷도 입지 못한 채 다시 목표를 향해 나아가야 한다.
9. 하지만 주인공은 여전히 거듭하여 실패한다. 그러다가 조력자가 자신에게 경고한 것이 무엇이었는지를 깊이 숙고하며 문제해결의 실마리를 찾아내기 위해 몸부림친다. 그는 목표를 향해 나아가면서 길을 잃지 않기 위해 숫자를 세거나 두려움을 극복하기 위해 노래를 부르는 등의 조그만 방법들을 사용하는 것이 도움이 된다는 것을 발견한다.
10. 마침내 바라던 목표에 도달한다.
11. 주인공은 자신이 달라졌음을 느낀다. 자기 안에 평화로움이 가득하거나, 이제는 문제 상황을 더 명료하게 생각할 수 있게 되었음을 깨닫는다. 이전보다 더 잘 보거나 들을 수 있게 된다. 더 많은 친구들이 생기는 등의 변화가 발생하게 된다.
12. 특별한 행사를 하며 이야기를 마무리한다. 이때 주인공의 강점이나 능력, 인내를 기념하며 축하하도록 한다.

사례: 바네사의 이야기

바네사(Vanessa)는 아주 밝고 똑똑한 8세 소녀로 말도 잘하고 반에서 늘 일등하기를 원하는 아동이다. 바네사의 어머니 클라우스(Klaus) 부인은 저녁에 바네사를 재우는 문제로 어려움을 겪고 있었다. 바네사가 부모보다 먼저 자려고 하지 않았기 때문이었다. 어머니는 이제 너무 힘들어 더 이상 어찌해야 좋을지 알 수 없다며 매우 지친 표정으로 자신의 고충을 늘어놓았다. 그녀에 따르면, 바네사는 어릴 때부터 부모가 자신들만의 시간을 가질 수 있는 여유를 전혀 주지 않았다. 낮이나 밤에 잘 때는 물론 저녁에 부부만의 시간을 갖고 싶어도 그럴 수가 없었다. 어머니는 어떻게 하든지 저녁에 남편과 함께 둘만의 시간을 갖고 싶어 하였다. 이들 모녀와 첫 번째 상담을 할 때, 나는 바네사를 위해 다음과 같은 이야기를 해 주었다.

옛날 어느 조그만 마을에 아주 예쁜 머리와 나이팅게일과 같은 목소리를 가진 착한 소녀가 큰 집에서 살고 있었다. 그 집 앞에는 조그만 강이 흐르고 있었는데, 바네사라는 어린 소녀는 거기에 가서 놀곤 하였다. 그런데 바네사에게는 함께 놀 친구들이 없었다. 친구들과 재미있게 놀고 싶었지만 그럴 수 없었다. 그래서 바네사는 매우 슬펐다. 그러던 어느 날, 어떻게 하면 친구들과 함께 놀 수 있을까 궁리하다가 바네사는 '멋진 꿈을 꿔서 아이들에게 이야기해 주면 어떨까? 다른 여자 아이들도 그렇게 하잖아? 그렇게 하면 되지 않을까?' 라는 생각을 하게 되었다. 그러나 이내 "관둬!" 라고 스스로 말하였다. 자기는 꿈나라에 늘 늦게 가기 때문이었다. 거기에 가면 이미 먼저 와있는 다른 여자 아이들이 멋진 꿈들을 다 가져갔던 것이다. 그래서 자기는 절대 일등으로 꿈나라에 갈 수 없다고 생각하였다. 바네사는 학교에서 가장 재미있는 꿈 이야기꾼이 되려면 밤이나 낮이나 즐겁고 행복한 사람이 되어야 한다는 것을 알고 있었다. 그렇게 되면 다른 아이들이 관심을 가지고 자신의 꿈 이야기를 듣고 싶어 할 뿐만 아니라 함께 놀려고 할 것이라 생각하였기 때문이었다.

그런데 재미있는 꿈 이야기꾼이 되려면 일찍 잠자리에 들어 일등으로 꿈나라에 가야하는데 그렇게 할 수 없었기 때문에 바네사는 슬펐다. 집 안에서 일어나는 모든 것을 일일이 간섭하고 확인하느라 일찍 잠자리에 들 수 없었기 때문이었다. 집 안에서 무슨 일이 일어나는지 낱낱이 알지 못한다는 것은 바네사에게 끔찍한 일이었다. 그래서 다른 방법으로 친구들을 만들 수 있지 않을까 생각해 보았다. 굳이 자신이 꿈나라에 가서 경험한 일들을 이야기해 주지 않고도 될 수 있는 어떤 방법을 찾아 이것저것 생각해 보았지만 좋은 생각이 떠오르지 않았다. 도리어 마음속에서 다음과 같은 음성이 더 강하게 들려올 뿐이었다. "바네사, 꿈나라에 제일 먼저 가라. 그러면 모든 문제가 해결될 거야! 너는 많은 친구들 사귀기를 간절히 원하고 있잖아!"

다음 날, 바네사는 혼자 강가에 앉아 조그만 돌들을 강물에 던지고 있었다. 얼굴에는 아무 미소도 없고 슬픔만 가득했다. 오늘도 혼자 놀아야 했기 때문이었다. 그런데 어디에선가 갑자기 하얀 올빼미가 나타나 바네사 주위를 날면서 이렇게 말하였다. "예쁜 어린 소녀야, 왜 그렇게 슬퍼 보이니?" 바네사는 올빼미에게 자신의 문제를 이야기하였다. 그리고 꿈나라에 제일 먼저 가서 가장 재미있는 꿈 이야기를 가져와 다른 아이들에게 말해 주고 싶은데 그럴 수 없는 자신의 현실에 대해서도 말하였다. 일찍 꿈나라에 가면 어른들과 관련하여 집에서 어떤 일들이 일어나는지 자신이 알 수 없게 된다는 말도 빠뜨리지 않았다. 그러자 올빼미는 "흠, 참 어려운 상황에 있는 것 같구나."라면서 다음과 같이 말하였다. "나도 네 문제에 대해 생각해 볼게. 내일 이맘 때 이 장소로 와. 나도 다시 여기에 올게." 바네사는 "올빼미야, 고마워. 나도 내일 여기에 올 것을 약속할게."라고 대답하였다.

다음 날, 바네사는 어머니를 도와 부엌을 청소하느라 하마터면 올빼미와 만나기로 한 약속을 놓칠 뻔하였다. 그래서 있는 힘을 다해 강가로 달려가 가쁜 숨을 몰아쉬며 약속 장소에 겨우 도달할 수가 있었다. 이미 그곳에 와서 기다리고 있던 올빼미가 그윽한 목소리로 "내 말을 들어봐."라며 입을 열었다. "네가 바라는 것에 대해 오랫동안 생각해 보았는데, 잘하면 그것이 이루어질 수 있는 길이 있을 것도 같아. 하지만 그것이 그리 쉽지는 않을 거야. 너의 노력이 필요할 수 있어." 그러자 바네사는 "괜찮아. 학교에서 친구들에게 멋진 꿈 이야기를 해 줄 수만 있다면 말이야."라고 대답하였다.

"좋아, 바네사, 지금부터 내가 설명하는 말을 잘 듣도록 하렴. 옆 동네에 가면 교회가 있는데 그 곳 뒤에 작은 동산이 있어. 거기 꼭대기에 올라가면 큰 소나무 아래에 하얀 돌이 하나 있는데 그 밑에 열쇠가 놓여 있어. 이 열쇠를 가져다가 네 베개 밑에 놓고 잠을 자도록 해라. 그런데 이때 네가 반드시 지켜야 할 규칙이 하나 있으니까 조심해야 돼. 그것은 네가 옆 동네에 가서 언덕을 올라갈 때까지 네 뒤에서 어떤 일이 벌어지는지 절대로 뒤돌아봐서는 안 된다는 거야." 올빼미는 이 말을 하고 바네사가 고맙다는 말을 하기도 전에 훌쩍 날아가 버렸다. 바네사는 집으로 돌아오면서 올빼미가 한 말을 곰곰이 되씹어 보았다. 그리고는 "그것 뭐 어려울 것도 없지. 나는 잘 할 수 있어."라고 생각하였다.

바네사는 수요일 오후가 되기를 기다렸다. 이때는 교사 회의가 있어 오후 수업이 없기 때문이었다. 드디어 수요일 오후가 되자 점심을 먹고 숙제를 마친 바네사는 옆 마을을 향해 길을 떠났다. 어느덧 옆 마을에 있는 교회가 보이기 시작하였다. 그런데 이때 어떤 음악 소리가 들려오는 것이었다. 처음에는 그것에 신경 쓰지 않았지만 그 소리가 점점 더 커지자 어디에서 나는 소리인지 궁금해지기 시작하였다. 그래서 고개를 돌려 뒤를 돌아보니 두 남자가 나무 밑에 앉아 기타를 치고 있었다. 하지만 바네사는 얼른 정신을 차리고 헐떡거리며 언덕을 올라 드디어 올빼미가 말한 하얀 돌이 있는 곳에 도달하였다. 그런데 그 아래에 열쇠는 없었다.

그 순간 바네사에게 화가 치밀어 올랐다. 그래서 막 올빼미에 대한 비난이 터져 나오려는 순간 돌 밑에 열쇠가 없는 이유가 생각이 났다. 언덕을 올라오면서 뒤를 돌아보아서는 안 된다는 규칙을 올빼미가 말했는데 그것을 잊어버렸던 것이다. 그러자 이제는 분노가 바네사 자신에게 향해졌다. 잠시 후 바네사는 자신을 달래면서 "다음 주 수요일에 다시 와야지."라고 중얼거렸다. 한 주가 지나고 다시 열쇠를 찾기 위해 가는데 이번에는 두 마리의 백마가 끄는 아주 멋진 마차가 바네사를 향해 오는 것이 눈에 들어왔다. 마차가 지나가자 바네사는 이 멋진 마차를 다시 한 번 더 보고 싶은 느낌이 들었다. 그리고 바네사가 언덕 위에 올라가 돌 밑을 보았는데 또 다시 열쇠는 없었다.

크게 낙심되고 슬픔에 빠진 바네사는 강가에 앉아 울기 시작하였다. 얼마의 시간이 흐르자 바네사의 마음속에서 꿈결 같은 어떤 음성이 들려왔다. "주변에 돌아가는 일에 정신 팔지 않고 집중하려면 어떤 대책이 있어야 해." 이것을 곰곰이 생각하던 바네사에게 한 가지 아이디어가 떠올랐다. 다음 주에 열쇠를 찾으러 갈 때는 가는 길 내내 숫자를 세면서 시선은 자신의 신발에 고정시키면 될 것 같았다. 이번에는 이 방법이 제대로 들어맞았다! 열쇠가 거기에 있었던 것이다!

바네사가 그 열쇠를 베개 밑에 넣고 잠이 들자 놀라운 일이 일어났다. 무지개가 걸린 꿈나라에 들어가 말할 수 없이 멋진 꿈을 꾸었던 것이다. 그것은 바네사가 지금까지 경험하지 못했던 최고의 밤이었다. 그리고 학교에서도 성공적으로 자신의 꿈 이야기를 할 수 있었다.

다음 날 저녁, 바네사는 다시 열쇠를 베개 밑에 두려고 하였다. 그런데 열쇠는 어디론가 사라져 버리고 없었다. 분명히 조심스럽게 침대 선반 위 모서리에 두었는데 없어져 버린 것이다. 다음 날, 바네사는 혹시 올빼미를 만날 수 있을까 하여 강가로 나갔다. 다행스럽게도 올빼미가 거기에 날아왔다. 바네사는 열쇠가 어디로 갔는지 올빼미에게 물었다. 하지만 올빼미는 대답하지 않았다. 그냥 바네사를 쳐다 볼 뿐이었다. 바네사 또한 올빼미의 크고 검은 눈동자를 물끄러미 바라보았다. 그때 어떤 놀라운 힘이 바네사에게 느껴졌다. 그것은 뭐라 형언하기 어려운 황금의 느낌이었다. 그리고 스스로 자신의 질문에 대한 답을 알게 되었다. 주변에서 무슨 소리가 들리는지, 어떤 일이 일어나는지 귀 기울이며 그것들에 마음을 빼앗기기보다 그냥 자기자신에게 집중하면 된다는 것이었다. 다른 사람들이 무엇을 하는지 그렇게 알려고 할 필요가 없는 것이었다. 그냥 침대에 누워 베개 냄새를 맡으며, 곰 인형의 부드러운 털을 만지며, 그리고 포근한 담요를 느끼고 있다 보면 다시 꿈나라에 가서 멋진 꿈을 꾸게 될 것이었다.

사례: 미구엘의 악몽

미구엘(Miguel)과 동생 페드로(Pedro)는 각각 7세, 5세일 때 칠레에서 지금의 가정으로 입양되어 왔다. 미구엘은 지금 12세이고 동생 페드로는 10세가 되었다. 미구엘을 입양한 양어머니는 여러 해 동안 자기 부부가 돌봐주고 사랑을 베풀었는데도 미구엘이 여전히 자신을 만지는 것을 거부하자 염려가 되면서도 화가 났다. 그것은 미구엘이 여전히 자신을 신뢰하지 않거나 그녀와 정서적인 유대감을 갖지 못했기 때문일 수 있다는 생각도 들었다. 반면 미구엘의 동생 페드로는 새로운 환경에 잘 적응하여 학교 공부도 잘하고 가족이나 친구들과도 잘 지내는 상황이었다.

이 두 형제를 입양한 양모는 그들이 어렸을 때 아주 어려운 생활을 했다는 것을 알고 있었다. 그래서 이 아이들을 최선을 다해 돌보며 오늘까지 지내왔는데 미구엘이 그러한 모습을 보이자 염려가 된 것이었다. 이들과의 첫 번째 만남에서 나(슈타이너)는 미구엘이 칠레에 있을 때 동생 페드로가 이모와 이모부에 의해 세 번이나 병원에 입원할 정도로 매를 맞고 있는 모습을 목격했다는 사실을 알게 되었다.

미구엘은 기적 질문에 대해 자신이 어머니와 좀 더 친하게 되고, 다른 아이들과 잘 놀며, 친구들도 생기게 될 것이라고 말하였다. 하지만 나와 함께한 그림 놀이에서는 반복하여 감옥이나 병원들을 묘사하는 그림이 나오곤 하였다.

나는 미구엘에게 이야기 기술을 사용하기로 하였다. 내가 먼저 어떤 이야기를 시작하면 아동이 원하는 대로 그 이야기를 끝맺게 하는 것이었다. 나는 다음과 같은 내용의 이야기를 시작하였다.

나이가 두 살 터울인 자매가 있었다. 둘 다 윤기 나는 머리와 파란 눈을 가진 아주 예쁜 자매였다. 그런데 이 자매의 가족은 서로 아주 사이가 좋지 않았고 누구도 이 소녀들을 제대로 신경써 주지 않았다.

그러던 어느 날, 동생이 매우 아프게 되었다. 너무 아파서 여러 번 병원에 입원해야 했다. 다행히 이 동생은 병원에서 여러 사람들이 잘 돌보아 주었다. 거기에는 갖고 놀 수 있는 장난감들도 많이 있었고, 먹을 것도 많았으며, 사람들은 따뜻한 미소를 보내곤 하였다. 이때 언니는 혼자 집에 남아 있어야 했다. 병원에 동생을 보러 갈 수도 없었고, 병원에 있는 동생에 대해 말해 주는 사람도 없었다. 그래서 동생이 어떻게 지내는지, 병원에서 안전하게 잘 있는지, 먹을 것이라도 넉넉히 제대로 먹고 있는지 알 수가 없었다. 언니는 동생

없이 아주 외롭게 지냈다. 동생을 걱정하며 아주 힘들게 하루하루를 살았다. 어떤 면에서, 이 언니는 병원에 있는 동생보다 더 힘들고 더 고통스러운 시간을 보내고 있었다. 하지만 이런 언니의 상황을 알아차린 사람은 아무도 없었다. 최소한 아프지 않고 병원에 있지 않으니까 그것으로 만족해야 한다고, 혹은 그럴 것이라고 생각했기 때문이었다. 최소한 건강하니까 행복할 것이라고, 그래야 한다고 단정했던 것이다. 때문에 이 언니가 제대로 먹지 못하고, 놀지도 않고, 아주 힘들게 지내고 있다는 것을 아무도 눈치 채지 못하였다. 결국 어른들은 언니의 상한 마음을 돌아보지 않고 그것에 눈길을 주지 않았던 것이다.

내 이야기를 듣던 미구엘의 얼굴에는 점차 고통스러운 흔적이 나타났다. 이제 미구엘이 이 이야기를 이어서 끝내야 할 차례가 되었지만 그는 그렇게 할 수가 없었다. 그래서 상담은 그 자리에서 끝나고 말았다.

다음 회기에 미구엘은 동생이 이모부에게 맞는 것을 지켜보는 것이 얼마나 힘들었는지에 대해 말하기 시작하였다. 미구엘이 자신의 어린 시절에 겪었던 경험에 대해 입을 연 것은 이것이 처음이었다. 한 번 말을 하기 시작하자 어떻게 자신의 말을 끝내야 할지 모르는 사람처럼 가슴 속에 맺힌 것들을 토해 내기 시작하였다. 그 과정에서 그는 자기 내면의 정서적 상태를 다양하게 표출하였다. 어린 시절, 아버지는 감옥에 수감되었고, 어머니는 집을 나가 버렸다. 그래서 그들 형제는 이모에게 가서 살아야 했다. 이모와 이모부는 매우 가난하였다. 그래서 미구엘과 페드로는 그 집에서 한 번도 넉넉하게 먹어 본 적이 없었다. 그러다가 네 살 혹은 다섯 살이 되었을 때부터는 아예 돈을 벌기 위해 거리로 나가 과일을 팔곤 하였다. 그런데 동생 페드로가 밤에 이불을 적시면서 상황이 더욱 악화되기 시작하였다. 밤에 오줌을 못 가리는 것 때문에 이모부가 동생을 때리기 시작한 것이다. 그러다가 결국은 입양 과정을 거쳐 둘 다 스위스로 오게 되었다.

다음 상담 회기가 되자 미구엘은 두 회기 전에 시작된 이야기를 마무리하고 싶어 했다. 그는 다음과 같은 내용으로 이야기를 끝냈다.

누군가, 어떤 성인이 자신과 함께 오후 한 나절을 보내면 좋겠다. 나를 데리고 낚시하러 가고 내 말도 들어주면 좋겠다. 나와 함께 대화하며 함께 음식도 먹는 그런 시간을 갖고 싶다.

이렇게 이야기를 마친 후 우리는 미구엘이 어떤 성인과 함께 낚시하러 가는 모습을 그리기 시작하였다. 이 성인은 바로 그를 입양한 양어머니였다. 이러한 방식으로 우리는 8회기의 상담을 진행하였다.

아동과 함께 이야기를 구성하라

아동과 함께 이야기를 만들 때 우리는 두 가지 방식으로 접근할 수 있다.

1. 상담자가 먼저 아동을 위해 만들어 낸 이야기를 말해 준다. 그러다가 주인공이 큰 어려움에 직면하게 되었을 때 아동이 좋아하는 만화 속 인물이나 스포츠 영웅, 로봇과 같은 인물이 등장하게 한다. 그런 다음 아동으로 하여금 그 이야기를 마무리하도록 요청한다.
2. 아동과 함께 교대로 이야기를 만들어 간다. 즉, 아동이 한 문장을 말하면, 이어서 상담자가 다음 문장을 추가하는 방식으로 돌아가면서 이야기를 구성한다.

그림 그리기

인형을 가지고 하는 작업은 아동에게 어느 정도 언어 능력이 있어야 한다. 하지만 그림 그리기는 아동이 언어 능력과 상관없이 자신을 표현할 수 있는 한 가지 좋은 수단이다. 대개의 경우 아동은 그림 그리기에 익숙하다. 거의 직관적으로 그렇게 할 수 있는 것처럼 보인다. 상담자는 아동에게 어떤 그림이든지 자신이 원하는 것을 그리도록 제안할 수 있다. 다음은 해결 중심의 그림 그리기에서 사용할 수 있는 몇 가지 주제들이다.

아동에게 다음과 같은 내용의 그림을 그리도록 제안하라.

- 자신들이 잘하는 것
- 좋아하는 장소나 강아지, 가족, 제일 친한 친구 등 그들이 좋아하는 사람이나 어떤 대상
- 성인이 되면 되고 싶은 대상
- 자신에게 중요한 것
- 모든 것이 좋은 때 혹은 그런 상황
- 기분 좋게 하거나 행복감을 느끼게 하는 동물
- 밤에 요정이 찾아와 어머니를 화나게 한 모든 문제들을 사라지게 한 다음 날의 모습
- 문제가 없을 때의 가족 모습이나 그러한 상황

상담자는 상담을 진행하면서 수집된 정보와 잘 맞는다고 판단되거나 이제 다음 단계로 나아갈 시점이 되었다고 판단되면 아동에게 그림 그리기를 제안할 수 있다. 아동은 종종 말보다 그림을 통해 더 명료하게 자신을 표현하고 또 그렇게 하는 것이 더 쉬울 수 있기 때문이다.

이처럼 그림 그리기를 제안할 때 구체적인 어떤 상황이나 사건을 그리도록 요구하는 것이 아주 중요하다. 즉, 아동이 더 이상 배가 아파 고생하지 않을 때라든지, 이불에 오줌을 싸지 않을 때, 가족 간의 갈등이 해결된 상황이나 중요한 사람을 상실하여 힘들어하는 때가 지난 상황 등에 대해 구체적인 내용을 그리게 하는 것이다. 그림 그리기를 하는 것은 단순히 시간을 때우기 위해 하는 것이 아님을 기억하라. 그림 그리기는 아동 상담에서 목표 성취를 위한 아주 중요한 과정이 될 때가 많다.

해결구축으로 이끄는 만화

크롤리와 밀즈(Crowley & Mills)는 그들의 책 『만화의 마술(*Cartoon Magic*)』(1989)에서 아동과 작업할 때 사용하는 만화의 마술적인 효과에 대해 소개하였다. 나는 그들의 접근에 매료되어 이 방법을 해결중심 아동 상담 접근에 맞도록 응용하기 시작하였다. 이 방법은 어떤 지시를 따를 수 있지만 비언어적인 방식을 선호하거나 자신의 강렬한 감정을 말로 표현하기 어려운 아동에게 아주 유용하게 사용될 수 있다. 만화는 전 세계적으로 모든 연령의 아동이 좋아하는 것이다. 여기에 제시되는 기술은 6단계로 구성되어 있으며, 이를 통해 아동은 자신이 바라는 상태로 나아갈 수 있도록 도움을 받는다.

1. 첫 번째 칸에는 아동이 직면한 문제를 나타내는 그림을 그리게 한다.
2. 두 번째 칸에는 아동이 바라는 어떤 강력한 인물을 그리되 문제를 성공적으로 해결하도록 도와줄 수 있는 사람을 그리게 한다.
3. 세 번째 칸에는 아동이 이 사람과 함께 해결을 시도한 것과 그에 따라 나타나는 문제 예외 상황을 묘사하는 그림을 그리게 한다.
4. 네 번째 칸에는 예외 상황에서 아동에게 무엇이 달라지는지를 묘사하는 그림을 그리게 한다.
5. 다섯 번째 칸에는 예외 상황이 현실로 나타나는 미래 모습에 초점을 맞춘 그림을 그리게 한다.
6. 여섯 번째 칸에는 도움을 준 사람에게 아동이 감사를 표현하는 사인을 그리게 한다.

만화 그리기를 위한 단계별 안내

다음은 상담에 임하는 아동이 해결중심의 만화를 그릴 때 도움이 될 수 있는 보다 자세한 안내다. 아동에게 다음과 같은 방법으로 만화를 그리도록 인도하라.

1. 아동에게 만화 그릴 종이를 나누어 주고 종이 중간에 선을 긋게 한다. 그리고 [그림 6-1](p. 165)처럼 종이를 여섯 부분으로 나눈다.
2. 아동으로 하여금 종이의 상단 왼쪽의 첫 번째 칸에 문제를 나타내는 그림을 그리게 한다. 문제 상황이 복잡하면 그냥 그것을 의미하는 단순화된 그림을 그리고 문제를 상징하는 색깔을 칠하게 한다.
3. 아동으로 하여금 문제를 사라지게 할 수 있는 어떤 영웅이나 강한 인물, 즉 배트맨이나 로빈 후드 혹은 그와 유사한 인물을 생각하여 두 번째 칸에 그려 넣게 한다. 이 인물은 아동이 좋아하는 이야기의 주인공이나 어떤 동물 혹은 기계일 수도 있다. 문제가 사라지도록 가장 적절한 도움을 줄 수 있는 대상이면 된다.
4. 아동으로 하여금 문제가 더 이상 사람을 괴롭히지 않도록 문제에게 줄 수 있는 좋은 선물을 생각하여 그것을 세 번째 칸에 그리도록 한다.
5. 아동으로 하여금 문제가 그 선물을 받은 후 예외 상황이 나타날 때의 상황을 상상하여 하단 왼쪽의 첫 번째 칸에 그리게 한다.
6. 아동으로 하여금 이 예외 상황이 실제 현실로 나타나는 미래의 모습을 상상하여 하단 가운데 칸에 그리게 한다.
7. 아동으로 하여금 도움을 준 인물에게 보내는 조그만 감사의 사인을 마지막 칸에 그려 넣게 한다.

두 번째와 세 번째 그림은 기적 질문에 답하는 것과 비슷한 과정이다. 따라서 이때에는 상당한 인내심이 요구된다. 아동이 자기 내면의 지원들을 탐색하여 그것을 표출한다는 것은 쉽지 않은 과제이기 때문이다. 상담자는 이때 아동을 존중하며 세심하게 돌봐 주면서 이 작업을 수행하도록 충분한 시간을 배려하는 것이 필요하다. 그리고 다음과 같은 질문들을 통해 적절한 도움을 줄 수 있다. "이 힘든 문제 상황을 해결할 수 있는 강한 힘을 갖고 있는 사람은 누구라고 생각하니?" "이 문제 상황에 가장 잘 대처할 수 있다고 생각되는 동물은 무엇이니?" "어떤 사람이 어려운 상황에 처했을 때 갑자기 누군가가 나타나 모든 것을 해결했다는 이야기 중에 생각나는 것이 있니?" 상담자는 이때 아동의 해결 탐색 과정을 촉진하고 변화가 때로는 마술처럼 발생할 수 있다는 희망을 고취시키는 것이 중요하다. 아동으로 하여금 무언가 새로운 창의적인 사고를 할 수 있도록 기회를 제공하는 것이 필요하다.

주의: 아동의 상상 세계를 침범하지 않도록 하라

우리는 아동과 상담할 때 그들이 가진 생각을 알고 싶은 충동을 느낄 수 있다. 그래서 아동이 그리는 그림을 통해 그들이 무슨 생각을 하고 있는지, 그것이 무엇을 의미하는지, 그들이 말하려는 것이 무엇인지를 해석하고 싶은 유혹을 받는 경우가 종종 있다. 그래서 자신도 모르는 사이에 문제해결 지향적이거나 분석적인 다양한 질문을 하고, 해결중심 상담자로서 해야 할 과제에서 벗어나는 경우들이 있다. 이것은 아동으로 하여금 자신의 해결책을 구축하도록 돕는 과정에서 벗어나는 접근일 뿐만 아니라 그들을 존중하지 않는 처사이기도 하다. 우리는 다양한 경험을 통해 만화를 그리게 하는 방법이 강력한 힘을 갖고 있다는 것을 발견하였다. 그것은 아동으로 하여금 말을 사용하지 않고도 자신 안에 있는 내면의 자원들과 신속하게 연결시켜 주기 때문이다. 우리는 이 방법을 통해 보다 직관적인 어떤 이해를 이끌어 낼 수 있다고 믿는다. 아동은 자신에게 무엇이 옳은지 그른지, 무엇이 적절한지 그렇지 않은지를 직관적으로 느낀다. 아동이 그리는 그림은 자신이 느끼는 직관적인 이해를 비언어적으로 표현한 것이라고 볼 수 있다.

물론 아동이 그리는 그림에 어떤 숨은 의미가 내포되어 있는지 관심이 가는 것은 자연스러운 현상이다. 하지만 이면에 담겨진 어떤 '의미' 를 파악하려면 아동으로 하여금 인식적으로 이해될 수 있는 어떤 방식으로 이야기를 하게 해야 한다. 따라서 아동에게 그들의 그림이 무엇을 의미하는지 설명하라고 하는 것은 아동이 할 수 있는 언어적 수준을 넘어설 것을 그들에게 요구하는 것일 수 있다. 그러므로 아동이 그리는 6개의 조그만 그림들이 내포하는 것들을 있는 그대로 수용하고, 그것을 아동이 주는 놀라운 선물로 인식하는 것이 바람직하다.

사례: 포근한 담요

론(Ron)이 갓 태어난 여동생의 죽음 이후 상담을 받으러 왔을 때 그는 8세였다. 론의 가족은 죽은 영아의 장례식을 아주 이상한 방법으로 치렀다. 시신을 땅에 묻기 전에 여러 날을 론이 자는 방에 안치해 두었던 것이다. 이즈음에 론은 아주 심각한 수면 장애를 경험하게 되었고, 다른 사람들과 대화를 하지 않으며 외톨이로 지내고, 학교에서도 공부에 집중하는 데 큰 어려움을 겪게 되었다. 우리가 처음 만났을 때 론은 의기소침해 있었고, 친구나 학교 공부, 주변 상황 등에 대한 관심을 상실한 상태였다. 상담 중 그는 거의 말을 하지 않았고, 자신의 상황에 대한 아무런 관심을 갖고 있지 않았다. 그래서 나는 론과 대화를 하는 대신에 우리가 앞에서 묘사한 것과 같은 만화 그림을 그리도록 요청하였다. 다음은 론이 그린 그림의 내용이다.

첫째 그림은 끝이 날카로운 검은 구름인데, 이것은 문제를 상징하는 것이다.

둘째 그림은 판다 처럼 보이는 어떤 형상이었다.

셋째 그림은 아주 다양한 색깔의 담요였다.

넷째 그림은 그 담요가 구름을 덮고 있는 모습이었다.

다섯째 그림에는 론의 방에 있는 침대와 그가 학교에 갈 때 지나가는 묘지 가까이에 서 있는 세 그루의 포플러 나무들이 그려져 있었다.

여섯째 그림에는 밝고 붉은 색깔의 하트가 등장하였다.

상담 회기 후, 론은 어머니에게 자신이 그린 만화 그림을 보여 주는 것에 동의하였다. 나는 론에게 그림에 보여진 것과 같은 화려한 담요를 만들고 싶은지 질문하였다. 론은 이에 반색을 하였고, 그의 어머니 또한 좋은 아이디어라고 생각하였다. 그래서 다음 며칠 동안 이들 모자는 천을 구해 다양한 색깔들을 칠하기 시작하였다. 그리고 론의 어머니는 이 천을 정성스럽게 바느질하여 아주 특별한 담요를 만들었다. 론은 이 천을 자기 침대로 가져가 밤에 편안하게 잘 잘 수 있게 되었다.

이 사례는 아동이 그림으로 표현한 것을 어머니와 함께 실제 행동으로 옮김으로써 즉각적으로 긍정적인 결과를 가져온 드문 경우다. 하지만 항상 이와 같은 극적인 결과가 발생하는 것은 아니다. 그리고 꼭 론의 경우처럼 어떤 실천적 행동이 있어야만 변화가 일어나는 것은 아니다. 다만 우리의 경험에 비추어 볼 때, 해결을 위한 노력이 아동과 부모 모두에게 의미가 있는 방법으로 전개될 때 아주 적은 변화일지라도 큰 차이를 가져올 수 있다고 본다. 그리고 이처럼 만화를 그리는 과정에서 아동은 어떤 가능한 해결책을 드러내는 것처럼 보인다. 이것은 아동뿐만 아니라 성인에게도 마찬가지일 것이다.

사례: 발작의 두려움

10세의 샘은 주의력결핍과잉행동장애아로 진단되었다. 또한 간질 발작 증세를 보여 정기적으로 약을 복용하는 상태였다. 최근에는 복용하는 약을 바꾼 후 발작 증세를 조절할 수 있었고, 샘과 부모는 이것으로 크게 안도하게 되었다. 하지만 그의 공격적인 성향은 여전히 학교에서 문젯거리였다. 샘은 다른 아동과 잘 어울리지 못하고 고립된 생활을 하였다. 급우들은 샘을 무서워하여 피하거나 놀리곤 하였다. 샘이 학교에서 직면하는 주된 문제는 바로 이것이었다. 특히 나이 많은 아동이 샘을 놀리곤 하였는데 그 정도가 지나치게 되면 샘은 언어적으로나 물리적으로 공격적인 성향을 드러내었다. 그래서 그는 쉬는 시간에도 교실에 남아 있으려고 하였고, 점심시간에 다른 아이들이 함께 모여 떠들며 음식을 먹고, 영화를 보러 가거나 친구 집에서 함께 밤을 지내는 계획을 세울 때도 교실 한 쪽 구석에 홀로 앉아 있곤 하였다. 이처럼 학교에서 일어난 일들로 아주 짜증스럽거나 저조한 기분으로 귀가하는 날들이 많이 있었다. 그러면 샘은 집에서 여동생이나 남동생에게 화를 터뜨리거나 공격적인 모습을 보이곤 하였다. 그렇게 되면 샘의 어머니도 그 상황에 압도되어 어떻게 샘을 진정시키거나 다독거릴 방법을 찾지 못하였다. 샘은 화가 났을 때 자신이 느끼는 감정을 말로 표현하는 데 어려움을 겪었다. 그래서 나는 샘과 대화를 시도하기보다 그림을 그리게 하는 것이 좋겠다고 생각하였다. 샘은 나의 제안에 따라 [그림 6-1]에 나타난 그림들을 그렸다.

첫째 그림은 샘이 자기 인형을 학대하는 모습을 보여 준다. 이것은 그가 직면하고 있는 문제를 나타낸다. 샘은 자기 동생에게 자주 그렇게 한다고 말하였다.

둘째 그림에서는 샘을 도울 수 있는 대상으로 아동이 좋아하는 포켓몬의 피카츄가 등장하였다.

셋째 그림은 좋지 않은 성질에 대한 선물로 커다란 마술 알약을 보여 주고 있다.

[그림 6-1] 자기 문제에 대해 샘이 그린 만화

넷째 그림은 변화를 의미한다. 샘은 자신이 유명한 경주 자동차 운전자처럼 느낄 것이라고 말하였다.

다섯째 그림은 점심식사 후 쉬는 시간에 학교 놀이터에 가는 것이다. 그에게 가장 도움이 필요한 순간임을 나타내고 있다.

여섯째 그림은 감사의 표시인데, 샘이 피카츄에게 포켓몬 볼을 선사하고 싶어 하는 마음을 보여 주고 있다.

이 사례는 아동이 나름대로 독특한 해결책들을 이끌어 낼 수 있는 놀라운 능력을 갖고 있다는 사실을 보여 준다. 그림을 보면, 샘은 유명한 경주 자동차 운전자처럼 느낄 수 있을 때 큰 변화를 경험할 수 있을 것이라고 판단하는 것이 분명하다. 나는 샘에게 그가 좋아하는 경주 자동차 운전자 슈마허(Schumacher)가 경주장에서 걷는다면 어떤 모습일지 보여 달라고 요청하였다. 상담실을 오락가락 하면서 슈마허처럼 손을 흔들며 걸어보라고 하였다. 그러자 그는 머리를 꼿꼿이 높이 들고 얼굴에는 자신 있는 미소를 지으며 상담실을 둘러보았다. 그리고는 상담실 문을 나서면서 아주 힘주어 내 손을 잡고 악수를 하였다.

함께 그림 그리기: 강화의 도구

그림을 그리는 것은 아동이나 청소년, 가족이 자신의 생각을 드러내는 하나의 대화 형태가 될 수 있다. 그러나 그것은 또한 두 사람 혹은 그 이상의 사람들이 서로 대화를 나누는 도구가 될 수도 있다. 이제 아동이 상담자나 부모 혹은 그들의 전체 가족과 상호적으로 함께 대화를 나눌 수 있는 몇 가지 방법들을 살펴보기로 하자.

순서대로 그림 그리기

상담자나 아동 혹은 부모나 가족이 함께 그림을 그릴 때 이 방법을 사용할 수 있다. 이 방법은 그림을 그리면서 특별히 유념해야 할 규칙이 별로 없으므로 어린 아동들도 잘 따라할 수 있다. 어린 아동은 아주 간단하며 즉각적인 활동을 요하는 이 방법을 아주 좋아한다. 필요하면 그림을 그리면서 말을 할 수도 있다. 상담자는 다음과 같은 단계를 따라 아동과 다음과 같은 방법을 실시할 수 있다.

1. 크고 작은 그림 용지를 각각 한 장씩 준비하여 아동에게 한 장을 선택하게 한다.
2. 아동으로 하여금 한 가지 색연필을 사용하여 그림을 그리게 한다. 다른 색깔이 필요하게 되면 아동은 함께 그림 작업에 참여하는 다른 사람(상담자, 부모, 형제 등)에게 그 종이를 넘겨야 한다.
3. 그림 용지를 넘겨받은 사람은 아동이 그리기 시작한 것에 이어서 또 다른 색깔이 필요할 때까지 그림을 그린다. 그러고 나서 용지를 다시 아동에게 넘겨준다.
4. 이런 방식으로 돌아가면서 서로가 동의하는 수준까지 그림을 그린 후 끝낸다.
5. 아동과 함께 그림을 걸어 둘 가장 좋은 장소가 어디인지, 아동의 집 혹은 상담실에 걸어 둘 것인지에 대해 의논한다. 아동이 그림을 집으로 가져가기를 원한다면 집에서 그림을 걸어 둘 가장 좋은 장소가 어디인지에 대해 물어보는 것을 잊지 말라.

가족 그림 그리기

이 작업에는 가족구성원들이 함께 창의적으로 가족 그림을 그리는 과정에 참여하게 하려는 의도가 내포되어 있다. 상남자는 가족구성원들로 하여금 이 프로젝트를 실행하게 하면서 그들 간에 이루어지는 상호작용을 관찰하도록 한다. 그들 상호 간에 이루어지는 대화의 내용이나 아이디어의 교환, 협력, 즐거움, 존중 등에 대해 관심을 갖고 지켜보아야 한다. 가족들에게 자신이 그들의 상호작용을 관찰한다는 것을 알리고 그들이 어떻게 가족 작업을 함께 잘 수행했는지에 대한 관찰 피드백을 제공하도록 한다. 다음과 같은 단계를 따라 가족 작업을 실시하게 한다.

1. 책상 위에 큰 종이를 펼쳐 놓는다. 그리고 다양한 색깔의 매직이나 크레용, 연필들을 준비한다. 수채 물감을 사용하려면 계란을 담는 재활용 용기에 각각의 물감을 적절히 채워 사용하도록 한다.
2. 가족구성원 전부가 합력하여 동시에 그림을 그리게 한다. 그림을 그리기 전에 무엇을 그릴지, 누가 무엇을 어떻게 할지에 대해 잠깐 논의할 수 있다.
3. 이러한 작업을 수행하기 어렵다고 느껴지는 가족에게는 특정한 부분에서 그림을 시작하도록 안내하는 등의 도움을 줄 수 있다. 즉, 종이의 중앙부터 시작하여 각 모서리로 그림을 확대해 가든지, 반대로 네 모서리에서 시작하여 가운데로 그림을 완성시켜 갈 수 있다.
4. 그림이 완성되면 모든 사람이 놀라게 될 것이라는 사실을 환기시킨다.
5. 상담자는 가족이 그림 작업을 하는 동안 가만히 앉아 그들의 상호작용을 지켜보도록 한다. 그들이 서로를 존중하고 협동하며, 필요하다면 기꺼이 생각을 바꾸고 조정해 가는 행동들이 관찰될 때 그것에 대해 논평하며 적절한 피드백을 제공한다.
6. 가족에게 그림을 어떻게 하고 싶은지, 집으로 가져가고 싶다면 어디에 걸어 두면 가장 좋을지 등에 대해 질문한다.

선긋기 게임

선긋기 게임은 영국의 유명한 아동 정신의학자 도널드 위니콧(D. W. Winnicott)에 의해 정신분석적 관점에서 집중적으로 조명되었다(Winnicott, 1970, 1971). 이 게임은 해결구축을 위한 상담 접근에도 어렵지 않게 적용될 수 있다. 이 게임에 내재된 기본적인 아이디어는 자유롭게 휘갈긴 어떤 선에 대해 즉각적이면서도 계획되지 않은 어떤 반응을 이끌어 내려는 것이다. 이 게임의 이름이 암시하듯이 이러한 작업의 목적은 어떤 작품을 만들어 내려는 것이 아니다. 그냥 재미있게 이리저리 선을 긋는 가운데 어떤 것이 도출되는지를 보려고 하는 것이다. 아동은 긴장을 풀고 자유롭게 선을 움직이면서 자신의 호기심과 창의성을 증가시키게 된다. 그리고 자신의 행위에 나타난 창의성에 대해 스스로 놀라며 자랑스러워하기도 한다. 성인과 이러한 작업을 할 때 그들의 자신감은 더욱 강화된다. 위니콧은 이 게임을 아동 내면의 무의식적 과정에 대한 이해를 추구하는 진단 도구로 인식하였지만 우리는 아동들과 나눌 수 있는 유용한 의사소통의 도구가 될 수도 있다고 본다.

이 게임을 할 때 각 사람은 한 가지 색깔만을 사용하는 것이 좋다. 예를 들면, 아동이 빨간 색을 집으면, 상담자는 검은 색을 선택한다. 그리고 끝까지 그 색깔을 사용하도록 한다. 상담자는 다음과 같은 방식으로 이 아동과 함께 이 게임을 실시할 수 있다.

1. 아동으로 하여금 종이 위에 무엇이든 선을 긋도록 한다.
2. 상담자는 그 종이를 받아 아동이 그린 것을 기초로 그림을 그린다. 어떤 모양이 완성되었다고 판단될 때까지 교대로 선을 그으며 그림을 그린다. 그리고 한 쪽 구석에 상담자 자신의 이름을 기입한다.
3. 새로운 종이를 꺼내 상담자가 먼저 연필이 가는대로 선을 긋는다. 그리고 그 종이를 아동에게 건넨다.
4. 이번에는 상담자가 그린 것 위에 아동이 추가로 선을 긋게 한다. 그리고 앞의 방식대로 그림을 완성하게 한다.
5. 이렇게 대여섯 가지의 그림을 그린다. 도움이 된다고 판단된다면 얼마든지 더 많이 그릴 수 있다.
6. 함께 그린 여러 그림들을 조그만 전시회를 하듯이 펼쳐 놓는다.
7. 아동으로 하여금 가장 마음에 드는 것을 선택하게 한다.
8. 선택한 그림을 어떻게 하고 싶은지 아동에게 질문한다. 그림을 상담실 벽에 붙이든지 집으로 가져갈 수 있다고 제안한다.

초보 상담자나 아동 상담의 경험이 없는 전문가가 이 작업을 할 때 어느 정도로 서로 교환하며 선을 그어야 하는지 묻는 경우가 많다. 선긋기를 통한 그림 작업을 완성하기 위해 얼마나 해야 하는지에 대한 엄격한 규정은 없다. 다만 서로가 다 되었다고 느낄 때까지 하면 된다. 경우에 따라서는 이것을 완벽하게 해야 한다는 부담감을 갖고 임하는 아동이 있다. 이때 상담자는 눈을 감고 이 작업을 시행하도록 권면할 수 있다. 그래서 아동으로 하여금 즉흥적이고 불완전하게 되어도 괜찮다는 것을 경험하게 하는 것도 좋다. 그럴 때 이 작업은 더욱 단순해지고 실패에 대한 염려에서 자유로울 수 있다.

이 게임을 하는 동안 때로 아동이 그림에 대해 이야기를 하는 경우가 있다. 이럴 때 아동의 행동에 적절히 반응하며 따라가는 것은 좋지만 아동이 하는 말이나 종이에 그린 선들이 무엇을 의미하는지 해석하거나 분석하려는 충동은 자제하는 것이 좋다. 그 대신 상담자는 이 게임을 통해 아동이 가진 강점과 자원들을 찾아 그것을 해결구축과 연결할 수 있는 기회를 찾아내도록 한다. 이를 위해 가볍게 "서두르지 말고 충분히 시간을 가져라." 혹은 "너는 좋은 아이디어를 많이 가진 것 같구나. 그것을 지금 내놓아 봐. 너 스스로도 놀랄 걸."과 같은 격려의 말을 아동에게 할 수도 있다. 많은 아동들이 이 게임을 한 후 자신이 그렇게 훌륭한 '화가'였는지 몰랐다고 한마디씩 한다.

이야기 만들기

상담자들은 선긋기를 통한 그림 작업을 하면서 때로는, 도움이 될 수 있다면, 아동에게 그림 하나를 선택하도록 하여 그 그림을 중심으로 함께 이야기를 만들 수 있다. 상담자는 다음과 같은 간단한 단계를 따라 아동과 함께 이야기를 만드는 작업을 할 수 있다.

1. 아동과 함께 그린 여러 장의 그림들 중에서 마음에 드는 그림을 하나

[그림 6-2] 선긋기 게임을 통해 완성한 그림의 한 예(그림을 그린 아동의 사인이 있다.)

선택하게 한다. 그리고 그 그림을 둘 사이에 펼쳐 놓는다.

2. 그림에서 느껴지는 것을 이야기로 구성하는데, 상담자가 먼저 운을 뗀다. 예를 들면, "옛날에 화난 얼굴을 한 사람이……."와 같은 말로 이야기를 시작한다.
3. 그리고 나서 아동에게 그 다음 문장을 이어가도록 권한다.
4. 상대가 한 말을 받아 자신의 생각을 추가하는 방식으로 이야기를 구성한다.
5. 이러한 방식으로 번갈아 가면서 이야기를 끝까지 만든다.

상담자는 이렇게 하여 완성된 이야기를 통해 다른 그림 작업에서와 같이 아동의 창의성이나 자원들을 찾아내고 칭찬하는 시간을 가질 수 있다. 그리고 아동과 좀 더 필요한 대화로 나아갈 수 있는 기회를 이끌어 내도록 한다.

게임과 놀이

아동으로 하여금 놀이를 통해 자신의 창의성을 발휘하고 자신이 가진 능력과 강점을 경험하게 하는 것은 아주 중요한 일이다. 상담자는 다양한 게임을 통해 아동을 강화시키는 작업을 할 수 있다. 이러한 효과를 위한 놀이나 게임 활동은 많이 있다. 그러나 그것들은 아동이 원하고 즐겨할 수 있는 것이어야 한다. 그동안 우리가 발견한 유익한 몇 가지 활동들을 다음에 제시한다. 그리고 어떤 상황에서 아동의 필요에 부합하는 활동을 할 수 있을지에 대해 다루고자 한다.

물감 섞고 칠하기

이 게임은 아동으로 하여금 물감들을 섞어 여러 가지 다른 색깔들을 만들어 내는 창의성을 경험하게 하기 위한 것이다. 상담자는 재활용 계란 용기에 각각 다른 물감들을 담아 주고 아동에게 이 작업을 경험하게 할 수 있다. 예를 들면, 계란 용기에 빨간색, 노란색, 흰색, 파란색 등등의 물감을 채워 주는 것이다. 다음과 같은 단계를 따라 실시하도록 한다.

1. 아동에게 먼저 얼마나 다양한 색깔들을 만들 수 있을지를 미리 추측하도록 한다.
2. 아동에게 주어진 물감들을 가지고 될 수 있는 대로 많은 색깔들을 만들라고 당부한다. 네 종류의 물감을 제시했다면 그것을 가지고 최대한 많은 색깔을 만들어 내는 것이다.
3. 물감을 얼마든지 다양하게 섞어 만들 수 있음을 강조한다. 이미 물감을 섞어 만든 새로운 색깔의 물감도 또 다시 다른 물감과 섞을 수도 있다.
4. 아동으로 하여금 자신이 만든 각각의 물감으로 공이나 부활절 계란을 색칠하게 한다.
5. 아동의 창의성과 '숨겨진' 재질을 발견하며 함께 즐거운 시간을 갖는다

능력의 손

이 게임은 아동으로 하여금 자신의 능력과 강점에 대해 이야기하게 하기 위한 것이다. 큰 종이에 아동의 두 손을 얹도록 한다. 그리고 아동의 두 손 주위를 따라 선을 긋는다. 만약 매우 어린 아동이면, 손가락을 하나씩 터치할 때마다 상담자가 알고 있는 자장가를 불러 줄 수도 있다. 다음과 같은 단계를 따라 이 놀이를 할 수 있다.

1. 아동으로 하여금 어떤 손가락부터 시작할지를 결정하게 한다.
2. 종이 위에 그려진 각각의 손가락마다 아동 자신이 잘하는 것이 무엇인지를 찾아내도록 한다.

3. 아동이 선택한 손가락을 잡고 악수하듯 잠시 흔들고 다음과 같이 질문한다. "네 엄지손가락은 무엇을 잘하니?"
4. 아동으로 하여금 축구나 줄넘기와 같은 어떤 활동을 말하도록 한다.
5. 아동에게 자신이 선택한 활동과 잘 맞는 색깔이 무엇인지를 질문한다. 그리고 그 색깔로 종이 위에 그려진 손가락을 색칠하게 한다. 예를 들어, 축구라는 활동을 언급했다면 그것과 잘 맞는다고 생각되는 색깔을 선택하여 칠하게 하는 것이다.
6. 아동의 연령에 따라 아동이 선택한 활동을 지칭하는 단어를 종이 위에 그려진 손가락에 쓰거나 그 그림을 그리도록 한다.
7. 열 손가락 모두를 같은 방식으로 한다.

이 작업을 끝내면 종이 위에 그려진 열 손가락에는 아동이 잘할 수 있는 열 가지 활동과 열 가지 색깔이 칠해지게 된다. 이 놀이를 긍정적으로 마무리하고 싶다면, 아동에게 손가락을 마주하여 지붕처럼 만들게 한다. 그리고 손가락 끝에 힘을 가하게 하고는 부드럽고도 잔잔한 목소리로 이렇게 말한다. "조그만 마술의 집과 그 능력을 가지고 가렴. 네가 강해져야 할 때마다 이렇게 손가락들을 함께 밀면서 그 힘을 느껴 보아라."

현상수배

대부분의 아동은 8~12세에 이르면 경찰과 강도, 좋은 사람과 연방수사국의 현상수배자 목록에 등장하는 나쁜 사람 등과 같은 인물들의 이야기에 매료된다. 이 게임은 아동이 이러한 주제에 대해 가지는 자연스러운 호기심에 근거한 것이다. 그래서 아동으로 하여금 자신을 이해하고, 그동안 확인된 것, 자신이 잘할 수 있는 것들을 작성하여 앞으로 목표를 달성할 수 있다는 확신을 갖도록 돕는 게임이다. 상담자는 현상수배 게임의 첫 페이지에 다음 요소들을 나열하게 한다.

1. 아동의 사진: 상담실에 비치된 즉석카메라로 사진을 찍어 활용할 수 있다.
2. 개인 정보: 눈과 머리 색깔, 신장과 몸무게, 그 외에 특별한 신체적 특성이나 표식(예를 들면, 가늘게 세 가닥으로 땋아 붙이거나 곱슬곱슬하게 땋거나, 혹은 늘어뜨린 머리 모양, 특별한 모양의 복장이나 신발 등)
3. 출생일
4. 좋아하는 활동
5. 좋아하는 음악
6. 좋아하는 음식

첫 번째 페이지는 개인적인 평가를 위한 것이다. 아동 중에는 이러한 정보들을 다양한 색깔로 표시하거나 조그만 그림들로 표현하는 것을 좋아하는 경우들이 많다. 특별한 스티커나 표시물들로 첫 페이지를 장식하는 아동도 있다.

두 번째 페이지에는 아동이 그동안 배운 것들을 기록하도록 한다. 아동이 가진 능력들을 확인할 수 있는 기회를 제공한다.

1. 그동안 아동이 배운 것들을 기록하게 한다. 아주 사소한 것들도 빼놓지 않도록 한다. 예를 들면, 걷기를 좋아하는 것, 옷을 잘 입기, 침대 정리하기, 수영하기, 농구하기, 설거지 돕기, 동생 돌보기 등을 적을 수 있다.
2. 아동의 대인관계 기술을 확인한다. 예를 들면, 친구 만들기, 부당한 대우를 받는 친구 변호하기, 불편하게 대하는 사람 다루기 등에 대해 탐색하도록 한다.
3. 학교에서 배운 기본적인 것들을 점검한다. 예를 들면, 숫자 이해, 알파벳, 읽기, 노래하기, 줄서서 기다리기, 순서 지키기, 어른 존중하기, 악기 다루기, 자전거 타기, 봉 돌리기 등 해당되는 것들을 기록한다.
4. 아동이 집에서 행하는 좋은 행동들을 탐색한다. 예를 들면, 토스트 굽

기, 계란 요리하기, 신발 청소하기, 빨래를 접거나 걸기, 화장실 바닥에 널린 수건 정리하기, 세척기 비우기, 식사 준비하기, 세탁기 돌리기, 집 안 청소하기, 신발 정리하기 등을 언급할 수 있다.

이 페이지에는 아동이 가진 제반 기술과 능력을 총 망라하여 기입하도록 한다. 아동은 자신이 알고 있는 것들의 종류를 작성하면서 그것이 얼마나 많은지에 대해 놀라곤 한다. 상담자는 아동과 함께 그동안 배우기 쉬웠던 것과 어려웠던 것은 무엇인지, 어떻게 특정한 것들을 잘할 수 있게 되었는지 등에 대해 이야기를 나눌 수 있다.

세 번째 페이지에는 아동이 앞으로 성취하기를 원하는 것들은 무엇이며, 앞 페이지에 나열된 것들 중에서 새로운 기술을 배우는 데 도움이 될 수 있는 것들은 무엇인지를 탐색하게 한다. 아동에게 앞으로 한 주, 한 달 혹은 두 달 후에 둘째 페이지에 추가하기를 원하는 기술이나 어떤 새로운 것들이 있는지 질문한다. 이때 상담자는 아동의 입장에서 성취하기 쉽지 않은 것들을 과도하게 요구하거나 강요하지 않도록 아동의 생각을 잘 경청하고 관찰해야 한다. 아동에게 부모나 교사 혹은 다른 성인이 어떻게 도움이 될 수 있을지에 대해 질문하도록 하라. 아동은 이런 과정을 통해 자신들이 성취해야 할 다음 단계를 어떻게 실천할 수 있을지에 대한 분명한 아이디어를 이끌어 내곤 한다.

사례: 수학과 수영

쉴라(Sheila)는 10살 때 상담실에 왔다. 매우 밝고 똑똑한 소녀였는데 수학 때문에 많은 어려움을 겪고 있었다. 학교 교사는 쉴라가 똑똑하다는 것을 반복하여 언급하면서도 속으로는 게으르다고 생각하였다. 쉴라 역시 이 문제로 매우 마음이 상한 상태였다. 그리고 상담을 통해 수학 시간에 가장 자신을 힘들게 하는 것은 문제 지문을 읽어야 할 때라고 말하였다. 쉴라는 문제가 숫자로 제시되면 아주 빨리 문제를 풀 수 있는데 문제가 문장으로 제시되어 그것을 읽어야 하는 상황이 되면 문제해결이 어려워진다는 것을 깨달았다. 쉴라는 수학 책을 읽어야 할 때마다 자신도 모르게 얼어붙기 시작하였다. 너무 불안감에 휩싸여 책이 눈앞에 있어도 문제가 요구하는 것이 무엇인지를 알아차리지 못할 정도였다. 그래서 어느 사이엔가 처음의 조그만 문제가 크게 확장되어 위통과 두통, 호흡곤란, 불면증과 같은 다양한 심리신체적 문제 증상을 드러내고 있었다.

쉴라는 '현상수배' 놀이를 통해 두 번째 페이지에 자신이 잘할 수 있는 것으로 수영을 기록하였다. 이것에 대해 질문하자 쉴라는 목소리 가득 열정에 싸여 다양한 몸짓을 하며 구체적으로 자신이 어떻게 수영하는 것을 배웠는지 설명하기 시작하였다. 수영을 한다는 것이 쉴라에게 쉬운 일은 아니었다. 그렇지만 아주 지혜롭게 단계적으로 수영을 배워 갔다. 쉴라의 설명에 따르면, 처음에 쉴라는 물을 자세히 바라보았다. 그리고 물속에 손을 집어넣곤 하였다. 쉴라는 물에 대한 두려움을 극복하기 위해 "나는 숨 쉴 수 있게 될 거야."라는 말을 반복하여 자신에게 되뇌었다. 이것으로 마음을 진정시킬 수 있게 되었고 빠른 시간 내에 물속에서 숨을 쉴 수 있게 되었다.

쉴라는 수영과 관련하여 일어났던 일들을 한동안 생각하다가 수학과 관련된 문제도 비슷한 방법으로 풀 수 있을 것 같다고 말하였다. 그리고 자기 생각을 이렇게 설명하였다. "이 문제를 해결하려면 문제 지문을 똑바로 보고 침착하게 끝까지 읽어야 해요. 물을 만지는 것으로 수영을 배웠듯이 문제 지문을 터치해야 해요. 이것은 문제 지문이 의미하는 것이 무엇인지를 알려고 해야 한다는 뜻이에요. 나는 마음속으로 이런 생각을 가져야겠어요." '나는 여기에 기록된 문제 지문을 이해할 거야.' 오래지 않아 쉴라는 수학 문제를 해결하게 되었다. 쉴라는 아주 똑똑한 소녀였다. 우리는 쉴라 외에도 이처럼 문제를 해결하는 다른 많은 아동을 보아 왔다.

아동을 상담할 때 유용하게 사용할 수 있는 게임들은 이외에도 많이 있다. 그 중 몇 가지를 간단히 소개하고자 한다.

숨겨진 물건 찾기

목적: 지는 것을 못 견디는 아동을 강화시킨다. 언제 도움을 요청해야 할지 알아 가고, 타인의 도움을 필요로 하는 것을 수용할 줄 아는 아동이 되도록 돕는다.

게임 방법: 조그만 물건을 준비하여 아동에게 보여 준다. 공이나 장난감, 장갑 등과 같은 작은 것이면 된다. 그리고 누가 이것을 제일 먼저 숨기는 사람이 될지, 누가 그것을 제일 먼저 찾는 사람이 될지를 자원하여 정하도록 한다. 상담자는 이 놀이를 하기 전에 아동에게 필요하면 도움을 요청할 수 있다고 말한다. 언제 도움을 요청할지는 숨겨진 물건을 찾는 사람이 결정하게 된다. 이때 주어지는 도움은 숨겨진 물건 쪽으로 가까이 가면 "뜨거워."라고 말하고, 멀어지면 "추워."라고 말해 주는 것이다.

이 놀이를 할 때 상담자는 아동과 교대로 하는 것이 좋다. 아동은 성인이 자신과 같은 일로 똑같이 끙끙대며 도전에 직면할 때 그런 모습을 보며 커다란 느낌을 받는다.

사이먼 가라사대(명령 게임)

목적: 아동이 타인의 말에 주목하고 집중하며 들을 줄 아는 사람이 되도록 가르친다.

게임 방법: 아동에게 3~10개의 지시사항을 내린다. 이때 어떤 내용의 지시를 몇 개나 주는가는 연령에 따라 다를 수 있다. 그러나 아동의 나이가 몇 살이든지 충분히 이해하고 기억하고 나아가 실천할 수 있을 정도의 난이도를 가진 쉬운 지시사항을 내려야 한다. 또한 아동이 즐길 수 있는 것이어야 한다. 그리고 마지막에 아동 스스로가 모든 명령을 순서대로 잘 수행했는지를 평가하게 한다. 상담자는 다음과 같은 내용의 지시사항을 아동에게 내릴 수 있다: "샘, 문 쪽으로 가서 문을 열었다가 가볍게 닫아라; 그리고 빨간 의

자 위에 서서 노래를 불러라; 그 다음에는 옆방으로 가서 다트 화살 세 개를 던져라; 그러고 나서 이 상담실로 돌아와서 집을 하나 그리거라." 이렇게 아동에게 명령 게임을 하게 한 후에는 차례를 바꾸어 아동으로 하여금 상담자에게 명령을 내리게 한다. 이때 아동은 성인에게 명령 내리는 것을 어려워할 수 있다는 것을 알아야 한다. 아동은 늘 무언가를 하라는 말을 듣고 살며 성인에게 무언가를 지시하는 경우는 거의 없기 때문이다. 따라서 그들이 성인에게 명령을 내리는 것은 무언가 색다른 경험이 될 것이다.

손가락으로 보기

목적: 아동으로 하여금 어떤 일을 할 때 주의 깊게, 천천히, 섬세하게, 그리고 집중적으로 접근하는 것을 배우게 한다. 그리고 때로는 이전과 다른 방법들을 통해 할 수 있다는 사실을 보여 준다. 아동의 나이를 고려하여 펜이나 나무 인형, 안전핀, 조개 껍데기, 단추, 실타래, 병따개 등과 같은 조그만 물건들을 10~20개 정도를 모아 자루에 집어넣는다.

게임 방법: 아동이 눈을 감게 한 다음 부드러운 천이나 손수건, 스카프로 눈가리개를 만들어 아동의 눈을 가린다. 자루에서 한 번에 하나씩 물건들을 꺼내어 아동의 손에 올려놓고 그것이 무엇인지 알아맞히게 한다. 이때 아동은 손으로만 그것을 만질 수 있다. 이렇게 하여 아동이 제대로 맞히는 것들을 일렬로 나열한다. 나중에 아동은 눈가리개를 풀고 자신이 손으로 만져 알아맞힌 것들이 무엇인지 보도록 한다. 이번에는 차례를 바꾸어 상담자가 눈을 가리고 있는 동안 아동이 상담실이나 책상에 있는 물건들 몇 가지를 똑같은 자루에 집어넣게 한다. 그러고 나서 눈가리개를 풀고 자루에 있는 물건들이 무엇인지를 확인하도록 한다. 이때 여전히 확인되지 않은 것들이 무엇인지 상담자와 아동이 함께 알아맞히는 게임을 할 수도 있다.

터치를 통해 읽기

목적: 아동으로 하여금 터치를 통해 무언가에 집중하고 알아 가는 능력을 강화한다.

게임 방법: 아동에게 등을 상담자 쪽으로 대고 반대편 벽을 보며 앉으라고 한다. 아동의 등을 칠판이나 컴퓨터 스크린처럼 사용한다. 먼저 칠판이나 컴퓨터 스크린을 닦듯이 아동의 등을 문지른다. 어디가 위고 어디가 아래인지를 확인한다. 목 쪽이 위고, 허리 쪽이 아래라고 말한다.

어떤 내용이나 수준의 그림 혹은 글을 쓸지 여부는 아동의 나이와 발달 정도에 따라 달라질 수 있다. 어린 아동의 경우에는 등에 간단한 집이나 해, 꽃, 소년, 소녀 등을 그리고 무엇을 그렸는지 알아맞히라고 한다. 알파벳이나 숫자를 안다면 글자나 숫자를 쓰고 그것이 무엇인지 묻는다. 끝낼 때는 '안녕' 이라는 말을 쓰고 맞히게 한다. 이러한 순간들을 몸 감각에 집중하고 그것을 알아맞히는 능력을 가진 것에 대한 칭찬의 기회로 활용하도록 한다.

백개먼 게임

어린 아동에게 자신을 안전하게 지킨다는 의미는 때로 너무 모호해서 말로 설명하기가 어려울 수 있다. 이때 보드 게임을 통해 아동이 가져야 할 안전 기술을 습득하도록 교육할 수 있다. 예를 들면, 어느 날 조이스(Joyce)가 공원에서 낯선 사람에게 희롱을 당한 뒤 상담을 받으러 왔다. 조이스에게는 상황을 파악하여 자기자신을 지키도록 조치를 취할 수 있는 지적능력이 부족하였다. 백개먼(Backgammon) 게임은 상담자가 아동과 함께 자연스럽게 안전에 관한 이야기를 반복하여 이야기할 수 있는 좋은 기회를 제공한다. 이 게임에 내포된 기본 개념은 홀로 서 있으면 적에게 쉽게 사로잡힐 수 있다는 것이다. 이 게임을 여러 번 하면서 조이스는 자기자신을 지킨다는 것이 무엇인지를 이해하기 시작하였다. 그리고 낯선 사람과 만나는 상황을 포함하여 일상의 삶 속에 안전에 대한 개념을 적용할 수 있게 되었다.

아발론 게임

브랜든(Brandon)은 여러모로 똑똑한 아동이었다. 하지만 무엇을 구성하거나 조직하는 것은 잘하지 못하였다. 그래서 조직적이지 못하다는 것에 대해 지속적으로 지적을 받곤 하였다. 동물이나 인형을 가지고 가시적인 변화 이미지를 도출해 내려 하였으나 브랜든에게는 별 효과가 없었다. 그런 방법을 통해서는 자기 삶에 대한 어떤 다른 의미 있는 이미지를 찾아낼 수 없었기 때문이었다. 그러던 중 나(슈타이너)는 브랜든이 아발론(Abalone) 게임을 잘 한다는 말을 들은 것을 기억하였다. 아발론은 체스와 유사한 게임으로서 집중력과 진행되는 게임의 전체 그림을 보는 능력, 결단력, 그리고 한 수 앞을 보고 계획하는 등의 여러 기술들을 요하는 것이었다. 그래서 나는 브랜든과 이 게임을 하기로 작정하였다. 그리고 그 과정에서 브랜든이 항상 다음 수를 '미리 생각' 하고 계획을 세우며 게임한다는 것을 확인할 수 있었다. 그가 학교에서 해야 할 것들은 바로 이런 것이었다. 브랜든은 자신이 학교에서 필요한 모든 능력을 이미 갖고 있었지만 우리가 아발론 게임을 시작하기까지는 자신이 그렇다는 사실을 알지 못하고 있었다. 다만 장소와 상황의 차이만 있었을 뿐이었다. 그는 마침내 능력 있는 학생이 되기 위해 필요한 모든 기술이 자신에게 이미 있다는 사실을 확인하였다. 그에게 필요한 것은 그러한 능력을 학교에서도 사용하는 것뿐이었다. 여섯 번 상담을 할 때마다 우리는 아발론 게임을 하였다. 그는 물론 매번 그 게임에서 나를 이겼다. 그리고 학교에서도 훨씬 더 조직적인 학생으로 변화되어 갔다.

척 도

제3장에서 아동에게 척도 질문이 유용하게 사용될 수 있다는 사실을 언급하였다. 아동은 자신의 능력 정도에 따라 척도 질문에 잘 반응할 수 있다. 여기서는 척도 질문과 관련하여 숫자 개념을 아직 명료하게 파악하지 못한 아동과 상담할 때 사용할 수 있는 몇 가지 기술을 다루고자 한다.

아동은 활동하기를 좋아한다. 무슨 물건이든 손에 쥐어 보고 여기저기 움직이고 싶어 한다. 우리는 이러한 사실에 근거하여 척도 질문을 작은 행동으로 전환시켜 사용할 수 있다. 이때 상담자는 창의성을 발휘하여 아동의 상황에 잘 적용하는 것이 중요하다. 다음은 아동과 상담할 때 사용할 수 있는 몇 가지 척도 관련 게임들이다.

성공 탑

정사각형으로 된 서로 다른 색깔과 크기의 나무 조각들이 담긴 바구니를 놓고 아동과 함께 앉는다. 어린 아동과 게임을 할 때는 함께 바닥에 앉아 하는 것이 제일 좋다. 아동에게 지난 번 상담했을 때부터 오늘 사이에 좋았던 일 혹은 잘한 것들이 무엇인지를 말하도록 한다. 아동이 긍정적인 상황을 기억하여 이야기할 때마다 나무 조각을 책상 위에 하나씩 쌓아가도록 한다. 만약 그 자리에 부모가 참석했다면 그들에게도 자녀가 잘했다고 생각되는 것들이 무엇인지 물어보도록 한다. 잘한 것들을 다 이야기해서 더 이상 나오지 않는다면 각각의 조각들을 되짚으며 그 하나하나가 어떤 상황들을 상징하는지 확인한다. 이 게임을 할 때, 상담자는 즉석카메라로 아동과 성공 탑을 찍을 수 있다. 그리고 누구에게 이 사진을 보여 줄지 물어보면서 대화를 나누는 것도 좋다. 아동은 대개 이러한 방식으로 자신이 잘한 것들을 평가하는 것을 좋아한다. 그리고 자신의 성공 신화를 보여 주는 이러한 사진들을 열성적으로 수집하곤 한다.

풍 선

풍선은 아동의 성장을 가시적으로 보여 주는 데 매우 유용하게 사용될 수 있다. 아동이 더 용기 있는 사람이 되는 것, 어머니의 말씀에 귀 기울이는 것, 방청소를 하는 것, 좋지 않은 기질을 좀 더 통제하는 것 등등 그것이 무엇이든지 풍선을 활용한 놀이를 할 수 있다. 용기와 관련된 내용을 다룬다면, 아동 스스로 자신의 용기가 증가했다고 생각되는 만큼 풍선에 바람을 넣도록 한다. 그리고는 다시 바람을 빼게 하고 어떻게 이만큼이나 '용기' 가 늘어나게 할 수 있었는지를 묻는다. 그러고 나서 다시 풍선에 바람을 넣게 하고, 아동이 그렇게 하는 동안 상담자는 자신이 들은 긍정적인 이야기들을 반복하여 말해 준다. 그 자리에 부모나 다른 성인이 있다면, 이외에도 아동이 이만큼이나 용기 있는 사람이 되도록 도움이 된 다른 행동들이 더 있는지 물어본다. 이제는 얼마나 더 용기 있는 사람이 되면 좋을지, 가장 바람직한 상태를 의미하는 수준만큼 풍선을 불도록 한다. 그리고 그 상태에 대해 대화를 나눈다. 풍선으로 이러한 접근을 할 때 아동은 더욱 집중하여 척도 질문에 해당하는 대화를 할 수 있게 된다.

사례: 감소된 두려움

나(슈타이너)를 찾아왔을 때 여섯 살 반이었던 나단(Nathan)은 상담실에 들어오는 것이 너무 무서워 문을 잡고 떨어지려고 하지를 않았다. 이 모습을 본 나는 즉시 빨간 풍선을 꺼내 불기 시작하였다. 예기치 않은 이 장면에 놀란 나단은 손잡이를 놓고 점점 커져가는 풍선을 바라보았다. 풍선이 어느 정도 커졌을 때 나는 풍선 끝을 살짝 비틀어 바람이 나가지 않게 하면서 그것을 나단에게 주었다. 그리고 이렇게 말했다. "나단, 네가 여기에 들어와 나랑 이야기하기를 무서워하는 것은 이만큼이야. 자, 이 풍선 끝을 두 손으로 잡고 네가 원하는 크기가 될 때까지 바람이 나가게 해 봐. 그것은 네가 아직 여기에 들어오는 것이 무섭기는 하지만 그래도 들어와서 엄마와 함께 앉아 나와 이야기할 수 있는 정도를 의미해." 풍선을 두 손으로 잡은 나단은 이윽고 서서히 바람이 나가게 하였다. 풍선이 처음의 반 정도가 되자 나단이 이렇게 말했다. "여기 이만큼이요. 이제 들어와 대화할 수 있어요."

밧줄 따라 이동하기

적절한 길이의 밧줄을 상담실 바닥에 늘어놓는다. 밧줄의 한 쪽 끝은 처음에 부모님이 상담을 요청했을 만큼 아주 상황이 좋지 않았던 때를 의미하고 다른 한 쪽 끝은 더 이상 상담하러 오지 않아도 되는 날을 의미한다는 것을 아동과 함께 확인하도록 한다. 그러고는 아동으로 하여금 한 쪽 발로 뛰면서, 혹은 재미있는 다른 방법을 사용하여 오늘 자신이 밧줄의 어느 정도에 있는지 그 위치까지 가도록 한다. 아동이 멈춘 지점에 표시를 한다. 그리고 어떻게 거기까지 갈 수 있었는지, 그렇게 하도록 아동이 잘했던 행동들이나 도움이 된 모든 요소들을 생각하게 한다. 그렇게 하여 더 이상 새로운 정보가 나오지 않으면 그 자리에 이르기까지 아동이 행한 모든 단계들을 다시 한 번 반복하여 확인한다. 가능하면 아동이 밧줄을 따라 그동안 성취했던 모든 단계들을 이동할 때 그 모습을 즉석카메라에 담도록 한다. 그리고 사진 뒷면에 아동이 성공적으로 실천한 요소들을 기록한다.

손에 색칠하기

아동에게 다섯 가지 형태의 얼굴 모습이 있는 포스터를 보여 준다. 첫 번째 얼굴의 모습은 아주 화난 표정이고, 마지막 얼굴은 웃는 표정이다. 아동에게 오늘 자신의 심정과 일치하는 얼굴을 선택하게 한다. 수성 물감으로 얼굴 모습을 자신의 손에 그리게 한다. 이때 눈은 손가락 바로 아래에 그리고, 입은 손목 쪽에 그리도록 한다. 이제 아동에게 잘한 일들을 생각하게 한 후, 그 각각에 대해 손가락을 다른 색깔과 다른 모양으로 색칠하게 한다. 그 다음에는 아동의 손을 책상 위에 올려놓게 한다. 이때 가능하면 하얀 배경 위에 올려놓으면 사진을 찍기에 좋다. 이렇게 하여 사진을 찍으면 색칠한 손가락들이 다양한 색깔로 된 머리처럼 보인다. 아동들은 이것을 매우 좋아한다. 그리고 집에 가지고 가서 잘 보이는 곳에 걸어두고 싶어 한다.

천국과 지옥 게임

세상의 모든 문화들 속에는 아동이 껑충껑충 뛰면서 노는 전통들이 있다. 따라서 '천국과 지옥' 게임은 대부분의 아동이 익숙하게 할 수 있는 것으로, 특히 활동적인 아동에게 잘 사용될 수 있다. 이때 아동이 서 있는 바닥은 지옥을 지칭하는데, 이는 특히 아동의 부모나 교사가 상담을 요청했을 당시의 심각한 문제 상황을 의미한다. 그리고 천장은 천국으로서 기적이 일어난 다음 날을 상징한다. 이제 아동에게 껑충 뛰어 보라고 한다. 이때 뛰는 높이로 천국에 얼마나 가까이 다가갔는지를 표현하도록 한다. 상담자는 매번 상담 회기를 시작할 때마다 이 게임을 실시하고 그 다음 과정을 진행할 수 있다.

성공의 그림

아동에게 지난 상담 회기 이후에 일어났던 변화나 도움이 되었던 일들을 생각하게 한다. 그 자리에 참석한 성인이 있다면 그들도 함께 아동이 잘한 것들을 나누며 그림을 그리게 한다. 그 자리에 참석하지 않은 다른 사람들에 대해서는 아동이 지난 회기 이후 어떻게 달라졌다고 말할지에 대한 질문을 할 수도 있다(이것은 관계 질문이라고도 하는데 청소년의 문제를 다루는 제8장에서 설명할 것이다.). 그리고 그때 언급되는 성공적인 변화의 사례들을 그리게 한다. 아동과 가족은 이 그림을 집에 가져가 걸어 둘 수 있다. 이때 집 어디에 이 그림을 전시할 것인가에 대해 그들과 대화를 나누는 것이 좋다.

숫자를 따라 다른 방향으로 점프하기

숫자를 아는 아동에게는 이러한 척도 게임을 유용하게 사용할 수 있다. 아동에게 각각의 종이에 1~10의 숫자를 쓰게 한 후, 그것들을 순서대로 바닥에 늘어놓도록 한다. 그리고 자신이 얼마나 변했는지 그 정도를 10 방향으로 점프하여 표시하게 한다. 나아가 지금보다 한 숫자 위로 더 점프하게 한 후 어떻게 그런 변화가 있게 할 수 있는지, 그렇게 되면 어떤 결과가 발생할지 등에 대해 질문한다. 이때 "네 어머니(혹은 아버지)는 어떻게 하시겠니?" "네 선생님은 어떻게 하실까?" "네 친구나 형제, 자매, 그 밖의 사람들은 어떤 반응들을 보일까?" 와 같은 질문들을 할 수 있다.

실 험

우리는 종종 아동에게 어떤 과제나 실험을 하게 하는 것이 도움이 될지에 대한 질문을 받곤 한다. 우리는 성인에게 이런 요구가 도움이 되듯이 아동에게도 도움이 된다고 믿는다. 과제나 실험은 치료 작업을 아동의 실제 삶의 현장으로 옮겨 놓는 것이다. 다시 말하면, 상담실에서 일어난 것들을 아동의 일상생활로 연장시키는 것이다.

과제를 제시할 때 기억해야 할 지침사항과 원리들을 다음에 나타내었다. 이러한 요소들은 청소년 및 성인과 과제 혹은 실천 과제를 구축할 때도 적용될 수 있다.

- 실험은 첫 번째 상담회기 때 다루어진 것과 관련된 것이어야 하며 아동이 원하는 것이어야 한다.
- 실험은 목표를 향한 작은 단계로서 아동이 할 수 있는 것이어야 한다. '천천히 가는 것' 이 중요하다.
- 실험의 주된 목적은 아동의 삶에 중요한 사람으로부터 이전과 다른 반

응을 이끌어 내기 위한 것이다. 실험 혹은 과제 자체만으로 어떤 변화가 발생하는 것은 드문 일이다. 대개의 경우 중요한 것은 과제를 실천하는 아동에 대한 다른 사람의 반응이다. 아동이 어떤 새로운 행동을 하지만 그것이 아동에게만 국한된다면 별다른 효과를 보기 어렵다. 따라서 우리는 아동의 중요한 사람들로 하여금 아동의 변화된 행동을 관찰하고 그에 대한 적절한 반응을 함으로써 파급 효과를 내게해야 한다.

- 어떤 실험을 할지 아이디어가 떠오르지 않을 때는 무리하지 않는다. 때로는 칭찬을 하는 것만으로도 새로운 행동을 이끌어 내는 데 충분할 수 있다.
- 실험은 대개의 경우 효과가 있는 것을 '더 실천하는' 방향으로 진행되는 것이 바람직하다.
- 이전과 '다른 어떤 것을 하는' 실험은 될 수 있는 대로 많지 않아야 한다. 하지만 문제가 지속될 때 만성화된 어떤 패턴을 중단하고 새로운 돌파구를 찾는 데 이 방법이 도움이 될 수 있다.

동전 던지기

이것은 대부분의 아동뿐만 아니라 청소년도 좋아하는 놀이다. 이때 아동에게 다양한 외국 동전들 중에서 하나를 택하게 하면 더 효과적이다. 이 실험은 다음과 같이 진행된다. 매일 아침 일어나자마자 아동에게 동전을 던지게 한다. 그래서 인물 면이 나오면 그 날에는 아무도 몰래 어떤 긍정적인 행동을 한다. 뒷면이 나오면 그냥 평상시와 같이 하루를 보낸다. 부모는 자녀의 행동을 잘 관찰하여 매일 아침 동전의 어떤 쪽이 나왔는지를 알아맞히려고 하고, 자녀는 그것을 비밀로 한다. 너무 오랫동안 하면 아동이 흥미를 잃을 수 있으므로 일주일 정도 실시하도록 한다.

자녀는 부모를 놀라게 하는 것을 좋아한다. 상담자는 아동과 함께 무엇을 하면 부모를 놀라게 할 수 있을지를 탐색하도록 한다. 예를 들면, 아침

식사 준비하기, 부모가 지적하기 전에 방 청소하기, 구두 닦아 놓기, 강아지 산책시키기 등이 있다. 때로 아동이 혼자 알아서 부모를 놀라게 하는 행동을 하기에는 어려움이 따를 수 있다. 그러므로 적절한 도움이 필요할 수 있다. 상담자는 이러한 요소들에 대해 함께 생각하고 대안을 세움으로써 아동으로 하여금 전과 다른 새로운 행동을 시도하고, 부모 또한 이전과 다른 새로운 반응을 보일 수 있는 가능성을 증가시키도록 한다. 때로는 아동에게 성인의 '놀라는' 반응들을 관찰하도록 주의를 환기시킬 필요도 있다. 즉, 어머니가 어떤 얼굴 표정을 하는지, 아버지가 어떤 말씀을 하시는지, 혹은 부모가 어떤 새로운 반응을 보이는지 지켜보도록 주의를 주는 것이다.

기적 실험

'동전 던지기' 의 한 가지 변형된 형태로 '기적이 일어난 것처럼 가장하여 행동' 을 하는 실험이 있다. 이 실험은 주변 사람들뿐만 아니라 아동 자신까지도 깜짝 놀라게 하는 효과가 있다. 상담자는 아동과 함께 어떤 기적에 대해 구체적으로 대화를 나눈 후, 언제 이런 기적이 일어날지 하루를 택하도록 요청한다(이때 '동전 던지기' 나 어떤 다른 방법의 도움 없이 그냥 선택하게 한다.). 아동 스스로 선택한 이 특별한 '기적의 날' 에 아동은 문제가 해결된 것으로 가정한다. 즉, 급우들이 쉬는 시간에 놀면서 자신을 더 이상 괴롭히지 않거나, 자신의 머리 모양에 대해 더 이상 다른 아동이 좋지 않게 수근대는 소리를 듣지 않는 것처럼 가장하고 행동하는 것이다. 이때 아동이 해야 할 것은 자신이 기적의 날을 가장하여 문제가 해결된 것처럼 전과 다르게 행동하는 것에 대해 누가 눈치를 채는지, 그리고 그것을 눈치 챈 다른 아동에게 자신이 어떻게 다르게 행동했는지를 관찰하여 보고하는 것이다. 이처럼 상담 중에 아동이 시각화한 기적이 실제로 일어난 것처럼 가장하여 행동하는 실험을 통해 아동은 해결을 위한 자신의 아이디어를 실제 삶의 현장에서 시도할 수 있는 기회를 갖게 된다. 아동은 단순히 기적이 일어나기를 기다리기보다는 적극적으로 그것을 시도하여 실제로 문제가 해결되었을 때 상황이 어떻게 될지를 미리 느껴볼 수 있게 된다.

관찰하기

아동에게서 어떤 긍정적인 행동을 이끌어 내려면 대개의 경우 아동이 어떤 특정한 바람직한 행동들을 할 때 그것에 관심을 기울이고, 그것에 대해 이야기하고 귀 기울여 들음으로써 실현될 수 있다. 바람직하지 않은 행동들은 무시되는 것이 좋다. 부모가 아동의 부정적인 행동에 관심을 집중하면 할수록 그것을 보는 사람의 마음속에는 더욱 부정적인 행동들이 크게 확장되고 그러한 것들이 보이게 된다. 따라서 긍정적인 행동들을 강화시키고 증가시키려면 부모가 자녀에게서 나타나는 긍정적인 행동들을 관찰하고 그것에 관심을 기울이는 것이 중요하다. 이러한 차원에서 상담자는 부모에게 아동의 어떤 면에 관심을 가지고 지켜볼 것인지를 구체적으로 제안하는 것이 좋다. 그럴 때 아동에게 일어나는 변화들을 놓치지 않고 인식할 수 있게 된다. 그리고 아동에게는 자신의 긍정적인 행동과 관련하여 부모가 어떤 반응을 보이는지 관찰하도록 구체적으로 이야기하는 것이 좋다. 예를 들어, 아동에게는 "지금부터 우리가 다음에 만날 때까지 네가 스스로 알아서 숙제를 할 때마다 어머니의 얼굴 표정과 행동이 어떻게 달라지는지 구체적으로 관찰하기 바란다."와 같은 지침을 내릴 수 있다. 부모에게는 "지금부터 우리가 다음에 만날 때까지 토미가 언제, 어떻게 자신의 분노를 터뜨리지 않고 대처하는지 지켜보면 좋겠습니다." 혹은 "집이 언제 평안이 깃들이는지 살펴보시기 바랍니다."와 같은 제안을 할 수 있다.

다음은 아동의 부모나 보호자들이 실행할 수 있는 두 가지 관찰 활동들이다.

인상적인 행동 목록

부모에게 적절한 크기의 종이를 집 안에 걸어두도록 한다. 그리고 자녀가 부모의 관점에서 어떤 인상적인 행동을 할 때마다 그 사실을 종이에 적어 놓게 한다. 자녀 또한 부모가 도움이 되는 어떤 행동들을 하면 그것들을 기록하도록 한다.

긍정 행동의 돌

자녀가 부모의 말을 잘 듣거나 지시를 잘 따를 때마다 유리 항아리에 돌을 하나씩 집어넣는다. 부모는 취침시간에 아동과 함께 각각의 돌이 무엇을 상징하는지, 자녀가 하루 동안 잘한 것이 무엇인지 부모가 관찰한 것을 나누는 시간을 잠시 갖도록 한다. 그런 방식으로 하여 유리 항아리에 돌이 가득 차면 자녀에게 특별한 상을 준다. 이때 부모는 미리 자녀와 함께 자신이 어떤 상을 줄지 대화를 나누는 것이 좋다. 그리고 상을 줄 때는 단순히 어떤 물질적인 것을 사주는 방식보다는 부모와 함께하는 상을 주는 것이 더욱 효과적이다. 즉, 함께 공원에 가거나 농구하기, 낚시하기, 야구하기, 저녁에 수영하기, 밤에 손전등을 갖고 숲 속 걷기 등이 바람직하다.

무언가 다른 것 시도하기

부모는 종종 자녀에게 방청소를 하라거나 어떤 특정한 행동들을 하도록 반복하여 강조하고, 아동은 그것에 반응하지 않을 때가 있다. 아동은 같은 말을 반복하는 부모를 무시하거나 부모가 '잔소리' 한다고 생각한다. 이럴 때는 '잔소리' 가 아닌 이전과 다른 어떤 방식으로 반응을 보임으로써 아동의 관심을 얻는 것이 보다 효과적이다. 그래서 지혜로운 부모는 아동에게 짜증이나 화를 내기보다는 아동에게 종종 창의적인 방법으로 그들이 실천

해야 할 일들이나 책임져야 할 것들을 상기시키려고 한다. 예를 들면, 아동에게 전하고 싶은 메시지를 종이에 적어 전혀 예기치 않은 때 보여 주거나, 그것을 무슨 특급 비밀인 것처럼 속삭이는 방법을 사용할 수 있다. 아무 말 없이 아동의 손을 잡고 그것을 눈여겨보게 할 수도 있다. 다음은 부모가 이전과 다른 방법으로 자녀의 관심을 고취시킬 수 있는 몇 가지 방안들을 나열한 것이다.

기적이 일어났다고 가정하기

청소년이나 성인에게 이러한 접근을 할 때는 그들에게 언제 기적이 일어날지, 즉 그런 기적이 일어나면 좋을 날을 선택하도록 하는 것이 더 나을 수 있다. 하지만 아동에게는 너무 추상적인 접근일 수도 있다. 그럴 때는, 아동에게 다음 주 중에 하루를 택하여 '성난 악어가 우리 밖으로 나갈 수 없었던 때' (자신의 문제를 성난 악어의 이미지로 묘사한 것을 활용함)를 가정하여 행동하도록 제안할 수 있다. 그리고 부모에게는 어느 날에 성난 악어가 우리 안에 조용히 머물러 있었는지, 그래서 가정이 전과 어떻게 달라졌는지를 탐색하게 한다.

대부분의 부모나 아동은 그들이 바라는 어떤 변화, 예를 들면 좀 더 밝게 웃고, 활동적이며, 다른 아동과 잘 지내는 등의 변화가 시작되려면 그 전에 먼저 문제들이 해결되어야 한다고 본다. 그리고 그렇게 될 때까지 기다리는 경향이 있다. 나름대로 타당성이 있는 것처럼 보인다. 그러나 아동은 문제가 스스로 사라지기를 기다리기보다 문제가 이미 해결된 것처럼 생각하고 전과 다른 변화된 행동을 시작할 수 있다. 이렇게 함으로써 아동은 더 빨리 자신감을 가질 수 있고, 친구들을 사귀며, 좋은 성적을 얻는 등의 결과를 이끌어 낼 수 있다. 우리는 아동이 자기 문제를 스스로 짊어지고, 자신이 원하는 방향으로 삶을 경험할 때 실질적으로 강화되는 효과가 있다고 믿는다.

우리는 이러한 기적 접근을 시도할 때 아동으로 하여금 언제 기적의 날이 일어날 것이라고 미리 부모에게 알리지 않도록 주의를 준다. 아동의 달라진 행동을 예기치 못했다가 깜짝 놀랄 때 부모는 더욱 기뻐하면서 계획되지 않은 자연스러운 반응을 자녀에게 보일 수 있기 때문이다. 그러나 자녀가 이러한 시도를 할 것을 미리 알게 되면 대부분의 부모는 언제 자녀가 그러한 행동을 할지 궁금해 하며 그러한 시간을 기다리게 된다. 그리고 자녀의 그러한 달라진 행동에 대해 그러한 변화를 기다려 왔다는 등의 확인이나 훈계를 하려는 유혹을 받는다. 이 때문에 자신도 모르게 다시 자녀에게 '잔소리'를 하게 되고 자녀가 그동안 얼마나 부모를 힘들게 했는지를 상기시키는 시간으로 만들어 버릴 수 있다. 그러므로 부모는 이러한 실험적 과제에 대해 자녀와 토론하지 않는 것이 바람직하다.

부모는 자녀의 긍정적인 변화를 인식하고 그에 적절한 상을 제공할 줄 알아야 한다. 따라서 우리는 자녀의 변화된 행동들에 대해 부모가 너무 길게 대화하지 않도록 주의를 준다. 그보다는 다음 상담 회기까지 기다려 상담자 및 아동과 함께 구체적인 성공의 내용들을 나누도록 한다.

깜짝 포옹(혹은 다른 깜짝 행동)

'패턴 차단' 기술의 하나인 깜짝 포옹은 자신들이 '할 수 있는 것은 다 해 보았다.'며 낙심한 가운데 자녀와 함께 상담실을 찾는 부모에게 아주 유용하게 사용될 수 있는 방법이다. 이 기술은 부모로 하여금 자녀가 변화되기를 기다리기만 할 것이 아니라 자신이 먼저 자녀의 변화 과정을 돕게 한다. 그리고 그러한 노력에 대한 인정을 받게 한다. 이를 통해 문제의 빠른 해결이 가능하게 된다. 이 방법은 자녀의 성급한 기질의 문제나 과제 때문에 늘 씨름하고, 물건을 훔치거나 거짓말을 하는 등의 쟁점들에 대해 똑같이 반응한다는 문제에 대해 좋은 대안이 될 수 있다.

부모는 자녀의 행동에 대해 늘 어떠한 자세로든 반응을 보인다. 이때 늘 꾸중하거나 질책, 분노하는 등의 반응을 보이면 자녀는 자신의 행동에 대한 어떤 불일치나 혼란감을 느낄 수 있다. 그러나 부모가 예고 없이 깜짝 포옹을 하거나 도시락에 몇 마디 글을 남겨 놓는다면 아동은 부모가 자신의 어떤 면을 보고 긍정적으로 생각하는지 궁금해진다. 그래서 자신이 최근에 어떤 일을 잘했는지 모든 경우들을 찾아보도록 동기유발을 할 수 있다. 자녀로 하여금 자신이 포옹을 받을 만한 행동을 언제 하였는지 학교에서의 일이나, 친구를 방문한 일, 저녁식사 시간에 있었던 일, 동생과 잘 지낸 것 등등 다른 모든 가능한 상황을 생각하게 한다. 포옹이라는 애정의 표현 이면에 있는 이유에 대해 설명하지 않음으로써 자녀 스스로 자신의 긍정적인 행동들에 대해 관심과 흥미를 갖도록 돕는 것이다.

부모는 다음과 같은 절차를 통해 이 방법을 실행에 옮길 수 있다. 어느 날 갑자기 자녀를 포옹하며 "네가 정말 내 마음을 크게 기쁘게 해 주었어."라고 말하고는 슬쩍 다른 데로 가거나 다른 이야기를 꺼낸다. 자녀가 이 행동에 깜짝 놀라도 부모는 아무런 일도 일어나지 않은 것처럼 평소와 같이 행동한다. 포옹에 대해 자녀가 무엇을 위한 것이었는지 알고 싶어 해도 그냥 미소 지으며 "그건 비밀이야. 언젠가는 알게 될 거야."라고만 말하고 다른 이야기로 대화의 주제를 바꾸도록 한다.

상담자는 같은 맥락에서 자녀의 지저분한 방이나 짜증나는 습관에 대해 불평하며 인내심의 한계를 토로하는 부모에게 다음과 같은 제안을 할 수 있다. 즉, 자녀의 침대 속이나 점심 도시락, 혹은 자녀가 좋아하는 옷장 속에 하트 모양의 초콜릿이나 하트 모양의 그림, 혹은 애정을 표하는 다른 상징을 넣어 두게 한다. 거기에는 다음과 같은 글을 적어 놓는다. "나는 네가 방을 어지럽혀 놓은 것을 볼 때마다 화가 나고 그것이 싫지만, 나는 너를 사랑한다, 짐[제인]. 사랑을 담아서 엄마[아빠]가."

마법의 5분

부모는 날마다 자녀와 함께 특별한 5분의 시간을 보낼 수 있다. 그날 하루가 어떻게 지나갔는지 상관없이, 전화나 문소리 혹은 텔레비전 같은 것의 방해를 받지 않고 이 시간을 가질 수 있도록 한다. 부모는 자녀와 함께 이 마법의 5분을 어떻게 사용할지 상의하여 결정하도록 한다. 아동은 서로 하고 싶은 이야기하기, 농담하기, 그림 그리기, 카드 게임하기 등과 같은 아이디어를 제시하기도 한다.

체 력

아버지에게 아들과 매일 방석 싸움이나 팔씨름, 공 던지기 등과 같은 신체적 활동을 틈틈이 하도록 권한다. 신체적인 활동을 좋아한다면 딸이라도 상관없다. 이기는 것은 중요하지 않다. 그 대결을 진행하고 조절할 수 있는 능력이 중요하다. 시계로 미리 시간 설정을 하여 언제 끝날지 시간을 알고 지키도록 한다.

책 임

부모로 하여금 자녀에게 '커다란' 책임을 부여하게 한다. 우리는 "아이에게 아주 조그만 것을 요구해도 듣지를 않아요."라고 불평하는 부모를 자주 접한다. 여기에 우리가 생각해야 할 중요점이 있다. 아동은 중요한 일들을 하고 싶어 한다는 것이다. 즉, 저녁 요리를 하고, 쇼핑을 하며, 벽에 페인트를 칠하고, 아픈 부모를 돌볼 수 있기를 원한다. 아동은 이따금씩 중요한 일들을 수행함으로써 자신이 중요한 존재라고 느끼고, 가족에게 힘이 되는 인물임을 느끼고 싶어 하기 때문이다.

깜짝 주머니

아동과 부모에게 다섯 장의 종이에 한 가지씩 자신이 기대하는 것을 쓰게 한다. 그리고 각각이 바라는 것을 써 넣은 이 두 종류의 기대들을 깜짝 주머니에 넣었다가 그것들을 서로 교환하도록 한다(이때 주머니는 점심 도시락을 싸는 간단한 봉지로 충분하다.). 그리고 매주마다 깜짝 주머니에서 기대를 하나씩 꺼내 각각 한 주 동안 상대방이 바라는 것을 실천하게 한다. 이때 각자가 자신이 기대하는 것을 써야하며, 상대방에게 명령하는 것을 쓰지 않도록 한다.

효과적인 것 지속하기

우리는 효과가 있는 것은 좀 더 지속하여 실천하는 것이 좋다고 믿는다. 이러한 기술에 해당하는 것들은 많이 있다. 오랫동안 성공적으로 사용되어 온 몇 가지 기술들을 소개하고자 한다. 상담자는 무언가 새로운 것들을 만들어 내기보다는 그동안 부모가 자녀와의 관계에서 목표를 달성하는 데 효과적이라고 판단하였던 방법들을 찾아 그것들을 '좀 더 실천하도록' 인도한다. 우리가 만난 많은 부모가 자신들이 이미 수많은 기술들을 갖고 있다는 사실을 인식하지 못하였다. 그러므로 자녀를 대상으로 부모들이 바로 사용할 수 있는 간단한 기술 다섯 가지를 제시하고자 한다.

성공적인 상황 상상하고 재경험하기

아동으로 하여금 자신감이나 자신이 강하다고 느꼈던 순간, 성공적으로 어떤 일을 행했던 때나 그러한 상황들을 기억하도록 한다. 즉, 학교에서 노래를 잘하거나 자신 있게 이야기를 했던 때, 축구를 성공적으로 잘하였던 때 등을 떠올리게 하는 것이다. 아동에게 그때의 상황을 분명하고 또렷하게 떠올리도록 한다. 그때의 분위기나 색깔, 소리, 냄새, 몸으로 느낀 감각, 들려오는 소리의 어조 등 가능하면 제반 요소들을 구체적으로 느끼거나 상상하게 한다. 그리고 아동으로 하여금 이 특별한 상황에 어떤 이름을 부여하게 한다.

상담자는 아동에게 눈을 감게 한다. 그리고 손목을 잡아도 좋다는 허락을 받은 후 손을 잡고 다음과 같은 말로 방금 대화를 나눈 그 상황으로 안내한다. "자, 이제 네가 좀전에 말한 ○○ 상황으로 들어가도록 하자. 공을 따라 달려가면서 사방에서 들려오는 소리에 귀 기울여 보렴. 그 모든 소리와 함께 네 안에서 들려오는 소리, 즉 네가 자신에게 하는 소리에도 관심을 갖고 들어 보거라. 지금 네게 다가오는 모든 감각들, 모든 느낌들을 발견하고 그것에 주목하기 바란다."

상담자는 모든 과정을 마친 후 아동과 함께 이러한 긍정적이고도 성공적인 상황 속에서 느꼈던 것들에 대해 대화를 나눈다. 그리고 지금부터 다음 상담 회기까지 이러한 느낌이 필요할 때마다 아동 스스로 자신의 손목을 잡고 그것을 다시 경험하도록 제안한다.

엉덩이 조이기

우리는 특수교육 교사인 마거릿 쉴츠(Margaret Shilts)에게서 이 기술을 배웠다. 쉴츠는 당시 26년간 특수교육이 필요한 아동을 가르쳐 온 교육 전문가였다. 그녀는 아동들을 가르칠 때 아주 탁월한 많은 기술들을 개발하여 사용하고 있었다. 마거릿은 아동이 떠들고 말을 듣지 않기 시작하면, "자, 이제 다섯 번씩 엉덩이를 조였다 폈다를 반복한다, 실시!"라는 말로 아동의 시선을 집중하게 한다. 이 방법은 다른 사람의 눈에 띄지 않으면서도 아동으로 하여금 자신들의 행동을 조절하도록 도와준다.

엄지손가락 문지르기의 마술

이 또한 쉴츠가 발전시킨 것이다. 소란스럽고 심지어는 '과잉행동' 적인 아동들도 잠잠하게 하는 효과가 있다. 상담자는 아동에게 엄지와 검지를 함께 문지르게 한다. 그리고 그것에 집중하게 한다. 이것을 책상 밑에서 손을 주머니에 넣고 실시하게 한다. 아니면 팔을 양쪽 겨드랑이에 넣고 남 모르게 할 수도 있다. 우리는 이 방법이 아동을 진정시키는 데 탁월한 효과가 있다는 것을 발견하였다.

머리 위에 손 얹기

이 방법은 또 다른 특수교육 교사가 발전시킨 것으로, 떠들고 뛰는 교실 상황에서 아동으로 하여금 시선을 집중하게 하는 데 도움이 된다. 즉, 아동이 소란스러워지고 말을 듣지 않으면 교사는 소리를 지르는 대신 교실의 불을 껐다 켰다를 반복한다. 그리고 불이 꺼지면 아동이 두 손을 머리 위에 올려놓게 한다. 이러한 방식으로 교사는 소리를 지르지 않고도 아동의 시선을 집중시킬 수 있다.

안전한 장소

어떤 아동은 기적이 일어난 것을 가장하여 행동한 후에 차분하고 안전한 느낌을 받았다고 보고하기도 한다. 상담자는 아동으로 하여금 상상력을 이용하여 어떤 안전한 장소를 느끼고 경험할 수 있게 할 수 있다. 다음과 같은 방식으로 아동이 안전한 장소를 탐색하도록 안내한다. "눈을 감고 마음에 어떤 그림들이 떠오르는지 집중하여라. 네가 알고 있는 어떤 장소가 눈앞에 나타나는지 살펴보아라. 그 장소는 자연 속에 있는 것일 수도 있고 아니면 어떤 집 안 일 수도 있다. 어쩌면 전에 경험한 적이 없는 상상 속의 장소이지만 네게 어떤 의미로 다가오는 곳일 수도 있지. 어떤 장소이든지 네 마음에 떠오르는 것이 있는지 눈여겨보아라. 이러한 장소가 나타나면 그것에 대해 묘사하도록 해라.” 이때 상담자는 아동이 느끼는 안전한 장소에서 경험하는 전체적인 분위기와 색깔, 소리, 냄새 등에 대해 구체적으로 보고하게 한다. 아동이 지금 어디에 있는지, 어디에 서 있는지, 어디에 앉아 있는지, 혹은 어디에 누워 있는지 등에 대해 질문한다. 주변 환경이나 무엇을 만질 때 느껴지는 촉감은 어떤지 등에 주목하게 할 수도 있다. 될 수 있는 대로 구체적으로 상상 속의 장소를 그리도록 한다. 이처럼 안전한 장소를 구체적으로 묘사하는 것은 아동이 나중에 이 장소를 다시 상상할 때 바로 그때의 차분함과 안전한 느낌을 그대로 느끼게 하는 데 도움이 된다.

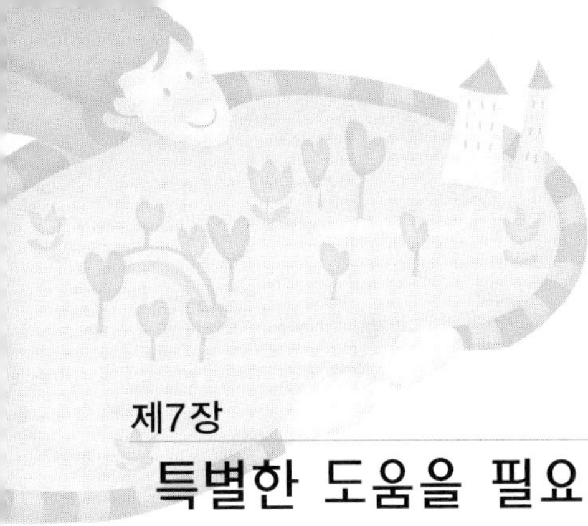

제7장

특별한 도움을 필요로 하는 아동의 치료

우리는 모든 아동이 특별하고 훌륭하다고 생각하지만 치료 장면에서는 보다 각별하고 특별한 접근을 필요로 하는 아동이 있다. 이들은 자신의 문제를 해결하기 위해서 이미 자신이 가진 것 이상의 자원들을 활용하는 법을 배워야 한다. 이 자원들은 추가적인 도움, 약물치료, 물리요법이나 언어치료, 휠체어나 보행기구와 같은 의료 장치들을 포함한다. 그러나 이들에게 무엇보다 더 중요한 자원은 가족과 그들에게 최선의 도움을 제공하기 위해서라면 무엇이든 하려고 하는 부모의 헌신과 사랑과 의지다. 학교와 건강관리센터에서 특수 프로그램, 교통수단, 편의시설을 제공하기 위한 국가의 재정적 지원뿐만 아니라 지역사회와 이웃의 자원과 지지도 중요하다. 최선의 모습이 되고자 하는 의지와 다른 아동과 같아지고자 하는 열망과 지능, 그리고 아동의 고유한 개성 또한 귀중한 자원이다.

우리는 항상 아동의 타고난 능력과 고유한 힘을 사용하려고 노력한다. 또한 아동과 그의 부모의 견해에 맞는 개별적인 접근들을 찾는 데 목표를 둔다.

풍부한 개성이 있음에도 불구하고 절대로 자신의 요구를 다 채울 수 없는 아동들이 있다. 그들이 생산적이고 만족스러운 삶을 살기 위해서는 평생 동안 특별한 도움을 필요로 할지 모른다. 따라서 우리는 일반적인 방법을 먼저 다루고, 특별한 도움을 필요로 함에도 불구하고 막대한 장애들을 극복하고 성장한 특수한 아동과 부모의 이야기를 따로 설명하려 한다.

이 장에서 우리는 부모와 양육자 그리고 워크숍과 훈련 프로그램의 참석자들이 가장 자주 물어보는 질문들을 뽑았다. 그리고 우리의 견해를 제공하고, 실제 사례들을 통해 상담과정에 도움이 될 만한 실용적인 조언들을 제시할 것이다. 우리도 치료자로서 항상 성공을 거둔 것만은 아니며(특별히 이런 어려운 사례들의 경우에), 우리는 이 사실을 인정하고자 한다. 우리는 이러한 성공하지 못한 사례들을 다룰 때 경험했던 고통스러운 순간들을 나눌 것이다. 제9장에서는 그러한 상황들에 대처할 때 도움이 될 만한 방법들을 제공하고 있다.

특수한 도움을 필요로 하는 아동과 그들의 부모를 대할 때마다 기억해야 할 가장 중요한 것은, 그들은 매일 거대한 도전들에 직면하기 위해 영웅적인 헌신과 결단을 하고 있다는 점이다. 이러한 가족구성원들이 지니고 있는 품위와 유머는 우리에게 교훈과 감동을 준다.

이 책의 다른 부분에서도 언급되었던 것처럼 이 장에서는 특수한 필요를 요하는 아동을 인격적으로 대하고 존중함으로써 그들을 위한 치료 지침을 제공한다. 다른 아동의 경우와 마찬가지로 그들을 분류하거나 그들의 문제에 초점을 맞추어서는 안 된다.

1. 아동을 한 사람의 인간으로 만나라. 즐기는 활동이 무엇인지, 가장 친한 친구는 누구인지, 무엇을 잘하는지 등을 물어보라.
2. 아동, 그들의 부모, 주변 환경에서 어떤 자원들이 있는가를 발견하라. 예를 들어, 아동이 할 수 있는 것은 무엇인지, 학교에서 잘하는 것은

무엇인지 등을 찾아라.

3. 아동이 특정한 문제를 가진 '합당한 이유'가 있다는 것을 고려하라. 예를 들어, 어떤 아동은 훔치는 행동을 통해 무언가를 성취하였을 것이다.
4. 이러한 문제되는 행동을 하는 것이 더 이상 필요하지 않도록 하기 위해 아동의 욕구를 충족시킬 수 있는 다른 방법을 찾아라.

이러한 원칙들은 거의 모든 상황에 적용된다. 하지만 보다 개별적 접근을 찾기 위해서는 치료자의 독창성이 필요하다.

특수한 필요를 요하는 아동에 대한 평가

특수한 필요를 요하는 아동을 대할 때 해결중심적 방법에 적용할 수 있는 몇 가지 일상적인 질문의 윤곽을 가지는 것은 좋은 방법이다. 전통적인 평가에서는 아동으로 하여금 자신에게 주어진 과제를 수행할 수 없는 지점에 도달할 때까지 아동의 능력을 발휘하도록 요구한다. 이러한 상황에서는 아동의 한계를 발견하는 것이 목적이기 때문에 아동의 최대한의 능력과 강점을 평가할 수 없다. 다음의 심상화의 방법을 통해 치료 상황에서 우리가 할 수 있는 것들을 비교하기 바란다.

다양한 식물이 있는 아름다운 정원을 거닐고 있다고 가정해 보자. 어떤 식물들은 아무데서나 흔히 볼 수 있는 식물이어서 그 이름들을 바로 알아맞힐 수가 있을 것이다. 하지만 열대지방에서 볼 수 있는 독특한 식물 같은 경우에는 그러한 식물을 발견하였다는 사실만으로도 놀라운 일이 될 것이다. 어떤 식물은 잡초처럼 어디서든 잘 자라지만 어떤 식물은 특별한 환경 안에서 각고의 노력 끝에 살아남는다(예: 기름진 토양의 응달이거나, 밝은 태양 아래, 혹은 모래에서만 살 수 있는 식물의 경우를 보라.).

객관적이고 편견이 없으며 사실에 대한 과학적 탐구로 보는 관점과 달리, 우리는 평가를 매우 상호적인 것으로 본다. 우리가 아동을 수용하고 격려하면서 아동의 잠재적인 가능성을 발견할 준비가 되어 있는 태도를 유지할 때, 우리는 아동의 협조를 수월하게 얻을 수 있을 뿐만 아니라 그들이 될 수 있는 대로 최대한의 수행 능력을 발휘하는 것을 자주 보아 왔다. 물론, 우리는 아동의 필요와 한계에도 관심이 있다. 그러므로 여기서 중요한 점은 아동이 보여 주는 기술과 능력을 새롭게 발견하여 그들의 한계점이 나타날 때 앞서 말한 그들의 기술과 능력을 자원으로 활용하여 상담을 진행할 수 있다는 것이다.

아동의 강점들은 기본적인 질문들을 제시할 때는 확실히 드러나지 않기 때문에 몇 번의 상담 회기를 통하여 발견할 수 있다. 보통 2~4회기 정도를 거치면 아동의 특수적 필요의 심각성에 따라 아동의 강점이 드러난다. 중요한 것은 아동을 여러 다른 상황에서 관찰하여야 한다는 것이다. 예를 들어, 아동의 주위를 떠나지 않거나 걱정이 심한 어머니와 분리된 상태에서 상담을 진행하는 것 등이다. 아동을 다른 상황, 다른 시간에 관찰하여 상호작용하는 한편, 한 회기의 상담만으로 일반적인 결론을 내리지 않는 것이 중요하다(예를 들어, 첫 면담을 오는 길에 양육자와 아동이 다투었을 수도 있다.).

다음은 일반적인 아동 평가에 필요한 관찰 영역들이다.

- 크고 작은 운동 기술
- 시각 기술: 시 지각, 재인, 시각 자료의 재생산
- 시각 운동 협응 능력: 눈/시각 및 손/운동의 협응
- 청각 능력: 소리의 인식, 소리의 재생산, 숫자와 글자를 기억하고 인식하는 능력
- 주의집중 시간
- 심리적 능력: 처음 온 공간, 처음 만난 사람 및 새로운 장난감에 적응하고 다루는 능력; 성공과 혼란 상황에 대한 반응; 노력을 지속해 나가

는 능력; 부모, 치료자, 형제들과의 상호 관계

• 인지적 지적 기술: 말, 내용, 지식에 대한 이해 정도
• 실행 계획: 어려운 사건들을 순서대로 실행하는 능력

사례: 중요한 성공들

6세인 잭(Jack)은 부모가 다루기에는 너무나 힘든 아동이었다. 잭은 나이에 비해서 아주 뛰어난 언어 능력을 가진 총명한 아동이었다. 그리고 집에서는 잭이 모든 것을 좌지우지하였다. 잭의 어머니는 아주 젊었고, 아버지는 이미 한 번 결혼을 했었고 성인이 된 두 명의 자녀가 있었다. 그런 부모의 외아들인 잭은 유치원에서는 아주 잘 지냈다. 그러나 잭은 그의 부모가 서로 이야기하지 못하도록 막았다. 잭은 부모의 대화를 항상 방해하였고, 부모의 지시나 명령에 한 번도 따른 적이 없었다. 잭의 아버지는 왜 잭이 부모의 말을 들어야 하는지에 대해 매우 장황한 말로 설명을 하였다. 또 스스로 신발을 신는다거나 재킷 단추를 혼자 채우는 등의 6세 아동이라면 충분히 잘 수행할 수 있는 일을 할 때마다 지나친 칭찬을 하였다.

첫 번째, 두 번째 회기 동안 잭은 손가락으로 귀를 꼭 막고 들으려고 하지 않았다. 잭의 부모가 나에게 아들의 훌륭한 점들을 말하여 줄 때도 잭은 같은 행동을 하였다. 나는 잭이 부모의 말에 귀 기울이는 순간들을 주목하여 관찰하기 시작하였다. 자신이 진정한 성공이라고 생각하는 것들에 관하여 부모가 칭찬을 할 때는 잭도 집중하여 듣고 있다는 것을 알게 되었다. 그들의 좋은 의도에도 불구하고 잭의 부모가 아들이 행하는 아주 작고 미미한 일에도 무차별적으로 칭찬을 남발하고 있다는 것을 깨달았다. 마치 잭이 진정하게 대우 받지 못한다고 느끼는 것처럼 보였다. 생각하는 휴식이 끝난 후에 부모에게 잭을 칭찬하고 싶은 사건들에 대하여 생각해 보고 잭에게 그러한 일들이 뛰어난 성취감을 맛보게 하는 순간들이었는지 생각하여 보라고 조언하였다.

세 번째 회기에 들어설 무렵 잭은 귀를 막고 있던 손을 떼었고, 잭의 부모는 그들의 칭찬 방식이 잭에게 아무 도움이 안 된다는 점을 깨달았으며, 실은

그러한 칭찬 방식이 부모와 잭이 이루고자 하는 목적 상태를 방해만 할 뿐이라는 점을 알게 되었다.

아동의 장애보다는 능력에 주목하라

이 주제는 이 책 전반에 걸쳐 강조되고 있다. 그러므로 우리는 다음의 사례를 통하여 아동의 장애가 아닌 능력에 주의를 기울일 때 어떤 차이를 보이는지 설명하고자 한다.

사례: 시청과 경쟁해서 이기기

매튜(Mathew)는 최근에 폭발적인 분노를 터뜨리며 교사에게 신체적인 공격을 가한 후 상담에 의뢰되었다. 14세의 매튜는 소아과 의사에게 여러 해 동안 진찰을 받았는데, 의사는 PWS(프라더윌리증후군)로 진단을 내린 상태였다. 이 진단은 다음과 같은 주요 기준 및 부수적 기준에 의하여 내려졌다. 주요 준거 기준으로는 저혈압, 한 살 이후에 나타난 과체중, 음식강박, 특이한 얼굴 모습, 약간의 지적장애 등이었다. 부수적 준거 기준으로는 행동문제, 폭력적 격분, 강박행동, 논쟁적인 경향, 고집, 인내심 결여, 도벽과 거짓말, 수면장애, 발음상의 결함, 피부를 뜯는 습관 등이었다. 어머니는 매튜가 비만을 제외하고 이 모든 증상을 갖고 있다고 하였다. 나(슈타이너)는 매튜가 정상 체중이라는 것이 놀라웠고 정상 체중을 유지할 수 있다는 사실을 좋은 징조라고 여겼으며 환경적 자원이 존재하리라고 생각하게 되었다. 나는 매튜가 식욕 항진증과 음식에 대해 집착하는 증세가 있음에도 정상 체중을 유지한다는 사실이 실로 놀라웠다.

매튜는 유럽 지역의 14~18세 연령대의 PWS 증세를 지닌 청소년 중 정상 체중을 유지하는 승리자였다. 나는 집에서는 매튜의 어머니가 모든 음식물을 보관함에 넣어 놓고 잠근다는 것과, 학교에서는 교사가 매튜가 음식물에 접근하는 것을 제한한다는 사실을 알게 되었다. 매튜는 이와 같은 음식물에 대한 제한을 받아들이도록 잘 훈련되어 있었고, 형제자매들과 학교 친구들까지도 그의 음식 제한에 협조를 하고 있었다. 나는 이러한 환경을 지속시키기 위하여 지금껏 매튜와 그의 가족구성원들이 얼마나 힘든 노력을 하였을지를 생각하고 감동하였다. 왜냐하면 PWS는 아무리 먹어도 포만감을 느끼지 못하고 항상 배고파하는 증상이기 때문이다.

첫 회기에서 나는 매튜가 승마를 즐겨하고, 지능장애가 있는 학생들을 위한 특수학교에 다니며 자기 반에서 수학을 가장 잘한다는 사실을 알게 되었다. 또한 매튜는 커서 농부가 되고 싶어 하였다. 우리의 기적 질문(제3장 참조)에 대한 매튜의 답변은 다음과 같았다. "다른 사람들이 저의 신경을 건드리지 않고, 저도 분노 폭발하는 횟수가 줄어들게 되고, 제 몸무게를 유지하는 것이에요." 매튜와 좀 더 이야기를 나눈 후, 나는 매튜가 8세 아동 정도의 지능으로 기능한다고 평가하였다. 이것은 매튜가 원하는 것을 알아내기 위해서 말로 하는 설명 이외에도 손 인형과 다른 자료들의 도움이 필요하다는 것을 의미한다. 나는 매튜에게 다른 동물들이 괴롭혀도 태연할 수 있는 대표적인 동물은 어떤 것이 있을지 물어보았는데 그는 '말' 이라고 대답하였고, 우리는 매튜가 말의 가죽처럼 두껍고 강한 보호막이 필요하다는 데 동의하였다. 나는 매튜에게 담요를 건네주었고 우리는 담요를 '말가죽' 이라고 명명하였다. 그는 '말가죽' 으로 자신을 감싸며 노는 것을 좋아했고 그 회기가 끝날 때까지 담요를 내려놓지 않았다.

나는 매튜의 어머니가 강한 사람으로 지금까지 매튜를 잘 돌보아 왔다는 사실을 알 수 있었다. 그러나 그녀는 자신이 한계에 다다랐다고 느끼고 있었고 이런 삶을 더 이상 유지하는 것이 힘들다고 생각하고 있었다. 이런 상황은 그녀가 감당할 수 없을 만큼의 삶의 무게를 지워 주고 있었다. 기적 질문에 대한 매튜 어머니의 응답은 그녀의 걱정에 대해 이야기를 나눌 수 있는 누군가가 있는 것과 매튜를 다른 방법으로 다루는 법을 알게 되는 것이었다. 그녀는 자신이 매튜를 상대하는 것이 힘들 때 아들이 다른 누군가에게 도움을 받을 수 있게 되어 자신이 안도하게 되기를 원하였다. 그래서 모든 짐을 자신이 홀로 지는 것이 아니라 상담자와 함께 나누어지게 되는 것을 원했다.

나는 지난 한 해 동안 매튜 모자를 2주에 한 번씩 상담하였다(현재까지도 그 모자를 상담하고 있다.). 초반 6개월 동안에는 면담 회기 사이의 2주 동안 매튜가 성취한 것들을 모형으로 표현한 '성공 탑' 쌓기에 집중하였다. 매튜는 그때 마다 성공 탑 앞에서 사진 찍는 것을 무척 즐거워하였다. 매튜 어머니와 매튜는 사소한 견해 차이를 보이는 부분이 있었는데, 매튜는 자신이 끝낸 모든 임무에 대해 '성공' 했다고 말하는 반면, 어머니는 그것을 '첫 발자국을 내딛었다.' 로 설명하는 것이었다. 둘 다 과정에서 진보를 보인다는 것에서는 의견을 달리 하지 않았다.

근래 들어 우리의 초점은 (1) 매튜가 성공했다고 느끼도록 만드는 모든 상황에 대하여 될 수 있는 대로 많이 알아가고, (2) 매튜가 임무 수행의 성공 가능성을 좀 더 상승시킬 수 있는 것에는 무엇이 있는지, (3) 다른 이들이 매튜의 삶에 도움을 줄 수 있는 것들은 무엇이 있는지에 대하여 알아 가는 것이다.

학교에서 있었던 일에 관하여, 예를 들면 교사는 매튜에게 '말가죽' 이라는 단어가 어떤 의미인지 알고 나서는 그것이 매튜에게 "조용히 해."라거나 "자제하라."라는 말보다 훨씬 효과적으로 전달된다는 사실을 알게 된 것이다. 교사로부터 "조용히 해."라는 말을 듣는 것을 혼난다고 받아들인 매튜에게는 결과적으로 그 말이 그의 화를 돋우게 하는 역할을 하였던 것이다. 그는 작년 한 해 동안 한 번도 분노를 폭발하거나 타인을 향하여 공격적인 행동을 보인 적이 없었고 현재는 이러한 수준의 자제심을 유지하는 방안에 상담 목적을 두고 있다.

매튜의 피부 뜯는 버릇은 한때 피부에 염증이 생길 정도로 심각해졌다. 매튜는 염증이 난 부분을 '공사 구역' 이라고 명명하여 자신이 살고 있는 취리히 시의 보수 공사와 누가 먼저 '구역을 깨끗이 고치는지' 경쟁하기로 하는 아이디어를 생각해 냈다. 매튜는 인부들이 시 도로에 패인 웅덩이들을 먼저 메울 것인지, 아니면 자신의 몸에 '공사 구역' 이 먼저 사라질 것인지 알고 싶어 하였다. 피부의 염증이 줄어드는 것에 발전을 보이면서 그의 목적은 인부들이 도로 공사를 마치기 전에 자신의 온 몸이 '고운 피부'가 되는 것으로 변경되었다. 마침내 매튜는 시청을 이길 수 있었다! 마침내 매튜는 자신의 온몸에 깨끗한 피부를 가질 수 있었고 따뜻한 날씨에는 자신의 피부를 자랑스럽게 내보이고 싶어 하였다. 얼마 후에 다시 피부를 뜯는 버릇이 생기기는 했지만 이 문제를 극복하는 데 성공했었다는 사실이 모든 것을 확연히 다르게 만들었다.

어려운 상황을 위한 해결책

우리는 자녀에 관한 나쁜 소식을 어떻게 전달하는지에 관한 질문들을 부모로부터 종종 받는다. 많은 이들이 우리의 접근법에 관하여 오해를 하고 있는 것을 알게 되었다. 그들은 우리가 문제를 강조하지 않는 이유가 문제 자체를 완전히 회피한다거나 혹은 부모를 낙담시킬 것을 두려워하여 나쁜 소식을 전달하는 것을 피한다고 생각하고 있었다. 아동을 상담할 때 당면하는 어려운 문제들에 관하여 이야기하면서 해결책을 강조함으로써 비롯된 오해들이 좀 더 명확하게 바로 설명되어지기를 기대한다. 우리는 문제가 없다고 여기거나, 문제가 존재하지 않는 것처럼 가장하지 않는다. 우리는 부모에게 그들의 자녀에 관련된 이야기를 할 때 솔직한 어조로 말한다. 그것은 '환영받지 못하거나' '나쁜' 소식을 전할 때도 마찬가지다.

우리는 다음의 사례를 통하여 어려움이 있는 아동을 어떻게 평가하는지에 대해 보여 주고자 한다. 이를 통해 유쾌하지 않은 소식을 부모에게 알려주는 임무를 맡았을 때 어떻게 전달하는지와 그 부모가 어떤 대책과 행동을 취할 수 있는지 조언하는 방법을 알 수 있을 것이다.

사례: 우리 아이가 '지진아'인가요?

에너지가 넘치는 만 5세의 밀레나(Milena)는 부모에 의해 상담소를 찾아왔다. 그들은 밀레나가 보이는 심각한 문제에 관하여 여러 궁금한 사항들을 질문하였다. "밀레나가 지진아인가요?" "아이가 과잉행동주의력결핍장애인가요?" 만약 그렇다면 "어떤 유치원에 보내야 할까요?" "무엇이 잘못되었나요?" "밀레나의 상태에 어떤 희망이 있나요?" 그들은 이러한 사실을 알고 싶어 하였다.

보통 때와 마찬가지로 상담 첫 회기는 밀레나와 부모가 함께하였다. 상담실 안으로 들어서기도 전에 나(슈타이너)는 밀레나가 활동적이라는 사실을 알 수 있었다. 밀레나는 대기실 안의 동화책들을 훑어 본 후에 나에게 "안녕하세요?"라고 짧은 인사를 마친 후 물어보지도 않고 상담실 안으로 혼자 들어왔다. 눈에 보이는 물건들을 하나씩 만져 보며 이리저리 움직였는데, 나에게는 밀레나의 그런 행동이 자신을 안심시키기 위한 행동으로 보였다.

나는 밀레나에게 앉으라고 말하였고 상담 중에 어떤 일이 일어날 것인지에 대하여 설명해 주었다. 밀레나는 내 이야기를 듣고 있었지만 이러한 이야기들이 밀레나에게 별 의미 없이 받아들여지고 있다고 느껴졌으며, 그녀가 이해하고 있다는 어떤 사인도 볼 수 없었다. 나는 밀레나에게 몇 가지 질문을 하였는데, 그 나이에 맞는 간단한 질문을 이해하고 응답하는 것에 어려움을 느끼는 것을 알 수 있었다. 나는 밀레나가 말보다는 활동을 통하여 더 잘 반응할 것이라는 사실을 깨달았다. 밀레나와 교류를 하기 위해 따로 놀이 활동을 하는 것에 대해 부모의 동의를 구하고 상담실의 다른 한 쪽에서 우리를 관찰하도록 하였다.

밀레나는 나무 블록에 관심을 보였다. 우리는 바닥에 앉았고 밀레나는 바구니에 있던 모든 블록을 꺼내기 시작했다. 그녀는 대단히 빠른 속도로 이 작업을 마쳤는데 블록들을 모두 꺼낸 후에는 선반 위에 있던 나무 조각 동물 인형들에게 관심을 보였다. 나는 몇 가지를 지시해 보고 그것에 밀레나가 어떻게 반응하는지 살펴보기로 하였다. 나는 밀레나에게 블록을 차례로 건네줄 것을 요청한 후에 탑을 쌓기 시작하였다. 밀레나는 간단한 활동을 할 수 있고 짧은 시간 동안이지만 상호작용을 할 수 있다는 사실을 알 수 있었다. 나는 밀레나에게 계속하여 탑 쌓기를 하도록 지시하면서 소근육 운동 기술과 눈과 손의 협응력을 주의 깊게 관찰하였다. 나는 탑 쌓기를 하는 밀레나에게 다음에 어떤 색깔의 블록이 필요한지 물어보았고 빨간색이라고 대답하여 빨간색 블록을 건네주자 그녀는 별 어려움 없이 전해 받았다. 나는 밀레나가 색깔에 대한 이해가 있다는 사실을 알 수 있었다. 그러고 나서 나는 필요한 다른 색깔을 말해 보라고 하였는데 한 번은 내가 의도적으로 틀린 색을 전해 주었는데 그녀는 깨닫지 못하였다. 그러나 이것은 꼭 밀레나가 색깔을 구분하지 못한다는 것을 의미하는 것은 아니어서 좀 더 정확한 평가를 위해 다른 상황에서 다시 확인해 볼 필요가 있었다.

5분 정도 후에 나는 밀레나와 충분한 상호작용이 이루어졌다고 생각하였다. 나는 밀레나가 자신만의 세상에서 사는 아동이라는 인상을 받았다. 내가 낯선 사람이라면 보통 만난지 얼마 안 된 단계에서는 나와 상호작용하는 것을 좀 더 어려워했어야 했다. 밀레나는 주위의 모든 물건들을 만져 보고 꺼내 보기를 원하였다. 내가 다시 부모와 상담하기 시작했을 때 밀레나는 방 안의 어른들에 대해 별 관심을 보이지 않고 이 물건 저 물건을 만지며 시간을 보냈는데 정작 그 물건들을 가지고 놀지는 않았다.

나는 밀레나가 둘째 딸이라는 사실과 밀레나의 어머니가 그녀를 임신한 기간과 출산이 정상적으로 이루어졌다는 사실을 알게 되었다. 그러나 출생 후 소아과 전문의가 밀레나의 심장에 문제가 있다고 하여 두 살 때 가슴 개복 수술을 한 적이 있다는 사실을 알게 되었다. 부모들은 이 수술 전에도 밀레나가 언니처럼 정상적인 발달을 보이지 않는다는 사실을 발견하였고 무엇인가 잘못되었다는 사실을 깨달았다고 하였다. 부모는 밀레나에게 무엇이 잘못되었는지 알고 싶어 했고 딸에게 적합한 학교를 찾고 싶어 했다.

잠깐의 휴식시간을 가진 후에 나는 부모에게 그들이 좋은 관찰 능력을 갖고 있고 평가를 받기 위해 찾아온 시기가 적절하였다는 것을 칭찬하였다. 나는 밀레나의 강점과 필요를 평가하기 위하여 추가적으로 2~3회의 상담을 할 것에 대하여 허락을 구하였고 그 회기들을 통하여 나는 밀레나와 따로 만날 수 있었다.

처음 두 회기 동안에는 각각 한 시간씩 다음의 평가들이 이루어졌다.

1. 나는 밀레나에게 세 권의 책을 보여 주고 하나를 고르게 하였다. 그녀는 선택하는 능력을 갖고 있었다. 우리는 침대 위로 올라갔고 나는 그녀가 고른 책을 건네주었다. 그녀는 책을 보지 않았다. 나는 그녀가 추가적인 지시와 안내를 필요로 한다는 것을 깨달았다. 나는 책을 읽기 시작했고 그 일을 통해서 그녀가 언어를 이해하는 수준을 알게 되었다. 책에는 1부터 10까지 셀 수 있는 기회가 있어서 나는 그녀가 셀 수는 있지만 양에 대한 개념은 아직 발달하지 않았다는 것을 알 수 있었다.
2. 나는 그녀가 여러 가지 배경에서 색을 구별할 수 있는지도 확인하고 싶었다. 그녀는 색상에 관해서는 제법 잘 해냈다.
3. 그리기 게임을 하였는데, 나는 그녀가 연필을 잡는 법과 그녀가 그리는 모양이나 형태를 관찰하였다. 그 다음에 나는 종이로 목걸이를 오려서 그녀의 목에 걸어 주고 가위로 그것을 잘라 보라고 하였는데 그녀는 그것을 매우 어려워하였다.
4. 우리는 퍼즐 맞추기를 하였다. 그녀의 작업을 관찰하는 동안 나는 그녀의 형태에 관한 지각과 인지능력에 대한 정보를 갖게 되었다.
5. 공놀이를 하면서 그녀에게 나를 따라하도록 지시하였다. 나는 그녀가 돌고 특정 움직임을 따라하고 놀이를 더 발전시키는 아이디어를 낼 수 있는지 확인하고 싶었다. 예를 들어, 우리가 '쇼핑하기' 놀이를 했을 때 그녀는 그 활동 자체는 이해했지만 어떻게 해야 하는지 스스로 생각해 내지는 못했다.
6. 나는 그녀가 결핍된 영역들을 보완할 수 있을 만큼 시각과 청각 능력이 발달했는지 살펴보았다.
7. 나는 그녀가 피부 접촉을 좋아하는지, 그리고 만약 좋아한다면 어떤 종류의 촉각을 가장 좋아하는지, 그녀가 커 갈수록 주의집중 시간이 길어

지는지, 어떤 종류의 활동들이 그녀에게 가장 유용하고 도움이 되는지 알아보아야 했다.

밀레나와 첫 회기를 마친 후 나는 관찰한 내용을 기록하였고 그녀의 능력과 필요를 보다 큰 그림에서 전체적으로 이해하기 위해 필요한 정보들을 추가하였다. 나의 전반적인 평가는 다음과 같았다.

밀레나는 활동적인 것을 좋아하고 시각적인 지각력이 강한 반면 청각 능력은 더 강화될 필요가 있다. 부모와 교사는 밀레나와 접촉하거나 그녀가 무엇을 하도록 할 때 말로 하기보다는 그녀가 무엇을 해야 하는지 더 많이 보여 주는 것이 필요하다. 또한 그녀는 주의가 흐트러지기 쉽기 때문에 너무 많은 자극으로부터 보호되어야 하며 팔이나 어깨를 만지는 것이 유용하다. 주의 집중 시간을 향상시키기 위해서 그녀가 흥미 있어 하는 활동, 예를 들면 가까운 곳에서 지도와 안내를 해 주는 신체적인 활동을 할 필요가 있다. 밝은 성격은 그녀의 힘이고 유용한 자원이라는 것을 부모와 교사는 자주 기억할 필요가 있다.

밀레나와 다른 5세 또래를 비교해 보면 그녀가 2년 정도 발달이 늦다는 것은 명백하였다.

4회기에는 부모를 상담하였다. 그들이 도착하기 전에 나는 '나쁜' 소식을 어떻게 전할 것인지 준비하고 첫 회기에 그들이 했던 질문들에 대답할 것을 연습하였다. 나는 파란색 물을 반쯤 채운 유리잔을 준비하였다. 쉬운 언어로 나는 밀레나의 부모에게 그녀가 지진아라는 것과 우리가 함께한 활동들과 그녀가 할 수 있었거나 그렇지 못했던 것을 포함한 내가 관찰한 구체적인 내용들을 모두 설명하였다. 그러고 나서 나는 파란색 물 반잔을 보여 주면서 파란 공간과 빈 공간을 가리켰다. 발달이 늦는 상태는 빈 공간을 의미한다. 파란 공간은 밀레나가 이미 가진 것, 즉 밝은 성격, 시각적 능력, 높은 에너지 수준, 피부 접촉을 좋아하는 것과 같은 자원들을 의미한다. 나는 부모에게 파란 부분에 관하여 설명할 수 있도록 허락을 구한 후에 밀레나가 이 파란 부분의 도움으로 이미 가진 능력을 더 향상시킬 수 있다고 설명하였다. 파란 부분에 집중함으로써 부모와 치료자가 그녀가 더 나은 삶을 살도록 도울 수 있었다.

논의. 나(김인수)는 특별히 자녀에 관한 '나쁜' 소식을 이런 균형 있는 방식으로 부모에게 설명하기를 좋아한다. 부모는 현실을 알 필요가 있고 또한 알기를 원하겠지만 우리는 단순히 한계를 설명하는 것 이상으로 무엇이 가능한지에 관한 보다 희망적인 정보를 제공할 수 있다. 뿐만 아니라 짧은 시간 내에 또 어떤 새로운 정보가 나타날 것인지 우리는 정말로 알지 못한다. 자녀에 관한 새로운 정보를 받아들이는 부모의 능력은 그들의 준비도에 따라 다르고 이러한 개인차에 대한 치료자의 민감성은 매우 중요한 것이다.

개입으로서의 평가

일반적으로 문제에 대한 평가를 치료의 전조로 생각하는데, 그 이유는 평가(또는 진단)를 받지 않으면 치료를 시작할 수 없기 때문이다. 우리의 생각은 조금 다르다. 부모가 치료자와 아동에 대해 상담을 하는 이유를 알기 위한 맥락 안에서 우리가 하는 질문은 내담자의 지각에 영향을 미치지 않을 수가 없는 것이다. 우리가 하는 모든 질문, 심지어 부모에게 "나이가 어떻게 되세요?"라고 묻는 것조차 부모 또는 아동이 상담을 하는 맥락에서는 의미가 있다. 이 상냥한 질문 하나가 내담자에게는 상당히 다양한 의미를 가질 수 있다. 예를 들어, 내담자는 어머니의 나이가 아동의 문제와 관련이 있다는 의미로 들을 수 있는 것이다. 따라서 문제가 무엇인지, 부모가 그동안 어떤 말들을 들었는지, 치료에 대한 그들의 기대 등과 같이 보다 넓은 맥락에서 이해를 갖는 것이 필요한데, 다음의 질문들을 평가에 활용할 수 있을 것이다.

• 당신과 자녀에게 이것이(예를 들어, ADHD, PTSD, 성격장애, 정신적 외

상, 우울, 애착장애) 어떻게 문제가 되고 있는지 설명해 주시겠어요?

- 자녀가 왜 이런 문제를 갖게 되었다고 이해하고 계신가요?
- 당신 자신에게, 자녀에게 또는 다른 사람들에게 이 문제에 대해 어떻게 설명하시나요?
- 이런 문제에 대해 어떤 이야기들(읽거나, 배운 것 등)을 들으셨나요?
- 자녀가 저에게 무슨 일이 일어났는지 혹은 무엇이 문제를 일으켰는지 설명할 수 있다는 것이 자녀에게 어떤 식으로 도움이 될 것이라 생각하십니까?
- 부모님이 자녀를 잘 알고 계시는 만큼 무엇을 통해서 자녀가 좋아지고 있다는 것을 알 수 있을까요?
- 조금이라도 좋은 변화가 생긴다면 당신과 자녀에게 무엇이 달라질 것 같나요? 당신의 자녀와 다른 아동들 사이에서는요? 교사하고는요? 다른 성인하고는요?

자녀 문제를 치료하는 데 부모를 중심에 두는 것은 우리가 부모의 바람뿐만 아니라 그들이 아동에 대한 전문가라는 사실을 존중하기 때문이다. 부모와 자녀의 관계는 우리가 나타나기 훨씬 전부터 있어 왔고, 우리의 영향력이 끝나고 나서도 훨씬 오랫동안 지속되는 것이기 때문에 그에 비하면 우리가 아동과 보내는 시간은 단기적인 것이다. 또한 부모의 관찰 기술, 그들의 노력과 의지를 칭찬하는 것이 유익하다. 대화가 끝난 후에 부모가 자녀를 위해서 바라는 것을 요약하고 치료자가 그들의 바람과 요구를 들었다는 것을 확인하는 것 역시 유익하다.

자주하는 질문

우리가 받아 온 질문들 중 특별한 필요를 요하는 아동의 사례들에 관해

답하기 위해서 수정된 질문과 답변의 형식을 따르고자 한다.

아동에게도 약물치료를 권장하는가

SFBT가 내담자의 내적 자원과 주변 자원을 이끌어 내는 유용한 대화에 기초한 것이기는 하지만 특정 상황에서는 약물이 유용하다. 우리의 우선적인 목표는 '효과' 있는 것을 찾는 것이다. 우리는 대체로 약물에 대하여 일차적인 해결책이 '아니다' 라는 생각을 선호하지만 약물치료가 필요하고 아동과 부모의 삶의 질을 향상시킬 수 있는 경우가 있다. 해결중심 접근에서는 먼저 아동의 기능을 큰 그림에서 보고 약물이 전체 그림에 어떻게 적합할 수 있는지 고려한다. 다시 말하면, 우리는 약물을 해결로 보기보다는 전체적인 해결책에 적합한 것으로 본다. 이것은 철저히 자주 관찰하고 약물의 복용량과 사용을 조절한다는 뜻이다. 이것은 또한 아동과 부모, 교사, 그 밖의 다른 사람이 어떤 유용한 행동을 하는지 관찰하도록 요구한다.

자주는 아니지만 우리는 교사, 부모 및 아동이 약물을 마치 마술적인 속성을 가진 것처럼 여겨서 아동이 단지 약물만 복용하고 효과나 전반적인 향상을 위해서는 아무것도 하지 않아도 되는 것처럼 생각하는 것을 우려한다. 하지만 우리는 부모나 양육자가 약물이 아동의 성격을 바꾸는 것으로 생각하여 약물치료에 대한 반감을 갖는 것을 더욱 빈번히 보았다. 예를 들어, 어떤 어머니는 학교가 그녀의 아들 제이슨이 학습에 도움이 되도록 리탈린(주의력결핍장애에 쓰는 약물의 명칭)을 복용하도록 요구한 것에 단호히 반대하였다. 그녀는 어떤 말도 듣지 않았는데, 그녀는 제이슨이 한번 '약물을 복용하게 되면 더 이상 제이슨이 아닐 것' 이라고 확신하였다. 많은 부모와 아동들이 약물을 복용하게 되면 더 이상 다른 아동과 같지 않을 것이라는 두려움을 갖고 있는데, 여기서 '다르다' 는 것은 그들이 '이상' 하게 되거나 '정신적인 문제' 를 갖게 되지 않을까 하는 것이다. 결과적으로 그들은 약물치료를 시작하기를 주저한다. 우리는 이러한 염려를 공감하고 부모는 자녀를 위해 최선의 것을 원한다는 것을 알고 있다. 약물치료가 자녀에게 어떤 영향을 미친다고 이해하고 있는지, 특별히 이전에 약물치료와 관련해 어떤 경험을 하였는지 정중하게 묻는 것으로 약물에 대한 부모의 두려움을 이야기하기 시작하는 것은 좋은 방법이다. 부모 또는 아동이 약물과 어떤 '관계' 에 있는지 파악하는 것이 중요한데, 이 태도가 약물의 사용에 대한 관계에도 영향을 미칠 것이기 때문이다.

우리는 내담자에게 약물이 그들 '에게' 미치는 영향을 수동적으로 받는 것이 아니라 약물이 그들을 '위해서' 무엇을 해 줄 것인가 하는 태도를 취하도록 한다. 부모에게 처음으로 약물에 관한 이야기를 시작할 때 우리는 대개 다음과 같은 자원-발견하기 질문을 사용한다.

- 누군가(소아과 의사, 간호사, 교사, 이웃, 가족)가 약물이 ○○을 위해(내담자의 목표를 성취하는 데) 유용할 수 있다고 제안한 적이 있나요?
- 이것(앞서 언급한 약물)과 같은 약물이 당신의 자녀에게 어떤 식으로 도움이 될 수 있다고 이해하고 계시나요?
- 혹시 자녀가 예전에 어떤 약물을 통해서 도움을 받은 적이 있나요? 도움을 받지 못한 경우는요?

부모나 교사가 약물치료를 요청할 때는 다음과 같은 탐색이 유용할 것이다.

- 자녀에게 약물이 어떤 식으로 도움이 될 거라고 생각하나요?
- 약물이 자녀에게 효과가 있다면 무엇을 보고 효과가 있다는 것을 알 수 있을까요?
- 자녀가 당신이 바라는 모습에 조금은 가깝다고 느끼는 순간들을 말씀해 주세요.
- 약물의 효과가 있게 하기 위해 어떤 도움을 주실 건가요?
- 자녀에게 어떤 변화가 나타나는 것을 보면 약물치료를 중단해도 될 것

같나요?

아동과 약물치료에 관해 이야기하기

상담자는 아동과 약물치료의 필요성에 관해 논의할 수 있는데, 이것은 아동에게 이해가 되어야 한다. 어린 아동과 약물치료에 관해 논의할 때 내(슈타이너)가 좋아하는 실용적인 방법 중 하나는 모든 아동들이 알고 있는 자동차에 대한 은유를 사용하는 것이다.

'차가 너를 이곳에서 저곳으로 데려다 주려면 순조롭게 움직일 수 있어야 하는데 그러기 위해서 차에 필요한 것이 무엇일까?' 하면서 주제를 꺼낸다. 우리는 차가 움직이기 위해 필요한 타이어, 엔진, 핸들, 앞면 유리, 연료, 오일 등 당연한 것들을 먼저 이야기한다. 나는 아동이 하는 말을 따라가면서 좀 더 작은 것들—방향지시등, 엔진오일 교환, 와이퍼 등—을 생각해 보라고 격려하고 나서 이런 것들이 제대로 작동하지 않거나 없으면 차가 어떻게 될 것인지에 관해 이야기를 나눈다. 일반적으로 아동은 차가 얼마간은 갈 수 있겠지만 결국에는 문제가 생겨서, 아마도 전원이 나가거나, 원래와 같이 빠른 속도로 가지 못하거나, 아예 주저앉아 버릴 것이라는 것을 깨닫는다. 이때 나는 약물과 아동이 최고로 잘 기능할 때를 연관시킨다. 예를 들어, 리탈린은 차가 부드럽게 움직이게 하는 엔진오일과 같은 것으로 그것이 전속력으로 달릴 수 있게 한다. 하지만 물론 어떠한 차라도 가장 중요한 것은 어디로 갈 것인지, 목적지까지 가는 길을 아는 신중한 운전자라는 말을 덧붙인다.

아동의 삶에서 리탈린은 아동으로 하여금 다른 아동과 덜 싸우게 하고, 수업에 더 잘 집중하고, 사물을 신중하게 다루게 하는 역할을 하는 것이다. 그럼에도 불구하고, 모든 것은 아동의 결정과 주변 환경과의 상호작용에 달려 있다. 아동이 운전석에 앉도록 요청되는 것이다. 아동으로 하여금 약물을 매우 독특하고 개인적인 방식으로 생각하는 것을 돕게 되면 그는 훨씬 더 협조적이고 자기를 돌보는 일에 참여하게 된다. 아동이 약물치료에 동의하면 우리의 역할은 그에게 통제권을 넘기는 것이다. 다음 단계는 아동이 하는 말을 경청하여 아동의 통제감을 가지려는 노력에 우리가 조금 더 많은 도움을 줄 수 있기 위해 필요한 정보를 얻는 것이다. 우리는 다음의 사례를 통해 이런 성과를 얻는 방법에 관해 논의하기 원한다.

사례: 리탈린과 부드러운 목소리

내(슈타이너)가 12세의 헨리(Henry)를 처음 만났을 때 그는 이미 1년째 리탈린을 복용하는 중이었다. 그의 어머니는 최근에야 학교와 집에서 상황이 더욱 나빠지고 있다는 걸 깨달았다. 집에서는 형제들과, 학교에서는 친구들과 더 많이 싸웠고, 특히 수학 시간에 문제를 일으켰다. 어머니는 이러한 문제들이 일어난 것이 헨리가 리탈린을 복용하지 않아서라는 것을 알게 되었다. 좌절감과 분노로 화가 난 어머니는 나에게 전화를 했고 될 수 있는 대로 빨리 헨리를 만나달라고 요청하였다. 내가 헨리를 가장 최근에 만난 것은 4개월 전이었다.

헨리는 아침과 점심에 리탈린 SR 한 알을 복용했었다. (그의 요청에 의해) 어머니 없이 나와 단둘이 만났을 때 처음에 그는 나를 다시 만나게 한 것에 대해 어머니에게 여전히 화가 나 있어서 말하고 싶어 하지 않았다. 그에게 무슨 일이냐고 물었을 때 나는 또한 그가 리탈린을 복용하지 않은 데는 '그럴만한' 이유가 있었을 거라는 말도 하였다. 그는 아침마다 자신이 다른 아동과 다르다는 것을 상기해야 하는 것에 정말 지쳤다고 말하였다. 게다가 어떤 여자 아이와 '사랑에 빠졌는데' 여자 친구가 자신이 '정상' 이어야만 관심을 가질 것이라고 확신하고 있었다. 뿐만 아니라 그는 리탈린이 더 이상 자기에게 도움이 되지 않는다고 느꼈는데, 특별히 자기에게 가장 도움이 될 것이라고 생각했던 수학 시간에 그렇다고 하였다. 그는 리탈린을 삼키는 척하고 나중에 뱉어 버렸다고 하였다.

그의 설명은 확실히 이해가 되었으며 정당한 것 같았다. 그래서 나는 헨리에게 당시 그에게 매우 중요했던 사람인 여자 친구에 관하여 몇 가지 질문을 하였다. 그녀는 그의 성격의 어떤 면을 좋아하는가? 그녀는 그가 왜 다른 남자 아이들과 다르다고 생각하는가? 그는 그녀의 어떤 면을 가장 좋아하는가?

다음으로 나는 헨리와 리탈린 SR에 관해 이야기했는데, 그것은 효과가 더디게 나타나는 약으로 그가 아침에 복용하는 것이다. 리탈린 SR은 리탈린 일반형보다 생리적 반응이 더디게 나타나는 대신에 약효가 오래가는 것이 특징이다. 그리고 학교에 관한 질문에서 수학 시간이 11시에서 9시로 바뀌었다는 것을 알게 되었다. 나는 헨리가 학교에 가기 직전에 약을 복용하면 리탈린의 약효가 아직 완전히 체내에 흡수되기 전이라는 걸 알게 되었다. 그래서 그의 불평들을 진지하게 수용하는 한편 그가 좋은 관찰을 한 것을 칭찬하고 아침에 일반 리탈린을 복용하고 점심에 리탈린 SR을 복용하는 것이 어떻겠냐고 하였다.

일주일 후 헨리에게 전화가 왔는데 결과에 매우 만족해 했다. 그는 관심이 있는 여자 아이가 아직은 그와 데이트하고 싶어 하지는 않지만 리탈린이 어느 정도 도움이 된다고 확신하였다. 그는 자신의 부드러운 목소리에 여자 아이들이 매력을 느낀다는 걸 알게 되었고 그 사실을 매우 자랑스러워하였다.

학대받는 아동을 어떻게 상담하는가

우리는 학대받는 아동을 상담하는 것과 관련된 질문을 받으면 항상 다음과 같은 염려들을 듣게 된다. (1) 우리는 반드시 학대받는 아동이 보호받고 더 이상의 학대로 고통 받지 않기를 원합니다. (2) 아동이 어떤 이유에서든지 학대받는 일에 관해서 이야기하기를 거부하면 제가 어떻게 도울 수 있나요? (3) 이들에게 더 이상의 고통을 주지 않으면서 이야기할 수 있는 방법이 있나요? (4) 아동이 학대받는 상황에 노출된다면 저에게 즉각적으로 보호할 책임이 있나요? (5) 아동을 학대하는 성인이나 부모를 어떻게 해야 하나요?

아동을 상담하는 초보 상담자와 심지어 경험 있는 전문가들은 자주 이러한 질문과 더불어 그 밖의 질문들을 하는데, 이것은 그들이 아동을 위해 더 나쁜 상황을 만들지 않기를 바라기 때문이다. 우리는 이러한 아동은 그렇게 쉽게 깨지거나 약하지 않으니 계란 위를 걸어야 한다고 느끼지 않아도 된다는 사실을 상기시키고 싶다. 매우 잔인하고 보기 드물게 가혹한 형태의 학대—보호소나 응급실로 보내야 하는 것과 같이 즉각적인 대처가 필요한 경우—가 아닌 경우에는 외관상으로 '학대받는' 아동은 다른 아동과 별다른 차이가 없다. 대부분의 경우, 그들을 존중하고 그들의 개성과 그들이 필요로 하고 원하는 것에 대한 바람과 생각들을 고려해 주는 것이 더 효과적이다. 그들을 한 집단으로 분류하지 말라. 이 점에서는 다른 아동과 같은 접근을 사용하는데, 즉 항상 그들이 원하는 것에 대해 듣고 기술과 지식을 성공적으로 숙달하라.

이제 우리가 이러한 면에서 얼마나 강한 편견을 갖고 있는지 느꼈을 것이다. 우리는 (1) 학대받는 아동도 그들이 심하게 학대를 받았더라도 여전히 잘 기능하는 부분들을 가지고 있으며, (2) 상담은 아동이 가진 건강한 부분에서 시작되어야 하고, (3) 아동에게 자신의 삶/환경이 조금 더 나아지기 위해서 무엇이 달라졌으면 좋겠는지 물어야 하는데, 이들 역시 다른 아동들처럼 자신의 삶이 어떠했으면 좋겠다는 생각과 조금 더 편안하고 행복하고 안전하게 되기 위한 생각들을 가지고 있다고 여긴다.

이 책과 다른 책(Berg & Kelly, 2000)에서 이야기한 것처럼 심지어 어린 아동조차도 자기 삶이 보다 좋아지기 위해서 필요한 것을 알고 있는데, "더 많은 친구를 갖고 싶어요." "다른 아이들을 무서워하지 않았으면 좋겠어요." "나는 아빠하고 살고 싶어요." "엄마가 나를 자랑스러워했으면 좋겠어요." "엄마가 보고 싶어요." 등이 그러하다. 아동을 존중한다는 것은 아동의 소원을 진지하게 여기고 그들의 염려를 즉각적으로 다루는 것을 의미한다. 상담자가 바로 정보를 줄 수 없는 경우—예를 들어, 학대가 있었는지 아니면 사고에 의한 상처인지가 확실하지 않으면 정확하게 무슨 일이 있었는지 알기까지 시간이 걸린다.—에는 가장 정직하게 상황을 설명하는 것이 최선이다.

우리가 염려하는 것은 '학대받는' 아동이라고 말하는 순간, 아동에 대한 우리의 시각은 즉시 달라지고, 아동을 지속적으로 보호받아야 하는 무력한 '희생자'로 보기 시작한다. 우리는 그들을 연약하게 보고, 따라서 그들을 돌보는 일을 전적으로 떠맡으려 하기 쉽다. 물론 모든 아동들은 그들을 위한 성인의 결정을 필요로 하지만 아동의 미래에 중요한 영향을 미치는 결정들에 대해서는 아동이 이해할 수 있는 언어로 설명될 필요가 있다.

아동의 팔과 다리에 멍이나 검푸른 반점이 생기거나 등에 할퀸 상처나 살갗이 찢어진 경우처럼 최근에 일어난 학대 때문에 성인이 아동을 상담에 데려온 경우에도 상담자는 아동이 가장 좋아하는 활동이나 가장 좋아하는 만화 주인공에 대한 이야기를 통해 관계를 형성하면서 치료할 수 있다. 이러한 반응은 물, 음식, 깨끗한 옷, 안전과 위로를 얻는 중에도 아동의 건강한 '정상적인' 측면을 이끌어 낸다. 우리는 이러한 아동에게 그들이 처한 심각한 문제에도 불구하고 그들 삶의 많은 부분은 여전히 다른 아동과 비슷하다는 것을 알려 주고자 한다. 우리는 또한 아동에게 그가 특별한 존재라는 것과 우리는 그가 어떤 점에서 특별한 사람인가 하는 것에 관심이 있다는 것을 이해시키고자 한다. 상담자는 아동의 특별한 주변 사정, 생활 상태, 자부심을 느끼는 것, 성공적으로 수행하는 것 등에 대해서 알아 가는 중에 아동이 당면한 염려들에 관한 정보를 얻게 될 것이다. 이러한 염려들을 다루는 것은 아동과 소통하기 위해 우리가 존중하는 방식이다. 우리는 동시에 여러 가지 염려들을 다룰 수도 있지만 항상 아동을 먼저 보고 나서 학대를 보는 것이 그 반대로 하는 것보다 낫다는 것을 다시 한 번 강조하고 싶다.

학대받는 상황에서 아동을 옮기는 것은 누구도 할 수 없는 일이다. 그러한 결정은 오직 아동의 최선의 권리에 대한 신중한 검토가 이루어진 후 법원의 명령에 의해서 가능하다. 김인수과 켈리(2000)는 아동의 필요와 바람을 존중하는 강점중심 접근으로 학대받는 아동과 부모를 상담하는 방법에 관해 자세하게 다루었다.

사례: "가출을 하는 그럴 만한 이유"

내(김인수)가 처음 데니스(Denise)를 만났을 때 그녀는 13세의 중학생이었는데, 머리를 너무 숙이는 데다가 흐트러진 긴 머리카락 때문에 그녀의 예쁜 얼굴을 제대로 볼 수가 없었다. 그녀는 예의바르게 내가 하는 모든 질문에 답했지만 중얼거리는 목소리 때문에 다시 한 번 말해 달라고 부탁하지 않으려면 앞으로 몸을 숙여서 들어야만 했다. 데니스의 상담을 의뢰한 학교 사회복지사는 여러 차례의 가출 때문에 그녀를 매우 염려하고 있었다. 가출—대개는 2~3일 정도—을 할 때면 데니스는 학교에 오지 않았다. 사회복지사는 그녀의 어머니가 그녀의 가출 사실을 보고하지 않으며, 데니스가 학교에 왔는지 확인하기 위해 학교로 연락하는 일은 없다는 사실을 알게 되었다. 교사들은 데니스의 명석함을 알고 있었다. 하지만 그녀의 품행은 변덕스럽고 우유부단했으며 그녀는 계속해서 자신이 얼마나 멍청한지에 관하여 이야기하였다. 그녀가 학교에서 문제를 일으키지 않을 때는 학교는 그녀에 대해 그다지 염려하지 않았다. 그러나 가출 후에 데니스를 만나 온 사회복지사만은 그렇지 않았다.

데니스는 내가 그녀에 대해 더 알고자 했을 때 잘 반응하지 않았다. 자기에 대해 이야기하기를 주저했고 자기는 멍청해서 학교 공부를 잘 못하고 그저 고등학교를 졸업해서 미용사가 되는 것이 목표라고 하였다. 어째서 미용사가 되기로 결심했냐고 묻자, 그녀는 더듬거리면서 머리를 만지는 일이 자기가 잘하는 유일한 것이라고 하였다. 그녀는 다른 사람의 머리를 만지는 일에 소질이 있다는 것을 어떻게 알았을까? 그녀는 친구들이 자기에게 머리를 만져 달라고 부탁하는데 친구들이 항상 잘한다고 했다고 하였다. 그녀는 또한 심지어 친구의 어머니도 와서 머리를 해 달라고 부탁하고 때때로 돈을 지불하기도 한다고 덧붙였다. 그녀는 친구들과 성인의 머리를 만지는 일을 좋아하는데 칭찬을 들을 수 있기 때문이라고 하였다.

그녀가 자신에 대한 이야기를 하고 싶어 하지 않는다는 것을 알고 나는 그녀에게 사회복지사가 가출하고 학교에 결석하는 것에 대해 매우 염려하고 있다는 이야기를 한 후에 그것과 관련해서 질문을 해도 되겠느냐고 물었다. 그녀는 곧바로 머리를 아래로 숙이고 등을 구부렸다. 나는 이것이 그녀에게 매우 곤란한 주제라는 것을 알았지만, 그럼에도 불구하고 이 심각한 문제를 다루어야 했기에 될 수 있는 대로 긍정적인 형태로 다루기로 하였다. 자원 찾기 접근이 '네가 가출하지 않고 학교에 결석하면 안 되는 이유' 에 관한 또 다른 설교를 하는 것보다 나았기에 우리는 다음과 같은 이야기를 나누게 되었다.

상담자: 나는 네가 가출을 하고 학교에 빠지는 데는 그럴만한 이유가 있다고 생각한단다.

그 순간 데니스의 눈에 눈물이 맺혔고 그녀는 몇 분 동안 조용히 울었다. 나는 그녀의 민감한 곳을 건드렸다는 것을 알았지만 그것이 정확히 무엇인지는 알지 못했다. 나는 우선 그녀의 안전문제에 관해 생각하였다. 나의 가장 큰 염려는 어떤 남자들이 도움을 제공하는 척하면서 매춘이나 마약거래의 밀수를 하도록 강요하면 어쩌나 하는 것이었다. 나는 이러한 안전문제에 대해 빨리 언급해야 했다.

상담자: 네가 얼마 동안 가출을 했다는 것을 알고 있단다. 그런데 너는 그럴만한 이유가 없이 이런 행동을 할 사람 같지는 않구나. 어떤 '그럴만한 이유' 가 있는지 말해 줄 수 있겠니?

데니스: 오빠 때문에 가출을 해야만 했어요.

나는 순간적으로 그녀가 오빠에 의해 성적 학대를 받는 것은 아닌가 하는 생각을 하고 그녀가 더 많은 이야기를 하도록 기다렸다. 그녀는 매우 오랫동안 침묵하였다.

상담자: 나는 이해가 안 되는구나. 다시 한 번 말해 보렴, 가출이 오빠와 무슨 관계가 있는 거지?

데니스: 제가 가출하는 가장 큰 이유는 오빠가 저를 때리기 때문이에요. 나는 오빠가 화가 가라앉을 때까지 도망갔다가 돌아오는 거예요.

상담자: 그렇구나. 그러니 네가 가출할 만한 이유가 있는 거로구나. 안전한 곳으로 가서 맞지 않는 거지.

데니스: 네.

상담자: 네가 안전하기 위해서 가출을 할 수 밖에 없는 것이 이해가 되는구나. 그런데 오빠가 너를 때릴 때 어머니는 뭘 하시니?

데니스: 엄마는 아무것도 안 하고 아무 말도 안 해요.

상담자: 네 말은 어머니가 오빠가 너를 때리는 걸 아시면서도 막지 않으신다는 말이니?

데니스: 네, 엄마도 오빠를 무서워하시는 거 같아요.

상담자: 그러면 아버지는 이런 일이 일어나는 동안 뭘 하시니?

데니스: 아빠가 2년 전에 돌아가시고 나서 오빠가 이제는 자기가 우리 집 대장이래요.

그녀가 가출을 할 만한 이유가 있다는 것을 알고 나서 나는 그녀가 밖에 나가 있는 동안의 안전문제에 관해 이야기하였다.

상담자: 그러면 네가 밖에 있는 동안 안전하게 지내는 방법을 나에게 말해 주렴. 이제까지 안전하게 지내기 위해서 어떻게 지냈니? 여자 아이들이 가출을 하면 벌어질 수 있는 나쁜 일이 정말 많단다.

데니스: 저도 알아요, 그런 이야기를 들었어요. 저랑 다른 여자 아이들은 돈을 전부 모아서 모텔에서 밤에 같이 있어요. 저를 돌봐 주고 먹을 것을 챙겨 주는 좋은 아이들이 있어요. 우리는 대개 같이 지내고 낮에도 같이 다녀요.

상담자: 집에 돌아와도 안전하다는 건 어떻게 알 수 있지?

데니스: 가끔은 오빠가 학교에 가고 없을 때 집에 가고 아니면 엄마한테 언제 집에 가도 좋은지 물어봐요.

나는 데니스에게 가출하지 말라고 이야기하는 것은 효과가 없을 거라는 걸 알았다. 정말 효과적인 개입이 이루어지려면 그녀의 어머니가 그녀의 오빠를 포함한 자녀들을 적절한 방식으로 돌볼 수 있도록 강해지는 것뿐이었다. 17세 아들이 딸을 괴롭히는데 어머니가 아무것도 하지 않는 것은 그에게도 결코 좋은 일이 아니다. 그도 17세답게 처신하는 법을 배우고, 다른 17세 아이들이 걱정하는 것을 걱정하고, 대부분의 십대들이 배우는 것과 같은 새로운 기술과 지식을 배우고 자신감을 얻을 필요가 있었다. 데니스만큼이나 그녀의 오빠도 그를 지도하고 제한선을 정해 주고 그가 성공적인 성인이 될 수 있도록 준비하고 어머니와 여동생을 물리적으로 폭행하는 것으로부터 유능하다고 느끼지 않도록 그를 양육해 줄 강한 부모를 필요로 하고 있었다.

학교 사회복지사는 데니스의 문제를 사회적 맥락에서 보다 넓게 볼 필요가 있다는 걸 알게 되었다. 이 사실을 통해 학교 사회복지사는 문제를 보는 자기의 초점이 얼마나 좁은지 깨달았다. 데니스는 어머니의 개입이 없이 스스로는 이 문제를 해결할 수 없었다. 아동보호기관에 연락이 취해졌고 그들은 처음으로 어머니를 만났으며 두 자녀에게 필요한 어머니가 될 수 있도록 도움을 제공했다.

어머니는 작은 아이를 큰 아이의 학대로부터 보호하지 않는 것이 법에 접촉된다는 것을 모르고 있었다. 그녀는 자신이 남편을 잃은 슬픔에 빠져 있는 동안 자녀들이 피해를 보고 있다는 사실에 충격을 받았다. 또한 작은 아이를 보호하지 못한 것에 대해 기소를 당할 수 있다는 압력을 받게 되었다. 데니스에 대한 양육권을 잃을 수도 있다고 이야기하자 어머니는 바로 행동에 뛰어들었다. 어머니 또한 18년의 결혼생활 동안 신체적으로 심한 학대를 받았고 친정 식구들을 포함하여 사회적으로 완전히 고립되어 있었기 때문에 바깥 세상에 대한 두려움이 매우 컸다는 사실이 밝혀졌다. 사회복지사는 어머니 상담을 시작하였고 데니스는 이내 가출을 하지 않게 되었다.

아동이 성적으로 학대받는 경우 어떻게 하는가

모든 아동들이 안전하고 사랑받는 환경에서 성장해야 하는 것은 당연하며, 이러한 조건은 그 무엇보다 우선적으로 고려되어야 한다. 미성년자를 학대하는 것은 불법일 뿐만 아니라 대부분의 사회에서 아동에 대한 이러한 행동을 문화적, 윤리적, 도의적, 법적으로 금하고 있다. 위반자들에 대해서는 도덕적인 입장을 먼저 취하면서 곧바로 이런 끔찍한 인간들은 종신형에 처해져야 한다고 말하기 쉽다. 어린 아동이 속수무책으로 고통받은 것을 생각하면 이러한 행동은 우리의 기분을 좀 낫게 할 수는 있을 것이다. 하지만 실제 상황은 좀 더 복잡하다. 학대받는 아동은 많은 경우 학대하는 부모나 가족과 여러 가지로 얽혀 있다. 이들에게는 대안적인 선택사항이 그다지 명확하지 않으며 또한 준비되어 있지도 않다. 신체적으로든 성적으로든 학대를 받은 아동은 학대하는 성인, 특히 그 대상이 가족이나 부모인 경우에 복잡한 감정을 가지고 있다. 매우 잔인하고 극악한 경우를 제외하면 대부분의 학대 관계는 우리의 경험에 따르면 매우 복잡해서 이런 상황들에서는 간단하거나 쉬운 해결책이 존재하지 않는다.

우리는 모두 학대받는 상황에서 아동을 구해 내는 것이 가장 빠르게 문제를 해결하는 방법이라고 생각한다. 그러나 학대받는 상황에서 극적인 구출로 아동이 받을 정신적 외상을 생각한다면 구출이 이야기의 끝은 아니다. 실제로 종종 그것은 문제를 다른 종류의 것으로 바꾸는 것뿐이다. 물리적인 폭력으로부터 꺼내는 것이 항상 아동을 위한 최선의 해결책은 아니다. 그곳에서도 아동에게 더 쉬운 삶이 보장되는 것은 아니기 때문이다. 대개 학대하는 부모는 비록 불충분하고 부적격하고 해롭더라도 아동이 알고 있는 유일한 양육자다. 따라서 갑작스럽게 친구, 이웃과 교사로부터 떨어지는 것이 아동에게는 더한 정신적 외상이 될 수 있다.

아동에 대한 연민을 보여 주려는 우리의 바람과 우리가 자주 맞닥뜨리는 위기상황들에 대한 반응들 때문에 우리는 아동도 자신을 위해 가장 좋은 것이 무엇인지에 대한 생각을 갖고 있다는 사실을 잊기 쉽다. 학대하는 사람들에 의해 존중받지 못하는 아동들의 의견을 물어보는 것은 아동들을 대하는 가장 정중한 방식이다. 그들의 바람을 참작하는 것이 우리가 그들에게 보여 줄 수 있는 사랑의 행동이다. 다음 사례에서 우리는 이러한 태도가 성적으로 학대받거나 혹사당하는 아동들에게 어떻게 표현될 수 있는지 보여 주고자 한다.

사례: 그녀의 방식으로 치료하기

어머니가 16세 크리스타(Christa)를 나(슈타이너)에게 데리고 왔는데, 그녀는 여름캠프에서 어떤 젊은 남자에 의해 심한 성폭행을 당했다고 하였다. 이 일을 공개적으로 다루는 일에 대해 가족은 매우 당황한 상태였고, 그녀와 가족이 함께하기 위해서 심지어 군대에 있는 오빠가 휴가를 얻어서 나와 있었다. 가족은 이미 연속적으로 병, 실직, 재정적인 문제들을 겪은 상태여서 그녀의 사건은 가족에게 또 하나의 고통을 안겨 주었다.

크리스타는 매력적이고 똑똑한 여자 아이였는데 자기가 스스로를 보호하는 방법을 알고 있다는 것을 열심히 설명했었다. 그녀는 자신이 그 사건을 방지할 수는 없었지만 스스로 문제에 대처할 수 있으며 자신을 지키기 위해서 한 행동에 대해 자부심을 느낀다고 말하였다. 크리스타는 반복해서 "내가 그렇게 강하고 똑똑한지 몰랐어요."라고 말하였다. 사건이 있은 후 혼자 집밖에 나가는 것을 두려워하게 되기는 했지만 크리스타는 자신은 괜찮은데 오히려 가족들, 특별히 어머니가 자신을 과잉보호하는 것에 대해 불평하였다. 그녀는 잘하고 있는 것처럼 보였다. 그러나 어머니는 크리스타가 잘하고 있다는 것을 확신하지 못했고 그녀가 스스로 얼마나 큰 정신적인 외상을 경험한 것인지 모르고 있다고 주장하였다. 그래서 어머니는 상담을 더 해야 한다고 요구하였다.

2, 3회기 동안에 크리스타와 나는 공부는 어떤지, 계속해서 강하고 현명하게 지내기 위해서 무엇을 하고 있는지, 그리고 예전의 자신으로 돌아가기 위한 다양한 노력들에 대해 이야기하였다. 그녀는 다시 반에서 익살꾼 모습으로 돌아가고 있는데 그런 자신이 좋다고 하였다. 3회기가 끝날 때쯤 크리스타는 자기가 아무에게도 하지 않은 이야기를 나에게 하고 싶은데 어머니에게 절대로 말하지 말라고 하였다. 나는 "네가 이 말을 내게 하는 것이 너에게 어떤 도움이 될 것 같으니? 네가 이 말을 했을 때 너에게 어떤 변화가 있을 거라고 생각하니?"라고 물었다. 그녀는 사건 당시의 '냄새에 대한 기억'이 자꾸 회상되는 것에 대해 이야기했는데, 사건 당시에 그 남자가 땀을 흘렸고 그녀가 땀 냄새를 맡을 때마다 자꾸 끔찍했던 기억이 밀려와서 힘들다고 하였다. 그리고 특히 정액 냄새가 난다고 하였다. 그런 상황에서 그녀는 숨을 조절할 수가 없고 통제감을 잃게 될까봐 매우 두렵다고 하였다.

나는 그녀가 통제감을 가질 수 있도록 돕기 위해 호흡하고 집중하는 기술 몇 가지를 시범을 보였다(그녀는 생각을 해 보더니 자기에게 가장 도움이 될 것 같은 방법을 골랐다.). 그리고 자기자신을 보호하기 위해서 여성을 위한 자기방어 수업을 듣기로 결정하였다. 그동안 그녀는 자신을 성폭행한 젊은 남자에 대해 증언을 해야 했는데, 판사 앞에서 4시간 동안 녹초가 되도록 성폭행에 대한 구체적인 진술을 해야 했다. 자기 행동에 대한 명확한 기억은 없었지만 그녀는 진술을 잘 마쳤다. 판사가 그녀의 이야기를 전부 믿는 것 같지 않다는 인상을 받고 법정을 떠났지만 그래도 그녀는 마음이 괜찮다고 하였다. 오히려 재판으로 어머니가 힘들어하는 것을 염려하였다. 그 다음 두 회기 동안에 우리는 그녀가 가진 두려움과 용기에 대해서 긴 대화를 나누었는데, 이 두 가지 모두 그녀에게 매우 중요하며 서로 나란히 있을 수 있는 것이며 어떤 상황에서는 어느 것이 유익한지에 관해 이야기하였다. 크리스타는 두려움을 상징하는 고슴도치와 용기를 상징하는 개 인형을 고르고 자신을 도와주기 위해 어떤 상황에서 어느 것이 나와야 할 것인지에 관한 상황놀이를 하였다. 가족을 상담한 회기에서는 친밀감과 독립에 대한 이야기를 나누었고 크리스타는 더 이상 상담이 필요 없겠다고 결정하였다.

2년 반이 지났을 때 나는 어머니로부터 전화를 받았는데 크리스타가 섭식 문제가 있는데 종합검진 결과 신체적인 문제가 없다고 하였다. 어머니는 섭식 문제가 2년 전 성폭행 사건에 따른 그녀의 낮은 자존감 때문일 것이라고 생각하고 있었다. 크리스타는 혼자 상담에 왔고 보육원 교사가 되려는 그녀의 목표와 아동과 함께 있으면 얼마나 좋은지에 관해서 이야기하였다. 그녀는 자기 일을 매우 좋아하고 실제로 잘하고 있는 것이 분명하였다. 그녀는 '섭식문제'가 단순히 최근에 생긴 위염 때문이라고 생각하고 있는데 조금씩 좋아지고 있다고 하였다. 그리고 최근 몇 개월 만났던 남자 친구에 대해 이야기하면서 자기 생각에는 별로 현명하지 않은 것 같았지만 어머니가 16살 때 성폭행을 당한 일을 그에게 이야기하라고 강요했다고 하였다. 그때부터 남자친구가 시간을 갖자고 하고 그녀를 대하는 데 훨씬 거리감이 생겼다고 하였다.

기적 질문(제3장 참조)에 그녀는 "보육원 교사로서 최선을 다하고, 엄마가 제 사생활에 덜 간섭하며, 이런 제 마음을 엄마에게 상처주지 않으면서 말할 수 있는 것이요."라고 대답하였다. 우리는 어머니가 그녀의 사생활에 덜 개입하는 것을 어떻게 알 수 있으며, 어머니가 자기자신을 돌볼 수 있는 여유를 갖고 그녀에 대해 덜 걱정하시면서 보다 편안하게 느끼도록 돕기 위해 그녀가 할 수 있는 것들에 대해서 이야기하였다. 그녀는 정말 많은 아이디어를 갖고 있었는데, 어머니가 그녀에게 밖에서 무엇을 하냐고 자세히 물었을 때 어떻게 할 것인지와 교육과정을 마치고 수입이 생기면 독립해서 사는 것 등에 대해 이야기하였다.

나는 크리스타의 어머니와 단둘이 두 번을 만났는데 그녀는 딸에 대해 두 가지 걱정을 가지고 있었다. 성폭행의 정신적인 외상과 관련이 있는 섭식문제로 딸이 상담을 받아야 하는가? 남자 친구를 만나서 성폭행 경험이 있는 여자 친구를 대하는 방법에 관하여 도움을 줄 것인가? 두 번의 상담이 끝났을 때 어머니는 딸이 조언을 구할 때 어떻게 하면 좋을지에 대한 아이디어를 생각해냈다(크리스타는 이것에 대해 언급한 적이 없었다.). 그녀는 진심으로 딸이 독립적이고 자신감 있는 젊은 여성이 되기를 바랐다. 기적 질문을 통해서 어머니는 자신도 역시 자기자신과 군대에 있는 아들을 더 많이 생각할 필요가 있다는 결론을 내렸다.

자녀를 학대하는 부모를 어떻게 상담하는가

문화적, 사회적, 경제적 조건을 떠나서 안전은 아동의 긍정적인 발달을 위해 필수적인 조건이라는 것을 분명히 하고 싶다. 아동을 학대하거나 혹사하는 사례—언어적, 물리적, 심리적, 성적인 것을 모두 포함해서—가 단 하나에 불과하더라도 그것은 매우 큰 부분이며 어떤 사회에서도 묵인되어서는 안 된다.

그럼에도 불구하고 선정적인 방송을 통해 볼 수 있는 심하게 잔인한 아동학대는 언론에서 시사하는 것처럼 그렇게 자주 일어나는 일은 아니다 (Berg & Kelly, 2000). 또한 전문가와 대중은 자녀를 학대하는 부모에 대해 상당히 오해하는 부분이 있다. 자녀를 학대하는 부모가 그 행동을 즐기고 그들은 무력한 아동을 괴롭히는 끔찍하고 사악한 인간들이기 때문에 마땅히 처벌받아야 하고 부모가 될 권리가 없다고 생각하는 경향이 있다. 물론 가끔은 그런 부모가 있기도 하지만 다행히도 그런 사람들이 대다수는 아니다.

우리의 경험에 따르면 학대하는 부모는 고통스러운 삶에 압도되어 대개는 고립되어 있고 많은 스트레스에 대처하지 못하고 재정적, 정서적, 사회적 지원이 거의 없는 상황에 있다. 또한 이러한 부모는 정서적, 정신적, 신체적 장애로 쇠약해져 있거나 약물남용자이며 그 밖에 다른 문제도 가지고 있는 경우가 많다. 이들 중 상당수가 아동기에 물리적, 언어적, 성적, 정서적 학대를 받았었고 이것이 삶의 방식이 되어 버린 이들도 많다. 물론 이런 상황들이 아동을 혹사시키고 방치하고 학대하는 행동에 대한 변명이 될 수는 없을 것이다. 그러나 이들이 먼저 도움을 받지 않는다면 부모로서 아동을 양육하는 이들의 능력은 제한적일 수밖에 없을 것이다.

우리는 '학대'와 '방치'를 구분하고자 한다. 이 두 가지는 모두 법률적인 용어다. 많은 전문가들이 방치하는 사례들이 치료가 더 어렵다고 생각하는데 물리적인 폭력이 있는 경우는 보다 알기 쉽고 치료하기가 쉬운 반면, 정서적으로 결핍된 아동의 경우에는 문제가 덜 드러나기 때문이다. 자녀가 존재하지 않는 것처럼 부모가 행동하는 것이 아동을 더 손상시키고 혼란스럽게 하는데 정서적 표현이나 상호작용이 없으면 아동은 자신의 정서적 반응, 지각, 판단을 신뢰할 수 있는 능력을 손상시키게 된다. 이것은 아동이 감각적, 지적, 정서적인 자극 없이 자라는 것과 매우 유사하다. 그러나 이런 종류의 학대는 가족이 아닌 다른 사람들 눈에 잘 띄는 것이 아니다. 따라서 이런 환경들이 발견되고 방치에 대처할 수 있게 되기까지 상당히 오랫동안 지속될 수 있고 실제로도 대부분 그러하다. '건강한' 것이 필요조건이 아닌 사치로 여겨지는 환경에서 자란 부모는 더 나은 삶의 가능성을 알지 못한다. 다른 부모들은 매스컴에서 보여 주는 '건강한' 삶은 자신들이 이룰 수 없는 것으로 여기고 자기자신이나 자녀가 '좋은 삶'을 살 수 있다는 가능성을 생각조차 하지 않는다. 삶에서 더 나은 것을 얻고자 하는 희망을 포기한 아동에게 상담 장면에서 기적 질문을 사용하고 적용하는 것은 매우 유용하다.

물리적 또는 언어적 학대가 있는 경우 아동에게는 한 가지 이상의 관점에서 생각해 볼 수 있는 강한 정서가 있다. 이 정서들을 부모의 자원으로 보면 먼저 무엇을 해야 하는지 알 수 있다. 방치된 아동의 경우에는 없으나 변화의 과정을 시작할 수 있는 명백한 단서가 학대를 하는 사례에는 있다. 학대하는 부모는 대개 아동이 불러일으키는 자기 내면의 감정들에 반응한다. 아동에 대한 강한 증오심은 부모의 '잘못된 방향으로 쏠린 에너지'로 볼 수 있고, 상담을 통해 그 방향을 재설정할 수 있지만 에너지나 열정이 없는 내담자는 상담을 하기가 어렵다.

대처 질문을 사용하는 것은 아동에게 더 이상의 해를 가하지 않도록 부모의 자원과 성공적인 전략을 발견하는 데 유용하다. 대처 질문들은 '포기하는 것이 더 쉬울지라도 포기하지 않게 하는' 눈에 안 보이는 힘과 책임과 능력을 이끌어 내기 때문에 '아침에 침대에서 일어나 나오는 것'과 같이 가장 작고 가능한 성공을 성취하기 위한 내담자의 능력을 인정할 수 있게 한다.

관계 질문들은 부모로 하여금 자녀의 시각으로 그들의 관계를 볼 수 있는 법을 가르쳐 준다("따님은 당신이 술에 취하지 않은 맑은 정신일 때 무엇이 가장 좋다고 말할 것 같습니까?"와 "당신이 술에 취했을 때 따님이 가장 싫은 것이 무엇이라고 말할 것 같습니까?"에 대한 부모의 답변의 차이에 주목하라.). 부모의 좌절감을 공감하고 부모가 자녀와의 관계에서 변화시키고 싶어 하는 것을 다루어야 한다. 또한 부모가 상담자에게 어떤 도움을 기대하는지 아는 것도 중요하다. 부모가 수많은 장애물에도 불구하고 성공적인 부모가 되기 위한 필요조건들을 갖추기 위해서 끊임없이 노력하는 것을 칭찬하면서 관계를 형성하는 것은 항상 유익하다.

부모가 자녀를 때릴 수도 있었지만 감정을 조절하여 그냥 방에서 나온 것(또는 한 어머니가 이야기한 것처럼 자녀를 때리지 않기 위해 스스로를 화장실에 가두는 것)과 같이 학대하지 않는 상황으로 관심을 전환하는 것이 보다 생산적이다. 상담자가 학대하는 행동을 질책하거나 산소리하는 데 관심이 없고 위험해질 수 있는 상황을 성공적으로 대처하는 것에 관심을 가진다는 것을 알게 되면 부모는 훨씬 더 마음을 열고 기꺼이 정보를 제공하려고 한다. 마음이 열리고 나면 염려와 함께 도움을 요청한다. 부모가 도움을 받는 것에 관심을 갖게 되면 상담자는 부모가 학대하지 않는 예외적인 상황들에 대해 더 많은 정보를 구하고 부모가 어떻게 학대를 예방할 수 있었는지 그리고 이와 같이 작은 성공들을 반복하기 위해서 무엇이 필요한지에 대해 물어볼 수 있다.

자녀에게 지나치게 비판적인 부모를 어떻게 상담하는가

우리는 강의, 수련, 상담이나 슈퍼비전 중에 부모나 양육자가 아동에 대해 지나치게 비판적인 경우들을 만난다. 때로는 심지어 부모가 아동의 치료를 방해한다는 말을 듣기도 한다. 이러한 부모의 행동에 있는 다양한 동기들에 대한 설명들이 있고 이 성인들의 문제에 관한 많은 추측과 가설이 있다. 아동에 대하여 지나치게 부정적인 부모를 만나는 것은 매우 불편한 일이고 그들의 부정적인 태도를 꾸짖고 싶은 것은 당연하다. 그러나 우리는 부정적인 태도를 부정적인 태도로 싸우는 것으로 해결할 수 없으며, 그것이 아동에게 더 나쁜 상황을 초래할 수도 있다는 것을 알고 있다. 부모는 모욕을 당하거나 무시당한 것처럼 느끼면 그들을 모욕한 상대방이 아닌 아동을 공격하려고 한다. 분명히 이것은 그들이 자기자신을 돌아보게 하는 방법은 아니다.

또한 다른 사람의 동기를 추측하는 것은 쓸모가 없다. 왜냐하면 상담자가 가설을 만들면 만들수록 자신의 생각을 타당하게 만들게 되고 스스로 깨닫기 전에 이미 가설들이 사실인 것처럼 행동하게 되기 때문이다. 그것들은 우리의 추측과 직감일 뿐이며 우리는 그것들을 부모와 같이 확인할 필요가 있다. 그러므로 다음과 같은 방법들을 소개한다.

- 부모가 아동에게 지나치게 비판적인 경우 상담자는 재빨리 부모가 부모로서 실패감을 갖고 있다는 것을 알아챌 필요가 있다. 따라서 상담자는 부모가 자기자신과 자녀에 대해 가지고 있는 꿈에 대해 충분히 다루어야 한다. 물론 부모가 자녀에게 "네가 태어나지 않는 게 좋았어." "네가 내 인생을 망쳐 놓았어!" 혹은 심지어 "너는 재수 없는 아이야!"라고 말하는 것을 듣고 싶어 하는 사람은 없을 것이다. 상담자는 이런 말들을 다른 방식으로 듣는 훈련을 해야 한다. 다시 말하면, 상담자는 먼저 오직 아동의 관점이나 상담자 자신의 관점이 아닌 부모의 관점에서 모든 것을 보는 것으로 부모를 상담해야 한다.

- “어떤 점을 보고 그렇게 생각하시나요?” 라고 질문하라. “몇 년 동안 실망을 하셨는데도 불구하고 여전히 자녀에 대해 희망을 갖고 계시는군요.” 와 같이 진심으로 부모를 칭찬할 수 있는 작은 것들을 찾아라. 부모의 부정적인 태도를 '바람' 혹은 채워지지 않은 소망으로 바꾸어 진술하라. 이런 식으로 돌려서 질문하게 되면 부모로부터 보다 유용한 정보들을 얻을 수 있게 되는데, 다음과 같이 말하라. “부모님은 자녀가 스스로 생각하는 것보다 훨씬 더 많은 것을 할 수 있다고 생각하시는군요. 자녀의 어떤 점을 보고 부모님이 원하시는 것들을 자녀가 할 수 있다고 생각하시는지요?”
- 부모의 분노와 좌절감 뒤에 있는 숨겨진 동기를 찾아라. 심지어 부모가 스스로 알지 못하더라도 말의 뒤에 숨겨진 의도가 무엇인지를 찾아라.
- 문제를 재구성하라: '제 눈에 안경' 이라는 말이 있다. 모든 말은 두세 가지 방식으로 해석될 수 있고 사람의 특성과 성격도 그러하다. 아동에 대한 부정적인 말을 들으면 그것을 긍정적인 특성으로 보도록 하라. 예를 들어, '게으른' 을 '느긋한' 이나 '스스로 속도를 조절할 줄 아는' 혹은 심지어 '장미꽃의 향기를 맡기 위해 멈추는' 것으로 볼 수 있다. '재구성' 이 유용한 이유는 다양한 관점이 다른 방식으로 반응할 수 있게 함으로써 부모로 하여금 더 많은 통제감과 선택사항을 가질 수 있게 하기 때문이다.

정신적 외상을 경험한 아동을 어떻게 상담하는가

정신적 외상은 주관적이고 개인적인 것이다. 사랑하는 사람 혹은 동물을 잃는 것, 인격적인 모욕, 자연재해나 인재, 그 밖에 우리에게 고통을 주는 사건들은 모두 아동과 성인에게 각각 다른 방식으로 경험된다. 어떤 사람에게는 감당하기 힘든 끔찍한 경험이 또 다른 사람에게는 고통의 강도가 유사하지 않을 수 있다. 또한 사람마다 치유를 받는 방식 또한 매우 개인적이다. 따라서 상담자는 내담자가 자기의 속도와 방법으로 치유가 필요함을 존중하는 한편 그의 상처와 고통에 민감해야 한다.

내담자가 가져온 문제가 무엇이든 관계없이 우리가 관계를 형성하는 원칙들—그 사람이 누구이며 열정과 가치가 무엇인지, 그리고 무엇보다도 상담자가 무엇을 도와줄 것이라고 생각하는지—로 시작하는 것이 상담의 방향을 결정한다. 우리는 내담자를 만나기 전에 똑같고, 미리 준비된, 모든 사람이 입을 수 있는 기성복 같은 하나의 공식을 가지고 있지 않다. 다른 사례들이 보여 주는 것과 같이 네 명의 가족구성원들이 동일한 정신적 외상, 즉 아버지와 남편의 죽음을 경험했지만 각 가족구성원이 표현하는 두려움, 불안, 염려는 모두 달랐다. 따라서 우리는 상담자가 할 수 있는 가장 유용한 것은 계획하고 예상 가능한 반응들을 미리 생각하는 것이 아니라 내담자의 생각을 주의 깊게 듣고 그들이 제기하는 필요를 다루는 것이라고 믿는다.

애도 과정의 시간에 대한 일반적인 견해와 반대로 우리는 정신적 외상을 '다룰' 준비도 매우 개별적이며 심지어 아동도 그러하다는 것을 알게 되었다. 따라서 정신적 외상으로 고통받은 사람을 상담하는 것 중에 가장 어려운 것은 상담자의 생각을 개입시키거나 부과하지 않고 도움을 주는 방법을 결정하는 것이다. 사람은 스스로 말할 준비가 되었는지 알기 때문에 그들의 직관을 수용하고 존중해야 한다. 모든 사람에게 맞는 시간적 기준은 없다. 때때로 수개월에서 수년이 걸리기도 한다. 정신적 외상이 지속되는 경우에는 그 사건의 의미를 다룰 수 있는 정서적인 힘이 없을 수 있기 때문에 시간이 걸리고 때로는 그 정서적 힘을 얻기까지 수년이 걸리기도 한다.

매일 우리가 하는 작은 일들이 우리 삶을 작은 방식으로 바꾸는 것과 같이 모든 정신적 외상을 초래하는 사건은 개인의 삶을 영원히 바꾸어 버리고 우리는 그 사건이 있기 전으로 결코 '돌아갈' 수 없다. 따라서 정신적 외상을 '마친다'는 개념은 개인이 이 삶을 바꾸는 사건을 어떤 식으로든 극복하고 '일상' 으로 돌아가는 것을 의미한다. 상담자의 임무는 내담자가 사건을 수용하고 여전히 생산적이며 삶의 의미를 발견하고, 바뀐 삶의 기쁨과 슬픔을 모두 경험할 수 있는 방식으로 삶을 재건하고 재형성함으로써 계속적으로 살아가도록 돕는 것이다.

사례: 등산로에서의 죽음

세 자녀(9세, 7세, 5세)의 어머니가 가족이 함께 등산을 하던 중 남편이 사망을 하여 상담을 요청하는 전화를 하였다. 당시의 상황은 특별히 더 끔찍하고 극적이었는데 그 이유는 어머니가 구조를 요청하러 간 사이에 세 아이가 심장마비로 쓰러진 아버지를 돌봐야 했던 것이다. 아버지는 병원으로 옮겨지던 중에 숨졌다. 그 후로 어머니는 다양한 전문가들로부터 그녀를 포함해서 가족 모두가 이 사건에 의한 정신적 외상을 극복하기 위해 심리 상담을 받도록 권유받았다. 우리는 상담 과정을 축어록을 포함해서 구체적으로 설명하여 이 가족이 경험한 것과 같이 극적이고 끔찍한 상황이 어떻게 해서 끝날 수 있는지 잘 보여 주고자 한다.

상담자: 어떤 것들을 해야 오늘 만남을 통해서 도움을 받았다고 느끼실 것 같으세요?

어머니: 아이들을 위해서 전문가의 도움을 받으라는 권유를 받았는데, 먼저 제가 상담을 받아야 할 것 같아서 이렇게 혼자 왔어요. 먼저 무슨 일이 있었는지 이야기하고 싶어요.

상담자: 좋습니다……. 어머님의 말씀을 통해서 보다 나은 도움을 드릴 수 있도록 저에게 이 이야기를 하는 것이 어머님 스스로에게 어떤 도움이 될 수 있는지 말씀해 주시겠어요?

어머니: (울기 시작함) 아이들이 본 것을 이야기하고 감정을 표현할 수 있게 해야 한다고 들었어요. 무슨 일이 있었는지 제가 선생님께 이야기하고 나면 선생님께서 상담이 필요한지 아닌지 말씀해 주세요. 왜냐하면 제 아이들은 아무도 이곳에 와서 이야기하고 싶어 하지 않

아요.

상담자: 어머니께서는 주변의 조언들을 진지하게 받아들이시는 한편 아이들이 원하는 것에도 민감하시군요. 무슨 일이 있었는지 말씀하시기 전에 어머니께서 아이들을 가장 잘 아시는 만큼 아이들이 상담에 와서 무슨 일이 있었는지 이야기를 하면 어떤 변화가 있을 거라고 생각하시는지요?

어머니: 저는 아이들이 이것을 처음부터 다시 반복해서 겪고, 또 다시 잠을 잘 수 없게 될까봐 두려워요. 이제 겨우 밤에 조금씩 자기 시작했어요. 최근까지 아이들 모두 2시간 이상 잠을 잔 적이 없고 그것은 무척 힘든 일이었어요.

상담자: 아이들이 잠과 관련해서는 조금 개선되었던 것 같네요. 무엇이 이것을 가능하게 하였다고 생각하시나요?

어머니: 너무 자주 그러면 안 된다는 이야기를 듣기는 했지만 저희는 모두 한 방에서 같이 자기 시작했어요. 그리고 다같이 하는 일들을 시작했어요. 우리는 모두 재밌거나 즐거운 이야기를 하고 농담을 하고 하루 동안 있었던 좋은 이야기를 하지요. 즐거웠던 것들이요.

상담자: 놀랍군요! 그것이 효과가 있었나요?

어머니: 예전처럼 자지는 않지만 조금 나아졌지요.

상담자: 이것이 도움이 될 거란 걸 어떻게 아셨나요?

어머니: 저는 제가 직관적인 사람이라고 생각해요. 가끔씩 별난 생각들을 하는데 효과가 있답니다. 저는 항상 그런 편이였어요.

상담자: 저는 감동을 받았습니다. 어머님의 직관이 다시 한 번 효과를 발휘한 것 같네요. 아이들이 상담에 와서 저랑 이야기를 나누면 어떤 점들이 더 도움이 될까요?

어머니: 글쎄요, 첫째와 막내에게는 도움이 될 것 같은데 둘째는 잘 모르겠어요.

상담자: 말씀하신 두 명에게는 어떻게 도움이 될 수 있을까요?

어머니: 모르겠어요. 첫째는 아빠가 죽고 나서 걱정이 많고 매우 두려워해요. 저 역시 갑자기 죽을까봐 두려워하는 것 같아요. 아이가 너무 심각해져서 다시 웃는 모습을 봤으면 좋겠어요.

상담자: 이해합니다. 아이가 다시 웃는 것을 보면 좋은 변화가 있는 것을 확인하실 수 있겠네요. 아이가 웃을 때가 있는지요?

어머니: 네, 최근 들어 집에서 좀 더 먼 곳까지 산책을 나가는데요. 한동안 저희는 집을 떠나지 않았어요. 하지만 최근에 동네를 잠깐씩 산책하기 시작했는데 아이가 좋아하는 것 같고 심지어 미소를 보이기도 합니다.

상담자: 말씀을 듣고 보니까 아이들이 긍정적인 일들이 있으면 안심을 하고 개선이 되는 것 같네요. 막내는 어떤가요?

어머니: 그 일이 있은 후로 막내는 기억을 상실한 거 같아요. 유치원 가는 길도 기억하지 못해요. 가끔은 너무 빨리 울음을 터뜨리거나 매우 화를 내기도 해요. 밤에는 악몽을 꾸고 비명을 질러요. 막내가 가장 상담을 필요로 하는 거 같아요. 그 일이 막내에게 너무 끔찍했던 거지요.

어머니는 다시 울기 시작했고 나에게 그날 있었던 일을 구체적으로 이야기하였다. 그녀의 고통스러운 이야기를 듣는 동안 나는 매우 감동하였고 그와 같이 어려운 상황에서 이 어머니가 죽어가는 남편과 속수무책인 아이들을 무척 잘 돌본 것에 대해 큰 존경심을 느꼈다. 그러나 여전히 나는 어머니가 두 아이가 상담을 통해 무엇을 얻기를 기대하는지 더 명확히 알 필요가 있었다.

상담자: 만약에 막내를 상담에 데려오신다면 어머니께 어떤 변화가 있을 것 같으신가요?

어머니: 아이들이 잘하고 있다는 걸 확인할 수 있겠지요. 혼자 많은 결정들을 해야 하는 것은 저에게는 새로운 일이지만 제가 아이들을 도울 수 있는 것이 있다면 그것을 놓치고 싶지 않아요.

잠시 생각하는 휴식을 가진 후에 나는 어머니의 예리한 직관과 심각하고 혼란스러운 변화 가운데서도 자신의 직관적 감각을 신뢰하는 용기를 칭찬하였다. 내가 아는 한 이런 끔찍한 상황에 대처하기 위한 유일한 정답은 없으며 그동안 어머니가 해 온 것처럼 하나씩 해결해 가는 것도 더할 나위 없이 훌륭하다고 하였다. 상담을 통해서는 막내가 가장 도움을 많이 받을 수 있을 것 같고 어머니가 같이 오는 것도 얼마든지 괜찮다고 하였다. 나머지 두 아이도 도움이 필요하게 되면 언제든지 상담약속을 잡을 수 있도록 하였고 어머니는 내 말에 동의하였다.

처음으로 막내를 어머니와 같이 만났을 때 나는 아동에게 무엇을 좋아하고 잘하는 것은 무엇인지 등에 대해 물었다. 그러고 나서 우리는 그와 어머니가 함께 찾아낸 '그의 마음을 조금 더 가볍게 하는' (어머니의 바람) 모든 것을 상상한 후에 이 목표를 달성하기 위해 그가 도움이 된다고 생각하는 것들을 목록으로 만들었다. 어머니는 아들이 만든 목록을 보고 놀랐는데 그런 것들이 도움이 되리라고는 생각하지 못했기 때문이다. 우리는 또한 그가 아버지와 함께하기를 좋아한 활동에 대해 이야기하고 함께 그림 그리기 게임을 하였다.

생각하는 휴식을 가진 후에 나는 아동에게 그림을 잘 그리는 실력을 칭찬하였고 아버지에 대한 그의 바람들과 가끔씩 그 끔찍한 일을 생각하지 않기 위해서 죽기를 바라는 그의 마음을 당연한 것으로 인정해 주었다. 나는 아동과 어머니가 스스로 도움이 되는 것들을 찾아낸 것에 대해 감동을 받았다고 말해 주었다. 어머니는 자신이 노력한 것들이 아들에게 도움이 되었다는 사실에 기뻐했으며, 그녀가 잘하고 있다는 나의 칭찬에 만족을 느꼈다.

두 번째 회기에 우리는 '보다 가벼운 마음' 을 갖는 데 도움이 되는 것들에 대해 더 이야기하였다. 그 다음 회기에는 어머니와 단둘이 만났다. 어머니의 대처 전략을 더 상세히 살펴보았을 때 어머니는 잘 지내는 날들은 정기적으로 긴장을 늦추고 휴식을 갖기 위해 혼자만의 시간을 가졌다는 사실을 알게 되었다. 그녀는 또한 아이들에게 아빠의 빈자리를 보완하기 위해 너무 애쓰고 있으며 그 과정에서 자기자신이 소진되고 있다는 것도 알게 되었다. 그녀는 책임을 더하여 스스로 부담을 지우지 않기 위해서 다음과 같이 두 개의 질문을 정기적으로 묻는 것이 도움이 된다는 결정을 내렸다. "나는 어떤 기대를 충족시켜야 하는가?" "나는 어떤 것을 충족시키기 원하는가?"

어머니와의 세 번째 만남은 3개월 후에 이루어졌다. 나는 그녀가 여전히 잘하고 있는지 확인하였다. 가장 주된 질문은 자녀들이 일상생활에서 개선하기 위한 준비가 되었는지를 더 기다릴 것인지 아니면 자신이 새로운 것을 시도해서 자녀들이 따라오도록 할 것인가 하는 것이었다. 예를 들면, 일주일에 1회 한 시간 정도 저녁에 그녀가 혼자 외출을 해도 괜찮다는 신호가 아이들로부터 오도록 기다려야 하는지 아니면 아이들이 저녁에 그녀 없이 지낼 수 있다는 것을 알려 줄 것인가 하는 것이었다. 마침내 그녀는 자신이 한 단계 내딛고 아이들이 그것을 받아들이는 법을 배우도록 하였다.

아버지의 사망이 5개월 지났을 때 어머니는 세 아이 중 9세인 첫째 딸 매리앤(Maryanne)의 상담을 요청하였다. 상담 약속을 잡기 2주 전 어머니가 매우 아팠고 매리앤은 아빠처럼 엄마가 죽을까봐 매우 두려워하였다.

나는 매리앤을 6번 만났다. 거의 모든 회기 마지막 부분에 어머니가 참여하였다. 첫 회기에 매리앤은 기적 질문에 아빠가 살아 있고, 사람들 앞에서 자기의 생각을 당당하게 주장하고, 세상에 덜 화가 나는 것이라고 대답하였다.

두 번째 회기에 매리앤은 '자기의 생각을 주장하는' 과정을 다음과 같이 설명하였다. 그녀는 거북에서 돼지로 바꾸었다. 나는 매리앤과 같이 거북 인형과 돼지 인형을 가지고 대화하였다. 대화 중에 매리앤은 자기가 마침내 돼지가 되었을 때 어떻게 변할 것인가에 관해 이야기하였다. 그녀는 화가 난 커다란 얼굴을 물감으로 칠하는 것으로 그 회기를 마쳤다. 세 번째 회기에서는 매리앤은 남동생과 자주 싸우는 이야기를 하였고 자기에게 매우 화를 낸 미술교사의 얼굴을 물감으로 칠했고 사람에 대한 전반적인 매우 강한 분노를 표현하였다.

네 번째 회기 동안에 우리는 거울을 보면서 화나고 슬픈 표정을 만들고 누가 더 나쁜 말을 할 수 있는지 경쟁하였다. 그녀는 슬픈 감정과 두려움에 관해 먼저 이야기하였다. 나는 그녀에게 태양 아래의 모든 것에 관해 걱정하는 한 부인이 겁에 질린 어린 새가 날도록 가르치는 이야기를 담고 있는 그림책을 읽어 주었다. 이야기의 핵심은 모든 것을 걱정하고 새롭거나 낯선 것을 기도하기를 두려워하는 그 부인 역시 스스로 나는 법을 배우게 된다는 것이다.

5회기에 매리앤은 때때로 자기를 덮치는 두려움 괴물을 그렸다. 그녀는 깡통을 쌓고 이 두려움 괴물을 그 앞에 놓았다. 테니스공으로 괴물을 겨냥한 후 힘차게 깡통더미를 향해 공을 던졌다. 그녀는 이 작업을 여러 차례 반복하였다. 6회기에 그녀는 동네 여자 아이들과 숲 근처에서 숨바꼭질을 한 이야기를 하였다. 키가 큰 풀 속에서 숨을 곳을 찾던 중에 어떤 할아버지가 의식을 잃고 있는 것을 발견하고는 구급차를 불러서 구조를 요청할 수 있는 성인을 찾아야 했다고 하였다. 이 끔찍한 상황 중에도 그녀의 두려움 괴물이 자신의 어깨 위로 덤벼들지 않았다고 하였다. 나는 그녀가 자신의 생각대로 당당할 수 있었던 것에 관해 일기장에 기록할 것을 제안하였다. 그녀는 자기가 이미 배운 것에 대해 만족스러워 했고 앞으로도 잘할 것으로 기대하였다. 이것이 마지막 회기였다.

여느 때와 같이 모든 회기는 지난 회기보다 "무엇이 나아졌는가?"라는 나의 질문으로 시작하고 (제3장에서 설명한 것처럼) 그에 대한 답을 목록으로 작성하는 것으로 시작하는데 이것은 어머니가 참석한 회기의 마지막 10분 동안에 이루어졌다.

다음 사례는 때때로 부모가 상담에 오기 전에 자신들이 스스로 얼마나 많은 것을 했는지 알지 못한다는 것을 잘 보여 주고 있다. 그런 경우에 우리는 상담 약속을 잡기 위해 전화를 하기 전에 보다 광범위한 치료를 필요로 하는 증상이나 사건이 있었다고 할지라도 그들을 인정해 주고 지지해 주고 포기하지 않도록 격려한다.

사례: 과실에 의한 총상

캠벨(Campbell) 부인은 11세인 아들이 '심각한 상태' 라며 전화한 날에 당장 나(김인수)를 만나야겠다고 하였다. 그녀의 절박함과 '총상' 이라는 말에 나는 점심을 포기하고 그녀를 만나기로 결정하였다. 통화에서 그녀가 너무 급하게 말했기 때문에 나는 그녀가 말한 내용을 전부 듣지 못했지만 그녀는 정오에 오는 데 동의하였다. 통화한지 2시간 쯤 지나서 그녀가 나타났는데 실제로 극도로 흥분한 상태였고 끔찍한 경험으로 고통받고 있는 것이 분명하였다. 나는 그녀의 긴급한 말을 이해하고 미세한 구체적인 내용을 알기 위해 조금 천천히 이야기해 달라고 부탁해야 했다.

이야기는 약 나흘 전에 그녀의 11세인 아들 코리(Corey)가 그의 가장 친한 친구이자 친형과 같은 14세인 커티스(Curtis)와 길에서 놀던 중에 일어난 일에 관한 것이었다. 어머니들이 직장에 있는 동안 두 집 건너 살고 있는 두 소년은 커티스의 집 지하 거실에서 놀았다. 두 아이가 학교를 마치고 어머니들을 기다리는 동안 함께 노는 것은 자주 있는 일이었다.

캠벨 부인이 이해하는 그날 일은 다음과 같았다. '경찰과 강도' 놀이를 하던 중에 두 소년은 총을 소장할 수 있는 자격증이 있는 커티스의 삼촌의 총을 발견하였다. 총이 장전되어 있는 줄 몰랐던 아이들이 총을 들고 '짓난' 을 치면서 경찰과 강도, 카우보이와 인디언 놀이를 하던 중에 코리가 커티스에게 총을 겨누고 쏘는 시늉을 하였다. 놀랍게도 총이 발사되었고 커티스의 오른쪽 귀를 스쳤다. 커티스는 땅에 쓰러졌다. 처음에는 커티스가 장난치는 줄 알았던 코리는 그의 머리 옆에서 피가 흐르는 것을 발견하였다. 코리는 911에 전화를 걸어서 구급대원을 오게 하여 커티스를 병원으로 옮겼다. 첫 회기에 캠벨 부인은 커티스의 치료 경과를 지켜보는 동안에 경찰은 아직 이 일이 중죄인지, 경범죄인지 아니면 과실인지 결정하는 중이라고 하였다.

캠벨 부인은 그 다음에 정말로 놀라운 이야기를 하였다. 그녀와 커티스의 어머니 베버리(Beverly)는 몇 년 동안 친구로 지내 왔으며 자매 같은 사이였다. 두 사람은 병원에서 만났는데 경찰이 어떤 결정—중죄, 경범죄 혹은 과실—을 내리든 상관없이 두 어머니는 이 일이 사고라는 것을 마음으로 알기 때문에 두 사람은 물론 두 가족이 계속 친구로 지내기로 결정했다고 하였다.

캠벨 부인은 그 일로 코리가 어떤 영향을 받았는지 설명하였다. 잠을 자지 못하고, 그녀에게서 떨어지지 않으려하고, 밖에 나가기를 두려워하며, 그날은 학교에도 가지 않았다고 하였다. 그는 겁에 질려 있었고, 전화가 오면 몹시 놀라고 식사를 하지도 못하였다. 또한 코리가 밖에 나가면 동네 아이들이 그를 '살인자' 라고 부르고 달아난다고 하였다. 이 또한 코리에게 매우 끔찍한 일이었다.

그녀의 용기에 감탄해서 나는 지난 4일 동안 어떻게 지내 왔는지 물었다. 그녀는 정말 많이 걱정했고 아들이 매우 염려된다고 하였다. 그녀는 사고 후로 코리가 커티스를 보지 못하고 '살인자' 라는 소문이 돌게 되자 진짜로 커티스가 '죽었다' 고 생각하는 것을 알게 되었다. 그래서 그녀는 코리가 병원에 있는 커티스를 직접 보고 그가 죽지 않았다는 것을 확인하면 그의 악몽과 공포가 사라지고 학교에 돌아갈 수 있는데 도움이 될 것이라고 생각하였다. 상담을 했던 전날에 캠벨 부인은 동네 아이들이 말하는 것처럼 코리가 커티스를 죽이지 않았다는 사실을 확인시켜 주려고 하였다.

그녀가 코리의 손을 잡고 병원에 갔을 때, 병원관계자는 아동은 병실에 출입할 수 없으며 면회시간을 기다려야 한다고 했는데 그녀는 그 말과 행동을 무시하였다(직원 한 명이 그녀가 커티스의 병실로 가는 것을 막았다.). 그녀는 코리의 손을 잡고 병실로 강제로 들어갔다. 커티스와 그의 어머니가 두 사람을 보고 깜짝 놀랐으나 커티스는 미소 띤 얼굴로 "야, 잘 있었어?"하고 인사하였다. 코리 어머니는 사건이 있은 뒤 처음으로 아들의 미소를 보았다고 하였다. 코리도 커티스에게 "잘 있었어?"하고 대답했고 두 소년은 서로를 만난 것을 무척 기뻐하였다. 단지 몇 분을 머물렀지만 코리는 다시 방문할 것을 약속하고 병실을 떠났다.

캠벨 부인은 코리가 밤에 조금씩 자고 기분도 나아진 것 같다고 하였다. 나는 아동이 필요로 하는 것이 무엇인지를 아는 이 어머니의 직관과 필요한 것을 행동으로 옮기는 것이 놀라워 할 말을 잃었다. 다음 단계로 아들에게 필요한 것이 무엇이냐고 캠벨 부인에게 묻자, 그녀는 그가 다시 학교에 가고 '보통 아이' 가 되는 것이라고 하였다. 그러고 나서 그녀는 일어나서 다시 상담이 필요하면 전화하겠다고 하였다. 며칠 후에 그녀의 전화를 받았는데 그녀는 상담에 올 필요가 없겠다고 하면서 그렇게 빨리 자신을 만나 준 것에 대해 나에게 감사를 표현하였다. 그러고 나서는 한 번도 그녀의 전화를 받은 적이 없다.

이 사례가 전형적인 것은 아니지만 내담자가 삶을 되찾기 위해 단기적인 상담(심지어 한 회기일 수도)을 필요로 하는 경우가 드문 것도 아니다. 또한 아동을 한 번도 만나지 않고 아동을 치료하는 것도 드문 일이 아니다. 성인이 제공하는 단서들을 주의 깊게 듣고 그들이 아동에게 바라는 것뿐만 아니라 아동의 필요를 잘 듣게 되면 상담자는 부모가 부모의 역할을 하도록 도울 수 있고 결과적으로 그들이 아동을 지속적으로 돌볼 수 있게 된다. 정신적 외상을 경험한 아동과 그들의 부모를 돕기 위해서 적용하는 미리 짜여진 기성복 같은 전략은 없다. 각각 개별화된 치료가 매우 중요하다. 몇 년 후에 코리가 이 일로 상담을 필요로 할지 안 할지는 알 수 없으며 설사 필요로 하더라도 그 사이에 어머니와 그가 그 충격적인 사건을 극복하기 위해 시도해 온 긍정적인 일들의 목록은 엄청나게 길 것이다. 그리고 그 긴 목록이 그가 다음 단계에서 필요한 것을 쌓는 데 훌륭한 기반이 될 것이다.

ADHD 아동을 어떻게 상담하는가

이것은 논쟁의 여지가 있는 주제인데, 이 '장애' 에 관해 많은 혼란과 오해가 있는 것 같다. 아동을 '과잉행동' 으로 만드는 것에 관해서는 여러 가지 이론들이 있다. 어떤 전문가들은 아동의 '과잉행동' 을 주의력결핍을 보완하기 위한 노력으로 보는데 그들은 아동이 자신의 주의에 집중하려고 매우 노력하는 것으로 보는가 하면 다른 전문가들은 과잉행동이 넓은 의미에서 자폐성에 포함된다고 보기도 한다. 또 다른 이들은 이 진단을 받는 아동을 주의 집중하는 능력이 결핍된 것으로 보기도 하지만 이 아동들이 주변 환경의 자극에 너무 예민한 것으로 보는 것이 좋겠다고 주장하기도 한다. 어떤 ADHD(주의력결핍과잉행동장애) 아동은 성인이 보다 침착하고, 자극에 보다 느리게 반응하고, 장소나 절차나 순서에 변화가 있을 경우 미리 충분한 주의를 주었을 때 더 나은 수행을 보였다. 어떤 ADHD 아동은 계획에 갑작스러운 변화가 있거나 지속적인 변화가 잦을 때 더 많은 어려움을 보인다. 부모와 전문가에게 우리가 가장 많이 듣는 질문들을 다음에 열거하였는데 이것에 관한 우리의 생각을 설명하고자 한다.

- 우리 아이가 ADHD입니까?
- 이것은 내 아이가 평생 가지고 살아야 하는 장애인가요?
- 꼭 리탈린을 복용해야 합니까? 리탈린은 중독성이 있습니까? 이 약물치료를 하게 되면 나중에라도 아이가 약물중독이 되지는 않습니까?
- 리탈인 복용이 약물 의존이나 중독 확률을 높이지는 않나요?
- 약물치료 외에 어떤 치료들이 도움이 됩니까?
- 아이의 ADHD가 부모에게 무엇을 말해 주나요? 우리는 무엇을 해야 합니까? 어떤 것이 도움이 됩니까?
- 학교가 아이를 거부하거나 약물치료를 하도록 강요할 수 있습니까?
- 부모와 학교가 건설적인 대화를 하도록 상담자가 도울 수 있는 것은 무엇입니까?

ADHD 또는 ADD(주의력결핍장애) 진단은 일반적으로 다음과 같은 내용을 포함하고 있다. 보통 또는 평균 지능(IQ 90 이상), 짧은 주의 지속시간, 인내심 부족, 쉽사리 피로감을 느끼는 것, 비율 평가나 형태 인식에서 지각, 시각, 청각적 어려움 등이다. 또한 음향이나 청각적인 지각과 인식에 왜곡이 나타나고, 손과 눈의 협응력이 떨어지고, 신체균형을 유지하는 데 어려움도 쉽게 관찰된다. 때로는 대인관계 지각에서도 왜곡이 나타나는데 아동이 타인들과 어울리지 못하는 일반적인 관찰 내용을 설명해 준다.

일반적으로 아동이 ADHD를 진단받는 것은 9세가 되기 이전이어야 하고 이 중에 5개 이상의 어려움이 나타나야 한다. 당연히 우리는 진단은 매우 주의 깊게 내려져야 한다고 생각하는데, 이것은 아동이 뭔가 잘못되었다는 인상을 주기 쉽고 그 결과 아동과 주변 사람들의 행동에 영향을 주게 되기 때문이다.

이 진단은 특히 남자 아동에게 더 흔하다. 어느 정도의 장애가 있다고 말할 수도 있는데 지각이나 움직임 문제를 보정하기 위해 노력이 필요하기 때문이다. 따라서 이 진단을 받은 대부분의 아동들은 감각통합치료, 화법치료, 음악치료, 특별청각훈련을 통해 도움을 받을 수 있다. 리탈린은 놀랍고 뛰어난 변화를 가져올 수 있지만 어떤 아동에게는 효과적이지 않기 때문에 리탈린이 유용한가 아닌가의 문제는 일반화시킬 수 없다. 우리는 상담을 첫 단계로 제안한다. 상담은 부모와 교사가 아동의 약물치료에 대해 어떤 기대를 가지고 있고 이 목표가 약물치료 없이 달성할 수 있는 것인지 명확히 설명하는 데 도움이 된다. 우리의 경험으로는 전형적인 해결중심 단기상담이 작은 성공들을 성취하고 주의 깊게 예외적인 경우를 찾고 성공적인 전략들을 반복해서 그들이 편안하게 느끼는 수준에 도달하는 데서 아동에게 매우 효과적이었다.

리탈린은 중독성이 없는 것으로 알려져 있지만, 어떤 아동의 경우에는 약물을 끊은 후 일정 기간 동안 무기력감을 느끼기도 한다. 어떤 부모들은 주말이나 긴 휴일이나 방학 중에는 자녀에게 약물을 복용하지 않고 지내도록 하기도 하는 데 별다른 해가 없다. ADHD와 ADD 아동들은 단기상담에 적합하지 않지만 그렇다고 상담자가 자주 만나야 하는 것도 아니다. 다소 집중적인 초기 상담이 끝나면 매년 2~3차례 정도만 만나면 된다. 그러나 학교에서 특별한 문제가 생기게 되면 아동이 다시 평소 상태로 돌아갈 때까지 좀 더 자주 만날 필요가 있다.

사례: 더 이상의 정학은 없다

9세인 로버트(Robert)는 생일 2주 전에 가족 주치의에 의해 ADHD로 의심되어 의뢰되었다. 상담에 의뢰하게 된 사건은 그가 교사와 다투던 중 교사와 급우들을 공격한 것이었다. 로버트는 매주 품행 문제로 학교에서 반나절 혹은 한나절 정학을 당하고 있었다. 부모는 그에게 매우 문제가 많다고 하였다. 주의 지속 기간이 짧고 폭발적인 성격이며 서툴렀다. 그는 줄에 맞추어 글을 쓰지 못했는데 지각력에 문제가 있었다.

기적 질문에 대해 그는 다음과 같이 대답하였다. 일정 기간 동안 정학을 당하지 않고 학교생활을 하는 것, 다른 아동과 어울려 지내는 것, 나쁜 성격을 조절하고, 글씨를 더 빨리 쓰고, 다른 사람들이 자신이 단지 공격적이지 않고 똑똑하기도 하다는 것을 알게 되는 것 등이다. 기적 질문에 대해 부모는 다음과 같이 대답하였다. 로버트가 집으로 쫓겨 오지 않고 학교에서 적절한 대우를 받는 것, 교사들이 로버트를 존중하면서 훈련할 수 있는 방법을 찾아서 그가 급우들 앞에서 수치심이나 민망함을 느끼지 않게 되는 것, 부모의 말을 잘 듣고 제안을 따르고 무엇보다도 그가 더 행복해지는 것 등이다.

나(슈타이너)는 로버트의 자원과 능력과 필요를 평가하기 위해 세 차례 그를 만났다. 또한 보험회사에 정보를 제공하기 위해 몇 가지 심리검사를 실시하였다. 검사결과와 관찰 내용 그리고 부모의 설명을 통해 나는 그가 ADHD라는 데 동의하였다. 부모는 진단을 쉽게 수용하였는데, 그들은 오랫동안 자녀가 다른 아동과 다르다고 느껴 왔던 것이다. 그들은 나의 제안에 따라 보험회사에 요청하여 아들의 학습을 도울 수 있는 컴퓨터와 같이 특별한 서비스들을 제공받기로 하였다. 나는 또한 그의 담임교사를 만났는데 로버트에 대한 그녀의 설명도 매우 중요했기 때문이다. 나는 부모와 교사가 잘 대처하지 못하고 있으며 로버트의 문제행동에 대해 서로를 탓하고 있다는 것을 알게 되었다. 나는 교실에서 로버트를 관찰하고 교사와 같이 즉각적으로 변화를 시도하기로 결정하였다. 교사와 나는 내가 교실을 방문해서 관찰할 시점에 대해 의논하였다. 수업시간에 로버트의 행동을 관찰한 결과, 로버트가 매우 어려운 학생이라는 것을 동의하는 것은 쉬웠으며 나는 교사가 그동안 로버트를 위해 기울인 노력을 칭찬하고 격려하였다.

이 방문 후에 교사는 도움이 되는 방법들을 찾는 데 보다 나은 사고방식을 갖게 되었다. 로버트가 바라는 기적 중에는 손으로 글을 쓰는 대신에 컴퓨터로 기록하는 것이 있었다. 교사는 부모가 컴퓨터를 장만해 준다면 이것을 허용하기로 하였다. 많은 개선에도 불구하고 교사에게 여전히 음악, 미술, 공작 시간은 매우 어려운 상황이었다. 우리는 이런 상황의 예외적인 경우들을 찾아보았고 로버트가 감정적으로 격해지는 경우 교사가 조기에 이를 발견하고 생각하는 휴식을 주기로 하였다. 이것은 상당히 효과적이었고 교사와 나는 매달 정기적으로 통화하여 로버트의 변화에 대해 의논하기로 하였다. 또한 나는 로버트가 매달 정기적인 상담에 오기 전에 교사가 그에게 한 달 동안 그가 잘 해냈다고 생각하는 것들에 대해 알려 주도록 하였다. 이 작은 성공들이 그가 성공 탑들을(제6장 참조) 세우는 밑거름이 되었다.

나는 계속적으로 로버트와 그의 부모를 한 달에 한 번씩 만나서 어떤 좋은 변화들이 있는지 확인하였다. 그의 부모는 ADHD에 관한 책들을 읽기 시작했고 상담에 많은 질문을 가지고 오곤 하였다. 이 시점에는 부모가 주의 깊은 관찰을 통해 책에서 읽은 내용 중 어떤 치료를 시도할 것인지 스스로 결정하도록 격려하는 것이 필요하다. 이 시기에 나는 자주 다음과 같이 질문하였다. “최근에 아들을 관찰하신 후에 어떤 면에서 이것이 도움이 될 거라고 생각하셨나요?”

6개월 동안 치료는 순조롭게 진행되었다. 그리고 어느 날 로버트가 교사에게 난폭하게 구는 일이 일어났다. 조만간 새로운 교사가 오기로 하였는데 그 일로 매우 화가 난 것이다. 나는 ADHD 아동에게 있어 이러한 큰 변화들이 불안을 야기하는 것은 보기 드문 일이 아니라는 것을 알고 있다. 로버트의 부모도 즉각적으로 염려하기 시작하였고 학교도 이 일을 어떻게 할 것인지 의논하였다. 부모는 리탈린을 복용해 볼 생각이었지만 로버트가 완강한 말과 감정으로 거부하였다.

교사에 대한 난폭한 행동이 있은 후, 나 역시 적극적으로 개입하도록 요청을 받았다. 나는 학교 및 부모와 무엇이 도움이 될 것인지에 관해 의논하였다. 학교의 반대에도 불구하고 부모는 새 교사를 만나는 것이 로버트에게 도움이 될 것이라고 결정하였다. 새 교사는 학교 규정을 어기는 것임에도 불구하고 로버트를 만나는 것에 동의하였다. 부모는 자신의 직관을 믿었고 교사와의 만남을 주선하였다. 그것은 로버트를 크게 안심시켰고 그가 여름방학을 즐길 수 있는 열쇠가 되었다.

부모는 또한 지금이 약물치료를 할 적당한 시점이 아니라는 아들의 의견을 수용하였다. 로버트는 자신이 잘해 왔다고 느꼈고 그것은 그에게 큰 변화였다. 이 시기쯤에 나는 한 회기를 로버트가 약물이 도움이 될 것이라는 것을 무엇을 통해 알 수 있으며 그 시기가 적절하다는 것을 어떻게 알 수 있는지 이야기하는 데 대부분의 시간을 사용하였다. 그의 생각은 명확하였다. "여름방학이 끝나면 저는 새롭고 더 어려운 내용들을 배우게 되고 새로운 아이들을 만나게 될 거예요. 약물치료가 필요하다는 신호는 내가 예전에 선생님을 처음 만났을 때처럼 빨리 화를 내는 것인데 그러면 리탈린을 시도해 볼 거예요." 로버트는 신학기를 잘 시작했지만 동시에 너무 많은 변화들을 감당하는 것은 분명히 그에게 매우 힘든 일이었다. 그는 주말에는 밖에 나가기 싫어했고 거의 항상 긴장했으며 기분이 좋지 않았다.

학교가 시작되고 나서 첫 상담에서 그는 자신이 공격성을 폭발하지 않고 침착함을 유지한 것에 대해 매우 자랑스러워하였다. 나는 그를 칭찬했고 우리는 그가 어떻게 그렇게 할 수 있었는가에 관해 긴 대화를 나누었다. 로버트는 마침내 "나는 이제 내가 할 수 있다는 것을 알아요. 하지만 너무 많은 에너지가 필요하고 또 오래 걸려요."라고 말함으로써 리탈린을 시도할 뜻이 있음을 밝혔다.

그가 기꺼이 약물을 규칙적으로 복용함으로써 결과는 매우 좋았다. 그 부작용으로 식욕문제를 극복해야 했지만 그는 리탈린이 어느 정도 효과가 있다고 확신하였다. 새로운 환경에 잘 적응하는 동안 그는 나에게 자신의 진짜 바람은 기적이 현실에서 이루어져서 하루 종일 학교에서 지내고, 친구를 사귀고, 감정을 조절하고, 더 빨리 글씨를 쓰고, 다른 사람들이 그가 똑똑하다는 것을 알게 되는 것이라는 것을 상기시켜 주었다.

로버트는 매우 잘 해낸 결과 수학 영재로만 구성된 수학 '영재반'에 들어가게 되었다. 마침내 그는 자신의 영리함을 인정받게 되었다고 느꼈다. 지난 한 해 동안 나는 로버트와 그의 부모를 세 번 만났다. 그의 경과가 매우 좋아서 운동감각치료는 더 이상 받지 않게 되었다. 일 년 후면 고등학교에 진학하기 때문에 그는 또 다시 학교에서 큰 변화를 겪게 될 것이다. 그렇게 되면 그는 한 해에 12명의 교사들을 만나야 한다. 그러나 도움이 되는 것들에 관한 그의 생각들을 경청하는 것을 포함하여 관심을 기울이는 전문가들과의 훌륭한 연계와 협력을 통해서 나는 그가 계속적으로 발전할 것이라고 확신한다.

로버트와 같은 아동을 상담하는 경우 성공적인 결과는 아동이 말하는 것을 존중하고 적절한 시기에 적절한 질문을 하는 것이라고 우리는 믿는다. 다른 특수한 경우들 이상으로 다른 전문가들과 ADHD 아동의 부모와 협력하고 협동하는 것이 성공적인 결과를 얻기 위해서 매우 중요하다.

학교 공포증(학교 거부)을 어떻게 다루는가

학교생활에 어려움을 겪는 아동에 관하여 받는 일반적인 의문과 염려들은 다음과 같다.

1. 아이들이 학교 가는 것을 강요받아야 하는가?
2. 학교가 도움을 주도록 변화해야 한다고 생각하는가?
3. 학교 공포증은 가족 체계의 어려움의 일부분으로 나타나므로 가족치료를 해야 하는가?

다시 말하지만, 이런 질문들은 아동 혹은 부모에게 어떤 공통적인 요소가 있다고 암시하지만 이러한 사례들은 분리된 실체로 다루어져야 한다.

확실하게 말할 수 있는 것은 학교 공포증을 겪는 아동의 일반적인 공통점은 그들이 학교에 가기 싫어한다는 것이다. 한 가지 강조되는 것은 아동은 독립적이고 다른 사람과는 다른 존재라는 것이다. 그러나 학교에 가는 것에 대한 거부감은 인지되는 것이든 현실이든 미약하든 심각하든 간에 아동이 겪는 두려움에 바탕을 두고 있다. 어떤 경우에 학교에 가지 않는 것은 어려운 상황에 대한 최선책일지 모른다. 만약 학교에 가지 않는 것이 두려움에 바탕을 둔 것이었다면, 가능한 한 빨리 아동을 만나는 것이 좋을 것이다. 위탁을 받은 당일이나 그 다음 날에 바로 보는 것이다. 아동이 학교를 피하는 시간이 길수록 그들이 학교에 돌아오는 것은 더 힘들어진다. 우리의 목표는 항상 아동으로 하여금 적절한 대처 전략들을 찾아 학교에 적응할 수 있도록 돕는 것이다.

아주 예외적인 경우 학교를 바꾸는 것이 도움이 될 수도 있지만 그것 외에 다른 해결책이 없는 경우란 아주 드물다. 전학 가면 '무엇이 달라질' 것인지 물어보면 주로 등하교 때 불량한 아이들을 만나지 않는 것과 같은 것들이다. 이러한 문제들은 사회기술을 향상시키거나 교사, 교직원, 친구들과의 어려운 관계를 다루는 능력과 연관된다. 따라서 학교 공포증과 같이 긴급한 문제에 대한 큰 해결책을 찾으려고 하기보다는 작고 쉬운 방법들을 찾아서 목표를 향한 변화를 시도하는 것이 언제나 가장 유용한 방법이다.

이것이 가족문제와 연관이 되든 아니든 문제해결 접근에서는 문제의 원인을 찾는 데 관심을 갖지 않는다. 우리는 부모자식 간에 가능한 가장 작은 해결책을 시작하는 것이 문제해결에 어떻게 도달할 수 있는지 찾는 것과 그들의 목적에 도달하도록 하는 것에 흥미를 가지고 있다. 아마도 또한 사례에 대한 구체적인 설명이 이것을 더욱 명확하게 해 줄 것이다.

사례: 공룡부터 피자까지

블룸(Blume) 부인은 학교의 제안으로 10세인 아들 바비(Bobby)에 대해 전화를 하였다. 그는 3일 전에 학교 가기를 거부했는데 친구들이 놀리는 것이 그 이유라고 하였다. 바비가 등하교에 어려움을 가지자 두 부모와 학교는 그 문제로 당황스러워하였다. 바비는 다른 문제에서는 부모에게 문제가 되지 않았다. 블룸 부인은 이번에는 학교 측에서 그녀가 물리적으로 바비를 끌고서라도 학교로 보내라고 하는 것이 이전과 다른 점이라고 하였다. 그러나 그녀는 그를 혼자 다룰 때 매우 고집이 세다고 느꼈다. 남편은 주 중에는 도시에 일을 나가고 주말에만 집에 왔다.

나는 다음날 바비와 어머니를 만났는데, 블룸 부인은 그를 상담실로 데려오는 게 얼마나 어려운지 설명하였다. 그는 곧바로 울기 시작했고 도망가려다 어머니에게 붙잡혔다. 나는 바비에게 이것은 매우 어려운 상황이고 그가 나를 만나기를 원하지 않는 데는 그럴만한 이유가 있을 거라고 말하였다.

바비: 물론이지요. 선생님은 내가 학교로 다시 돌아오기를 원하지만 내 인생에 절대로 그럴 일은 없을 거예요.

상담자: 그러면 너는 대신에 무엇을 하기 원하니?

바비: 지금 당장 나가고 싶어요.

상담자: 그러고 나서 무엇을 하려고? 10년 쯤 후에 너는 무엇이 되고 싶니?

바비: 잘 모르겠어요.

어머니: 고생물학자가 되고 싶어 했어요.

상담자: 그랬니? 네가 되고 싶은 것이 그것이라는 걸 어떻게 알았지?

바비: 모르겠어요. 지금 나가고 싶어요.

상담자: 알았어. 근데 한 가지 질문이 있어. 나는 지금까지 너처럼 이런 흥미를 가진 아이를 본 적이 없었어. 매우 놀랍구나. (엄마에게) 정말 놀랐어요. 매우 훌륭한 아드님을 두셨군요!

어머니: 얘는 책을 많이 읽고 공룡에 관해서는 무엇이든지 다 알아요. 저는 얘가 고생물학자가 될 거라고 생각했어요. 얘는 '쥬라기 공원 1, 2'를 보고 어떤 동물이 제대로 만들어졌고 어떤 것들이 서투른 모조품에 불과한 건지를 안다니까요.

상담자: 많은 아이들이 공룡에 대해 관심을 가지죠. 하지만 보통은 바비처럼 이런 깊은 지식을 갖고 있지는 않답니다.

나는 사무실에 가서 앉자고 제안하였다.

상담자: 나는 네가 무척 영리하다고 생각한단다. 그래서 약간의 상상력이 필요한 질문을 하나 하고 싶구나.

바비의 기적 질문에 대한 즉각적인 대답은 그가 고생물학자나 전문가로서의 직업을 갖도록 성장하는 것이었다. 그는 공룡의 흔적이나 발자국을 찾기 위해 전 세계를 돌아다니게 된다. 그는 유명해질 것이고 매우 훌륭한 관측가이며 그의 연구는 명석한 결론을 얻기 때문에 사람들이 그의 말에 주의를 기울일 것이다. 게다가 더 이상 체육이나 음악 수업을 듣지 않았고 친구들은 더 이상 그를 놀리지 않는다. 그래서 학교 가는 길에 싸움이 없다. 기적 질문에 대한 어머니의 대답은 바비가 무엇을 할 때보다 공룡에 대해 얘기하고 아침 일찍 일어나 노래를 흥얼거리며 샤워를 하며 어떤 불평도 없이 학교에 잘 가는 것이었다. 바비는 만약 그의 아버지가 미식축구에 흥미를 가졌다면 그가 놀라운 일을 발견했을 거라고 하였다.

나는 바비의 대답을 다음과 같이 요약하였다. 다른 친구들이 그의 말에 귀를 기울이면 그는 그들과 함께 어울리게 될 것이다. 가장 최근에 이런 일이 있었냐고 물었을 때 그는 4학년 때 친구들은 공룡에 대해 관심을 가졌지만 이제는 더 이상 공룡에 대해 관심을 가지지 않으며 지금은 아무도 그와 이야기하려고 하지 않는다고 말하였다.

상담자: 바비야, 네가 다른 아이들을 놀라게 해 주려면, 정말로 많이 놀라게 하려면 무엇을 하면 좋겠니?

바비: 잘 모르겠어요…… (긴 침묵). 반 전체를 위해서 피자를 만드는 것? 아이들은 내가 요리를 잘한다는 걸 알지 못해요.

상담자: 와우, 또 뭐가 있을까?

바비: 몰라요.

나는 동물 인형이 있는 바구니를 쏟아 바비에게 지금 상황과 기적이 일어난 후의 상황에 맞는 인형을 고르라고 하였다. 그는 현재 상황에는 거북을 그리고, 기적에는 돌고래를 선택하였다. (나는 공룡 인형을 갖고 있지 않았다.) 나는 거북이가 얼마나 멋진가와 껍질 속에서 그를 보호할 수 있는가를 이야기하였다. 그러나 한편으로 이것은 다른 사람들의 말을 듣기 어려울 수 있다고도 하였다. 돌고래에 대해서는 그것이 매우 유연하고 다른 돌고래 떼 사이에 많은 즐거움을 가졌다고 하였다. 즉, 두 동물이 각각 이런 측면들 혹은 관심들을 갖고 있는데 스스로 보호를 하면서 집단에서 즐겁게 지내는 것이 좋겠다는 이야기였다. 두 가지가 다 필요한데 재미가 없이 단지 보호만 받을 수도 없으며 또 때로는 혼자 있어야 하기 때문에 항상 즐거울 수만은 없다는 것이었다.

생각하는 휴식을 갖기 전 그날 상담에 관한 척도 질문에 그는 2점이라고 하였다(0점은 '나는 결코 학교에 돌아갈 수 없다.' 이고, 10점은 '문제될 게 없다.' 를 의미하였다.). 2점일 수 있는 이유를 물었을 때 바비는 공룡에 대해 이야기한 것 때문이라고 하였다. 그는 학교에 돌아가기 위해서 정기적으로 대화를 나눌 수 있는 서너 명의 친구들이 필요하다고 하였다. 가장 이야기하고 싶은 아이들의 이름을 묻자 그는 세 명의 이름을 댔다.

휴식시간을 가진 후에 나는 바비에게 그의 공룡에 관한 진지한 관심과 학교에서 다른 친구들과의 관계에서 경험하는 어려운 상황을 얼마나 잘 설명했는지에 대해 칭찬하였다. 나는 누구나 재미있게 이야기할 누군가를 원하기 때문에 그가 학교에 가기 싫어하는 것을 확실하게 이해할 수 있었다. 하지만 바비가 친구들을 위해 피자를 만들어 간다는 생각에 무척 감동을 받았다. 그래서 다음에 왔을 때 그가 몇 명의 아이들을 사귀게 되었을까에 대해 궁금했다. 나는 그의 어머니에게 바비가 상담에 오는 것을 원하지 않았음에도 불구하고 확고하게 치료에 데려온 것을 칭찬하였다. 이것은 그녀가 그를 얼마나 많이 사랑하고 매우 친밀한 관계를 맺고 있는가를 명백하게 보여 주었다.

나는 바비의 어머니에게 아버지와 대화하고 그들이 부모로서 과거에 바비가 다른 아이들보다 강한 면을 보이도록 도와주었던 일을 찾아보라고 하였다. 나는 교사를 만나서 상담을 시작했다는 것을 알려 줄 것을 제안하였다. 바비의 어머니는 교사에게 평정 내용과 개선을 위해서 가족이 얼마나 노력하고 있는지를 잘 설명하였다. 그리고 바비에 관해 더 많은 정보를 얻기 위해 언제든지 나에게 전화를 해도 좋다는 것을 알렸다.

실제로 교사는 나에게 전화를 했는데, 그녀는 마음이 열려 있고 바비를 돕기 위해 무엇이든 할 준비가 되어 있었다. 교사는 바비가 매우 영특한 아동이지만 매우 수줍고 사회적 기술이 부족하며 어머니와 너무 밀착되어 있다며 자신의 평가를 설명하였다. 나는 교사에게 바비의 평정 내용을 전했고 바비가 언급했던 세 명의 이름도 알려 주었다. 교사는 즉시 그녀가 종종 아이들에게 집단학습을 시키기 때문에 그 네 명의 아이들을 한 집단으로 지정하겠다는 의견을 보였다.

2회기. 바비는 그가 전에 말했던 잭의 도움을 받아 그의 학급 친구들을 위해 피자를 구운 것에 대해 매우 자랑스럽게 여긴다고 전하였다. 그의 어머니가 이벤트를 준비하는 것을 도왔다. 그는 자신은 잭에게 전화할 용기가 없었기 때문에 어머니가 대신 전화를 해 주는 게 큰 도움이었다고 여겼다. 그의 어머니는 또한 교사에게 피자가 학급에 가장 좋은 시간에 배달되도록 계획을 세우도록 요청하였다. 비록 어머니가 큰 역할을 했지만 그녀는 교실에 등장하지 않기로 했고 교사는 그날 마지막 시간에 다른 친구들이 교실에 피자 가져오는 것을 돕도록 계획을 세웠다. 바비는 이 마지막 시간 동안에 학교에 머물 수 있었다.

교사는 바비에게 다음날 마지막 시간의 계획에 대해 알렸고 바비는 그가 할 수 있는 일이라고 생각하였다. 바비가 마지막 시간에 다시 교실에 오도록 계획을 세웠다. 첫 번째와 두 번째 회기 사이에 바비는 학교에 세 번을 다녀왔고 이것은 그에게 엄청난 성공을 안겨 주었다. 물론 나는 구체적으로 어떤 생각들이 그가 학교 건물에 들어가는 데 도움이 되었고, 사전에 계획된 대로 교실에 앉아 있을 수 있도록 그가 무엇을 했는지도 궁금하였다. 바비는 플라스틱 거북 인형과 돌고래 인형을 가져가서 오른쪽 주머니에 있는 돌고래를 꽉 쥐면서 "너는 유연한 돌고래가 될 거야."라고 말하며 학교 건물로 들어갔다고 하였다. 그리고 교실에 들어가자마자 거북을 꼭 쥐고 "만약 너무 힘들면 거북이 될 수 있어."라고 말했다고 하였다. 그러나 교실에 들어가자마자 그는 잭을 보게 되었고 잭의 존재는 그를 평온하게 만들었다. 그는 교실에 들어올 때 생각했던 거북에 대한 것들을 모두 잊어버렸다. 평온함을 유지하는 것이 얼마나 쉬운지에 대한 평정에 그는 4점이라고 하였다.

그에게 언제가 5점이라는 것을 알 수 있느냐고 묻자, 바비는 학교에서 4시간 동안 계속 있는 것이라고 대답하였다. 우리가 그를 5점으로 올리기 위해 어떻게 도와야 하는지 논의하였을 때 그는 용감하게 주변을 둘러보고 학급의 다른 아이들에게 어떤 말을 할지 아는 것이라고 말하였다. 그러나 그는 이것을 어떻게 해야 할지에 대해 잘 몰랐다. 그에게 이러한 기술을 배우도록 얼마만큼 기꺼이 노력할 것인지에 대해 묻자 그는 곧바로 10점이라고 대답하였다. 내가 이것을 그의 어머니에게 설명하자 바비는 나든 누 형들과는 다르게 특별한 아이였는데 특히 남편이 주중에 다른 도시에서 일을 시작하고 그녀가 혼자 있는 시간이 많아진 후로 그랬다고 설명하면서 '이제는 그를 조금 놓아주어야' 한다는 것을 안다고 하였다. 하지만 그녀는 바비가 그녀 자신에게 뿐만이 아니라 다른 아이들과 연관된 사회적 기술이 더욱 요구된다는 사실을 인정하였다. 나도 그녀의 말에 동의하였다.

생각하는 시간을 가진 후 나는 바비가 지난 상담 이후로 행한 것들과 그가 새로운 것을 익혀 학급의 다른 친구들과 사귀는 것에 얼마나 감동받았는지 칭찬해 주었다. 새로운 것을 배우기 위해 몇 번의 상담이 더 필요 하겠냐고 했을 때 바비는 적어도 4번 이상이라고 대답하였다. 그래서 우리는 내가 바비와 단 둘이 네 번 이상 만나는 것에 합의하였다. 나는 관찰하는 것을 제안했고 그가 훌륭한 관측가인 만큼 주의 깊게 관찰하고 다른 아이들이 서로 무엇을 어떻게 얘기하는지 잘 듣고 그들의 관심사는 무엇인지 기록하도록 하였다. 나는 또한 그의 어머니가 바비에게 꼭 필요한 만큼의 도움을 주는 것을 칭찬해 주었다. 즉, 그녀는 바비에게 도움을 주었지만 그가 성장하고 사회적 기술을 갖추기 원하는 마음으로 적절한 방식으로 그를 내버려 두는 것 또한 알고 있었다.

바비는 네 번의 상담에 혼자 오기로 결심하였다. 우리의 우선적인 관심은 자기지각이었다. 나는 바비가 기쁨, 슬픔, 화, 망설임과 같이 다양한 감정들을 행동으로 표현하고 다른 인물들(영화배우, 교수, 도둑, 미식축구 감독)이 되는 것을 촬영하였다. 이 기법을 사용할 때 상담자가 같이 합류하여 다양한 감정과 인물을 창조하는 것이 중요하다. 촬영한 내용을 함께 다시 보는 것은 매우 즐거웠고 우리는 무척 많이 웃었다. 우리는 또한 바비가 매우 좋아하는 '사이먼 가라사대' 게임을 했는데 모든 회기를 이 게임으로 마무리하는 것이 관례가 되었다.

공격성 주제가 빈번하게 나타나 우리는 권투를 했고 바비는 권투를 하는 동안 상대방을 보는 연습을 하였다. 그는 가라대 수업을 받기로 결심하였다. 우리는 또한 몇 번의 낙서 게임을 했고 항상 바비가 한 낙서의 한 부분을 이용해 작은 이야기를 만드는 것으로 마무리했다. 이야기의 내용은 점점 더 대담해졌고 그의 자기 주장하는 능력이 점점 더 안정되었다. 각 회기 동안 우리는 그의 변화를 평정하였고 개선의 신호들을 보게 되었다. 다른 아동의 행동을 관찰하는 것 또한 그에게 일상적인 일이 되었고 나는 실제로 그의 관찰 기술과 그가 원하거나 원하지 않음에 따라 그에게 적합한 것을 선택하는 능력에 감동을 받았다.

우리 회기에 앤디(Andy)라는 이름이 등장하였는데, 나는 바비가 다른 어떤 아동들보다 앤디와 더 많은 시간을 보낸다는 사실을 알게 되었다. 내가 다른 아동들이 그를 어떻게 생각하는지 물어보자, 바비는 어려움을 느꼈고 그것은 앤디에 대해서도 예외가 아니었다. 마침내 어느 날 바비가 말하였다. "앤디를 여기에 데리고 오는 게 어떨까요?" 우리는 함께 앤디가 무엇에 흥미가 있는지, 바비가 그에게 질문하고 싶은 것이 무엇인지에 대해 논의를 하고 나서야 마침내 앤디가 바비와 함께 상담에 왔다. 나는 앤디에게 바비가 잘하는 것은 무엇이며 아직은 더 개선해야 하는 것은 무엇이라고 생각하는지 물었다. 이것이 바비와 함께 한 마지막 회기였다.

부모만 면담한 경우가 2회 있었다. 대부분 바비의 변화를 강화하기 위한 방법들에 관한 논의였다. 나는 아버지와 아들이 적어도 한 달에 두 번은 함께 자전거를 타기로 약속한 것을 알게 되었다. 부자는 이미 '쥬라기 공원' 영화를 보고 왔고 더 많은 활동들이 계획되어 있었다. 아버지는 처음으로 바비와의 관계에서 밀쳐 내지는 것 같은 느낌을 표현할 수 있었다. 그가 바비에 대해 무엇인가 말할 때마다 어머니가 항상 자녀 편을 들었기 때문이다. 또한 바비의 어머니는 아버지가 아들을 너무 거칠게 대하는 것에 대한 감정을 표현하였다. 두 사람은 부모로서 서로 협력하는 방법을 생각하게 되었다.

우리는 심지어 경험이 많은 상담자도 때로는 윤리적, 전문적으로 자기가 지금 제대로 하고 있는지 의문을 갖게 하는 또 하나의 사례를 살펴보고자 한다.

사례: 어머니의 어려운 결정

카펜터(Carpenter) 부인은 학교의 강력한 요구에 의해 학교 문제로 어려움을 겪는 11세 아들 릭(Rick)을 위한 상담을 요청하였다. 릭의 문제는 극도로 공격적인 행동이었다. 학교는 릭을 기관에 보낼 필요를 느꼈고 그가 자신의 감정을 조절할 수 있게 되면 기꺼이 여름방학을 마치고 다시 학교로 되돌아오게 할 의향이 있었다. 상담은 여름방학 초에 의뢰되었다. 릭은 세 남매 중 둘째로 형 톰은 14세, 여동생 베키는 7세였다.

가족은 이미 많은 어려움을 겪고 있었다. 아버지는 벌써 몇 달째 간이식 수술 대기자 명단에 올라 있는 상태였다. 카펜터 씨는 심각한 위출혈로 여러 차례 생명에 위협을 받았고 몸이 매우 약한 상태였다. 카펜터 부인은 가족을 부양하기 위해 일을 해야 했고, 남편이 아이들을 돌보고 있었지만 현재의 건강 상태로 그의 능력은 매우 제한되었다.

첫 회기에서 나는 릭이 수학을 매우 잘하고 그림을 좋아하며 동물들을 잘 다루는 능력을 갖고 있음을 알게 되었다. 그는 친구가 없었고 항상 혼자 있었다. 그는 동생과는 잘 지냈지만 형 톰이 아버지 역할을 하려는 것 때문에 그에게 분개하고 있었다. 그러나 아버지는 톰의 노력을 고마워했고 안도감을 느끼고 있었다. 릭은 종종 형에 대해서 "형은 나한테 뭐라 할 수 없어. 형은 아빠가 아니란 말이야."라고 화를 냈다.

기적 질문에 대한 릭의 대답은 학교에서 더 잘 지내고, 아버지가 새로운 삶을 살기 원하고, 사람들이 그를 내버려 두는 것이라고 하였다. 기적 질문에 대한 아버지의 대답은 그가 가족에게 큰 문제를 가진 사람이 아닌 가치 있는 사람으로 여겨지는 것이었다. 반면에 어머니는 "나는 어떠한 기적도 생각할 수 없어요."라고 대답하였다.

첫 회기의 남은 시간 동안에는 릭이 여름을 잘 보내기 위한 가족들의 생각들을 나누었는데, 그들은 릭이 다른 아이들과 잘 지내고 친구들이 더 이상 그를 두려워하지 않는 것이 모두를 위해 가장 좋은 일이라는 데 동의하였다. 우리는 릭이 학교 상담사와 면담하도록 주선했는데, 그에게 좋은 성적을 얻고자 하는 동기가 있었기 때문에 개인교습이나 특별한 교육 프로그램이 필요한지 알기 위해서였다.

회기를 마치면서 나는 가족이 모두에게 좋은 방식을 찾고자 하는 힘과 바람을 가진 것을 칭찬하였다. 그리고 지금 그들이 겪는 어려움들은 어떠한 가족이라도 힘들게 만들 것이라고 설명하였다. 나는 그들이 현재의 상황과 릭의 문제를 새로운 눈으로 보고 다른 시각에서 해결책을 찾는 것이 매우 유용할 것이라고 말하였다. 또한 릭이 좋은 학생이 되려고 하고 학습에 흥미를 가진 것을 칭찬해 주었다.

2회기(5주 후). 릭은 감정을 폭발하지 않고 성공적으로 스포츠 캠프를 다녀왔다. 그는 심지어 친구들과 서로 전자 우편을 주고받기 시작하였다. 그럼에도 불구하고 그는 서로 낯선 아이들이 밤낮으로 같이 있어야 하는 상황에서 그가 어떻게 잘 지낼 수 있었는지에 대한 내 질문에 전혀 대답하지 못하였다. 릭은 "잘 모르겠어요."라고 대답하였다. 심지어 내가 더 시각적이고 촉각적인 방법을 사용하기로 결정하고 인형을 사용해서 대화하는 것을 제안했지만 여전히 차이가 없었다. 릭은 심지어 휘갈겨 쓰기 게임도 거절하였다. 그가 말하도록 강요하려 애쓰기보다 차라리 나는 릭에게 대기실에서 기다리라고 하고 부모를 상담하도록 요청하였다. 카펜터 부인은 릭이 우울한 아이라고 생각하고 있었고 자녀들의 요구에 따라 여름방학에는 아직 길들여지지 않은 강아지 두 마리를 사주었다고 하였다. 아버지는 강아지들을 특별히 달가워하지 않았지만 수용하겠노라고 하였다. 그러나 어머니는 톰과 함께 강아지들을 산책시키는 것이 도움이 된다고 느꼈다.

이렇게 어려움이 많은 가정에 강아지들을 들이는 것이 나로서는 상상할 수 없는 일이고 절대로 그렇게 하지 않았겠지만, 나는 내담자가 자기 삶에 대한 전문가이며 어머니가 집에 강아지들이 있는 것이 도움이 되었다는 것을 수용하였다. 나는 릭이 캠프를 성공적으로 마친 것을 칭찬하고 캠프에서처럼 다른 아이들과 잘 지내는 동안 자신이 어떻게 하는지 잘 관찰하도록 하였다.

3회기. 릭은 어머니에 의해서 강제로 끌려와서 말하기를 거부했고 사무실의 가구를 부수겠다고 협박하였다. 나는 그에게 네가 이러한 감정을 느끼는 데는 충분한 이유가 있을 것이라고 말하였지만 그는 말하기를 거부했으며 대화가 가능하지 않을 것이 분명하였다. 그래서 나는 릭에게 말하기 원하지 않는다면 말하지 않는 것도 좋다고 하였다. 대신에 나는 부모에게 지난번 회기 이후로 그가 어떻게 잘 지냈는지에 관해 이야기를 나누었다. 릭은 학급캠프를 무사히 다녀왔으며 감정폭발이 없이 잘 보냈다고 하였다. 어머니는 그가 캠프에서 집에 돌아올 때 심지어 행복해 보였다고 전했나. 그는 또한 몇몇의 새로운 친구도 사귀었다.

나는 릭이 집에서 그의 기분을 잘 조절하는 시기에 대해서 좀 더 상세하게 확인하는 데 시간을 보냈고, 또한 교사들이 그가 학습을 잘하고 기분을 조절하는 것을 알 수 있는지 알아보았다. 카펜터 부인은 릭이 심지어 작문에서 우수함을 보인다고 알려 주었다. 몇 번은 감정을 조절하지 못해서 학교에서 집으로 보내진 적이 있었지만 여름방학 전과 비교하면 큰 차이가 있었다. 집으로 보내진 것이 좋은지 나쁜지를 결정할 수는 없었는데 릭이 대화에 참여하기를 거부하고 계속 문 옆에 서 있기만 했기 때문이다.

이 회기 동안에 내가 릭에게 들은 유일한 말은 사람들이 그를 공정하게 대하지 않는다는 것이었다. 부모는 그의 반에 성폭행을 당한 여자아이가 있는데 모든 아이들이 호들갑을 떠는 것 때문에 릭이 그 아이에게 신경질이 나 있다고 설명했다. 최근에 릭은 그녀의 운동화를 숨겼다가 발각되어서 벌을 받았다. 릭의 아버지는 아들을 다음과 같이 변호하면서 화를 냈다. "사람들은 우리 가족에 대해서 이야기하지 말고 자기들 집에 가서 거기서 일어나는 일에 더 관심을 가져야 합니다. 우리는 아무런 문제가 없어요. 릭은 곧 감정을 조절하는 법을 배울 것입니다. 요즘은 학교가 아이들을 다루는 법을 모릅니다!"

나는 아버지가 첫 시간에 말한 것을 기억하고 있었다. 그에게 기적은 가족이 가진 모든 문제를 자기 탓으로 비난받지 않는 것이었다. 그래서 나는 릭이 감정을 잘 조절하기 위해서 해낸 모든 긍정적인 과정들과 부모가 릭의 학교 과제를 돕기 위해서 하는 모든 크고 작은 일들에 대해서만 이야기하기로 결정하였다. 우리는 그들이 지금까지 성공한 것에 대해 좀 더 이야기를 나누었는데 갑자기 아버지가 가족들이 모두 잘 되어 가고 있는 것만은 아니라고 말하였다. 실제로 이것은 매우 어려웠는데 아버지가 "저는 새로운 간을 이식받기 전에 죽을까봐 두렵습니다."라고 하였다.

카펜터 부인은 어떤 대가를 치루더라도 자활하고, 밤낮으로 일해서 가족을 부양하고, 복지사업의 도움을 받지 않겠다고 말하였다. 이 회기는 릭의 모든 크고 작은 변화들을 알아차린 부모를 칭찬하는 것으로 마무리하였다. 그리고 나는 비록 그것이 매우 어려운 일이기는 하지만 그들의 방식으로 가족을 지키기로 결정한 것에 매우 감동을 받았다. 부모는 내가 학교에 연락하고 교사와 함께 릭을 다루는 다양한 방법들을 상의하기 위해 만나는 것을 허락하였다.

내가 교사와 만나기 전에 릭이 다른 아이를 공격했고 그는 곧바로 집으로 보내졌다. 그때부터 릭은 절대적으로 학교에 다시 돌아가기를 거부하였다.

카펜터 부인이 나와 단둘이 상담하기를 요청하였다. 나는 그녀가 말을 꺼내는 데 오랜 시간이 필요할 것이라고 느꼈고, 그래서 나는 그녀와의 시간에 제약을 받지 않기 위해서 하루 중의 마무리 시간대에 그녀와 만나기로 약속하였다. 그녀가 왔을 때 나는 커피를 권했고 우리에게는 많은 시간이 있다고 알렸다. 카펜터 부인은 바로 울기 시작했고 이야기의 실타래를 풀기 시작하였다. 그녀는 더 이상 스트레스를 다룰 기력이 없고 가족이 살아남기 위해서 릭이 집을 떠났으면 좋겠다고 말하였다. 그녀는 릭이 매우 예민한 아이라고 덧붙였고 그는 죽음에 임박한 그의 아버지에 의해 많은 고통을 겪고 있다고 하였다. 그리고 그녀는 이것이 그를 돕는 유일한 방법이라고 확신하였다. 그녀는 남편이 이것을 좋아하지 않을 것이라고 여겼지만 그래도 이것이 가장 나은 방법이고 이미 릭에게 적합한 기숙학교를 알아보기도 하였다. 그녀는 또한 그의 가족이 도시를 떠나 새로운 삶을 살 수 있는 새로운 기회를 얻기 위해서 좀 더 안정적인 수입과 더 나은 근무시간을 갖춘 다른 일서리를 찾고 있다고 말하였다. 이 말을 듣고 나는 매우 놀랐다.

카펜터 부인은 나에게 두 가지 부탁을 하였다. 첫 번째는 학교와 연락해서 릭에 대한 그녀의 결정을 말해 달라는 것이었고, 두 번째 것은 지역의 아동복지사업에서 릭이 집을 떠나 시설에 들어가 지낼 수 있는 방법을 주선하도록 편지를 써 달라는 것이었다. 나의 이해를 돕고 그녀가 충동적으로 이 일을 결정하지 않았는지 확인하기 위해서 나는 몇 가지 질문들을 하였다. 무엇 때문에 이것이 릭과 가족에게 도움이 될 것이라고 생각했는가? 가족과 떨어져 지내는 것이 릭에게는 어떤 의미를 가지는가? 그녀의 계획에 남편은 어떻게 참여했는가? 그녀 자신과 릭, 가족에게 이것이 좋은 결정이라는 것을 어떻게 알 수 있는가?

생각하는 휴식 동안 나는 내 자신의 생각과 감정들로 괴로웠다. 분명히 어머니는 매우 강한 여자였고 그녀는 단기간에 결심을 할 수 있는 것처럼 보였다. 그러나 나는 내가 그녀를 알기도 전에 이미 그녀가 이 문제와 다른 많은 문제들에 대해 오랫동안 고민해 왔다는 것을 깨달았다. 나는 그녀의 결심과 용기, 그리고 모든 사람에게 좋은 방법이되 특히 릭에게는 더욱 그러한, 사랑하는 모습에 대해 칭찬해 주었다.

나는 카펜터 부인과 네 번을 더 통화하였다. 조금 더 시간이 지나서 나는 지역의 아동복지사업을 통해서 가족이 이사를 갔고, 릭은 어머니의 도움으로 선택한 특수학교에 다니고 있다는 소식을 들었다.

논 의. 이것은 어려운 사례 중의 하나인데 이유는 이 문제가 매우 복잡하고 해결하기 어려웠기 때문이 아니라 이러한 결정이나 가장으로서의 어머니의 결론이 우리가 가족이나 아동에게 가장 좋은 것을 선택한 방법이나 '긍정적인' 결과가 아닌 것으로 보기가 쉽기 때문이다. 많은 전문가들이 가족의 목적으로부터 벗어나기 때문에 어려운 점들이 많이 있다. 아버지의 죽음의 임박함, 아버지의 지도와 도움에 대한 릭의 필요와 그렇게 할 수 없는 아버지의 상황, 릭이 너무 '폭력적이고 공격적이기' 때문에 즉각적인 전학을 요구하는 학교, 그리고 릭의 전학에 대한 어머니의 저항 등이다. 어떤 이들은 두 마리의 강아지들을 끌어들인 어머니에 대해 경악할 수 있을 것이다. 또는 릭이 이제 친구들을 사귀고 학습이 향상되고 있는 시점에서 릭을 시설에 넣기 위해 아동복지사업에 요청하기로 한 어머니의 결정을 의아해할 수도 있다. 이러한 어머니의 결정은 어디에도 없던 것으로 무척 갑작스러운 것처럼 보였다. 그러나 가족과 학교의 투쟁에 관한 영화는 내가 그 장면에 등장하기 전에 이미 오랫동안 있어 왔다. 그래서 상담자들은 그 줄거리가 상당히 복잡해지고 해결책을 만들기 어려운 상태에 도달했을 때에는 극장으로 초대되었다는 것을 잊기 쉽다. 그리고 우리는 마치 처음부터 그 영화를 본 것처럼 '영화'의 결말을 만드는 것을 돕도록 기대된다.

비록 나는 어머니가 릭을 집 밖으로 보낸다는 최후의 결정에 다소 놀랐음에도 불구하고 그녀의 태도나 시기, 홀로 치료자를 만나 조언을 구한 것 등을 판단해 볼 때 그 결정이 쉽게 도출되지 않았다는 것을 또한 명백히 알 수 있었다. 우리는 어머니가 자신의 결정이라고 선언한 것이 마음에 들었다. 그녀는 릭처럼 부모의 많은 양육을 필요로 하는 두 명의 다른 자녀를 기르는 무거운 짐을 덜 수 있는 가족 중의 유일한 사람이었다. 남편이 죽어 가는 상황에서 그녀가 모든 중요한 결정—직업을 유지하는 것, 가족이 살 곳을 결정하는 것, 어떤 자녀가 어떤 도움을 받을 것인가 등—을 해야 한다는 것을 인식한 것은 더더욱 감동적이었다. 카펜터 부인은 이런 어려움들을 혼자 직면했고, 그녀와 아이들, 가족에 관해서 알고 있는 것을 바탕으로 명백하게 그녀의 가족에게 올바른 결정을 내렸다.

수년 동안 해결중심 상담을 하면서 우리는 문제를 직면하기를 거부하고 지나치게 낙관적이라는 비난을 받아 왔다. 이것은 릭이 두 번의 상담을 통해서 긍정적인 변화를 보이는 것에 대해서도 같은 견해일 것이다. 그는 여름에 성공적으로 스포츠 캠프를 다녀왔고 심지어 한 소년과 친구가 되었다. 우리는 그가 집에서 그의 형제나 부모를 향한 폭력이나 공격적인 행동을 행사하지 않는다고 들었다. 이것들은 릭과 같은 아동도 변화할 수 있다는 희망적인 신호였다. 그러나 우리는 가족에게 일어난 모든 일들을 실제로 알 수 없으며 이것은 우리를 겸손하게 만든다. 때때로 우리에게 있는 유일한 선택사항은 '한 걸음 뒤에서 인도하는 것' 에 대한 확고한 믿음과 근본적인 이유가 무엇이었든 간에 카펜터 부인이 최종적으로 그런 결정을 하게 된 데는 '그럴만한 이유' 가 있다는 강한 신뢰다.

릭이 다른 환경에서 살도록 보내지기는 했지만 동일한 결과도 이 결정이 '어떻게' 되어진 것이냐에 따라서 카펜터 부인과 릭에게는 엄청난 차이가 있다. 학교, 상담자, 법원 또는 다른 권위를 가진 사람들에 의해 이러한 결정이 더 빨리 내려졌더라면 릭과 그의 부모의 반응은 매우 달랐을 것이다. 우리는 가족에게 무엇이 가장 적합한지를 부모가 결정하는 것은 어떤 기관이나 전문가가 이러한 중요한 결정을 그들이 준비가 되기도 전에 그들을 위해 내렸을 때와는 큰 차이가 있다고 생각한다.

야뇨증을 어떻게 대처해야 하는가

침대에 오줌을 싸는 것에 관한 부모와 전문가들의 가장 일반적인 질문들은 다음과 같이 정리할 수 있다.

- 이것은 아동에게 보다 깊은 심리적인 문제가 있다는 신호인가?
- 이것은 유전적인 것인가?
- 아동이 심리적인 도움을 받을 수 있는 특정한 나이가 있는가?
- 약물이 도움이 되는가? 기계적인 장치가 도움이 되는가?

일반적으로 침대에 오줌을 싸는 아동에게는 깊은 심리적인 문제가 있다고 여겨지며 실제로 오랫동안 심리치료가 이루어져 왔다. 그러나 사실인지를 신뢰할 수 있는 자료는 없다. 수백 명의 아동들을 연구한 대규모 연구에서는 아동들이 방광을 조절하는 능력이 2~4세에 생긴다는 것을 발견하였다. 물론 이 연구 또한 다양한 요소들로 인해 아동의 능력에는 큰 차이가 있을 것으로 보았다. 야뇨증에는 약간의 유전적인 요소가 있을 것으로 보이기는 하지만 직접적인 인과관계에 있다고는 볼 수 없다. 즉, 늦은 발달이 이루어지는 소인이 있을 수도 있다. 또한 많은 아동들의 경우 십대 청소년기에 도달하면 없어지기도 한다.

심리치료를 하게 되는 경우에는 아동이 얼마나 방광을 조절하고자 하는 의지가 있는지를 살펴보아야 한다. 다시 말하면, 방광의 성공적인 조절은 아동의 결정과 그렇게 하고자 하는 동기와 연관되어 있다. 그래서 부모의 보조적인 노력이나 도움이 필요할 때 도움을 제공하려는 그들의 의지에 대해 아동이 아는 것은 언제나 도움이 된다. 다음의 사례 중 두 번째 경우와 같이 아동에게 작은 변화라도 찾고자 하는 부모의 신념이 중요하다. 그러나 무엇보다도 아동의 동기가 성공적인 결과에 중요한 역할을 한다. 많은 아동들은 그들이 친구네 집에서 밤을 새는 것을 좋아하거나 이성에게 관심을 보이기 시작하는 나이에 도달했을 때 방광을 조절하기 시작한다. 어떤 아동들은 침대가 젖었느냐 안 젖었느냐를 놓고 일어나는 상호작용을 바꾸고 싶어 한다. 한 소년은 "나는 매일 아침 아빠가 아무 말도 하지 않고 인상을 찌푸리면서 내 침대를 살펴보는 게 싫어요!"라고 하였다.

만약 아이가 약물(Minurin 등)에 반응한다면 이것은 도움이 될 수 있으나 오로지 약물에 의존하는 것은 충분하지 않다.

사례: 침대에 오줌을 적시지 않기 위한 엘리자의 방법

엘리자(Eliza)의 소아과 의사는 그녀의 오줌에 대한 집중 능력을 포함하여 검사를 통해 심리적인 장애가 없는지 살펴본 후 야뇨증 치료법에 대해 언급하였다. 6세 반인 엘리자는 지금 다니고 있는 유치원의 네 명의 아이 중에 나이가 가장 많았다. 그녀는 매우 쑥스러움이 많았고 공격적인 남자 아이에 대해 두려움을 많이 갖는 겁 많은 소녀였다. 그래서 그림을 그린다거나 혼자 노는 것을 좋아하였다.

첫 회기에서는 부모가 그녀가 침대에 오줌 싸는 것에 대해 그다지 큰 걱정을 하지 않는 것을 명백하게 알 수 있었다. 하지만 가족 주치의와 교사의 평가에 따르면 그녀는 심리치료가 요구되는 상황이었다.

기적 질문에 대한 엘리자의 대답은 다음과 같았다. 오빠에게 잔소리할 수 있을 만큼 호랑이 같은 용기를 갖고 싶고, 유치원을 가는 길에 다른 아이들을 무서워하지 않았으면 좋겠다는 것이었다. 부모님의 기적 그림은 엘리자가 그녀 자신을 강력하게 변호하고, 가끔은 조금 싸웠으면 하는 것과 새로운 음식이나 물건, 상황에 대해 좀 더 마음을 열고 경험했으면 좋겠다는 것이었다. 자녀와 부모 둘 다의 기적 질문은 그녀의 침대와 연관되어 있었다. 부모는 그녀가 더욱 자신만만하고 특히 다가오는 1학년 생활에 잘 직면할 수 있도록 자존감을 높여야 한다고 걱정하였다. 그녀가 소변을 가리게 된다면 좋은 일이겠지만 우리는 야뇨증이 문제가 아니라는 것에 전적으로 동의했고 따라서 이것은 해결이 필요하지 않았다.

나는 엘리자와 단둘이 몇 번의 회기를 진행했고 그녀의 유치원을 방문하였다. 몇 번의 회기는 엘리자와 그녀의 어머니를 함께 만나거나 어머니만 만났다. 모두 12번의 회기를 진행하였고 엘리자가 1학년에 잘 적응했을 때 만남을 중단하였다.

2년 후, 어머니가 남편과 이혼에 관해 의논하고 있는데 아동이 상처받지 않기를 원하며 도움을 청해서 다시 만나게 되었다. 엘리자는 부모의 별거 때문에 매우 당황하고 슬퍼하였다. 그리고 만약 그녀가 침대에 오줌을 더 이상 싸지 않는다면 엄마에게 도움이 될 거라고 생각하였다. 그녀는 알람을 사용하기로 결심했고, 바지가 젖자마자 일어날 수 있게 자명종이 울리도록 하였다. 엘리자는 또한 친구네 집에서 외박하는 데 도움이 될 수 있도록 약물을 사용하기 원하였다. 그녀가 야뇨증에 도움이 되는 방법에 대해 생각하게 된 계기는 부모의 별거였는데 그녀가 침대가 말라 있는 것을 원해서가 아니라 어머니의 삶이 이 어려운 시기동안 조금이라도 수월해지기 바랐기 때문이다.

이 시기에 나는 엘리자가 한 달에 한 번 씩 총 여섯 달 동안 이루어진 6회기 동안에 소변 조절 능력이 개선되는 것을 볼 수 있었는데, 그녀는 아침에 자명종을 사용하여 방광이 가득 찬 상태에서 몇 번이나 일어났다. 하지만 여전히 예전처럼은 아니었지만 침대는 종종 젖어 있었다. 나는 마지막 회기에서 그녀의 성공을 칭찬하면서 '가장 원했던 사람' 사진을 보여 주었다. 그리고 자기자신을 위해서 특별한 적응을 필요로 하는 글쓰기, 읽기, 피아노 치기, 소변 가리기와 같이 긴 학습 기간을 필요로 하는 것들을 기록하였다. 그녀는 침대를 안 적시는 목적에 도달할 수 있다는 큰 희망을 갖고 있었다. 그녀는 알람을 사용하는 것을 멈췄고, 오직 특별한 경우에만 약물을 사용하였다.

여섯 번의 상담을 하고 1년이 경과했을 때, 엘리자는 침대에 오줌을 싸지 않겠다고 단호히 결심했고 이번에는 자기자신을 위한 것이었다. 지난 1년 동안 그녀는 이전에 도달한 단계를 유지해 왔고 오줌을 싸지 않은 밤도 있었지만 크게 개선되지는 않았다. 이번에는 기적 질문에 대한 답변은 열심히 노력하지 않고도 오줌을 싸지 않는 것이었다. 나는 그녀에게 실제로 이것이 얼마나 가능하다고 생각하느냐고 물었다. 이에 그녀는 "저는 무엇을 해야 하는지 알고 있고 그대로 잘 되기 원해요. 그렇기 때문에 지금 이곳에 있는 거예요. 이번에는 저는 해내고 말거예요!"라고 말했다. 그녀는 내가 도움을 줄 수 있는 모든 다양한 방법들에 대해 알기 원했다. 그리고 약물로 부가적인 도움을 받을 수 있는 행동요법의 두 가지 방법인 '정신훈련' 과 '집중적인 밤' 이라는 것에 대해 매우 흥미를 가졌다.

정신훈련에서는 아동과 부모가 훈련을 위해 하루를 선택해서 모두 잠을 포기할 준비를 한다. 잠자리에 들기 전 엘리자는 방광이 가득 찬 상태로 잠에 드는 것을 상상해야 했다. 그리고 50을 세고 일어나는 것을 상상하고 나서 일어나 화장실에 가서 소변을 보기 위해 노력하고 다시 침대로 가는데 이러한 과정을 열 번이나 반복하였다. 집중적인 밤은 정신훈련과 함께 시작한다. 9시와 새벽 2시 사이에 부모가 아동을 깨운다. 아동이 화장실에 간다. 만약 아동이 소변을 볼 수 없다고 생각한다면 물을 마신다. 만약 아동이 소변을 볼 수 있을 것 같으면 그대로 한 시간 정도를 참을 수 있는지 물어본다. 만일 '그렇다' 고 대답하면 화장실에 가지 않고 침대로 간다. 아동은 침대에 가서 건조한 침대를 만져서 그 기분을 잃지 않기 위해 노력한다. 만약 침대가 젖었다면 시트를 갈고 나서 정신훈련을 다시 열 번 경험하도록 한다.

엘리자는 4개월 동안 침대에 오줌을 싸지 않았다. 우리는 여섯 번 더 만났는데, 이 회기 중에 무알코올인 어린이 샴페인을 마시면서 성공을 축하하는 회기가 포함되었다. 엘리자는 정신훈련이 가장 도움이 된다는 것을 알게 되었다. 그리고 비록 많은 시간이 걸리더라도 밤에 그렇게 하는 것을 포기하지 않아야 했다. 그녀는 이것이 자신에게 가장 좋은 선택이라고 결정하였다. 세 번째 회기 동안 그녀는 7일 동안 연속적으로 오줌을 싸지 않았기 때문에 자신에게 은메달을 그려 주었다. 네 번째 회기에서 그녀는 아직 정신훈련 중이었고 다섯 번 반복으로 경험을 감소하였다. 우리는 엘리자에게 무엇을 상으로 줄 것인지 어머니와 의논하였으며 엘리자는 어머니와 같이 '배로 말하기' 를 배우고 인형을 갖겠다고 결정하였다. 4회기에 엘리자는 전 달과 같은 결과를 보여 주었다. 스물세 번은 침대가 젖지 않았고 오직 열두 번만 오줌을 쌌다. 열흘만 더 약물을 복용하기로 했지만 그녀는 더 이상 약 없이도 완벽한 성공을 확신하였다.

5회기에는 약물의 도움 없이 스물네 번은 오줌을 싸지 않았고 열 번만 오줌을 쌌다. 그녀는 완벽한 성공을 약속했고, 대부분의 회기 동안 게임을 하기 원했다. 엘리자는 여섯 번째이자 마지막 회기에 놀라운 소식을 가지고 나타났다. 그녀는 월초에는 이틀 밤을 제외하고는 계속 침대에 오줌을 싸지 않았다. 우리는 어린이 샴페인을 마셨고 그녀는 어머니와 함께 새 인형을 가지고 놀았다.

논 의. 이 비범한 작은 소녀는 자신이 원하는 것에 대한 굳은 결심과 의지를 보여 주었다. 자기에게 적절한 시기에 그녀는 목적에 도달하기 위해 열심히 노력하였다. 이것은 우리 모두에게 개인적인 투자와 동기유발은 어려운 문제를 극복하는 데 필요한 것임을 상기시켜 주었다. 이것은 어린 아동조차도 어려운 과제를 지배하고 자랑스러워할 수 있다는 것과 그들 자신의 성취로부터 온 성공에 대해 보여 주었다. 불행히도 엘리자의 부모와 같이 지혜로운 부모를 만나는 것은 드문 일이지만 말이다. 많은 부모들이 자녀만이 할 수 있는 것을 붙들고 힘겹게 씨름한다.

물리적인 한계가 있었던 엘리자의 경우와는 반대로 다른 야뇨증과 유분증 사례에서는 부모의 태도와 아동의 기대를 살펴보는 것이 도움이 될 수도 있다. 부모가 아동에 대한 기대가 낮을 때 아동은 보통 부모의 생각을 받아들이는데 다음의 사례가 그것을 보여 준다.

사례: 휴지에서 화장실까지

여섯 살인 지나(Gina)는 지능이 낮은 아동으로 방광이나 대장을 전혀 조절하지 못했다. 부모는 그녀가 화장실에 가는 훈련을 받아 본 적이 없으며, 요강이나 화장실을 사용해 본 적도 없다고 하였다. 그녀는 보통 신문지 더미나 휴지를 탁자 아래 마룻바닥에 놓고 볼일을 해결하였다. 나는 지나가 일주일에 세 번 어린이 모임에 참석하는데 놀랍게도 그곳에서는 항상 깨끗하다는 것을 알게 되었다.

지나에 대한 부모의 바람은 그녀가 신체적인 기능, 특히 이제 그녀가 유치원에 가야하므로 이 기능을 잘 조절하는 것이었다. 하지만 부모는 지나가 그 다음 단계를 수행할 수 있는 능력이 없고 화장실 훈련을 받을 수 없다고 생각하였다. 그들은 항상 그녀의 발달지연의 한 현상인 화장실 예절이 부족한 점을 비난하였다. 내가 탁자 아래에서 휴지를 사용하는 그녀의 화장실 습관에 대해 상세하게 질문했을 때 그녀의 행동은 상당히 다른 이야기를 보여 주었다. 그녀는 볼일을 보고 싶을 때마다 하던 것을 중단하고 탁자 밑으로 가서 볼일을 봤다. 내가 그녀에게 어린이 모임에는 얼마나 오랫동안 참석하고 그곳에서는 화장실을 가는 것을 어떻게 다루며 모임에서의 다른 활동들에 대해 물었을 때, 그녀의 부모는 생각에 잠겨 내 호기심에 놀라움을 갖게 되었다. 그들은 자신들이 지나의 능력을 낮게 평가했을지도 모른다는 것과 아동에 대한 그들의 기대를 명확히 하고 개선이 있을 때 칭찬해야 한다는 것을 알게 되었다. 그들은 지나가 배변과 관련해서 조금 더 향상될 수 있다는 믿음이 필요하였다.

부모는 처음에 지나를 화장실 변기에 앉히고, 그녀에게 볼일을 다 본 후에만 휴지가 필요하다는 것을 알려 주기 시작하였다. 화장실 이용이 강요되지는 않았지만 목표는 화장실에 앉는 것이 익숙해지도록 하는 것이었다. 그 시기에 화장실에 앉아서 지나는 휴지를 받았고 그것을 통해 휴지와 화장실에 앉는 것 사이의 관련성을 배웠다. 다음 단계에서는 낮을 제외하고 밤에만 휴지를 주는 것이었다. 부모는 그녀가 휴지를 사용한 후에 온통 용변으로 칠해 놓지는 않을까 염려했지만 그런 일은 일어나지 않았다. 마침내 부모는 지나가 자기 몸에서 뭔가가 배출되는 것을 매우 두려워해서 더 이상 참을 수 없을 때까지 장 속에 오래도록 가지고 있었다는 걸 알게 되었다. 그녀는 오랫동안 장 속에 배설물을 가지고 있다가 극적인 방식으로 배출하였다. 그녀는 그 다음 주에 부모의 도움으로 성공을 기뻐할 수 있었고 마침내는 밤낮으로 용변을 가리게 되었다.

자폐를 어떻게 치료하는가

외래환자의 사례를 예로 들어 자폐의 치료법을 설명하고자 한다. 다시 강조하면, 먼저 아동을 알고 나서 아동의 어려움을 이해하고, 그 후에 독특하고 창조적인 방법으로 그들과 대화하는 방법을 찾는 것이 가장 좋은 방법이다. 가족들이 각자 아동에게 적합한 작업이 무엇인지 찾는 적극적인 역할이 매우 중요하다.

사례: 자폐증

나는 15세인 글렌(Glen)을 처음 만났을 때 그는 중증 신체장애 아동을 위한 특수학교에 다니고 있었다. 대개의 이런 상황에서와 마찬가지로 글렌의 문제 외에도 집에는 많은 어려움이 있었다. 그는 대체로 다른 아이들과 너무 가깝다는 생각이 들면 자주 공격적으로 화를 냈고 이런 상황을 없애기 위한 다른 방법은 없었다. 이런 상황은 다른 아이들이 그와의 접촉을 피하게 했고 글렌의 회복을 더욱 힘들게 하였다. 글렌의 어머니 번즈(Burns) 부인은 그녀가 글렌에 대해 많이 염려하고 있음을 나타내면서 약속을 잡기를 요청하였다. 그녀의 걱정은 심각하고 오랫동안 지속된 남편과의 불화와 글렌을 돕는 방법, 그리고 그에게 무엇이 잘못되었는지를 이해하는 것을 포함하고 있었다. 그녀는 또한 전화로 그녀의 남편은 오직 신만이 글렌의 문제를 도울 수 있다고 생각하고 있어서 '전문가'를 찾아가려고 하지 않는다고 하였다.

1회기. 번즈 부인은 혼자 찾아와서 남편이 글렌에 관해 상담에 참석하기를 거절했고 글렌도 역시 마찬가지라고 하였다. 이것은 번즈 부인이 글렌의 문제를 해결하는 데 오랫동안 합의점을 찾지 못했다는 것을 확실히 보여 주었다. 부인은 감리교 신자인데 간호사로 훈련받았고, 그래서 글렌에게 의학적인 도움과 특별한 교육이 필요하다는 것을 알고 있었다. 그러나 남편은 농부였고 정통 가톨릭 신자였다. 어머니의 말에 따르면 남편의 태도는 자연에 순응해야 하고 오직 신만이 글렌의 미래를 안다고 하였다. 아버지는 글렌을 규칙적으로 불러 로사리오 묵주기도를 가르치고 글렌이 받는 특수 프로그램에 반대하였다. 이 방문이 가치 있게 되려면 무엇이 필요한가 하는 나의 초기 질문에 대한 답변으로 번즈 부인은 그녀가 계속 짊어지고 있었던 무거운 마음의 짐을 드러내며 흐느껴 울었다. 그녀는 마음을 가라앉히고 나서 글렌의 잠버릇과 사회적 고립에 대한 걱정을 말하기 시작하였다. 글렌의 '기괴한' 행동과 갑작스런 화의 분출로 그에게는 친구가 없었다. 그는 오직 밤에 4~5시간만 잤는데 그 이외의 대부분의 시간은 그의 방에서 보내고 가족들과도 분리되어 혼자 고립되어 있었다. 13세, 11세인 두 남동생들이 글렌의 '이상한' 행동을 야기하는 장애를 알기 시작했는데, 때때로 그들이 혼란스럽고 당황해 한다고 하였다. 그들은 더 이상 글렌이 언젠가는 좋아질 것이라는 아버지의 설명을 믿지 않는다. 형제들은 글렌이 종종 다른 아이들에게 조롱거리가 되는 것을 보고 당황해하였다. 그들은 글렌에 대해서 당혹감을 느끼고 한편으로는 부모, 특히 아버지가 글렌을 특별하게 다루는 것을 보고 분개하였다. 그들은 또한 글렌이 방에 처박혀서 집안일에 참여하지 않는 것을 허용하는 부모에게 분개하기도 하였다. 게다가 번즈 부인은 글렌이 잠을 자는데 도움을 받기 위해 약간의 약물이 도움이 될 것이라고 생각하였다.

남편의 태도 때문에 특수교육이나 의학적인 검진, 학교와 연락하는 것은 모두 번즈 부인의 몫이었다. 이렇게 상반된 견해를 가진 두 부부 사이에서 글렌은 자신의 문제가 어머니의 탓이고 가장 좋은 해결책은 그녀와 떨어져 있는 것이라고 믿게 되었다. 그는 더 이상 그녀에게 거의 말을 건네지 않았고, 번즈 부인은 글렌에게 더 이상 영향력을 행사할 수 없는 것을 매우 걱정하였다.

생각하는 휴식을 가진 후에 나는 어머니의 인내와 끈기를 칭찬해 주었다. 나는 그녀에게 자폐 진단이 어려운 것인 만큼 자폐 진단을 받은 자녀와 함께 사는 것은 하루하루가 매우 힘든 일이고 오랫동안 그녀가 혼자 중요한 결정들을 해야 했던 그녀의 가족 상황에서는 더욱 힘들었을 것이라고 말하였다. 나는 의학적 지식을 바탕으로 그녀도 알고 있듯이 이 진단을 받은 아동에게 한 가지 특별한 치료법은 없으나 글렌에게 특수교육과 구조를 제공하려는 그녀의 시도는 옳은 것이라고 말해 주었다. 어머니는 다음 시간에 내가 글렌을 만날 수 있게 그를 데리고 오겠다는 자신감을 보였다. 나는 반드시 아버지에게 알린 후에만 글렌을 만나겠다고 하였다.

나는 글렌과 그의 가족이 직면한 문제의 복잡성과 엄청남에 압도되었다. 나는 내 자신에게 이것을 몇 번이나 상기시키려 했고, 내담자가 무엇을 원하는가를 항상 기억하면서 단계적으로 작은 단계들을 밟아 가려 하였다. 만약에 글렌이 다음에 오는 것을 거부했을 경우 나는 언제나 어머니와 이야기할 수 있을 것이라고 생각하였다. 그러나 나는 그녀가 글렌이 다음 회기에 올 거라는 생각에 대한 적절한 이유를 갖고 있다고 확신하였다.

2회기. 어머니는 글렌을 데리고 왔고 우리 셋은 함께 상담을 시작하였다. 남편이 오늘의 약속을 알고 있는지 물어보자 어머니는 그렇다고 대답했고 그가 반대하지 않았다고 하였다. 글렌에 대해서 더 알고자 했을 때 나는 즉각적으로 그와 대화하는 것이 꽤 어렵다는 것을 깨달았다. 그는 나를 보지 않았고 비록 우리는 나란히 앉아 있기는 했지만 그는 분명히 불편해 했다. 나는 그의 이름이나 학년, 선생님, 반 등을 물어보는 등 간단한 대화를 시도했지만, 그는 "나는 지금 대답하고 싶지 않아요."라고 전형적인 대답만 하였다. 적어도 나는 그가 잘 알려져 있는 '급할수록 돌아가라' 게임을 좋아하는 것을 알게 되었고 그는 자라서 농부가 되고 싶다고 하였다.

상담을 시작하고 15분이 흘렀을 때 나는 쉬는 시간을 가진 후에 돌아와서 그가 다른 하고 싶은 일들이 있었지만 오늘 상담에 온 것을 칭찬해 주었다. 그는 처음으로 웃어 보였다. 나는 그에게 그가 자라서 농장에 가기 원한다는 것을 들어서 매우 기쁘고 삶의 목적을 갖는 것은 유익한 것이라고 말하였다. 나는 또한 어머니가 그에게 도움을 주기 위해 매우 많은 노력을 기울이고 있다고 말해 주었다. 나는 그에게 어머니가 집에 돌아갔다가 다시 그를 데리러 올 때까지 '급할수록 돌아가라' 게임을 함께하지 않겠냐고 제안하였다. 글렌이 처음으로 나를 바라보더니 고개를 끄덕였다. 우리는 게임을 하면서 잘 지냈다.

상담이 끝나기 전에 내가 그에게 질문을 해도 되냐고 묻자 그가 그러라고 했다. 나는 그에게 그의 잠버릇에 대해 물었다. 그는 농장에서 일을 했을 때를 제외하고는 보통 잠들기 전에 많은 시간 걸린다고 명백한 문장으로 설명하였다. 그러나 그에게 이것은 문제가 되지 않았고 이것을 걱정할 아무런 이유가 없었다. 나는 그에게 매우 명쾌한 대답에 대해서 칭찬했고, 그의 수면 리듬을 다루는 방법에 매우 깊은 인상을 받았다고 하였다. 우리가 또 다시 약속을 잡아도 되냐고 물었을 때는 "물론이지요."라고 대답하였다.

3회기. 두 번째 회기 후에 글렌이 학교에서 화를 분출한 적이 있었다. 교사는 나에게 전화해서 글렌에게 이 일에 대한 글쓰기를 시켰다고 전했다. 다시 글렌을 만나자, 그는 제일 먼저 자신이 적은 글을 내밀었다. 나는 그에게 고맙다고 말한 후 우리가 지난번에 만난 후로 무엇이 좋아졌냐고 물었다. 그는 대답하지 않았다. 그래서 나는 지난 시간에 내가 받았던 인상에 대해 이야기하고 싶다고 하였다. 나는 그가 어떨 때는 질문에 쉽게 대답하고 어떨 때는 좀 더 어려워하는 걸 느꼈다고 이야기하였다. 그리고 그것에 대해 생각해 보았는데 나는 다른 사람들도 그런 것을 보았고 그것에 나에게는 전혀 문제가 되지 않는다고 말하였다.

나는 이번 회기에 새로운 것을 시도해 보자고 제안하였다. 나는 작고 오래된 밀어서 열 수 있는 뚜껑이 달린 담배상자를 준비하였다. 상자를 조금, 반 정도, 혹은 완전히 열기 위해서는 뚜껑을 앞뒤로 밀어야 했다. 상자를 얼마나 많이 또는 적게 열 것인지는 그가 결정할 수 있었다. 나는 글렌에게 종이 한 장에 마음을 그리고 그의 이름을 적어 넣은 후에 가위로 오리라고 하였다. 그러고 나서 나는 상자 안에 그의 마음을 넣은 후에 지난 시간에 내가 그에게 느낀 만큼을 보여 주었다. 나는 회기의 초반에는 상자가 얼마나 닫혀 있는가를 보여 주었고, 시간이 지나 우리가 게임을 할 때마다 상자가 조금씩 열렸고 그리고 회기의 마지막에는 상자가 훨씬 더 열린 것을 보여 주었다. 나는 그에게 "음, 나는 네가 올 때마다 어떻게 느끼는지 이 상자를 가지고 나에게 나타내 줄 수 있다고 생각했어. 너도 알다시피, 나는 네가 처한 다른 상황들을 존중해 주고 싶고 너에게 적절한 시기가 아닐 때 너에게 질문하고 싶지 않아. 그렇지만 나는 너의 도움이 필요하고, 네가 친절하게 도움을 주겠는지 묻고 싶어." 글렌은 동의하였다. 그는 상자를 들고 열었다가 닫았다.

우리는 '급할수록 돌아가라' 게임을 했고 그는 더 이상 아무 말도 하지 않았다. 그는 게임에서 이겼다. 다음 약속을 잡기 전에 그가 한 유일한 말은 "학교가 싫어요."였다.

4회기. 회기 초반에 내가 그에게 상자를 건네자 그는 아주 조금만 열었다. "알았어, 나는 오늘은 무엇이 좋아졌냐고 묻지 않을게. 혹시 나에게 말하고 싶은 게 있니?"라고 내가 대답하자, 글렌은 내년 여름에는 다른 학교로 전학 가려면 모든 것이 달라져야 한다는 그의 희망에 대해서 이야기하였다. 나는 그에게 지금 다니는 학교에 관심이 있고 내년 여름에 다니게 될 학교에 대해서도 궁금하다고 말하였다. 나는 또한 그에게 선생님이 나를 초대하여 학교에 방문하라고 한 적이 있었는데 괜찮겠냐고 물었다. 그는 괜찮다고 하였다.

5회기. 나는 글렌의 학교를 4회기와 5회기 사이에 방문하였다. 학생들이 모두 노래 부르는 것을 보았고, 두 번째 수업도 관람하였다. 노래를 부르는 동안 글렌이 계속 교실에 있으려면 많은 노력이 필요한 것처럼 보였고 그는 집단 속에 있는 것이 매우 불편해 보였다. 그는 참여하지 않았다. 단지 바닥만 응시하고 있을 뿐이었다. 그러나 다음 두 번째 수업시간에 나는 그가 보여주는 수학풀이에 놀라움을 감추지 못하였다. 교사는 나에게 보여 주기 위해 글렌에게 문제풀이를 시켰고 그는 매우 정확하게 풀었다. 하지만 이것은 그에게는 아무런 의미가 없었다. 글렌은 다른 친구들과 전혀 상호작용하지 않았고, 그들 또한 그와의 관계를 포기한 것처럼 보였다. 아무도 그의 태도에 반응을 보이려 하지 않았다. 하지만 교사와 단둘이 있을 때 그는 더욱 편안해 보였고 심지어 미소를 보였다.

(학교에 방문한 후인) 5회기 초반에 내가 글렌에게 안부를 묻자, 그는 나에게 마치 우리가 오랫동안 알아 왔던 것처럼 미소를 띠며 악수를 하였다. 나는 상자를 건넸으며 그는 중간 정도 열었다. 나는 그에게 어디에서 누구와 있을 때 상자를 가장 많이 열어 보여 줄 수 있고 누구와 있을 때 닫는 것이 좋겠는지 물었다. 글렌이 담배상자를 가지고 얼마나 잘 보여 주고 어떤 상황에서 상자

를 여는 것이 좋고 어떤 상황에서는 상자를 닫는지를 잘 의사소통하는 것이 놀라웠다. 그는 심지어 노래시간 같은 상황에서는 상자를 닫는 것이 좋다고 설명하였다. 나는 글렌에게 언제 상자를 열고 닫는 것이 유익한지 아는 것을 칭찬해 주었다. 나는 이어지는 회기에서 그가 상자를 열고 닫는 것에 더욱 관심을 보여 주었다.

우리가 다시 보드게임을 하고 있는 동안에, 나는 글렌에게 다음 회기에 그의 부모님을 만나고 싶다고 말했고, 그가 괜찮은지 묻기 위해 담배상자를 보여 주었고, 그는 괜찮다고 하였다.

6회기. 내가 번즈 씨를 만난 첫 번째 시간이었다. 그는 곧바로 글렌이 장애를 가지고 있다고 말하거나 자폐라는 단어를 사용하는 것은 죄라고 하였다. 그에게 글렌은 단지 '다른 것' 뿐이었다. 번즈 부인은 남편의 의견에 반대했는데 글렌의 이러한 차이에 이름을 붙이고 진단을 알게 된 후로 그녀는 더 이상 죄책감을 느끼지 않게 되었고 의사가 그녀에게 가족이나 부모가 실패한 것이 아니라고 설명해 준 것이 매우 도움이 되었다고 하였다. 내가 도움이 되려면 무엇이 필요한지 물었을 때 번즈 씨는 어머니가 얼마나 고통스러워했는지 알게 되는 것이라고 하였지만 자신에게서 글렌에게 도움을 줄 수 있는 분은 오직 신뿐이라고 말하였다. 그는 가족이 모두 이곳에 한번 같이 오는 것은 도움이 될 것이며 이는 글렌의 두 남동생이 매우 화나고 당황해 하고 있기 때문이라고 하였다.

나는 그들에게 글렌의 상자를 보여 주면서 이 상자를 사용해서 글렌이 세계를 다루는 특별한 방법을 이해하고 특별한 방식으로 대화하는 것이 가능하지 않겠냐고 제안하였다. 그들은 동의했고 어머니는 이것이 첫 단계일 것이라고 덧붙였다.

7회기. 글렌은 혼자 왔다. 크리스마스 다음날이었고 상자는 닫혀 있었다. 나는 보드게임이나 또는 그가 모르는 다른 게임을 하자고 제안하였다. 나는 글렌에게 가족상담에 대해 알려 주고 그가 될 수 있는 대로 많이 상자를 열어 둘 수 있는 정도를 물었다. "20분 동안 있을게요."라고 그가 대답하였다. 나는 그에게 가족상담 중에 이 상자를 사용할 것이라고 말하였다.

8회기. 글렌은 약속대로 20분 동안 가족상담에 참여하였다. 나는 모두에게 나의 사무실을 둘러보고 자신을 표현하는 상징으로 물건을 고르도록 요청하는 것으로 회기를 시작하였다. 나는 이 가족 안에서도 모두가 다르다는 것을 시각화를 통해 강조하고 싶었다. 가족들은 서로에 대해 다르다고 느끼는 것들에 대해 이야기하기 시작했으며 글렌은 주로 앉아서 듣고 있었다. 남동생들은 글렌이 항상 형님처럼 군다고 했지만 그가 고집이 세다고 말하는 것을 제외하고는 그 이상 말하는 것을 원치 않았다.

이것은 나에게 글렌과 같은 아이들과 대화하는 다른 방법에 대해 이야기할 수 있는 기회를 주었다. 그리고 나는 그들에게 상자를 보여 주었다. 그리고 글렌이 방을 나갔다. 나는 다음과 같은 추가적인 정보를 제공하였다. 지각의 차이, 청각과 시각 정보를 분류하는 능력의 차이, 단어의 의미를 이해하는 능력 등이다. 두 형제들은 열심히 설명을 들었고 그들이 글렌과 같이 있을 때 느끼는 분노와 부모님이 글렌과 자기들을 차별하는 것에 대해 표현하였다.

생각하는 휴식을 가진 후, 나는 두 소년에게 이렇게 열심히 참여해 주어 고맙다고 전했다. 나는 특히 글렌이 다른 아이들의 형들과 다르기 때문에 그들이 분노를 느끼는 것을 인정해 주었다. 나는 글렌이 휠체어에 앉아 있는 것이 아니어서 사람들이 글렌과 그들의 차이를 즉시 알아차리기 어렵다는 것을 설명하였다.

추수상담. 나는 글렌과 10회를 더 상담했는데 회기의 간격에는 차이가 있었다. 상자는 더 이상 사용하지 않았고 대신에 글렌이 나에게 언제 질문을 하거나 하지 말아야 하는지 말해 주었다. 때로는 우리는 전체 회기 동안 게임을 했고, 어떤 날은 그는 소아성도착증이 무엇이고 그런 사람들로부터 자신을 보호하는 방법이 무엇인지와 같은 다양하고 놀라운 주제들을 가져왔다. 그가 그런 것을 경험한 것처럼 느껴졌지만 적절히 표현하지는 못하였다. 그는 아버지와 함께한 종교적인 경험에 대해서 이야기했고 몰래 묵주기도를 했다고 하였다. 그는 정죄에 대한 나의 견해를 알고 싶어 했고, 그는 이것에 대해 생각할 때마다 많은 두려움을 갖는다고 하였다. 나중 회기들에서 그는 여자 아이들에 대해 이야기했는데 어떤 여자 친구를 가지고 싶은지 그리고 여자 아이들과 친해지려면 어떤 곳에 가야하는지에 대해 이야기하였다.

번즈 부인은 글렌을 보살피기 위한 다양한 선택들을 상의하기 위해 둘만의 상담을 두 번 요청하였다. 번즈 씨 또한 나를 두 번 찾아왔는데 부부는 서로의 방문에 대해 알고 있었다. 그들은 따로 오는 것이 더 낫다고 생각했고, 같이 오는 회기을 갖자는 제안을 거절하였다.

논 의: 기록에서와 같이 나(슈타이너)는 여전히 글렌과 어머니를 필요에 따라 정기적으로 만나고 있다. 나는 더 많은 해 동안 글렌의 발전 과정을 따라가려고 하는데, 그가 다양한 발달단계에서 어려운 과제들을 해결해야 하는 것과 같이 지금이 정기적인 도움을 받을 필요가 있는 시기이기 때문이다. 글렌은 전통적인 진단 범주를 벗어나는 내담자다. 글렌과 같이 절벽을 따라 걷는 듯한 긴박성을 가진 아동을 상담하는 것은 한발의 작은 실수에도 쉽게 낭떠러지로 떨어질 수 있음을 직시해야 한다. 그러므로 이러한 상담에서는 섬세한 균형이 필요하다. 만약 우리가 사회와 가족의 맥락에서 떼어 놓고 글렌의 문제를 본다면 그는 분명 자폐 사례로 부류될 것이다. 그러나 우리가 글렌이 사는 가족의 상황을 바라보면 이것은 더욱 복잡하고 뒤얽혀 있는 것이다. 이 깊고 오랫동안 이어져 온 의견의 불일치와 부모의 온정의 결핍은 분명히 글렌의 발달에 영향을 끼쳤을 것이다. 특별히 다른 사람들과 같이 자신을 명료하게 표현하지 못하는 글렌에게는 더욱 그러하다.

치료자가 글렌을 가족으로부터 떼어서 바라보고 상담하는 것은 상상할 수 없는 것은 그에게 개인적으로 어떤 변화가 있든지 상관없이 한편으로는 가족이 그에게 매우 귀중한 자원이 될 수 있고 또한 될 것이기 때문이나. 다른 한편으로는 글렌과 같이 친구, 돌봐주는 삼촌, 할아버지, 아니면 양육하고 지지해 줄 이웃 하나 없는 아동이 부부 사이에 끼어서 받았을 엄청난 압박감을 상상할 수 있다. 그러므로 다른 사회 서비스 프로그램에서 상담자, 자원봉사자 및 치료자들은 그의 확대가족이 된다. 우리는 자원봉사자 서비스의 중요한 가치와 글렌과 같은 사람들의 삶의 접촉점에서 이용 가능한 다른 선택사항들을 인식하고 있다. 우리 중 대부분은 이러한 비공식적인 보조 시스템을 인정한다. 그러나 어떤 사람들은 글렌과 같이 이러한 보조 없이 사는 사람들이 얼마나 절망적이고 어두운 삶을 사는지 쉽게 상상할 수 있다.

글렌의 부모는 결국 이혼하였다. 번즈 부인은 여전히 나를 정기적으로 만나고 있고 글렌이 그를 잘 돌봐 줄 수 있는 기관으로 전학을 갔다는 소식을 알려주었다. 시간이 지나면서 그는 마침내 성직자에게 성적으로 학대받았던 경험에 관해 조금씩 표현할 수 있게 되었고 그러한 진상을 바르게 이해하게 되었다. 비록 글렌에게 수년 동안 지지적인 상담이 필요했지만 그의 사례는 단기치료로 볼 수 있는데 치료자가 가진 기본적인 철학적 입장이 동일—치료는 내담자가 필요로 하고 내담자에게 도움이 되는 경우에만 제공되어야 한다—하기 때문이다.

거짓말하고 도둑질하는 아동을 상담하는가

여기서 우리는 많은 성인들을 당혹스럽게 하고 혼란스럽게 하는 문제에 대해 말하고자 한다. 결과적으로 부모는 자녀의 행동을 자신의 바람을 위한 의도적인 반항이나 성공하지 못한 어떤 친척으로부터 유전된 기질적인 결함으로 볼 수 있다. 거짓말하는 것과 도둑질하는 두 가지 문제는 부모와 교사를 가장 당황스럽게 만드는 것으로 보인다. 우리는 의도적인 반항이나 기질적인 결점이 적절한 설명이 될 수 없다고 믿는다. 어느 쪽도 우리를 만족스러운 해결책으로 이끌지 못한다. 왜냐하면 이러한 문제가 발생하게 된 배경을 무시하고 단지 아동을 변화시키는 데만 초점이 맞추어져 있기 때문이다. 그렇기 때문에 이러한 문제를 사회와 가족의 배경 안에서 살펴보는 것은 종종 관점을 넓히는 데 더욱 유용하다. 이것은 다음의 예시가 보여 주는 것처럼 문제에 대한 해결책을 찾는 것을 더 쉽게 만들어 준다.

거의 모든 부모와 교사는 이러한 두 가지 문제에 대해 매우 당황하고 걱정한다. 그리고 그에 대한 매우 좋은 이유를 갖고 있다. 그들의 임무는 아동을 교육시키고 가르쳐서 사회에 공헌할 수 있는 사람이 되게 하는 것이다. 그리고 확실히 아동의 이러한 좋지 않은 습관은 사회 속에서 엄청나게 많은 문제를 안게 될 것이다. 종종 사려 깊은 많은 부모와 교사들은 아동이 이러한 행동들을 보인다면 그들의 임무를 실패했다고 느낀다.

이러한 문제가 우리의 관심을 끌게 될 때 대부분의 부모와 교사는 그 문제를 바로잡기 위하여 그들이 생각할 수 있는 모든 것을 시도해 보았다고 말한다. 아동에게 훈계를 하고 소리 지르고 벌을 주거나 뇌물을 주고 문제를 감시하려고 노력하고, 어떤 부모는 심지어 아동을 경찰이나 성직자에게 데리고 가는 것으로 위협하기까지 한다. 그들이 상상할 수 있는 모든 것을 시도하였다.

이러한 상황에서는 뭔가 다른 것을 하는 것이 요구된다(제6장의 유용한 기법들을 참조하라.). 이러한 접근법은 도둑질 또는 거짓말에 대하여 아동보다 더 흥분하는 부모와 교사에게 질문하는 것으로 시작한다. "당신의 자녀(또는 학생)가 또 다시 이런 일을 저지르는 것이 당신에게 발각되었을 때 아동이 당신에게 가장 기대하는 반응은 어떤 것이 있겠습니까?" 많은 부모와 교사들은 아동이 하기 원하는 것이 무엇일지 상상하는 데 어려움을 겪는다. 당신은 아마도 다음과 같은 약간의 힌트를 줌으로써 그들을 도울 수 있을지 모른다. "자녀가 또 다시 거짓말하거나 도둑질을 하는 것을 당신에게 들켰을 때 당신이 취할 행동 중에서 당신의 자녀가 가장 기대하지 않는다고 할 것은 무엇입니까?" 그들이 여러 가지 답변을 나열한다면 다시 한 번 부모들에게 물을 수 있다. "당신의 자녀가 가장 놀랐답고 할 만한 것은 무엇입니까?"

많은 부모들이 '되갚음' 의 본성에 의해 답변을 생각해 내는데, 그것은 '아동에게 같은 수법으로 갚아 주기 위해' 훔치거나 거짓말을 하는 것이다. 이러한 종류의 앙갚음을 하는 반응은 화를 아동에게 표출하거나 아동에 대한 좌절을 발산하는 무릎 반사 반응과 유사하다. 기적 질문에 대한 반응과 유사하게 이러한 질문에 대한 답변에는 부모 또는 교사의 관점에 대한 반영을 필요로 한다. 좋은 지침은 부모가 아동으로 하여금 성취하기를 기대하는 것이 무엇인지를 상기시키는 것이다. 대부분의 부모들은 그들의 성실한 기대가 아동으로 하여금 훔치거나 거짓말하는 행동들을 조절할 수 있게 하고, 부모나 교사가 말하는 것들을 비록 아동이 그것을 하기 원치 않을지라도 행하게 하는 것이라고 대답한다. 아동으로 하여금 가장 적게 기대되는(그리고 가장 놀라게 하는) 행동은 모든 사람들이 하면 안 된다고 알고 있는 익숙한, 그러나 성가시고 반복되는 패턴을 중단시키기 위해 고안되었다.

자녀가 알아야 할 것은 무엇인가

우리는 다음의 방법을 통해 성인이 아동과 분명하게 의사소통하는 것이 중요하다고 믿는다.

1. 아동은 자신에게 기대되는 것이 무엇인지 정확하게 이해할 필요가 있다. 우리는 많은 부모들이 자녀에게 '무엇을 해야 하는지' 대신에 '무엇을 해서는 안 되는지' 에 대해 말하는 것을 발견한다. 대부분의 아동들은 그들이 어떠한 기대를 받는지에 대해 매우 빠르게 이해하기 때문에 우리는 그들이 분명하게 이야기한 규칙에 대해 다시 한 번 반복하는 것이 유용하지 않다는 것을 믿는다. 대부분의 아동들은 인식의 수준에서는 도움을 필요로 하지 않는다. 그러나 그들이 이미 알고 있는 것의 수행에서는 도움을 필요로 한다.
2. 아동이 규칙을 어길 때마다, 그러한 행동은 부모뿐만 아니라 또한 아동에게도 문제가 된다. 당신은 자녀 또는 그들 자신의 문제에 대하여 극심하게 흥분하게 되는 부모들을 만날 것이다. 부모가 자신의 자녀를 얼마나 나쁘게 생각하는지에 대해 부모에게 물을 때 우리는 평정 질문을 사용하는데, 자녀가 문제에 대해 놀라는 것과 부모가 얼마나 놀라는지를 비교해 보면 전형적으로 그들 자신의 수치가 그들의 자녀

들의 것보다 더 높다. 이것은 아동을 변화시키는 데 매우 좋은 유인은 아니다. 왜냐하면 아동을 변화시키기 위한 압박은 부모에게 있는 것이고 아동에게 있는 것이 아니기 때문이다. 이 변화의 짐을 부모로부터 아동에게로 옮기는 것은 훨씬 더 유용하다. 그러한 방법을 통하여 부모들은 자신들이 자녀에게 강요하기 위한 시도보다 적절한 지도로 자녀를 이끈다고 느낄 것이다. 당신은 다음과 같은 질문들을 함으로써 해결책을 찾는 짐을 옮기는 방법에 대하여 부모들과 협상할 수 있다. "부모님께서 자녀를 가장 잘 아실텐데, 어떤 결과가 자녀로 하여금 규칙을 따르는 것을 배우게 하는 데 가장 유용하다고 생각하십니까?" "자녀에게 시도해 봤던 모든 것 중에서 자녀에게 변화의 필요성을 알게 하는 데 가장 효과적인 것은 무엇이었습니까?"

3. 우리는 훔치거나 거짓말하는 것은 거의 아동의 목적이 아니라는 것을 발견한다. 왜냐하면, 예를 들면 아동은 도둑질을 통해서 그들이 무엇을 이루고자 시도하고 있는지 성인에게 설명할 수 없기 때문이다. 그래서 부모나 교사는 도둑질이나 거짓말을 통해 아동이 해결하려고 하는 문제가 무엇인지 분류하는 도움을 필요로 한다.

우리는 다음의 질문들이 아동들이 도둑질을 통해서 성취하고자 하는 것이 무엇인지 알아내는 데 유용하다는 것을 발견한다. 이러한 질문들은 거짓말이나 다른 규칙을 깨뜨리는 행동을 하는 경우에 쉽게 적용시킬 수 있는 것이다.

- 네가 도둑질을 하는 데는 '그럴만한' 이유가 있을 테지. 나에게 그것이 무엇인지 이야기해 줄 수 있겠니?
- 도둑질하는 것이 너에게 어떻게 도움이 되지?
- 네가 도둑질을 할 때 무엇이 달라지는지 설명할 수 있겠니?
- '왜' 아이가 도둑질하는지 묻지 말라. 대부분의 아동은 특별히 위협과 압박 속에서 질문이 던져질 때 그 대답을 모른다. 그러한 질문은 아동

과의 관계를 더 악화시키는 것으로 부모 입장에서의 더 큰 좌절만을 야기한다.

이러한 질문에 대한 응답으로 아동에게서 우리가 빈번히 들을 수 있는 대답은 다음과 같다. "나는 더 많은 친구를 가질 거예요." "내가 중요하다는 느낌을 원해요." "나는 다른 아이들이 내게 관심을 가져주길 원해요." 부모들이 이러한 '그럴만한 이유들' 을 발견하면 아동으로 하여금 이러한 의미 있는 목적을 어떻게 다른 방식으로 성취하도록 도울 수 있을지를 알기가 더 쉬워진다.

사례: 그럴 만한 이유

12세 소녀인 미켈라(Michela)는 많은 돈(수십만 원)을 훔쳐서 상담을 받게 되었다. 그녀는 학교에서만 도둑질을 하였다. 이것은 몇 달 동안 계속되었는데, 그녀의 어머니 모리스 부인은 자신에게 이 일이 매우 당황스러운 일이었기 때문에 이 일이 공공연히 알려지길 원치 않았다. 학교에서 도난 사건이 발생해서 미켈라가 곤란에 처하게 되면 그녀의 어머니는 미켈라에게 닥친 문제를 쉽게 해결하기 위해 딸에 대한 믿음 없이 단지 돈을 되갚아 주곤 하였다. 미켈라는 낮은 자존감을 가지고 있었고 그녀의 어머니는 딸이 경찰에게 끌려가 고생을 겪는 것을 원치 않았다.

내(슈타이너)가 그녀의 어머니에게 "이러한 도둑질이 1~10 범위 내에서(10은 가장 심각하고 1은 가장 덜 문제시되는 것) 당신에게 얼마나 큰 정도의 문젯거리입니까?"라고 질문했을 때 모리스 부인은 자신에게는 8만큼이었고 그녀의 딸에게는 3만큼이라고 대답하였다. 그녀는 미켈라가 그녀의 습관 중에서 어떠한 결과를 바꾸어야 하는지를 정확히 알고 있다고 덧붙였다. 이것을 듣고 놀란 나는 물었다, "아마도 내가 정확히 이해하지 못한 것 같습니다. 다시 한 번 설명해 주시겠습니까?" 모리스 부인은 대답했다. "음, 만약에 제가 도둑질에 대해서 변상금을 지불하지 않는다면, 경찰이 개입될 것이고 그러면 미켈라는 곤란한 일을 겪게 될 거에요." 물론 모리스 부인과 나는 그녀의 행동이 얼마나 딸을 돕지 않고 있는 것인지 그리고 그녀가 딸을 위해서 성가신 결과를 마다하지 않은 것이 만약 딸에게 아무런 변화가 없다면 그것이 얼마나 무의미해 지는 것인지 긴 대화를 나누었다.

결국 모리스 부인은 장기적으로 그녀의 딸에게 최선이 될 것을 하기로 결심했고, 내 앞에서 딸에게 앞으로 그녀가 다시 도둑질을 하면 돈을 갚아주지 않을 것이고 경찰이 그녀를 조사하기 위해 올 것이라고 말하였다. 어머니는 미켈라가 다시 돈을 훔쳤을 때 딸에게 닥칠 결과가 무엇이든 상관하지 않기로 하였다. 물론 행동보다 말이 쉬웠다. 왜냐하면 경찰이 개입되면 모리스 부인은 그것이 공적인 일이 될 것이고 그녀는 또한 그녀 자신에 대한 수치심과 당혹감에 직면할 것이기 때문이다. 훌륭하게도 모리스 부인은 이러한 결과들에 기꺼이 직면하였다.

미켈라와 어머니가 함께한 다섯 번의 회기 동안, 미켈라로부터 그녀의 '그럴 만한 이유'는 그녀가 친구가 없었고, 그리고 다른 아이들이 그녀가 뚱뚱하다고 놀렸기 때문에 학교생활에서 굉장히 많은 문제를 가지고 있는 것이었다는 것을 알게 되었다. 친구를 만들려는 노력을 하는 동안 미켈라는 다른 아이들을 위해서 총, 사탕, 화장품 그리고 영화표를 샀다. 우리는 친구를 만드는 많은 다양한 방법을 조사하였다. 휘갈겨 쓰기 게임을 하는 동안 그림을 반늘고 휘갈겨 쓰기와 관련된 이야기를 만드는 것을 보고 우리는 미켈라가 시와 운문에 꽤 소질이 있다는 것을 알게 되었다. 게다가 그녀는 유머의 번쩍이는 센스를 발휘하였다. 나는 그녀의 교사와 만났고 이러한 재능을 친구를 사귀는 자원으로 사용할 수 있도록 하는 방법에 대해 상의하였다. 교사는 반에서 '시' 대회를 열기로 결정했고 그들이 작문할 수 있는 한 많은 운문과 5행시를 전시하여 모든 학생들을 초청하기로 하였다. 미켈라는 큰 성공을 거두었다. 그리고 그녀의 어머니는 비만아를 위한 특별한 프로그램에 그녀를 등록시켰다.

미켈라와의 다섯 번의 상담에서 한 번은 어머니와 같이 왔으며 경찰을 부를 필요는 없었다. 도둑질에 대한 해결책이 운문과 5행시를 만들고 체중감량 프로그램을 시작하는 것이라고 누가 생각할 수 있었겠는가!

폭력적인 아동을 어떻게 상담하는가

전문가와 비전문가들이 폭력적이고 폭발적인 아동들에 대해서 그들 자신들뿐만 아니라 다른 아동의 복지를 위해서 더 많이 염려하는 것은 이해할 만하다. 우리가 어떻게 이러한 아동과 그들의 부모를 도울 수 있는가에 대한 자세한 토론으로 들어가기 전에 우리는 이러한 아동들의 문제에 대해 심각한 오해가 있다고 단언하고 싶다.

편의를 위해 폭력의 증후를 보이는 아동들이 종종 충분한 생각 없이 '폭력적인 아이들' 이라고 묘사된다. 처음 고안된 말—그리하여 몇몇 아동들의 특정한 성격의 긴 묘사를 피하게 하는—이 이러한 아동들의 꼬리표가 되었다. 그리하여, 우리는 종종 질문 받는다. "폭력적인 아동들에게 무엇을 해야 합니까?" "당신은 해결중심 접근이 폭력적인 아동에게 효과가 있다고 생각합니까?"

이러한 질문은 폭력적인 아동들이 모두 같다는 것을 암시한다. 또한 폭력적인 아동들은 항상 그런 식이며 '폭력' 은 하나의 현상이고 그렇기에 한 가지 해결책이 있을 것이라는 오해를 뜻한다. 마찬가지로 많은 부모와 전문가들은 종종 아동들의 '폭력' 을 어떤 신비한 힘이 이러한 아동들과 함께 작동되는 것이고 그들의 폭력은 어느 곳 어느 때나 방출되는 것이라고 묘사한다. 우리의 임상적 경험은 폭력적이라고 묘사된 아동이 접촉하기 위해 도움을 받을 때 종종 우리는 그들은 자신들의 행동에 대한 일정한 합리적인 설명을 가지고 있다는 것을 발견하게 된다(그러나 우리는 아마도 그들의 논리나 그들이 자신의 인식과 사건에 대한 해석에서 끌어낸 결론에 동의하지 않을 것이다.). 우리 상담자들은 '왜' 그들이 폭력적인지를 알아내기보다 무엇을 '할지,' 어떻게 이러한 아동들에게 말할 것인지에 초점을 맞추기 원한다.

몇 년간 우리는 폭력적이라고 묘사된 많은 아동들을 만났다. 그러나 그들 중 대부분이 많은 상황 속에서 전혀 폭력적이지 않으려고 하고 심지어 신사적이고 꽤 사랑스럽기까지 한 재능을 보였다. 다른 아동들이라면 그럴 수 있었거나 혹은 일반적으로 폭력적이 되었을 그들의 일상적인 상황에서 그들은 자신을 통제하였다. 다시 말해, 모든 아동들은 때때로 폭력적인 행동을 보인다. 그리고 특별히 그들은 언제 폭력적이어야 하고 언제 그렇지 않아야 하는지에 대해 선택적이다.

다른 흔한 오해는 이러한 아동들은 "통제가 안 된다."라는 것이다. 우리는 이러한 주장에 반대하고, 모든 '폭력적인' 아동들은 자신을 통제할 수 있다고 주장한다. 그들의 폭력적인 폭발을 예언할 수 있는 패턴이 없을지라도 이러한 폭발은 주로 사회적 상황에 대한 반응 안에서 생긴다. 모든 폭력적인 행동은 아동들이 경험한 무언가에 대한 반응으로서 발생한다. 그렇기 때문에 아동이 폭력성을 갖게 된 사회적 배경에 대해 토론하는 것은 중요하다. 필요한 것은 더 면밀히 관찰하는 것이고, 그들이 자신을 통제할 수 있다는 것을 우리에게 보여 주는 작은 차이를 찾는 것이다. 그러고 나서 이러한 작은 능력들을 길러 주는 것이다. 어디서, 언제, 누구에게, 그리고 어떻게 그들이 폭력적으로 행동하게 되는지에 대한 맥락 속에서 그들의 폭력을 찾는 것 또한 매우 중요하다. 그렇기 때문에 각각의 아동에게 주언이나 제안을 하려는 시도 이전에 폭력의 배경을 이해해야만 한다.

예를 들면, 나(김인수)는 11세의 아들이 '칼을 들고 동생을 뒤쫓아갔다'는 것 때문에 즉시 병원 치료를 받을 필요가 있다고 주장하면서 자녀의 가방을 꾸린 한 어머니를 만났다. 우선 충격을 받고 믿을 수 없었던 이 어머니는 그녀의 친구와 이웃들로부터 "그런 아이는 정신병원에 갈 필요가 있다."라는 조언을 받았다. 그리고 그 어머니는 자신의 아들을 병원에 입원시키기 위해서 필요한 계획을 짜기 위해 나에게 물었다. 나는 폭력사건에 대한 자세한 내용을 그녀에게 차분하게 물었다. 그러고 나서 아들이 학교와 동네에서 다른 아이들과 어떻게 지내는지, 그리고 '칼을 가지고 뒤쫓는' 것과 관련된 예전에 있었던 이야기를 물었다. 아들은 학교에서는 특별한 문제가 없고 많은 친구가 있으며, 또한 그들과 잘 지내고 있는 것으로 판명되었다. 이러한 상세한 질문이 되었을 때 어머니는 그녀가 안심해도 된다는 것을 깨달았다. 싸움은 경쟁적인 형제들에게 제한되어 있었고 그녀의 아들은 결국 '폭력적인' 아들이 아니라는 것을 알았다. 그리고 조용히 '폭력적인' 반응을 자극하는 동생의 은밀한 방식을 관찰할 필요가 있었다.

아동폭력은 복합적인 현상이고, 아동과 십대 청소년이 폭력으로 성취하고자 애쓰는 것이 무엇인가에 관해서는 좀 더 정확한 연구가 필요하다. 이렇게 하는 것은 항상 쉬운 일은 아니다. 왜냐하면 대부분의 아이들은 그들의 이유나 감정에 대해 인위적일 수 없기 때문이다. 충분한 설명의 부족으로 아동이 폭력적이라는 결론을 내리기 쉽다. 다음 사례를 보면 때때로 문제와 해결책 사이에 연결점이 없다는 것을 알 수 있을 것이다. 하지만 가능한 해결책이 존재하는 한, 창조적인 치료자는 겉보기에 연결되지 않은 요소라도 해결책을 찾을 수 있다.

사례: 도둑맞은 코트 그리고 전환점

16세의 키 크고 매력적인 소녀인 아키샤(Akisha)는 양어머니에 의해 방문하게 되었다. "이만큼 차 버렸어요."라고 말하며 에반스(Evans) 부인은 손으로 목을 가리켰다. 이번이 아키샤가 아동보호시설에서 '쫓겨난' 세 번째였는데 3년 전 에반스 부인이 그녀와 살게 된 이후에 그녀의 문제에 잘 대처하지 못했기 때문이다. 아키샤는 학교에서 폭력적이었다(그녀는 다른 친구로부터 벽돌이라고 불렸다.). 오빠를 만나기 위해 한밤중에 집을 몰래 나가고 그 집에서 폭력적이었기 때문에 에반스 부인은 그녀의 집에 있는 세 명의 다른 아이들의 안전에 대해 염려하게 되었다. 아키샤는 그들을 공격했고, 그들의 머리를 휘어잡았으며, 계단에 내던지기도 하였다. 양어머니는 아키샤를 집에서 내쫓아 달라고 사회복지기관에 세 번이나 요구하였다. 하지만 그녀는 뉘우치며 집으로 다시 돌아왔고 양어머니는 마음이 약해져 그녀를 다시 받아 주었다. 나는 아키샤의 능력을 발견하기 위해 시간을 들였다. 아키샤는 부인의 은 총을 얻어 집에 들어오는 능력을 갖고 있었으며 부인은 기꺼이 허락하였다. 실제로 아키샤는 매력적일 뿐만 아니라 밝고, 똑똑하고, 그녀가 가장 흥미 있어 하는 것이 무엇인지를 잘 결정하고 행동할 수 있었다.

아키샤는 몇 번이나 노숙을 했었고 그때마다 그녀는 스스로 살기로 결심하였다. 그녀는 실제로 그녀에게 유익하지 않더라도 그녀가 하고 싶은 것은 무엇이든지 하였다. 불행히도 말할 수 있는 가족이 아무도 없었다. 몇 년 전 그녀의 생모가 사라진 이후로 그녀를 돌보아 줄 생물학적 가족이 아무도 없었다. 그녀의 아빠는 보호시설에서 살고 있고 그와 함께 살 수 있는 선택권은 없다고 그녀가 말하였다.

상담 약속은 보호시설에 머물 수 있는 조건의 일부였다. 아키샤는 또한 보호시설에 있는 다른 친구들을 징계하고 훈련시키는 것이 금지되었고 대신에 문제가 생겼을 때는 양어머니에게 알리도록 하였다. 그리고 학교나 경찰서로부터 싸움 소식이 더 이상 없어야 된다고 덧붙였다. 그녀는 밤에 슬쩍 나가는 것도 안 되며, 집안의 규칙에 모두 순종해야 한다고 하였다.

이 회기는 평소처럼 시작하였다. 그녀의 성공 경험은 무엇인가? 아키샤가 양어머니에게로 돌아오는 이유는 무엇인가? 양어머니는 어떤 동기로 지속적으로 그녀를 돌아오게 하는가(그녀를 쫓아냈다는 말은 언급되지 않는다.)? 에반스 부인이 계속적으로 그녀를 받아들이는 것은 무엇 때문인가(마찬가지로 그녀를 왜 쫓아냈는가에 대한 언급은 없다.)? 에반스 부인은 아키샤가 자신이 아플 때면 관심을 갖고 염려하고 돌봐 주려 한다고 말하였다. 아키샤는 양어머니와 함께 살기 원했지만 에반스 부인은 아키샤와 함께하길 원하는 것을 확신하지 못하였다. 에반스 부인은 또한 집에 있는 다른 아이들의 안전에 대해 책임감을 갖고 있으며 그녀는 아키샤가 괴롭히거나 해를 끼치는 것을 염려하였다. 생각하는 휴식 이후 회기를 마치기 전에 나는 양어머니가 아키샤를 성공적으로 키울 수 있는 많은 잠재력을 가지고 있는 것에 대해 칭찬해 주었고, 지금은 아키샤가 '왔다갔다' 하는 것을 허용하는 것 대신에 시설의 정확한 규칙과 상황을 따르게 해야 한다고 말하였다. 아키샤에게는 그녀의 좋은 평가 능력과 에반스 부인이 그녀에게 적합하고 그녀가 대부분의 십대와 마찬가지로 나이에 맞게 미래를 생각할 수 있도록 도와준다는 사실을 인식하고 있는 모습을 칭찬해 주었다.

2회기는 "작은 것이라도 무엇이 달라졌는가?"라는 물음과 함께 시작하였다. 그리고 아키샤는 그녀가 규칙을 얼마나 잘 지켰는지, 제시간에 학교에 갔는지, 밤에 도망가지 않고, 에반스 부인의 도움 없이 스스로 학교 과제를 했는지를 적었다. 그녀에게 싸움을 걸기 원했던 다른 소녀들에게 그녀는 어떻게 반응했는지 묻자, 아키샤는 그녀의 미래를 파괴하는 싸움을 걸기를 원하는 애들에게 싸움을 허용하지 않고, "누워서 떡 먹기야."라고 그녀 자신에게 상기시킬 수 있었다고 하였다. 나는 또한 상당한 시간을 그녀가 마약을 하지 않겠다는 결심을 하도록 사용하였다(그녀의 생모는 오랫동안 마약을 했었다.). 나는 무엇이 그녀에게 중요한지와 얼마나 그녀가 더 나은 삶을 살기 원하는지 통찰력을 가진 것을 보고 매우 인상 깊게 느꼈다.

2, 3회기 사이에 아키샤의 신경을 건드린 다른 소녀가 아키샤가 다른 옷을 입고 있던 사이에 그녀의 외투를 가지고 도망갔다. 아키샤는 무척 화가 났고, 셔츠와 스웨터, 심지어 빗과 같은 작은 물건들을 포함한 자신의 물건이 사라지자 과격해졌다. 양어머니에 따르면, 그녀는 보통 때 같으면 지구 끝까지라도 그 죄지은 사람을 쫓아갔을 것이라고 하였다. 하지만 그녀는 가까스로 코트를 잃어버렸다고 알렸고, 에반스 부인에게 학교를 빠지고 그녀를 쫓아가지 않을 거라고 말하였다. 하지만 학교 친구들 사이에 그녀를 죽일 거라는 위협적인 소문을 퍼뜨렸다. 내가 이 소식을 들었을 때, 나는 보통 때 원래 그녀의 방식으로 일을 처리하지 않고 대신에 집의 규칙을 따른 그녀의 결심에 놀라움을 감추지 못했다.

그녀의 평소 행동을 제외한 이 사건을 다른 작은 사건들과 함께 철저히 조사하였다. 이것은 중요한 성공이었다. 그녀는 한 달 동안 집의 규칙을 따랐고 한 달 내내 벌을 받지 않았다. 또한 학교로부터 전화도 오지 않았다. 아키샤의 변화에 공헌한 다른 중요한 차이점은 에반스 부인이 아키샤를 위해 정확한 용어로 정해진 명백한 규칙과 조건을 말해 준 것이었다. 과거와는 다르게 에반스 부인은 아키샤가 규칙을 세우고 그것을 따르지 않았을 때의 결과를 말해 줄 수 있는 어머니를 가진 것이 얼마나 중요한지를 깨달았다고 설명하였다. '도둑맞은 코트' 사건에도 불구하고 에반스 부인은 그녀가 '약속'에 의존하고 아키샤와 '진심으로' 이야기하게 되었다고 설명하였다. 에반스 부인은 이전과는 다르게, 아키샤와 함께 상담에 왔고, 그녀는 아키샤가 얼마나 중요한 존재인지, 그리고 아키샤에게 양어머니가 아닌 어머니가 얼마나 필요한지를 알게 되었다. 그녀에게서 보여지는 성숙함과 영악함 때문에 부인은 아키샤가 확실한 도움을 필요로 한다는 것을 인식하지 못했었다. 아키샤와 양어머니는 이제 5개월 동안 진행된 4회기를 끝으로 더 이상 상담을 필요로하지 않았다. 그리고 그들이 이룬 것을 유지하는 것에 대한 자신감은 매우 높았는데 양어머니는 7점, 아키샤는 9점이었다.

제8장

청소년 변화시키기

동부에서 집으로 돌아가는 밤 비행기 안에서 나(김인수)는 잠을 좀 잘 수 있기를 바라며 하루 종일 서서 세미나를 해야 했던 것 때문에 숙을 만큼 피곤한 상태로 좌석에 앉았다. 집에 도착하기 전에 혼자서 조용한 시간을 가지고 싶었다. 그래서 잘생긴 어린 소년이 탑승하는 것을 보았을 때, 제발 그가 내 옆에 앉아서 이어폰으로 음악을 들으며 몸을 흔드는 일이 일어나지 않기를 바랐다. 물론 그는 내 옆에 앉았는데, 이 16세 소년은 장학금을 받고 영재예술학교에서 한 학기를 마치고 집으로 가는 중이었기에 무척 흥분하여 음악을 듣지 않아도 펄쩍펄쩍 뛰어다녔다. 이 소년은 자신이 생애 처음으로 가족을 떠나 있었던 학기를 마치고 집으로 돌아가는 것에 대해서 흥분을 감출 수 없노라고 설명하였다. 나의 주의를 끌었던 것은 그가 계속해서 손목시계를 쳐다보면서 불쑥불쑥 말을 하는 것이었다. "내 생각에 이제 막 우리 아빠가 차를 끌고 집에서 나와 공항으로 마중 나오고 있을 거예요." "우리 가족은 지금쯤 틀림없이 벨기에 근처에 있는 43번 도로를 지나고 있을 거예요." "나는 아빠와 남동생이 빨리 보고 싶어요." "내 생각에는 이제 공항 주차장에 도착했을 것 같아요." 그는 집에서 공항까지 그의 가족의 이동 경로를 알려 주었다. 나는 그가 아버지와 남동생을 얼마나 보고 싶어 하는지 그리고 가족을 얼마나 그리워하는지에 대해서 솔직하게 말하는 점에 놀라서 내가 얼마나 피곤했는지를 거의 잊었다.

나는 서로를 만난 것이 너무나 행복한 아버지와 아들, 형과 남동생 간의 감동적인 포옹과 그들이 얼마나 서로를 많이 그리워했는지 생각하고 미소 지으며 이야기하면서 그들이 오랫동안 큰 환영의 포옹을 하는 것을 상상하였다. 이와 같은 귀향 장면을 보기를 바라면서, 나는 그의 뒤를 좇아서 비행기를 내렸고 그가 오랫동안 기대했던 가족과의 재회를 보기 위해 부근을 서성거렸다.

우리가 통로 밖으로 걸어 나와서 출구로 마중 나온 사람들 속으로 들어갔을 때 그 소년은 바로 무덤덤해졌다. 그는 자신을 기다리며 서 있던 나이 든 남자를 향해 손을 흔들었고, 그의 남동생에게도 "안녕."이라고 말하고는 손을 흔든 후에 수화물을 찾기 위해 그들을 앞서서 걸어갔다. 나는 완전히 실망해서 몇 분 동안 그 자리에 서서 내가 그의 아버지를 붙잡고 아들이 얼마나 그를 그리워했는지에 대해 말할 것인지, 그의 가족이 어린 소년에게 얼마나 중요한지 알고 있느냐고 질문을 해야만 할 것인지에 대해 갈등하였다. 물론 그 상황에서 나는 상담자가 아니었기에 내가 목격한 광경과 내가 그 소년의 부모였다면 어떤 느낌이었을지, 그리고 그의 부모가 그를 얼마나 그리워했는지에 대해 생각하며 차가운 겨울 공기를 마시며 걸어 나왔다.

청소년기 엿보기

이 경험은 모든 청소년에게 가족이 얼마나 중요한지 뿐만 아니라 '무덤덤한 상태로' 머무르고 부모와 '다르게' 행동하는 것이 얼마나 중요한지를 나에게 가르쳐 주었다. 그것은 내게 십대의 부모들이 뚜렷한 애정 표현을 거의 하지 않는다는 것과 그들이 무덤덤하고 초연한 것처럼 보이도록 살아가는 법을 배워야 한다는 것을 상기시켰다. 나는 또한 나 자신도 청소년을 양육할 때 얼마나 어려웠는지를 기억해 냈다. 이 모든 것들이 어린 청소년 자신에게는 얼마나 어려운 일이겠는가!

우리는 청소년기에 대해 언급하는 것의 적합성에 대해 논의하였다. 우리는 또한 아동과 부모를 상담하는 것에 관한 책에서 청소년 상담에 대해 특별히 기술하는 것이 적절한 것인지에 대한 동료의 피드백을 요청하였다. 우리는 의견을 일치할 수 없었으며 우리가 부탁했던 동료들 대부분도 그러하였다. 우리가 본래 의도했던 것은 어린 아동과는 달리 청소년은 자신을 충분히 말로 잘 표현할 수 있으므로 청소년과 성인을 상담하는 것 간에는 그다지 많은 차이가 없다는 것이었다. 그러나 동료 중 몇 사람은 십대들이 치료에서 전혀 다른 종류의 문제들을 호소하기 때문에 해결중심 접근으로 십대에 초점을 맞추어 다룬 별도의 책을 써야 한다고 충고하기도 하였다. 이 점은 우리의 견해와도 다르지 않은데, 왜냐하면 청소년은 자신을 말로 설명할 수 있기 때문에 성인과 청소년 사이의 많은 차이들이 실제적으로 해결중심 단기상담 모형에 영향을 미치지는 않기 때문이다. 그럼에도 불구하고 우리 훈련생들과 동료들 중 많은 이들이 '아동과 청소년'을 단일 집단으로 묶어서 다룬다. 그래서 상담자들은 독특한 임상적 문제들을 제시하는 청소년을 어떻게 상담해야 할지 알지 못하는 것에 대해 많은 좌절감을 표현하곤 한다. 그래서 우리는 청소년을 상담하는 것에 대해 한 장을 다루되 중간 부분보다는 책의 뒷부분에 포함시키기로 하였다. 그러므로 독자는 이 장을 참고하기 위해 볼 수 있으며 만일 청소년을 상담하지 않는다면 읽지 않아도 좋다.

아동기와 청소년기의 차이

우리는 청소년을 상담하기 어려운 집단으로 보는 이유가 되는 아동과 청소년의 차이점에 대해 주의 깊게 살피기 시작하였다. 부모조차 아동이 청소년기에 도달할 때, 아동기와는 다른 청소년기가 시작되게 하는 어떤 일이 일어난다는 데 동의한다. 이러한 차이점들은 호르몬의 변화를 넘는 것이다. 십대들은 종종 이해하기 '불가능' 하고, 들으려고 하지 않고, 기분이 너무나 변화무쌍해서 성인은 그들의 기분을 맞추기가 어렵다. 우리의 친구들과 동료들은 자녀가 마법의 13번째 생일을 맞이할 때 즈음이 위험 시기에 임박한 것이라고 경고하고, 자녀의 십대 기간을 어떻게 살아남을지에 대한 많은 농담들을 나눈다.

아동기에서 청소년기로의 과도기

청소년기의 무엇이 십대들을 그렇게 걷잡을 수 없고, 이해하기 어렵고, 짜증내며, 때로는 매우 기쁘게 하는 것일까? 당신이 부모이거나 치료자 혹은 그저 관련 없는 관찰자이든 당신은 그들을 사랑하거나 그들을 견뎌 낼 수 없거나 둘 중 하나일 것이다. 아무도 그들에게 무덤덤한 반응을 보일 수는 없다. 그리고 그러한 감정들은 거의 매일 또는 매시간 변화무쌍하다. 그들이 주위로부터 그렇게 강한 반응을 끌어내는 것은 그들이 처한 발달 단계의 어떤 요인 때문인가? 왜 부모는 그들과 그렇게 많이 충돌하고, 우리는 부모와 청소년 사이의 소리 지르며 싸우는 것에 대해 그렇게나 많은 불평을 듣는가? 한때는 기쁨이었던 자녀에게 무슨 일이 일어난 것인가?

만약 청소년기의 어려운 특성들이 단지 급격한 발달적 변화 때문이라면, 우리는 왜 유아기 자녀를 둔 부모들이 아기를 양육하는 것의 어려움에 대해 그렇게 많이 불평하지는 않는지 반문할 수 있다. 유아는 청소년보다 짧은 시간 동안 더 많은 변화를 경험한다. 우리는 '양육자'로서 부모에게 요구되는 것이 다르기 때문에 유아와 청소년을 양육하는 것 간의 차이가 생긴다고 믿는다. 어린 아동을 양육하는 것은 아동이 모든 것을 부모에게 의존한다는 것을 의미하는데, 부모는 될 수 있는 대로 충분한 보호를 제공하고 충분히 안전하면서도 시간에 따라 변화하는 아동의 발달적인 욕구에 도전을 줄 수 있는 환경을 제공하는 것이다. 초기의 기본적인 욕구는 꽤 명백하다. 음식, 집, 애정, 주의, 신체적이고 지적인 자극, 거기에 덧붙여 살아가는 데 필수적인 다양한 기술들, 그리고 자아충족감을 느끼게 되는 것이다. 아동의 기본적인 욕구를 충족시키는 것은 많은 부분이 부모의 직관, 결정권, 상식, 그리고 독창성뿐만 아니라 아동을 향한 그들의 선한 의지에 달려 있다고 볼 수 있다. 부모가 이끌어 내는 정서적 보상은 일반적으로 풍부하고 대부분의 경우 성공적이다. 결과적으로 아동을 양육하는 것에 대해 부모들은 비교적 쉽게 유능감을 느낀다.

같은 아동이 청소년기에 들어서게 되면 부모의 과업은 급격하게 변화한다. 음식과 집을 제공할 필요는 여전히 있다. 그러나 이전에는 그렇게도 중요했던 부모로부터의 안내와 지도는 어떠한가? 이것은 종종 혼란스럽고, 곤혹케 하고, 때때로 기이한 행동으로 표현된다. '달라지고자 하는' 강렬한 욕구는 보는 자녀마다 획일적이지 않고 시간에 따라 일관적이지도 않다. 그것은 모든 청소년에게 다르게 표현되며 나타나는 시기도 부모를 혼란스럽게 한다. 어떤 아동에게는 이른 시기에 시작되고 다른 아동에게는 조금 더 성장한 후에 시작된다. 반면에 어떤 아동은 '나는 누구인가' 혹은 '나는 무엇이 되기를 원하는가?'와 같은 탐색을 하는 데 극단적인 표출을 한다. 다른 청소년들은 동일한 목표를 성취하는 데 좀 더 차분하고 성논된 모습을 보인다. 몇몇은 순탄하게 통과하는 반면, 어떤 이들은 질풍노도의 시기를 겪기도 한다.

청소년기의 비밀 암호를 해독하는 것은 부모들에게 수수께끼다. 한때 그렇게 명석하고 설득력 있었던 아동이 이제 이렇게 무능하고, 어리둥절케

하고, 혼란스럽게 만드는 것을 보는 것은 정말 당황스러운 일이다. 청소년과 함께 생활할 때 가장 좌절감을 느끼게 되는 상황 중 하나는, 독립적이고 자아 충족적인 성인이 되기 위한 성장 과업을 수행할 때 그들이 가지는 끝없는 양가감정에서 비롯된다. 이것은 우리 모두에게 아주 혼란스러울 수 있다. 한 가지 기억해야 할 중요한 점은 십대들은 여전히 아동과 같은 특성을 지니고 있기 때문에 우리가 제2장에서 다룬 모든 가정들이 여전히 청소년에게 적용된다는 것이다. 그 특성은 그들이 부모를 기쁘게 하기를 원하고, 부모가 그들을 자랑스럽게 여기길 원한다는 것이다. 분명히 이 욕구는 어린 아동이 표현하는 명백한 방법보다는 잘 드러나지 않는 방법으로 표현된다. 청소년들은 자신이 '어른' 이 되었다고 느껴야 하기 때문에 어렸을 때처럼 칭찬받고 싶고 돌봄 받기를 원하는 욕구를 표현할 수가 없다.

부 모

십대들이 또래로부터 뿐만 아니라 부모로부터 '분화되고자 하는' 이 무질서한 시간을 함께해야 하는 부모의 과업은 혼란스럽기에 충분하다. 이 과업은 십대가 동일한 방식으로 수행할 수 있는 한계보다 부모는 더 큰 기대를 하기 쉽기 때문에 좀 더 혼란스러워질 수 있다. 많은 부모들이 그들의 십대 자녀들 때문에 당황한다. 영리하고 유망하고 분별력 있는 청소년들이 어떻게 그렇게 어리석은 짓을 할 수 있는가? 어떻게 십대들은 어느 날 그렇게 작은 일에도 상처받기 쉽게 되었고 그 다음 순간(마치 그들이 결코 다시는 부모들의 도움을 필요로 하지 않을 것처럼) 그렇게 반항적으로 변할 수 있는가?

보다 어린 아동이 분명한 지도를 필요로 하고 부모의 그러한 도움을 기꺼이 받아들이고자 하는 것과 달리 십대들은 그들의 부모에게 원하는 것에 대해 불분명하고 혼재된 신호를 준다. 그러므로 부모의 역할도 더 불확실해진다. 다시 말하면, 부모는 좀 더 너그러워지고 문제로부터 한발 뒤로 물러설 필요가 있다. 이러한 필요는 청소년들이 중대한 실수를 저지를 가능성이 가장 많을 때도 유지되어야 한다. 부모가 머리를 싸매고 부모 자녀 간의 관계에서 문제를 일으키는 행동을 하는 것도 놀랄 일은 아니다. 부모는 정기적으로 명백한 문제들에 대해서도 못 본 체하거나 못 들은 것처럼 행동하도록 요구받는다. 그들은 조언을 하기보다는 종종 그들의 목소리를 침묵하거나 숨죽이고 있어야만 한다.

청소년기는 성숙의 단계를 밟는 아동이 그들의 능력과 한계가 무엇인지 발견할 필요가 있는 시기다. 그들은 자신과 타인의 경계선이 어디에 있는지에 대해 알 필요가 있다. 그들은 자신이 전능하지 않다는 것을 배워야 하지만 자신의 안녕과 안전을 심각하게 해치지 않는 선에서 배울 필요가 있다. 그들은 부모의 가치관의 한계와 자기 가치관의 시작을 배울 필요가 있다. 그들은 부모와 또래 그리고 그 밖의 사람들과 어떻게 다르고 또한 어떻게 같은지에 대해 이해할 필요가 있다.

미성숙하고 경험이 부족한 청소년에게는 이런 모든 것들이 매우 위압적인 과제로 다가온다. 부모가 대개 당황하고 혼란스러워하는 것도 당연하다. 부모에게 가장 어려운 것은 15세 소녀와 그녀의 아버지가 말다툼할 때 이 모든 중요한 인생수업을 '설교' 나 '잔소리를 반복하는 것' 이 아닌 것처럼 가르쳐야만 한다는 것이다. 부모는 종종 청소년의 양육 경험에 대해 이러한 것을 요청받는다. 한 아버지는 그 당혹스러움을 다음과 같이 표현하였다. '오랜 인생 지식과 경험을 내려놓고, 그들의 가치관과 무엇이 성공하고 무엇이 성공하지 않을지에 대한 직관과 상식을 내려놓는 것' 을 요구받는다고 말이다. 이것이 혼란스러운 것은 의심의 여지가 없지만 부모들은 꼭 해야 할 필요가 있다. 청소년이 자립 의지를 실험할 수 있는 여지를 허락하라. 그러면 마침내, 그들은 부모와 유사한 성인이 되는 것을 선택할 수 있을 것이다.

청소년의 부모 상담하기

대부분의 부모들에게 청소년기는 그들의 양육 능력이 도전당하는 심각한 시기다. 그 점에 대해서는 아동을 양육하는 것에 성공적이었던 부모들에게조차 마찬가지다. 우리는 한 자녀를 성공적으로 양육했지만 같은 시기의 다른 자녀를 키울 때는 어려움을 겪는 부모를 만난다.

청소년과 함께 상담할 때 어려운 점은 청소년 자녀가 자신에 대해 걱정하는 것보다 그들의 행동에 대해 더 화를 내고 염려하고 걱정하는 부모와 어떻게 관계를 맺을지에 대한 것이다. 부모가 자녀의 미래에 대해 매우 놀라고 걱정하고 근심할 때 청소년의 반응은 정반대로 움직이는 것처럼 보인다. 즉, 청소년들이 '무관심한' 행동을 더 나타낼수록 부모들은 더 화가 나는 것이다. 화가 난 부모는 이번에는 자신의 편에서 일하는 상담자에게 경각심을 불러일으키고 자신을 대신하여 행동하도록 유도한다. 압박하는 부모들을 어떻게 상대할지 알고 '즉각적인 해결' 을 하는 것과 그것을 생산적이고 유용한 방향으로 전환하는 것이 청소년과 함께 상담하는 장면의 가장 어려운 일 중 하나다.

우리는 집과 가구의 비유가 어떤 부모들을 차분하게 만들도록 도와준다는 것을 발견하였다. 이 비유는 잠시 후에 설명할 것이다. 여러분은 이미 여러분에게 훌륭하게 적용되는 자신의 이야기나 비유를 가지고 있을지도 모른다. 당신이 무엇을 하든지 부모가 들을 필요가 있는 최상의 정보는 그들이 할 수 있는 최선을 다해 왔고 아무도 그들에게 다른 방법으로 하라고 요구할 수 없다는 것이다. 이러한 입장은 부모에 대한 우리의 전제와 태도다. 거의 예외 없이, 그들은 자녀에게 가장 좋은 것을 원하고, 자녀가 알아야 할 모든 것을 그들의 자녀에게 주었다는 것을 알아야만 한다. 이 지식이 언제 그리고 어떻게 사용되는지는 청소년에게 달려 있다.

집과 가구의 비유는 다음과 같다. 자녀가 태어났을 때 그 자녀는 가구가 하나도 없는 집과 같다. 사랑하고 돌보는 사람인 부모는 다양한 세부항목들에 대해 엄청난 고려를 하면서 정성스럽게 그 집에 가구를 들여놓는다. 소파, 의자, 침대, 책상 등은 어디에 놓을지, 페인트 색깔은 무엇으로 할지, 그리고 어떤 색깔이 어떤 의자, 커튼 및 그 밖의 것들과 어울리는지를 고려한다. 그러고 나서 자녀가 십대가 되면, 십대 자녀는 그 집을 이어받고 자기 자신의 집을 만들기 위해서 모든 가구를 밖으로 옮길 것이다. 때때로, 그들은 처음에 있던 가구 한 점조차 되돌려 놓지 않을지도 모른다. 그러나 시간이 흐름에 따라 부모는 새로운 주인이 거의 모든 가구들을 집으로 다시 옮겨놓은 것을 볼 수 있다. 아마도 그 품목은 전처럼 같은 지점에 정확히 놓이지는 않을지도 모르지만 그 집과 가구는 유사하게 보일 것이다. 아마도 새로운 주인은 다른 색깔 배열, 다른 벽지, 혹은 다른 그림을 갖게 될지도 모르지만 부모는 그 집과 가구가 여전히 동일하다는 것을 알 수 있을 것이다. 청소년이 이 집의 새로운 주인으로서 심술 맞게 물건들을 바꾸는 것뿐만 아니라 그것을 자신의 취향대로 재배열한다는 것을 부모가 기억하는 것은 중요하다.

칭찬, 칭찬, 더욱 칭찬하기

우리는 부모가 자신의 자녀를 잘 양육해 왔다고 안심하면 할수록 자신이 부모로서의 역할에 최선을 다했는지 아닌지에 대한 불안과 불확신이 진정되기 쉽다는 것을 알아냈다. 부모가 부모로서의 성공을 인식할수록 희망(부모로서의 그들 자신뿐만이 아니라 그들의 자녀들에 대해서까지)과 인내심을 갖는 것이 쉽다. 부모가 자신의 성공에 대해서 자부심을 가질 때 침착하기가 쉬워지고 유머와 재미를 느끼며 그들의 십대 자녀들이 성인이 되는 힘겨운 과정을 지켜보게 된다. 우리는 부모가 자녀를 잘 가르치고 있는지 확신하지 못하고 끊임없이 자녀를 간섭하고 괴롭히고 논쟁하면서 어떤 면에서는 그들이 아직도 양육에서 나아지고 있는지도 모른다고 생각하고 있다는 것을 알게 되었다. 또한 자녀의 성공에 대한 칭찬과 인정은 부모로 하여금 자녀가 실수하고, 실수로부터 배울 수 있는 것을 침착하게 허용하도록 도와준다. 이 칭찬들은 듣기 좋은 아부가 아니고 당신이 치료 기간 동안에 부모로부터 얻은 사실적인 정보들에 기초하는 한편, 어떤 칭찬들은 당신이 부모들의 관점에서 재구성한 것으로부터 비롯된다. 아마도 사례를 통해 우리가 생각하는 것을 설명하는 것이 가장 좋을 것이다.

사례: 시리얼 속의 설탕

두 집단의 아이들(각각 초혼에서 얻은 그/그녀의 아이들)을 둔 아버지와 새어머니가 긴급한 상담을, 그것도 당일에 해 달라고 강력하게 요청하였다. 쿠퍼(Cooper) 씨 내외의 목소리가 매우 상심한 듯이 보였기에 나는 그들을 당장 만나는 것에 동의하였다. 그 부부와 각각의 자녀들은 2년 전 한 가정으로 합쳤는데 그 후로 계속해서 아이들 사이에 특히 아버지의 두 아들과 새어머니 사이에서 끊임없는 갈등이 있었다. 그들은 새아버지와 어머니의 두 어린 딸들 사이의 관계는 훨씬 부드러우나 새어머니와 아버지의 두 아들들 사이에는 긴장이 계속되고 있다고 하였다. 부부는 모두 지속적인 사랑과 친절함으로 결국은 이러한 어려움들을 이겨 나갈 수 있을 것이라고 믿어 왔으나 지금 그들은 사랑만으로는 부족하다는 것을 느끼고 있었다.

쿠퍼 부인은 그날 아침에 일어난 사건을 열심히 설명하면서 부부가 결혼을 하고 두 가족이 합친 이래로 오랫동안 긴장감이 들끓었다고 하였다. 그녀는 만약 그녀와 그의 십대 아들들(특히 그녀와 15세 아들 데이빗) 사이의 문제가 해결되지 않는다면 결혼생활을 끝낼 것이라고 선언하였다.

그녀의 강력한 발언과 긴급한 상담 요청 때문에 나는 그날 아침에 있었던 사건에 대한 어머니의 설명이 듣고 싶었다. 분명히 쿠퍼 부인은 늘 자녀들의 식습관과 영양에 주의를 기울였다(예를 들어, 그녀는 항상 아이들이 아침에 콘플레이크에 설탕을 너무 많이 넣지 않도록 상기시켰다.). 한편 데이빗은 새어머니가 오기 전에는 무엇이든 마음대로 먹었고 불량 식품도 먹으며 지냈다. 그래서 당연히 데이빗은 이런 호들갑을 이해할 수 없었다. 쿠퍼 부인이 데이빗에게 그의 과도한 설탕 사용에 대해서 상기키는 것은 아침 행사가 되었고, 부인의 설명에 따르면 그는 '앙심을 품고' 콘플레이크에 설탕을 연신 퍼 넣었다. 그날 아침에도 쿠퍼 부인이 다시 그에게 상기시키자 데이빗은 식탁에서 일어나 부엌 벽에 시리얼 그릇을 던져 버렸다. 콘플레이크, 우유 그리고 설탕이 주방 벽, 조리대, 싱크대 그리고 바닥에 튀겨서 어질러졌다. 그릇은 산산 조각이 났다. 고함과 비명소리가 나고 데이빗은 문 밖으로 뛰어나가 학교에 갔다.

그녀가 이 고통스러운 일에 대해서 이야기하는 것을 듣는 동안에 나는 쿠퍼 부인이 성공의 기미도 거의 없고 자녀들의 인정이나 남편의 지원도 없는 채로 이 가족을 융화시키려고 얼마나 애를 썼는지 계속 생각하였다. 그녀가 정말 최선을 다했고 그녀에게 아들들이 얼마나 중요한지를 그녀가 알도록 하는 방법을 생각하던 중에 나는 불쑥 이렇게 말하였다. '세상에, 당신은 정말로 데이빗을 생각하는군요, 그렇지 않나요?'

쿠퍼 부인은 잠시 동안 어안이 벙벙해져 있다가 그녀는 데이빗과 그의 형 키스에게 좋은 어머니가 되기 위하여 인간적으로 가능한 모든 것을 다해 왔으나 이제는 다 끝장이라고 하였다(손으로 목을 베는 시늉을 하며). 그녀는 상담자가 당일에 어떤 해결책을 제공하여 도와주기를 요구했고 그렇지 않으면 그들의 결혼생활은 끝이 날 것이라고 하였다.

쿠퍼 씨는 아내를 공감하려고 노력했으나 그는 또한 데이빗이 새 누이들에게는 얼마나 친절하고 애정이 있는지를 지적함으로써 데이빗의 나쁜 정도를 덜 심각하게 보려고 노력하기도 하였다. 데이빗은 자원해서 주방 청소를 도운 적도 있을 정도로 평상시에 집 밖에서는 모범적인 아동이었다. 이 사실은 쿠퍼 부인을 더욱 화나게 만들었고 그녀는 더욱 흥분하여 데이빗에게 이처럼 이중적인 면이 있기 때문에 상담자가 그를 만나야 한다고 주장하였다. 쿠퍼 부인은 이것이 데이빗의 생모가 두 아들들을 방임하고 다른 남자와 도망하여 그들을 적절히 양육하는 데 실패했기 때문이라고 설명하였다. 계속해서 쿠퍼 부인은 쿠퍼 씨가 항상 그의 전처가 어머니로서 실패한 것에 대해 아이들에게 보상하려고 노력했고 어머니 없이 자라게 한다는 것을 죄책감을 느꼈다고 하였다. 아버지가 데이빗과 그의 생모를 옹호하고 보호하려 하면 할수록 쿠퍼 부인을 더욱 화나고 흥분하게 만든다는 것이 확연해졌다.

나는 쿠퍼 부인이 좋은 어머니라는 것에 대하여 더 많은 지지와 인정을 필요로 한다는 것을 인식했다. 대부분의 여성들이 그녀와 같은 상황에서 따로 살면서 아동이 자립할 수 있을 때까지 쿠퍼 씨와 데이트만 계속 하거나 아동이 어떤 사람으로 성장하던지 상관하지 않고 내버려두었을텐데 그녀는 어떻게 두 십대 소년을 양육하는 엄청난 책임을 지기로 결정한 것인지에 대해서 이야기해 보도록 하였다. 나는 무엇이 그녀로 하여금 친자식도 아닌 아이들을 바르게 양육하고 그들에게 좋은 어머니가 되는 것에 그렇게 전념하도록 했는지에 대해서 궁금해졌다. 이 시점에서 쿠퍼 부인은 눈물을 흘리며 그녀가 단지 남편에 대한 사랑으로 눈이 멀어서 이 상황에 처하게 된 것이 아니며 자신이 두 아들의 어머니가 얼마나 되고 싶은지에 대해 매우 신중하게 생각했었는지 말하였다. 그리고 그녀는 남편에게 자신이 얼마나 그를 사랑하는지 그리고 그들의 두 가정을 하나의 진정한 가정으로 만들기 원하는지에 대해 말하였다.

부모를 칭찬하고, 그들이 자녀들에게 살아가는 데 필요한 모든 기본적인 것을 제공하였다는 것에 대해 안심시키고, 옳고 그름을 아동에게 얼마나 열심히 가르쳤는지를 인정해 주는 것은 아무리 강조해도 지나치지 않다. 부모가 자녀양육에 대한 자신감을 되찾을 때 그들은 팔짱끼고 앉아서 자신들의 성과를 바라볼 수 있고 해결책을 찾아볼 수 있게 된다. 그러고 나서야 그들은 한걸음 물러나서 자녀가 성인으로써 어떠한 사람이 되고 싶은지 스스로 실험하고 시험해 볼 수 있는 공간을 줄 수 있게 된다.

논 의. 사람들은 쿠퍼 부인에 대해 자기 마음대로 양아들을 조종하고 자신이 생각하는 '좋은 자녀' 가 되기를 강요하며 좌지우지하는 새어머니라고 오해하기 쉽다. 우리는 그러한 관점도 일리가 있다는 것을 부인하지 않는다. 그러나 우리는 그녀를, 예를 들어 '지나친 조종자' 로 바라보는 것이 그녀 자신이 스스로를 바라보는 것에 대한 확실한 대안을 제공하지 않는다고 믿는다.

그녀는 스스로 자기 자신을 무엇이 좋은 것인지 알도록 자녀를 도우려는 끈질긴 어머니로 생각하기 때문이다. 이러한 논리는 비록 기계에는 효과적일지 모르나 불행히도 인간에게는 잘 적용되지 않는다. 아무도 통제당하고 싶어 하지 않는데 심지어 '지나친 조종자' 인 자신조차도 그러하다.

대신에 그녀의 노력을 '사랑의 표현', 그리고 아들에 대한 헌신의 표현으로 바라보게 되면 그녀는 자신의 사랑을 보여 주고자 사용해 왔던 조종하는 방법들을 버릴 수 있게 될 것이다. 이것은 그녀가 데이빗에 대한 사랑을 표현할 수 있는 더 효과적이고 덜 절망적인 방법을 찾을 수 있는 가능성을 열어 준다.

모든 행동은 하나 이상의 중요성, 목적 및 결과를 가지기에 우리는 어머니의 행동에 대해서도 한 가지 긍정적인 동기를 붙이고자 한다. 이렇게 함으로써 그녀는 데이빗과 보다 효과적이고 협력하는 방법들을 찾기가 쉬워지고 결국 두 사람 모두가 자신의 목적을 달성하게 될 것이다. 상담자가 어머니의 내적준거 체제 안에서 작업하여 그녀가 존중받는다고 느끼게 될 때 그녀 자신도 데이빗을 존중하고 그와 같이 지내는 것이 더욱 쉬워진다. 우리의 상담 회기에서 예상치 못한 결과는 아버지가 훨씬 더 적극적으로 아들들을 교육시키기 시작한 것이다. 따라서 데이빗은 단지 '새어머니' 가 그의 삶을 불행하게 만들고 있는 것이 아니라 자신의 친아버지 역시도 좋은 영양 섭취의 중요성을 믿는다는 것을 알게 되었다.

청소년 상담 시작하기

우리는 상담 초기에 볼 수 있는 청소년들의 일반적 자세 및 그에 따른 좌절감을 해결하는 대안적 전략을 설명하려고 한다.

"몰라요……." "그래서 어쩌라고요……."

많은 부모들이 초보 상담자들과 같이 아동이 '몰라요.' 혹은 '그래서 어쩌라고요.' 라고 반응할 때 큰 좌절감을 느낀다. 이러한 표현들은 보통 어깨를 으쓱하거나, 고개를 앞으로 숙이거나, 눈을 천장으로 굴리거나, 무심한 태도와 말들을 동반한다. 청소년과 관련된 훈련을 할 때면 이러한 태도에 반응하는 방법에 대한 질문이 어김없이 제기된다. 우리는 즉각적이고 빠른 해결안을 생각하는 것 대신에 청소년이 당신과 대화할 만큼 충분한 신뢰를 형성하기 위해서 다음 사항들에 대해 생각해 보기를 권한다.

1. 청소년이 어떻게 하든지 관계없이 그것을 개인적으로 받아들이지 말고 그들의 행동이나 예의 없는 태도에 불쾌하게 느끼지 말라.
2. 상담에 의뢰된 이유에 대해서 이야기하는 대신에 당신이 할 수 있는 한 그에 대해 많은 것을 알아가라. "너랑 가장 친한 친구는 너의 장점을 무엇이라고 하니?" "어떻게 해서 ○○을 그렇게 잘하게 되었니?" "네가 가장 좋아하는 선생님은 네가 너무 수줍어서 말하지 못하는 너의 능력이 무엇이라고 말씀하실까?" "네 여자 친구는 너의 어떤 점에 매력을 느꼈다고 할까?" "너와 제일 친한 친구는 네가 좋은 친구일 수밖에 없는 이유를 무엇이라고 할까? 이러한 질문들은 자녀들이 자신도 모르는 사이에 스스로에 대해서 이야기할 수 있게 하며 자기 스스로에 대해서 간접적으로 칭찬하는 훌륭한 기회를 제공하기 때문에 청소년이 두려워하는 논쟁과는 다른 종류의 정보를 꺼내게 한다.
3. 관계 질문들을 풍부하게 사용하는 것은 청소년에게 자기 스스로를 표현하도록 요구하지 않고 자신에 대한 다른 사람의 생각을 표현하도록 하는 것이기 때문에 매우 효과적이다. 자신에 대한 타인의 견해에 대해서는 그들 스스로 동의할 수도 있고 그렇지 않을 수도 있는 것이기 때문에 스스로 자기에 대해서 이야기하는 것보다 안전하다고 느끼게 된다.

4. 목표에 대해 합의하기 위해서 다른 사람의 의견을 물어라. 예를 들면, "어머니는 네가 여기에 와서 나와 상담을 하게 되면 어떤 점에서 너 자신이나 어머니에게 도움이 될 것이라고 생각하셨을까?"라고 질문할 수 있다.
5. 대부분의 청소년은 비자발적이거나 강제로 의뢰된 내담자이므로 청소년이 상담자와의 만남을 통해서 얻기 원하는 것이 무엇인지 명확히 이해해야 한다. 십대들은 무엇 때문에 상담실에 오게 되었는지 스스로 분명하게 표현하지 못할 수 있기 때문에 그들의 거부감을 완화시켜 줄 필요가 있다. 예를 들면 다음과 같다. "여기에 와서 나 같은 상담자와 이야기하는 것보다 더 좋은 할일들이 네게 있을 거라는 걸 알고 있단다. 이곳은 재미도 없고, 이야기를 나누는 것보다 훨씬 더 재미있는 일들이 네게 많이 있겠지. 그렇지만 이곳에서 너에게 유용한 것을 얻을 수 있다면 무엇이 있을까, 아주 작은 것이라도 말이야."
6. 종결에 대해서 이야기하는 것은 이 과정에 끝이 있다는 점에서 청소년을 안심시킨다.

부모와 청소년의 목표 합의하기

내담자의 특성과 관계없이 해결중심 단기상담은 목표에 대한 합의로 시작하는데, 그 이유는 그것이 앞으로 우리가 어떤 종류의 대화를 어떤 목적으로 할 것인지를 결정하기 때문이다. 제4장에서 설명한 것처럼 5세 정도의 아동도 자신이 원하는 변화에 관한 정보를 어느 정도 제공할 수 있다. 아동은 성장하면서 보다 세련된 언어기술을 발달시키고, 어떤 상황이 어떻게 달라질 수 있으며, 자신이 원하는 것은 무엇인지에 대해 보다 명확히 알게 되면서 자신의 희망사항을 표현하고 원하는 것과 관련된 핵심 주제에 충실할 수 있는 능력이 향상된다. 그러나 목표를 합의하기 위해서 아동은 합리적으로 사고하고 과거의 경험과 미래의 가능성을 연결시킬 수 있는 인지적 능력을 필요로 한다. 뿐만 아니라 자신의 의견을 주장하는 능력과 희망사항을 표현할 수 있는 언어 및 지적 능력을 필요로 하며 무엇을 포기하고 무엇을 끝까지 고수할 것인지 협상하는 능력도 필요하다.

따라서 목표 합의는 본래 청소년과 성인에게 가능한 것이다. 부모와 청소년을 상담할 때 우리의 과제는 서로가 주고받으면서 어느 한쪽이 진다는 느낌을 받지 않는 이러한 타협의 과정을 회기에서 중요하게 구조화하는 것이다. 예를 들어, 척도 질문을 사용함으로써 서로 상충하는 관점의 양면을 동시에 보는 것이 가능하다. 한쪽 또는 다른 한쪽이 저울에서 올라가거나 내려갈 가망이 있는가? 양쪽이 서로를 향해 한발 가까이 다가서게 하는 방법은 무엇인가? 이러한 대화의 구조는 상담자인 우리의 책임이다. 결국 대화의 구조와 진행을 유지하는 것은 우리의 몫이다. 내담자들에게는 무엇을 얼마나 포기할 것인지, 무엇을 얻기 위해 얼마동안 기다릴 것인가 하는 구체적인 내용에 대한 책임이 있다.

솔직한 대화

많은 부모들은 신문, 텔레비전 토크쇼, 인기있는 심리학 잡지, '자녀와 대화하기' 와 같은 책들과 같은 대중 매체들에서 격려받는다. 그리고 부모는 그러한 충고들을 마음에 새긴다. 그러한 충고들의 유일한 문제점은 그것이 '정확하게 어떻게 하는지' 에 대한 지시 없이 주어진다는 것이다. 그 결과로, 많은 부모들이 자녀에게 하는 '대화' 란 설교를 하거나, 자녀들이 어떻게 해야 하는지에 대한 이야기를 '파랗게 질릴 때까지' 하는 것이라고 믿는다. 우리는 언제 끝날지 모르고 지루하기 짝이 없는 대화를 자녀와 진솔하게 나누었다고 생각하는 많은 부모들을 만나 왔다. 그들은 대화의 결론에서 자녀가 자신과 동의한다고 믿고, 부모가 자녀를 보는 것과 같은 시선으로 자신의 행동을 보아 왔다고 믿고 있었다. 그러므로 부모는 자녀가 부모의 바람에 동의하고, 자신의 행동을 변화시키고, '나쁜 친구' 를 포기하고, 다른 바람직하지 않은 결점들을 버릴 것이라고 기대한다. 부모는 이러한 변화들이 나타나지지 않을 때 실망한다. 그리고 그들은 자녀에게 쉽게 절망을 느낀다. 그리고 오직 전문가만이 그들을 도울 수 있다고 결정한다. 이러한 상황들에 직면했을 때, 부모에게 십대들이 그들의 부모들과의 이야기를 어떻게 보고 있는지에 대해서 정중하게 묻는 것은 상담에 도움이 된다. 부모에게 할 수 있는 유용한 질문들에는 다음과 같은 것들이 있다.

- 내가 당신의 딸과 이것에 대해서 이야기한다고 생각해 보십시오. 이 대화가 그녀에게 얼마나 도움이 될 것 같다고 말할 것 같습니까?
- 이런 상황들을 좀 더 좋게 하기 위해서 당신이 할 수 있는 것이 무엇이라고 딸이 말할 것 같습니까?
- 대화 후에 아들은 당신이 자기의 결정을 얼마만큼 신뢰한다고 말할 것 같습니까?
- 딸의 머리카락을 밀어 버린 것에 대해서 딸은 무엇이 도움이 되었다고 할 것 같습니까?

이러한 질문들은 부모로 하여금 단지 자신의 관점이 아니라, 자녀의 관점에서 사물을 바라볼 수 있도록 한다. 이것은 부모를 단순한 설교나 그들을 가르치려는 것 대신에 그들의 자녀에 대해서 관심을 기울이는 것에 민감하게 한다. 틀에 박힌 진부한 문구를 사용하는 것이나 수사적인 질문을 하는 것은 십대들과 소원해지는 지름길이다. 왜냐하면 그들은 자주 품위가 떨어진다고 느끼거나 말로 눌림을 당하는 느낌을 받기 때문이다. 우리는 부모에게 '자녀와 대화하라.' 라는 일반적인 견해와는 반대로, '자녀의 이야기를 존중하는 마음으로 들어라.' 라고 하는 것이 더 유용할 수 있다고 믿는다. 혹 그게 자신의 자녀일지라도 존중하면서 누군가의 말을 듣는다는 것은 그들이 뭐라고 하건 간에 판단하지 않고 십대들이 자신의 행동이나 사건에 부여하는 의미를 찾으려고 노력하는 것이다.

부모를 위한 간단한 규칙

우리가 안전한 과정을 유지하도록 돕는 간단한 규칙들이 몇 가지 있다.

효과 있는 것을 더 많이 하기

첫 번째 규칙은 비록 잠시 동안이나 작은 범위 안에서 작용하는 것이라도 효과가 있는 것을 찾는 것이다. 예를 들면, 만약 어떤 청소년이 학교를 가지 않고 패스트푸드 식당에 일을 하러 간다면, 그것은 그가 일터에 정시에 나가는 것에 잘 훈련받은 징후라고 볼 수 있다. 그리고 그에게 규칙과 교육에 따르는 능력이 있고 그가 하는 것에 대해서 임금을 받는다는 것을 확실히 안다는 것을 보여 준다.

ADHD로 보이는 16세 프레드(Fred)는 아직도 대형 할인점 신발 코너에서 신발을 파는 그의 '지겨운' 일을 하고 있다. 물론 그의 부모는 그의 나쁜 성적과 학교생활에서의 성공적이지 못한 무능력에 초점을 맞추고 있다. 계속된 대화에서 그의 부모들이 결국에는 그가 그의 두 형들처럼 교도소에 가게 될까봐 걱정하고 있음이 드러났다. 놀란 상담자가 그가 두 형들과는 어떻게 달리 살기로 결심했는지 물어보자, 프레드는 고등학교를 졸업하고 대학에 가서 좋은 직장을 갖기 원한다고 대답했다. 특히 그의 아버지가 간이식 수술을 위한 대기자 명단에 올라 있고, 죽음이 눈앞에 가까워지는 이 시점에서 그는 형들과 같이 되지 않겠다고 굳게 다짐하였다. 프레드의 부모는 프레드가 자신의 야망에 대해서 이야기하는 것을 들은 적이 없었다. 부모들은 아들이 자신의 일을 지겹게 느끼고 있음을 알고 있었지만, 프레드가 자신의 일에 집중하기 위해서 스스로 사용하곤 하는 소소한 방법들에 대해서 말하는 것을 들은 적이 없었다. 그가 이미 시도한 방법들과 함께, 작지만 성공적인 이러한 전략들을 발견해 나가고 있다는 사실은 부모들을 좀 더 희망적이게 만들었다. 여기에 프레드가 학교생활에 집중할 수 있도록 도와줄 수 있는 새로운 아이디어들을 추가하는 것은 쉬운 일이었다.

부모-자녀 관계를 파괴시키지 않고 이렇게 하는 것이 가능해지면—개인이든 집단이든 간에— 내담자들이 치료를 받는 시점에서 문제를 일으키지 않았을 때 했던 요소들이나 행동에 대한 예외 상황을 찾아보라. 과거의 성공에 대한 세부사항들을 묻는 것은 부모와 자녀가 함께 잘 생활하던 때가 있었음을 상기시킨다. 또한 이것은 자녀가 좀 더 성공적이 될 수 있고 부모들이 사실 자라면서 알 필요가 있는 모든 것을 자녀들에게 가르치는 것을 꽤 잘했다는 것을 재확인하면서 부모와 자녀 모두에게 다시 희망을 주는 가장 단순하고 쉬운 방법이다. 이러한 자신감은 부모가 안정되고 좀 더 편안해져서 그들의 자녀에 대한 과도한 집중에서 좀 더 초연해지도록 그리고 더 효과적인 해결 방안에 도달할 수 있도록 돕는다.

'효과가 있는 것을 더 많이 하기' 는 상담자에게도 적용될 수 있다. 이것은 당신이 어린 아동, 청소년, 부모 중 누구를 상담하던지 간에 효과적일 것이다. 당신은 그것을 좀 더 많이 활용할 필요가 있다. '더 많이 하기' 는 부모에게 그들이 이미 자녀에게 필요한 모든 것을 잘 가르쳐 왔다는 믿음을 심어 주는 것을 포함한다.

나음의 항목들은 청소년 상담을 할 때 효과적인 기술들이다. 이것들은 청소년들에게 적용할 수 있는 '더 많이 하기' 에 대한 확실한 방법들이다.

1. 상담은 긴 것보다 짧은 것이 좋다. 청소년은 주의를 집중하는 시간이 짧고 매우 쉽게 지루해 하기 때문이다. 때때로 15~20분에서 30~40분 정도 하는 상담이 대부분의 청소년에게는 적당하다.
2. 일상적으로 상담을 하는 사무실이 아닌 밖에서 상담을 하려는 융통성을 가질 필요가 있다. '걸으면서 대화하기' 를 할 수 있는 등산, 농구, 쇼핑이나 철물점에 차를 타고 가거나 그 밖의 육체적인 활동들은 대화를 시작하기에 좋다. 그것은 당신이 활동들을 함께하면서 자연스럽

게 혹은 우연히 대화를 시작할 때 늘 효과적이다. 많은 외부 활동을 경험한 지도자들은 가장 '힘든' 청소년조차도 그들이 야외 캠프에서나 새로운 활동들에 참여할 때 놀랄 만하게 잘한다는 것을 알고 있다.

3. 가지고 놀 수 있는 물건들을 준비하라. 우리는 많은 청소년들이 그들이 이야기하는 동안 작은 물건을 만지작거리는 것, 혹은 종이와 연필로 긁적거리거나, 만지작거리기에 좋은 물건을 찾는 것을 좋아한다는 것을 안다. 어떤 성인들, 특히 성인 남자들은 눈 맞춤을 하는 것 대신에 손 안에서 긁적거릴 것을 찾는다.
4. 개방형 질문을 하라. 많은 부모들이 자녀들에게 좌절하게 되는 아래의 대화를 들어 보라.

부모: 어디에 갔었니?

아이: 밖에.

부모: 밖이 어딘데?

아이: 그냥 어디.

부모: 누구랑 있었는데?

아이: 사람들이랑.

이런 경우에 부모의 자연스러운 반응은 세부사항과 구체적이고 사실적인 정보를 얻기 위해서 재촉하는 것이다. 그러나 이것은 결코 효과적이지 않다. 하지만 자녀와의 대화 경험이 풍부하고 통찰력 있는 지혜로운 부모는 이 시점에서 대화를 중단한다. 그리고 그들은 자녀가 고집을 부리는 것 대신에 부모의 행동에 대해 궁금해 할 때까지 말수를 점점 줄인다. 우리는 이 패턴이 청소년과 상담자 사이에도 같이 적용된다고 생각한다. 특히 두 번째 혹은 그 이후의 회기에서 청소년에게는 보통 성인들에게 하는 것처럼, "무엇이 좋아졌는가?"라는 질문을 하는 것 보다 "무엇이 달라졌는가?"라고 묻는 것이 훨씬 더 생산적이다. 그 이유를 설명할 수는 없지만 그렇게 하는 것이 더 효과적인 것 같다. 청소년들은 "무엇이 더 좋아졌는가?"라는 질문이 좀 더해라, 더 잘해라, 심지어는 "너는 더 열심히 해야만 해."라는 압력으로 들린다고 하였다.

5. 조금 더 많은 융통성을 가질 수 있겠는가? 청소년에게 가장 친한 친구나 이웃, 개, 기타 애완동물 또는 좋아하는 동물 인형을 가지고 와서 상담하도록 하라. 우리는 이러한 방법들을 통해서 놀라운 결과를 얻을 수 있었고 우리가 상상하지 못한 것으로부터 해결책이 나오는 것을 경험하였다. 어떤 십대들은 그들의 음악적 재능을 보여 주려고 기타나 다른 악기를 가지고 오고 싶어 하기도 한다.

다른 것 하기, 기존의 방식 바꾸기

때로 부모는 그들이 수주, 수개월, 심지어 수년 동안 해 왔던 것과 다르게 해야 할 때가 있다. 부모가 해 왔던 방식이 효과가 없다는 결정적인 좋은 단서는 그들이 자녀에 대해 느끼는 절망감을 다음과 같은 말로 표현한다는 것이다. "내가 한 번만 더 이 말을 하면 1000번째에요." "나는 같은 말을 지겹도록 했어요." "나는 내 머리를 벽돌에 찧는 듯한 느낌이에요." "내가 할 수 있는 모든 것을 다 해 봤어요." "난 도대체 그 아이의 머리에 뭐가 들어 있는지 모르겠어요." "우리는 한계에 이른 것 같아요."

부모가 명백하게 화가 난 목소리로 절망스러운 얼굴을 하고 이런 말들을 한다면 그것은 부모가 문제해결을 위해서 자녀보다 훨씬 더 많이 노력하고 있다는 것을 의미한다. 그것은 또한 당신과 부모에게 기존의 방식에서 벗어날 때라는 것을 알리는 좋은 신호이기도 하다. 당신이 이러한 상황에 맞닥뜨렸을 때, 다음의 방법들이 아주 유용할 것이다.

1. 부모와 십대 자녀 사이에서의 일어나는 상호작용에 관한 모든 세부사항들을 계속적으로 알아내라. 부모가 어떤 행동을 하는가? 자녀는 이에 대해 어떻게 반응하는가? 그 뒤에 오는 상황은 어떠한가? 당신은

무엇을 하는가? 그녀는 무엇을 하는가? 보통은 이러한 비생산적인 상호작용이 어떻게 끝나는가? 누가 끝을 내는가? 다음에 벌어지는 상황은 무엇인가를 의미한다.

2. 다음에 이런 상황이 반복해서 일어난다면 자녀가 당신이 절대로 하지 않을 거라고 생각하는 일은 무엇인가?
3. 몇 가지 새로운 요소들을 소개하라. 무엇을 했는가? 언제 했는가? 어디서 그 일이 발생했는가? 그 일과 관련된 사람들은 누구인가?
4. 부모는 자녀에 대해서는 전문가라고 생각하는 경향이 있으므로 자녀에게 부모가 예상치 못한 반응을 하면 어떻게 반응할 것인지 물어라.
5. 부모가 이 실험을 어떻게 시도해 볼 것인지 물어라.

부모가 새로운 시도를 하지 않더라도 이 방법을 통해서 새로운 방식으로 자녀에게 반응할 수도 있다는 것을 아는 것만으로도 그들은 자유로워질 것이다. 때로는 자녀에게 평소와 다른 방식으로 반응할 수 있다는 것을 아는 것만으로도 부모들은 좌절감으로 과민반응하지 않고 보다 차분하고 이성적으로 자녀와 상호작용할 수 있는 자신감을 갖게 된다. 부모가 유능감과 자신감을 갖고 자녀를 대하게 될 때 부모-자녀 관계의 질은 보다 향상된다.

사례: 반복되는 가출

14세 다이앤(Diane)의 부모는 완전히 좌절하여 해결책이 절박한 상태로 찾아왔었다. 다이앤은 작년에만 19번 집을 나갔다. 첫 가출이 발생했을 때 부모는 그녀가 학교를 나갈 때마다 가출을 한다는 사실을 발견하였다. 그래서 부모는 가출을 막기 위해 그녀가 학교에 가는 것을 중단시켰다. 대신에 일주일에 3번씩 가정교사가 집으로 찾아와 2시간 수업하고 다이앤이 스스로 해야 하는 과제를 많이 주었다. 불행히도 가출을 멈출 수 있는 유일한 사람은 다이앤이지 다른 사람들이 강압적으로 할 수 있는 일이 아니었다. 게다가 19번 가출을 했다는 것은 그녀가 19번 집으로 돌아왔다는 것을 의미한다. 부모는 그녀가 집으로 돌아올 시기와 방법에 대한 어느 정도의 통제력을 갖고 있는 것 같았다.

가출이 시작된 후로 부모는 상담을 권유했지만 다이앤은 상담자와 한 번 만난 후에 만남을 거부하였다. 부모는 위험성이 높은 청소년을 귀가시키기 위한 가정방문 복지기관에 요청을 해서 다이앤이 상담을 거부한다면 상담자가 집으로 오는 방법을 생각해 냈다. 첫 상담을 한 후 다이앤은 약속된 시간이 되면 어김없이 집에 없었다. 부모와 미취학 동생과 함께 집에 갇혀 있는 것이 지루했던 다이앤은 결국 부모의 차를 훔쳐서 사고를 냈다. 절망과 분노로 부모는 그녀를 경찰에 신고했고 그녀는 보호관찰 처분을 받았다. 보호관찰 내용에는 가출을 금지하는 것이 포함되었다. 부모는 그녀가 가출하지 못하도록 할 책임이 있었고 다이앤이 가출 할 때마다 경찰에 실종신고를 해야 했다. 다이앤에 대한 감시는 점점 더 엄격해져서 쇼핑을 가거나, 교회에 갈 때, 병원이나 치과에 갈 때, 머리를 자르러 갈 때 등 무엇을 하든지 부모와 동행해야 했다. 부모는 그녀의 사생활을 박탈하여 외식과 친구를 만나는 것도 금지했고 빈틈을 타서 그녀가 빠져 나갈까봐 친구들을 초대하지도 못하게 하였다.

가출을 막기 위해서 그녀는 학교, 보호관찰 기관, 경찰 등으로부터 더욱 많은 압력을 받게 되었고, 어머니는 그녀가 가출했을 때 어디 있는지 알 만한 '친구들' 과 급우의 목록을 만들었다. 그녀의 어머니는 나(김인수)에게 다이앤이 집에 없을 때 있을 곳을 알 만한 친구 70명의 연락처를 갖고 있다고 하였다. 그녀가 첫 가출을 감행했을 때 어머니는 명단 속의 70명에게 다 전화를 하였다. 당연히 70명의 친구들은 모두 그녀가 있는 곳을 알지 못했다. 어머니의 다음 단계는 다이앤을 자기 집에 머물게 할 수 있는 친구들 명단을 만드는 것이었다. 그녀는 나가서 다이앤이 그들의 집에서 지내고 있는지를 일일이 확인하였다. 이것 또한 비생산적이었는데 어느 누구도 '고자질쟁이' 가 되고 싶어 하지 않았기 때문이다. 어머니가 말하길, 다이앤은 가출을 하면 어머니에게 전화해서 '엄마, 난 잘 있어요, 걱정 마세요.' 라고 말한 후 어머니가 뭐라 말하기 전에 전화를 끊어 버린다고 하였다. 물론 어머니는 심하게 화가 났지만 그 순간에도 딸의 안위를 걱정하였다. 다이앤의 가출을 막기 위한 노력은 증가했고 그녀는 더욱 능숙해졌다.

한번은 다이앤이 2층 화장실 창문에서 뛰어내리려고 시도하다가 다쳤다. 부모는 그녀를 집에 묶어 두기 위해서 온 집안의 창문을 잠갔다. 그들은 이제 가출보다 자살을 더 걱정하기 때문이다. 그러나 그녀는 아직도 집을 나갈 방법을 궁리 중이다. 그래서 부모는 앞문과 뒷문에 보초를 서고 잘 때는 돌아가면서 그녀의 가출 여부를 감시하기로 하였다. 부모는 이 14세짜리 자녀에 의해 가족의 삶이 얼마나 파괴되었고 희생되었는지를 씁쓸한 어조로 하소연하였다. 그들은 스스로를 교도관 같이 느낀다고 표현하였다.

그들의 삶이 어떻게 바뀌길 원하는지를 묻자 부모는 '평범한 삶' 을 살고 싶다고 대답하였다. 그런 상황에서 다른 어떤 부모보다 많은 것을 해 왔다는 점을 인정해 주자, 그들은 깊은 한숨을 쉬면서 그들의 삶이 통째로 뒤바뀐 것에 대한 절망감을 쏟아 내기 시작하였다. 왜냐하면 다이앤은 집에 들어오길 원치 않고 부모는 다이앤이 독립하게 둘 수가 없기 때문이다. 그들은 그녀를 상담실에 데리고 왔다. 다이앤은 그녀의 표현에 따르면 '소용없는 상담' 에 참여하기를 원치 않았고 대기실에서 기다리는 것을 선택하였다. 생각하는 휴식 동안 나는 다음 내용들에 대해서 생각하였다.

전형적인 행동패턴에 대한 구체적인 정보는 부모가 다이앤을 정말 많이 쫓아다녔다는 것을 알려 주었다. 그들은 자신들이 그녀를 쫓지 않으면 경찰이 아동방임에 대한 책임을 물을 것을 두려워하였다. 그래서 친구들에게 전화하고, 자동차로 주변을 수색하고, 그녀를 찾아 헤매는 등 다이앤을 찾기 위해서 모든 노력을 해야 할 것 같은 의무감을 느끼고 있었다. 그 다음에 그들은 보통 가출 이틀 후에 걸려오는 그녀의 전화를 기다렸다. 대개 전화는 짧고 단호한 목소리로 "엄마, 난 잘 있어요."라고 한 후 즉시 끊어져 버리곤 하였다. 이러한 그녀의 전화는 어머니를 슬프게 하였다. 그리고 다이앤이 결국에 '아무 일도 없었던 것처럼 뻔뻔스럽게 집에 들어오면' 어머니와 딸은 소리를 지르며 서로를 비난하고 공격하였다. 부모는 분명 지쳐 있었고, 이 모든 것에서 벗어나길 바랐다. 그러나 그들이 다른 무엇을 할 수 있는지 모르는 것은 분명했다. 다른 관점에서 보면, 그들은 매우 합리적이고 사랑이 많은 부모였다.

내가 그들에게 정말 다른 부모보다 더 많은 것을 하셨다고 안심시켰을 때, 그들은 나에게 다이앤을 보호하고 몇 년 전의 그 착하고 재미있던 다이앤으로 돌아올 수 있도록 하는 방법이 있는지 물었다. 부모의 표현에 따르면 지금 다이앤은 시무룩하고, 행복하지 않은 듯하고, 항상 신경질적인 모습이었다. 다행스럽게도 그녀가 가출해 있는 동안 큰 사고는 없었다. 다이앤은 보통 친구 집에 머물면서 가벼운 드라이브나 산책을 하였다. 그녀의 가족에게는 그녀가 집에 있고 싶어 하지 않는다는 것 외에는 특별히 주의할 만한 가족 갈등이나 문제가 없었다. 그녀의 어머니는 언젠가 그녀가 학교에 돌아갈 것이고 똑똑한 아이이기 때문에 학과 공부도 잘 따라갈 수 있을 것이라는 확신이 있었다.

부모가 자신들의 예상 가능한 행동 반응의 패턴을 보게 하는 바람직한 방법은 "○○이 다음에 또 다시 가출을 하면 부모님이 어떤 식의 반응은 하지 않을 거라고 기대할 것 같습니까?"라고 질문하는 것이다. 나는 이 질문을 부모에게 던졌다. 비록 부모들이 끙끙거리고 이에 대해 생각하는 것을 두려워한다 할지라도 거기에는 또한 합리적이고 이성적인 면이 있다. 그것은 바로 그들이 늘 예상 가능한 방법으로 행동해 왔다는 것을 인식하도록 만든다는 것이다. 부모는 서로를 쳐다보았고 다이앤이 다음에 가출했을 때 부모에게 기대하지 않는 반응을 무엇이라고 할지 모르는 듯했다. 그 다음에 부모는 친구, 가족, 학교 상담교사, 보호관찰자 및 그 밖의 전문가들이 제안했지만 그들이 거절한 것들에 대해 설명하기 시작하였다. 몇 가지 매우 현명하고 합리적인 제안들이 너무 단순하거나 너무 가혹해서 혹은 충분히 가혹하지 않아서 거절되었다.

나는 부모에게 이러한 어려운 상황에 대해 충분히 생각해 볼 시간이 필요하다고 제안하였다. 그러나 확실한 것은 그들에게 '다른 것을 하는 것'이 필요하다는 점이다. 그들은 누구나 제안할 수 있는 이론적이고 현명한 모든 방법들에 지쳤다. 참으로 다이앤에게는 학교로 돌아가는 것 말고 다른 종류의 도움이 필요하였다. 왜냐하면 그녀는 이런 것들에 대해서 스스로 생각하기에는 너무 어리기 때문이다.

부모는 몸을 앞으로 당기고 '다른 것 하기' 에 대해서 성실하게 질문하였다. 나는 절박한 지경에 처해 있고 다른 신중한 사람들의 합리적인 제안들을 거절한 부모에게 너무 빨리 쉬운 답을 주는 것은 유익하지 않다는 생각이 들었다. 다이앤의 부모처럼 내가 문제의 깊고 심각한 정도를 제대로 파악하지 못했다는 오해를 가져올 수 있기 때문이다. 또한 부모가 스스로 자신과 자녀에게 효과적일 수 있는 해결책을 찾는 것은 매우 중요한데 그렇게 함으로써 결국에 그들 스스로의 해결 방안을 따르도록 하기 때문이다.

나는 부모에게 '다른 것 하기' 가 구체적으로 무엇인지는 아직 명확히 모른다고 하였다. 나는 '다른 것 하기' 가 그들이 생각하기에는 좀 엉뚱하고, 상식을 벗어나고, 솔직히 좀 미친 것 같은 방법들을 의미할 수도 있다고 설명하였다. 그들이 진부한 방법들을 계속 반복하면 같은 결과만 얻게 될 것이 분명하였다. 부모는 마지막 지적에 동의하였다. 그리고 그들은 2주 동안 그들이 해야 할 것에 대해 충분히 생각해 보기로 하였다.

2회기. 다이앤의 부모는 2주 후에 다이앤 없이 다시 왔다. 그들은 좀 더 편안해 보였고 첫 회기에 비해 더 많이 웃고 농담까지 하였다. 내가 "무엇이 좋아졌습니까?"라고 묻자, 그들은 웃음을 터뜨리며 지난번 상담 후에 이전에 그렇게 말을 많이 한 적이 없을 정도로 다이앤이 그들에게 준 슬픔을 '되갚는' 방법에 대해서 많은 이야기를 했다고 하였다. 그들은 그녀의 가출에 대처하는 방법과 그녀가 귀가했을 때 보여 줄 수 있는 반응에 대한 목록을 만들었다. 그 중에는 '가출한 적이 없었던 것처럼 행동하기' 도 있었다.

물론 다이앤은 다시 집을 나갔고 그들은 경찰에 실종신고만 하고 기다리기로 결정하였다. 그리고 목록에 있는 것 중에 어떤 방법이 적절할 것인지 생각하였다. 또한 어머니는 다이앤의 전화에 침착하게 반응하였다. 부모는 통제할 수 있는 것은 오로지 자신들의 반응 밖에 없으며 그 외에는 할 수 있는 것이 없다는 것을 알았고 그것은 다른 가족들에게도 매우 도움이 되었다. 마침내 다이앤이 여느 때와 같이 저녁시간에 '뻔뻔스럽게 집으로 들어왔을 때' 어머니는 지난 이틀간 그녀를 전혀 보고 싶어하지 않았다는 듯이 행동하기로 결심했다. 그리고 전혀 보고 싶어 했다는 느낌 없이 다이앤에게 "저녁 준비가 다 되었단다. 식탁을 차려주겠니." 라고 말하였다. 어머니는 또 다시 가출에 대해 소리 지르고 싸우지 않은 것을 매우 자랑스러워하였다. 또한 다이앤이 어머니의 '무심한 듯한 태도에 충격을 받은 것' 에 대해 이야기하면서 매우 기뻐하였다. 다이앤은 즉시 식탁을 차렸고, 가족은 평상시처럼 저녁식사를 하였다. 가장 놀라운 일은 다이앤이 다시 학교를 보내 달라고 요구한 것이다. 그녀는 연속으로 3일 동안 학교에 갔다가 집으로 돌아왔고 부모는 계속해서 아무 일도 없었던 것처럼 행동하였다. 부모는 다시 문제가 발생하면 나에게 연락하기로 했는데 나는 그 후로 한 번도 연락을 받지 못했다.

자녀의 변화를 위한 부모의 노력과 결실

자녀의 변화를 위한 부모의 노력은 비록 그것이 작다 할지라도 언젠가는 소중한 결실로 나타난다. 최근에 나(김인수)는 12세와 14세의 두 명의 십대 자매를 만났다. 그들은 힘든 어머니에게 디스코클럽에 차로 태워 달라고 위협하고, 학교에 가지 않고, 마법을 배우고, 항상 거의 검은 옷을 입고, 눈썹, 코, 혀, 배꼽을 비롯한 전신에 피어싱을 하여 완전히 통제 불능이라고 여겨졌다. 한 명은 머리를 분홍색으로 염색했고, 다른 하나는 보라색 머리를 하고 있었다. 그들은 구제 불능으로 낙인 찍혔고 청소년 법원의 판결을 듣기 위해 출두하라는 명령을 받았는데, 어머니가 그들이 집밖에서 거주할 수 있도록 요청한 상태였기 때문이다.

첫 번째 전환은 상담자가 어머니에게 항상 오후 1~2시까지 자는 이 아이들을 10시에 출두하도록 한 것에 대한 놀라움을 표현했을 때 일어났다. 이 작은 성공은 '무력한' 어머니가 세상과 아직은 어머니의 말을 듣는 법을 알고 있는 두 딸들에게 보여 준 다른 작은 성공들의 신호가 되었다. 만약에 상담자가 이 작지만 의미 있는 성공을 알아채지 못했더라면, 그것은 어머니가 맞닥뜨린 거대한 문제들에 묻혀 버렸을 것이다. 그러나 그것을 주목했기에 이 성공은 다른 해결책들을 구축하기 위한 초석이 되었다.

법원에서 세 명의 가족 모두가 진심으로 헤어져서 살기를 원하지 않으며 가족으로서 계속 함께 지내길 원한다고 말했는데 특별히 알코올중독이었던 아버지가 1년 전에 자살한 이후로 더욱 그렇게 되었다고 하였다. 법원 감독관은 이 세 명의 가족이 서로 함께 있기를 원한다는 것을 알아챌 만큼 현명했으며 이 결정에 대해 같이 사는 법을 배울 수 있도록 상담과 많은 도움을 제공하였다. 사는 것이 힘겹기만 했던 어머니는 그녀가 어쨌든 그렇게 무능한 어머니가 아니라는 것을 알게 되자 매우 안도감을 느꼈다. 어머니는 딸들을 평소보다 일찍 일어나서 옷을 입고 법원에 제시간에 출두하게 한 그녀의 작은 성공을 누군가가 인정해 주었다는 것 때문에 고통이 해소되었다. 상담자가 일상적인 사건을 특별한 것으로 만들어 준다면 많은 놀라운 일들이 생길 것이다.

당신의 자녀가 지금보다 잘할 수 있다는 것을 어떻게 아나요

이 질문은 즉각적으로 부모가 자녀의 성공에 대해서 이야기할 수 있는 장을 만들어 준다. 이 질문은 자녀 앞에서 물었을 때 특별히 더 유용한데, 그 이유는 부모가 자신의 좋은 점, 즉 부모가 인정하고 중요시하고 심지어 자랑스러워하는 것을 처음으로 듣는 기회이기 때문이다. 십대들은 부모로부터 지지받고, 수용받고, 인정받고 싶은 그들의 욕구와 소망을 좀처럼 밖으로 표현하지 않지만, 우리는 모두 청소년들에게 이것이 필요하고 그들이 원하는 것이 바로 이것이라는 걸 알고 있다. 내가 공항에서 만났던 그 16세의 똑똑하고, 재능 있고, 꿈 많은 소년처럼 청소년은 자신이 부모의 지지와 인정을 받을 필요가 있고 그것에 대해 감사한다는 사실을 수용하고 인정하게 되려면 좀 더 나이가 들어야 할 것이다.

부모를 돕기 위한 상담 기술

다음의 세 가지 기술들을 명심하라.

중립을 지키라

부모와 자녀를 함께 상담하는 과정에서 가장 어려운 점은 중립을 잃고 어느 한편에 치우치기 쉽다는 것이다. 청소년은 문제를 과장하는 경향이 있고 종종 도발적이고 버릇없이 굴어서 상담자를 근심하게 만들기 쉽기 때문에 그들이 상담자의 인정을 필요로 한다는 걸 잊게 만든다. 부모 또한 쉽게 과장된 반응을 하기 때문에 불난 곳에 기름을 붓는 격이 된다. 그러므로 둘 사이의 긴장을 완화시키는 것은 매우 중요하다. 일반적인 견해와 달리 상담자는 어느 한 쪽을 소외시키지 않고 문제에 대한 양쪽의 의견을 치우침 없이 바라보고 응할 수 있어야 한다.

갈등을 정상적인 것으로 보라

청소년에게 가장 흔한 문제가 통금을 지키는 것인데 십대와 부모 사이의 '잔소리-철수-더 많은 잔소리-더 많은 철수' 방식이 이 주제를 둘러싼 전쟁에서 시작된다. 이 방식은 더 심각한 관계의 문제나 심지어 물리적인 대립으로 확대되기 쉽다. 이것을 문제로 바라보기보다 갈등을 정상적인, 즉 의견 차이를 해결하기 위해서 양측이 해야만 하는 것으로 보는 것이 화를 식히는 데 도움이 된다. 종종 "자녀에게 잔소리하는 게 부모의 일이고 자녀들은 당연히 부모의 말을 듣지 않는 법이지요."라고 말한다면 갈등을 사이에 둔 양측에 모두 공감을 표시하면서도 갈등을 정상적인 것으로 만드는 좋은 방법이 될 수 있다.

재구성하기

재구성하기는 동일한 사건 또는 행동에 대해 약간은 다른 관점을 제공하는 것을 의미한다. 예를 들어, 어머니가 계속해서 잔소리를 하는 것을 관심의 표현으로 재구성하는 것처럼, 재구성은 동일한 행동의 기술에 대해 두세 가지의 동일하게 신뢰할 만한 관점을 제공하는 방법으로 이루어진다. 십대들의 행동을 보다 큰 맥락에서 고려하라. 예를 들면, 청소년이 까다롭고, 화나게 하고, 난폭하게 구는 것은 당연한 것인데 그동안 너무 좋은 부모에게서 성장하였고 이제는 성장해서 부모로부터 독립하려고 하기 때문에 같은 상황에 있는 다른 청소년보다 더 많은 어려움을 경험하고 있는 것이다.

비자발적인 내담자

아동 상담에서와 같이 대부분의 십대들은 상담에 의뢰되거나 강요받은 상태이고 자신이 기쁘지 않다는 사실을 성인에게 알리기를 꺼리지 않는다. 다행스러운 일이다. 우리는 십대들이 상담을 거부하는 것이 건강한 반응이라고 생각하는데 상담을 받는 것은 '비정상,' 또는 '정신적으로 문제가 있는' 것을 의미하기 때문이다. 그들은 또래와 너무 다르고 싶어 하지 않는다. 비자발적이거나 법원의 명령에 의해 상담하게 된 성인과 마찬가지로 가장 먼저 할 것은 청소년의 관심사를 찾는 것이다. 항상 이것을 명심하고 상담에서는 의뢰인이나 상담자가 중요하게 생각하는 것이 아닌 청소년이 중요하게 생각하는 문제에 초점을 맞추어라.

많은 비자발적인 성인 내담자가 그러하듯이, 청소년도 상담자로 하여금 교육하거나 가르치도록 만드는 기회를 많이 제공한다. 그러나 청소년이 정보를 요청하지 않는 한 조언하거나 가르치거나 설교하고 싶은 유혹을 뿌리치고 그들의 생각과 아이디어와 계획과 선호하는 것을 찾는 것에 집중하는 편이 상담자에게 훨씬 더 좋을 것이다. 다음 사례에서 볼 수 있듯이 가장 이상하고 터무니없고 별난 행동들조차도 그 이면에는 틀림없이 '그럴만한 이유'가 있다고 가정하는 것이 항상 좋다.

"네가 그렇게 행동한 것은 분명히 그럴만한 이유가 있을 것 같구나……." 이것은 많은 상황에서 말하기 매우 좋은 문장이며 특히 청소년이 위험하거나 부적절한 활동 또는 행위에 연류되었을 때 그러하다. 이 질문은 행위가 나타내는 것보다 더 합리적인 일반적 목표나 설명을 알 수 있게 한다. 그래서 성인들이 보다 침착한 태도로 청소년들과 상호작용하고 그들을 합리적인 사람들로 대하도록 한다. 다시 한번 말하지만, 음주, 자살 시도, 약물복용 등은 십대들의 목표가 아니며 단지 그들이 다른 방식으로는 분명하게 표현하지 못하는 것을 성취하려는 방식일 뿐이다. 우리가 '그럴만한 이유'를 물었을 때 청소년들의 대답은 다음과 같았다. 평화롭기 위해서, 교제하기 위해서, 편안해지려고, 더 많은 친구를 사귀기 위해서, 인기를 얻기 위해서, 강해지고 싶어서 등, 이 모든 것들은 다 상당히 합리적이고 기대할 만한 것들이었다.

사례: 학교에 바지 안 입고 오기

우리 동료들 중에는 한국에서 중학교 순회 상담자로 일하는 이가 있는데 그녀가 만난 놀랍고 심상치 않았던 실제상황은 다음과 같다. 어느 날 아침, 그녀가 여느 때와 같이 문제해결과 상담을 위해 한 학교에 도착했을 때 긴장감이 흐르고 교직원들이 서로 속삭이며 이야기하고 있었다. 그녀가 알게 된 사실은 한 2학년 학생이 학교에 바지를 입지 않고 교복 재킷 아래로 속옷이 보이는 상태로 양말과 신발은 신고 왔다는 것이었다. 머리부터 신발의 모양과 색깔 그리고 책가방까지 학교에서 규정한대로 착용하는 것은 매우 일반적인 것이었다.

긴 교직 생활 동안 이런 상황을 한 번도 만난 적이 없었던 교직원들은 충격으로 멍해져서 어찌할 바를 몰랐다. 모든 사람이 무엇이 문제인가에 대한 자신의 생각을 수군거리기 시작했고 이런 이야기들이 전교로 퍼져 나갔다. 애가 정신이 이상해진 게 틀림없어. 빨리 응급실 정신과로 보내야 해. 학교공부가 너무 힘들었나봐. 또한 부모에게 연락을 취해야 하는지, 누가 연락을 해야 하는지, 어떤 절차와 방법으로 해야 하는지에 관한 논의가 있었다. 우리 동료인 최 교수는 해결중심 치료를 가르치는데 그 상황에 개입해서 문제를 해결할 수 있도록 도와야겠다고 판단하였다. 마침내 그녀는 교장에게 누군가가 그 소년과 이 일상적이지 않은 행동에 대해 직접적으로 이야기를 해 보았는지 물었다. 교직원들은 서로 쳐다보았고 아무도 그렇게 하지 않았다는 것을 알게 되었다. 그들은 힘세고, 무서운, 남자 체육교사를 선택해 교실로 보내고 복도로 학생을 불러내서 그러한 행동을 한 이유를 묻게 했다. 그녀는 남자 교사에게 부드러운 목소리로 "오늘 네가 학교에 바지를 입지 않고 온 그럴만한 이유가 있을 거 같구나?"라고 물을 것을 요청하였다. 소년은 "네, 물론이지요."라고 대답하였다. 소년은 그 전날 과학교사로부터 불공평하게 벌을 받았다고 느꼈는데 수업시간에 학생들을 동요시킨 것이 그 소년이라고 오해한 교사가 그를 혼내면서 자기 잘못이 아닌 이유를 설명하려고 하는 그의 이야기를 듣지 않았다는 것이다. 그래서 소년은 공평하지 않고 부당한 처벌에 대해 항의하려고 했고 이것이 유일하게 교사에게 자신의 반대 의사를 표현할 수 있는 방법이라고 하였다. 실제로 그에게는 '그럴만한 이유'가 있었던 것이다. 그리하여 매우 어려울 수 있었던 상황이 미연에 방지될 수 있었다.

우리는 "네게 그럴만한 이유가 있을 것 같구나."라는 질문을 하는 것이 문제가 커질 수 있는 상황을 진정시키는 데 유용한 방법이라는 것을 알게 되었고 이것은 부모에게도 알려 줄 만한 좋은 것이다. 많은 전문가들이 이것을 사용해서 부모와 자녀, 교사와 학생, 또는 교사와 부모 간의 갈등을 진정시키는데 유용했다고 보고하였다. 이 질문의 이면에 있는 미세한 어조와 가정은 다른 사람에 대한 존중감을 제안하고 있는데 때때로 매우 바보 같고, 미성숙하고, 제멋대로이고 분통터지게 하는 청소년에게도 그러하다. 청소년이 하지 않는 일을 가지고 논쟁하기보다는 이 질문을 하는 것이 십대들의 괴상한 행동 이면에 있는 동기를 아는 데 더 유용하다. 우리가 그들의 이유를 듣게 될 때 우리는 비로소 그들이 어디에서 왔는지, 즉 머리를 파랗게 염색하고 온몸에 피어싱을 하고 흡연을 하고 나쁜 친구들과 어울리는 행동 뒤에 있는 그들의 생각이 무엇인지 이해하기 시작하는 것이다.

어떤 초보 상담자들은 약물복용, 음주, 자해와 다른 용인할 수 없는 행동들에 대해 '그럴만한 이유'가 있다고 하면 그러한 일들을 묵과하는 것은 아닌지 염려하기도 한다. 상담자가 빈정거리거나 성의 없는 말투로 말하는 경우에는 당연히 그렇게 들릴 수도 있을 것이다. 그러나 호기심을 가지고 질문하고, 그들이 자신의 행동을 어떻게 해석하고 이해하는지 진심으로 배우고자 하면 십대들은 지속적인 대화를 하려고 하고 그것을 통해 다른 방식으로 생각하기 시작한다. 그것은 단절 대신에 더 많은 대화를 가능하게 한다. 어떠한 합리적인 성인도 약물복용을 용인하지 않는다는 것을 청소년은 반드시 알아야 하고 이것을 모르는 청소년이 있다면 매우 드문 일이다. 다음의 대화를 들어보라.

> 상담자: 또 다시 흡연을 하다가 교장선생님에게 걸린 것 같구나. 이런 일로 나 같은 사람까지 만나야 하니 너에게도 매우 힘든 일이겠다. 당연히 부모님도 이 일에 대해 알게 되실 텐데 저번에 나한테 부모님이 이 문제에 대해서 매우 엄격하시다고 했었잖니. 네가 담배를 피우고 이렇게 힘든 상황에 처하게 된 데는 분명히 그럴만한 이유가 있을 것 같구나.
>
> 캐빈: 예, 물론이에요. 저는 담배 피우는 것을 좋아해요. 그래도 어쨌든 약물은 아니잖아요.

상담자는 당연히 담배가 마약이냐 아니냐 하는 문제로 논쟁에 휘말리고 싶지 않을 것이다. 왜냐하면 첫째로 어떤 사람도 십대와 이런 논쟁을 해서 이길 수 없기 때문이고 두 번째로 그것은 상담자로 하여금 처음의 목표, 즉 아동이 담배를 피우는 것에 대해 부여하는 의미를 찾는 것을 망치게 할 것이기 때문이다.

난폭한 청소년 상담하기

우리는 둘 다 더 이상 물러날 곳이 없고 상담이 최후의 노력으로 보이는 청소년들을 많이 만나 왔다. 의뢰인들은 이 청소년들이 시, 주, 국가, 지역 공동체, 가족 그리고 청소년 자신들이 엄청난 비용을 지불하고 받은 수없이 많은 치료에서 긍정적인 효과를 보이지 않았다고 보고한다. 우리가 십대를 만나기까지 이미 청소년들의 문제는 오래 지속되는 경향이 있기 때문에 그들은 치료자에 대해 흔히 냉소적인 모습을 보인다. 그들은 이러한 시스템을 그럭저럭 통과할 수 있도록 조작하는 방법을 학습하였고, 그들을 치료하는 방법은 대부분의 시설이 똑같은 문제해결 방법들을 사용하고 있다. 많은 청소년들이 시스템을 이기기 위해서 짧은 기간에는 자신에게 요구되는 규칙을 따르는 척하는 방법을 알고 있다. 그런데 이 청소년들을 다루는 시스템은 수년에 걸쳐서 별로 성공적이지 않았는데도 같은 방식으로 반복되고 있다. 청소년들이 이미 자신들이 조정할 수 있는 유사한 시스템을 경시하는 것도 어쩌면 당연하다. 대부분의 경우와 같이 그들의 문제가 단기적인 것이 아니라면 단지 청소년의 주의를 얻는 것 자체만으로도 충분히 어려운 일이다. 우리는 청소년들이 단지 강제상황에서 요구에 응하는 것을 원하지 않는다. 우리는 그들이 변화하기를 원한다. 이것을 말하기는 행하기보다 쉬운 것이 사실이다. 그러나 이 새로운 발상은 청소년들보다 상담자들에게서 시작되는 것이다. 여기서 우리는 내(김인수)가 몇 년 전 만났던 마커스(Marcus)와의 잊을 수 없는 만남에 대해 이야기하고 싶다. 그는 터프한 외모에 키가 크고 열심히 운동해서 만든 건장한 체격의 소년이었다.

사례: 난폭한 그리고 사랑하는

나는 청소년 수용소(청소년 교도소의 완곡한 표현)로부터 의뢰를 받아서 16세 마커스에 대해 알게 되었는데, 그 기관은 대도시 중심부의 저소득층 거주 지역의 만성적인 비행청소년들을 가장 많이 구속하는 곳이었다. 나는 이들에게 석방이 가까운 시점에서 (가족이 있는 경우) 가족의 품으로 돌아가 살고 지역공동체와 성공적으로 통합할 수 있도록 하는 통합 서비스를 제공하기로 하였다. 이 젊은이들은 지역공동체에서 폭력적인 범죄를 행하여 이곳에 수용된 것이었다. 마커스는 양부모 가정부터 지역 치료기관, 대용 수용시설을 포함한 다양한 장, 단기 시설에 배치되어서 지난 4년 동안 어머니와 살지 못한 소년 중 하나였다. 그는 자주 시설에서 탈출하여 노숙생활을 하며 약물을 복용하고 폭력조직에서 활동했으며 단발적으로 학교를 다녀서 독해능력이 떨어질 것으로 여겨졌다.

마커스는 당시 4개월째 수용 생활을 하고 있었지만 내가 대개 맡았던 사례들과 달리 성공적으로 퇴소할 기미가 보이지 않았다. 오히려 반대로 그의 품행 문제는 갈수록 더 심각해져서 내가 그를 지켜보게 되었는데, 여러 규칙을 위반하는 경우가 늘어나고 계속적으로 징계를 당하거나 처벌받게 되었고 더 끔찍한 건 최근에 자신을 벌한다는 이유로 한 여성 간부를 공격한 것이었다. 그 결과, 그는 가장 까다롭고 위험한 소년들을 수용하는 격리 감금 구역에 배치되었다. 내가 의뢰에 동의하자 사회복지사는 내가 그를 면담하는 동안 밖에 교도관이 경계를 설 수 있도록 하기 위해서 방문 일정을 알려 달라고 하였다. 나는 내 스스로 안전을 돌보는 능력에 자신이 있다고 사회복지사를 안심시키고 교도관이 지키지 않을 것을 주장하였다.

나는 소년의 어머니를 차에 태우고 도시에서 40마일 떨어진 곳에 위치한 그 '학교' 에 운전해서 갔다. 가는 동안 우리는 서로에 대해 알아 갔다. 나는 워싱턴(Washington) 부인이 마커스에 대한 그녀의 생각과 그동안 마커스를 관찰한 것들을 들으면서 그녀가 겪었을 고통과 실망감을 알 수 있었다. 나는 지난 4년 동안 마커스가 정신과치료를 비롯한 다양한 시설과 프로그램에 배치되어서 그녀와 함께 살지 못했다는 사실 또한 알게 되었다. 그 4년 동안 그들이 만났던 치료사들의 수는 다 셀 수 없을 정도였다. 워싱턴 부인은 다양한 치료 프로그램에 대한 희망을 포기한 상태였고 현재의 가장 엄격한 환경이 아들을 '정신 차리게' 해서 그에게 마지막 해결책이 되기를 바라고 있었다. 그녀는 더 이상의 치료는 그에게 의미가 없다고 여겼다. 어머니에 따르면, 마커스가 법적인 문제들을 만들기 시작한 것은 약물, 알코올, 도둑질, 그리고 셀 수 없이 많은 싸움과 구속에 이르게 한 거리 폭력조직 활동을 하게 되면서였다. 그녀가 기억하는 마커스는 다른 아이들을 이끌고 문제를 만들기보다는 다른 아이들을 따라가는 조용하고, 수줍고, 매우 여린 아동이었다. 그녀는 아들이 겁 많고 스스로는 불안정하다고 생각했지만 아들의 문제가 정확히 무엇인지 알지는 못했다.

정보들을 종합하는 동안 나는 수없이 많은 유능하고 사려 깊고 따뜻한 치료자들이 마커스에게 도움이 되는 방식으로 다가가는 데 실패했다는 사실을 깨닫고 다른 사람들이 한 것과 뭔가 매우 다르게 해야 할 필요성을 느꼈다. 나는 그의 품행문제를 이야기하고 모든 청소년에게 사용할 수 있는 제한적인 검사들을 포함해서 행동을 교정하기 위한 상벌 시스템인 토큰 제도와 같은 행동관리 접근들을 사용하지 않기로 하였다. 그러나 나는 그 '뭔가 다른 것'이 무엇이 되어야 할지는 명확히 알지 못했다.

우리는 보안이 철저한 작은 방에서 마커스를 만났는데 그곳은 그의 생활 공간이자 교실이자 주간활동 공간이며 취침 공간이었다. 마커스는 어머니를 보자 몸을 숙여 가장 사랑스럽고 부드러운 태도로 볼에 키스했다. 나는 이 크고, 터프하고, 화난 듯 보이는 어린 소년이 그토록 사랑스러운 모습으로 어머니에게 키스하는 것을 보고 무척 놀랐다. 내가 들었던 화나고, 적대적이고, 폭력적이고, 공격적인 비행 범죄의 흔적은 찾을 수 없고 어머니의 사랑에 굶주린 순한 소년만이 있을 뿐이었다. 물론 마커스는 완전히 나를 무시했고 내 자신을 소개했을 때도 아는 척을 하지 않았다. 또 다른 치료사를 만나는 일은 그가 가장 싫어하는 일이었을 것이고 나 역시 일반적인 방식으로 그에게 접근하고 싶지 않았다.

곧 어머니와 아들은 어머니가 가져온 최근에 있었던 가족의 생일파티 사진들을 보면서 가족 이야기를 하기에 여념이 없었다. 나는 이 삼각구도의 한쪽 코너에서 그들의 사적인 대화에서 완전히 배제된 상태로 그들의 사랑하고 친밀한 모습과 웃음, 미소, 몸짓을 관찰할 뿐이었다. 15분쯤 지났을 때 나는 입을 열어 "마커스, 나는 조금 혼란스럽구나. 어째서 아무도 네가 이토록 부드럽고, 사랑이 많고, 따뜻한 사람이라는 것을 모르는 거지?"라고 말하였다. 마커스는 마치 그런 바보 같은 질문에 상대하고 싶지 않다는 태도로 퉁명스럽게 "몰라요."라고 대꾸한 후 나를 외면하였다. 그의 어머니가 그 주제를 놓치지 않고 아들이 어렸을 때 얼마나 따뜻하고, 사려 깊고, 사랑이 많은 아이였는지에 대해 설명하였다. 그리고 그들은 다시 15분 정도 그들만의 대화를 계속하였고 나는 다시 끼어들어서 아까와 똑같은 질문을 하였다. 워싱턴 부인은 그의 부드럽고 사랑 많은 성격을 보여 주는 더 많은 예와 사건들을 이야기하면서 그녀에게 그가 얼마나 특별한 아이였으며 그들이 얼마나 친밀했는지에 대해서 말했다. 첫 회기 동안 나는 똑같은 질문을 4번이나 반복하였다. 집으로 돌아오는 길에 워싱턴 부인은 훨씬 더 생기가 있었고 기분도 나아져 있었다.

우리는 그 후로 3번을 더 만났는데 실제로는 마커스가 거의 참여하지 않은 채로 첫 회기를 반복하였다. 4회기는 본래 예정과 다르게 내가 다른 소년을 의뢰받아서 학교를 방문했을 때 이루어졌다. 그 건물에 들어섰을 때 나는 마커스가 다른 소년들과 어울려 담배를 피우고 있는 것을 보았다. 그가 담배를 피우는 것이 놀라워서 나는 엉겁결에 "마커스, 나는 네가 담배를 피우는지 몰랐네!"하고 말했다. 그는 다른 소년들이 듣지 못하도록 낮고 작은 목소리로 "엄마 앞에서는 예의가 아니기 때문에 피우지 않는 거예요."라고 답했다. 그가 나에게 이제껏 말했던 것 중에 가장 긴 문장이었음은 물론이며 그것을 계기로 나는 이후 회기들을 진행하면서 더 많은 질문들을 할 수 있었다. 또한 이어지는 회기들 중에 나는 계속해서 그가 성인들에게 그리고 심지어 나 같이 낯선 사람에게도 '애정을 갖고, 친절하고, 부드럽게' 대한다는 것과 그가 '존중하며, 사려 깊고, 순종적인' 사람이라는 것을 번갈아가며 말하였다. 놀랍게도 비교적 짧은 기간에 마커스는 성적이 향상되었고 품행 또한 개선되어서 식당에서 일할 수 있게 되었고 그것으로 더 많은 점수를 얻게 되었다.

나는 마커스의 주말 외출을 제안하였고 학교는 그가 도망하거나 싸움에 관계하거나 약물을 복용할 것에 대한 경계와 염려와 걱정을 보이며 첫 번째 제안을 거절하였다. 그러나 외출은 최종적인 석방으로 이어지기 때문에 나는 끝까지 고집하였고 일반적인 48시간 대신에 12시간을 요청하였다. 워싱턴 부인은 나의 조언대로 삼촌, 친척, 교인들의 도움을 받아서 마커스가 12시간 동안 전념할 일들을 구체적으로 계획하였다. 마커스는 첫 외출을 성공적으로 마쳤고 그 다음에는 24시간을 마침내는 48시간을 두 번이나 마치게 되었다. 그 시기 즈음에 마커스는 학업, 사회성, 품행, 인성, 그리고 어머니와 가족과의 관계를 회복하는 것 등 모든 영역에서 엄청난 진보를 보였다. 새로운 또래도 사귀어야겠지만 그것은 시간을 필요로 하는 일이었다. 마침내 마커스는 석방되었고 처음에는 사회복귀시설로, 그러고 나서는 어머니의 보살핌이 있는 곳으로 돌아가게 되었다. 그의 개선 과정이 언제나 순조롭거나 문제가 전혀 없었던 것은 아니지만 확실히 그는 점차적으로 개선되어서 집으로 돌아가게 되었다.

뭔가 다르게 하라

마커스와 같이 청소년들이 더 이상 저항하지 않도록 하는 가장 편리하고 단순한 방법은 사실에 대해 설명을 하는 상담자의 개입을 제한하고 이전에 누구도 알아주지 않았던 행동에 대해 긍정적인 동기를 부여하는 것이다. 아무도 관심을 갖지 않았던 새로운 것을 알아차리고 질문 형태로 그것에 대해 언급함으로써 상담자는 청소년으로 하여금 자신의 힘과 자원에 주의를 끌게 할 수 있다. 폭력적이거나 공격적인 행동과 반대되는 가장 작은 가능성이라도 발견하고 그 작은 성공들을 지적하고 강조하는 것은 우리가 청소년에게 기대하는 바람직한 행동에 주의를 환기시키는 것이다. 가정폭력에도 유사한 접근을 적용했을 때 중도 탈락이나 재범률이 8회기 만에 현저하게 감소하는 것으로 나타났다(Lee, Sebold, & Uken, 2002).

자살 기미, 위협, 시도

우리는 자살의 '자' 자만 들어도 급격히 불안이 증가하고 그 즉시 속으로는 "안 돼! 절대로 그 얘기가 아니라고 해 주렴."이라고 반응하게 된다. 잠재적 자살의 개념은 일정 수준까지 지적으로 발달하고 위안을 얻고자 하는 영악함이 있어야 가능한 것이기에 보다 어린 아동들에게는 이러한 현상이 거의 나타나지 않는다. 물론 이러한 이야기에 노출된 환경에서 자란 아동의 경우 시기적으로 빨리 나타나는 경우도 있지만 일반적으로는 일정 수준의 인지능력을 가지고 있어야 그 개념을 가질 수 있게 된다. 우리는 자주 일반적인 자살 예방 전략과 신념에 대한 질문을 받기에 우리가 받은 질문들에 대한 우리의 생각과 의견에 대해 말하고자 한다.

가장 흔한 질문은 다음과 같다.

1. 자살 기미, 위협, 시도에 관한 이야기들을 얼마나 심각하게 해석해야 하나요?
2. '자살 안 하기 계약서'를 쓰는 것이 어떤 점에서 이롭고 어떻게 합의합니까?
3. 청소년이 자살 위협을 나타내면 어떻게 하나요?
4. 십대를 입원시키는 경우는 언제 결정하게 되나요?

이러한 질문들은 절박감을 드러내며, 놀라거나 불안한 태도로 자살 시도에 대해 반사적으로 반응하는 것은 어찌 보면 당연하다. 그러나 이것은 일반적으로 별로 도움이 되는 것이 아니다.

모든 자살 생각, 위협, 기미는 아무리 분명치 않거나 사소한 것이라 하더라도 심각하게 받아들여져야 하는데, 청소년이 고려하는 방법, 유도 상황, 과거력, 행동 계획에 대한 구체적인 사실을 다루는 것뿐만 아니라 청소년을 대화로 이끌어야 한다. 이것은 충분히 경청하고 자살이 어려운 문제를 해결하는 잠재적 해결책이라는 것을 존중하고 그들이 갖는 생각에 대해 관심을 갖는 것을 의미한다. 충분한 대화는 청소년이 얻고자 하는 목표를 성취할 수 있는 대안을 모색하고 그러한 목표들을 이룰 수 있는 다른 방법들은 없는지 생각해 볼 수 있게 한다.

우리는 성급하게 청소년과 '자살 안 하기 계약서'를 쓰도록 협상하려는 것은 실패라고 믿는다. 자살 안 하기 계약서는 본래 상담자들을 잠재적 책임부담으로부터 보호하기 위한 서류이며 내담자에게 자살하지 않을 것을 약속하는 내용에 서명하도록 하는 것이다. 우리가 이렇게 할 때 우리는 청소년에게 자살은 기정 사실이며 단지 그것이 발생하는 것을 멈추는 것 밖에는 해결책이 없다는 생각을 갖게 한다. 이 생각은 목표로도 유용하지 않을뿐더러 선택의 여지가 자살하거나 하지 않는 것 이 두 가지 밖에 없는 것처럼 보이게 한다. 많은 청소년들이 '예' 혹은 '아니요' 식으로 두 가지 중에 억지로 선택하도록 강요당하는 것을 싫어하고, 대부분의 청소년은 이러한 힘 겨루기 게임에 반항하는 방법을 알고 있으며, 그들은 선택의 여지를 갖고 싶어 한다. 자살이 자신이 갖고 있는 여러 가지 선택사항 중 하나라는 것을 청소년이 볼 수 있도록 돕게 될 때 우리는 가능한 선택사항들을 제한하는 대신에 증가시키게 된다. 친구에게 자살에 관한 이야기를 하여 학교 상담자에게 의뢰된 십대와의 초기 대화 내용을 살펴보자. 내담자는 항상 지각하는 경향이 있으며 상담자는 보다 중립적인 주제로 이야기를 시작하여 게일(Gale)이 스스로 자살에 관한 이야기를 할 때까지 기다리고 있다.

상담자: 최근 들어서 학교에 제시간에 도착하는 데 어려움을 느끼는 것 같구나. 분명히 너에게는 그럴만한 이유가 있을 텐데 나는 그게 무엇인지 궁금하단다.

게일: 당연히 이유가 있지요. 나는 엄마를 보지 못하고 양부모 가정에서 지내는 게 싫어요. 그리고 나는 공부도 잘 못해요. 양부모 가정에서는 항상 꾸지람을 듣고 저는 그곳에 있는 다른 아이들이 싫어요. 이렇게 사느니 차라리 죽는 게 낫겠다는 생각을 했어요.

상담자: 정말 힘들었겠다. 이야기를 들어 보니까 네가 그동안 여러 가지 일들을 감당해야 했을 것 같구나.

게일: 최근에 제가 그렇게 자주 늦은 이유는 제가 잘하는 것이 하나도 없는 것처럼 느껴지니까 다 귀찮더라고요. 어차피 아무도 나한테 관심도 없고 상관하지 않으니까요.

상담자: 너는 공부를 좀 더 잘하고 싶고 누군가가 너에게 관심을 가져 주기를 원하고 뭔가 네가 잘하는 것이 있는 게 중요하구나. 내 말이 맞니?

게일: 네, 누구나 그렇지 않나요?

상담자: 물론이지. 네가 이러한 것들을 원하는 것은 당연한 것이란다. 사실 모든 사람이, 심지어 어른들도 그런 것들을 원하지.

게일: 하지만 저에게는 그런 일이 일어나지 않을 거예요.

상담자: 글쎄 나는 네가 방금 한 그 말에 별로 동의할 수가 없구나. 만약에…… 정말로 만약에 너에게 이런 일들이 일어나서 네가 공부를 조금 더 잘하게 되고, 네가 재능이 있는 일을 발견하고, 너를 사랑하고 보살펴 주는 사람이 생긴다면, 지금은 그렇지 않지만 네가 어떻게 지내게 될 것 같니?

게일: 학교에 지각하지 않고 친구들을 사귀고 아마도 좋은 남자 친구도 사귀게 되고 적어도 가끔씩 엄마도 만나고 과학을 정말 잘하게 될 것 같아요. 어쩌면 엄마가 약물을 끊었다고 말하고 같이 살기 위해서 나를 데려갈지도 모르겠어요.

상담자: 그렇다면 가장 최근에 네가 학교에 제시간에 온 게 언제니?

게일: 어제요. 제 시간에 오려고 정말 많이 노력했어요.

상담자: 어제는 어떻게 제시간에 올 수 있었던 거니?

이 예시는 대화가 십대가 처한 상황이 얼마나 나쁜지 혹은 문제가 얼마나 심각한지에 대한 것보다 십대가 원하는 것에 대한 방향으로 얼마나 빠르게 바뀔 수 있는지를 보여 준다. 이 상담자는 친구가 없고, 어머니를 만나지 못하고, 아무도 돌봐 주는 사람이 없고, 공부를 잘 못하는 것과 같은 게일이 진술한 문제들을 신속하게 목표로 바꾸어 주었다. 게일은 이러한 목표들이 마음에 든다는 것을 상담자에게 동의하였고 앞으로의 삶에 대한 대안적인 그림을 그려가기 시작하였다. 자살 이야기가 얼마나 신속히 대화에서 떨어져 나갔는지 주목하라. 그리고 대화가 계속될수록 게일은 대안적이고 보다 희망적이고 만족스러운 삶을 위해서 자신이 할 수 있는 일들을 더 많이 생각해 내게 될 것이다.

그러나 만약 당신의 임상적 소견이나 기관의 규정상 자살 안 하기 계약서를 사용해야 한다면 계약서를 추가 사항이나 기관의 규정에 의한 하나의 절차로 제안할 수 있을 것이다. 또 다른 좋은 방법은 자살의 위험이 충분히 감소하고 있는지 확인하기 위해서 척도 질문을 사용하는 것이다. 예를 들면 다음과 같다. "이번에는 약간 다른 종류의 질문을 할게. 이것은 우리 기관에서 일상적으로 하는 것인데 1에서 10까지 있는 척도를 상상해 보렴. 10은 너를 병원에 데려가기 위해 구급차를 불러야 하는 경우이고, 1은 네가 너 자신을 해칠 가능성에 대해 우리가 생각해 볼 필요도 없는 상태라고 한다면 너는 지금 어디 즈음에 있는 것 같니?" 그리고 "내가 만일 너의 어머니께 똑같이 물어본다면 어머니는 네가 어디 즈음에 있다고 생각하실 것 같니?"라고 물어보라. 그리고 나서는 자살의 위험을 낮은 상태로 유지하거나 보다 낮출 수 있는 방법에 대해서 의논할 수 있을 것이다.

자살을 청소년이 가지는 수많은 선택사항 중에 한 가지로 보는 것은 십대가 자신의 삶에서 원하는 것을 창조하기 시작하도록 만드는 강력한 도구가 될 수 있다. 대부분의 십대들의 자살 위협은 일반적으로 부모, 교사, 치료자와 같이 십대들이 소중하게 생각하고 자신들을 보호하려고 할 뿐만 아니라 자신들이 의지하는 사람들을 향한 것이다. 성인들이 자살을 단지 한 가지 선택사항으로 여기게 될 때 십대의 위협은 효력이 없어진다. 원하는 변화에 대한 생각을 명확하게 하고 주의 깊게 경청하게 되면 보다 좋은 생각들과 함께 자살의 장점과 단점에 대해서 이야기하게 되고 단기간의 입원이 최선의 해결책이 될 수 있다는 결론을 이르게 될 수도 있다. 따라서 우리는 입원을 실패라고 보지 않는데 그것은 이후의 결과가 우리에게 말해주는 것이기 때문이다.

사례: 리디아의 해결책

나(슈타이너)는 칼로 자살을 시도한 16세 리디아(Lydia)를 매우 걱정하는 어머니의 전화를 받았다. 어머니는 같은 날 학교에서 상담을 받고 돌아왔는데 딸이 정신과 치료를 받아야 한다는 말을 들었다고 하였다. 어머니는 첫 만남에 누가 와야 하는지 물었고 나는 어머니든 딸이든 가장 도움이 되는 사람이 와야 한다고 대답하였다. 이틀 후로 약속을 잡았고 당일에는 리디아가 혼자 왔다.

보통 때와 다름없이 나는 리디아에게 가장 좋아하는 여가시간과 그녀가 잘하는 것 등에 대한 질문으로 상담을 시작하였다. 우리가 무엇에 대해 이야기하는 것이 그녀에게 가장 도움이 될 것인지에 관한 이야기를 시작하자 그녀는 자살충동에 대해서 말하였다. 다음은 우리가 나눈 대화의 한 부분이다.

상담자: 자살충동에 대해 이야기를 하는 것이 어떤 면에서 너에게 도움이 될까?

리디아: 모르겠어요. 저는 자살하지 않는 데 동의하는 계약서에 서명을 했지만 너무나 절망스러우니까요.

상담자: 그렇구나. 자살은 언제나 하나의 선택사항이 될 수 있고 큰 변화를 가져오는 것이지, 네 말이 옳단다. 네가 정말로 힘든 상황에 있는 것 같구나. 상황을 아주 조금이라도 낫게 만들기 위해서 필요한

것이 무엇인지 말해 보렴.

리디아: 모든 문제는 엄마의 남자 친구 때문이에요. 저는 그를 볼 때마다 역겨워 참을 수가 없어서 방에만 있게 되요. 저는 습관이나 흥미가 아빠를 닮았어요. 부모님은 2년 전에 이혼하셨구요. 우리 가족은 잘 지내고 있었는데 2년 전 엄마가 외도를 해서 아빠가 집을 나가게 되었어요. 이혼하고 나서는 엄마의 남자 친구가 집으로 들어왔어요. 그때부터 저는 엄마에게 말을 할 수가 없었어요. 제가 엄마와 이야기를 하면 엄마의 남자친구는 제가 엄마한테 말하는 방식을 참을 수 없다며 들어가라고 했어요. 그 사람은 마치 엄마가 너무 약해서 자기가 나한테서 엄마를 보호해 주어야 하는 것처럼 행동해요.

상담자: 너무 힘들었겠구나. 어려움을 극복하기 위해서 혹시 무엇을 시도해 보았니?

리디아: 네, 이번 주에는 아빠와 같이 지냈는데 다시 엄마 집으로 돌아가야 해요.

상담자: 아버지와 함께 지내는 것이 더 낫다는 이야기니?

리디아: 당연하지요. 그 사람을 보지 않아도 되고 더 많이 웃을 수 있어요.

상담자: 네가 원하는 것이 그것이니? 보다 명랑한 사람이 되는 거?

리디아: 네, 제가 어렸을 때는 지금보다 훨씬 더 많이 웃었어요.

상담자: 나는 이제 너에게 특별한 질문을 할 텐데 상상력을 조금 필요로 해…….

기적 질문에 대해 그녀는 이렇게 대답하였다. "더 많이 웃고, 엄마랑 예전처럼 단둘이 같이 외식하고, 대화도 많이 하고, 영화를 보러 가고, 쇼핑하면서 지낼 거예요. 밖에 더 많이 나가서 친구들을 만나고, 성적도 더 잘 받을 거예요. 겁내지 않고 내 의견을 더 자주 말할 거예요. 솔직하고 당당할 거예요. 거실에서 TV도 더 많이 보고 제리(Jerry)에게 기회를 줄 수도 있을 거예요."

나는 그 말에 놀라서 어떻게 해서 그에게 기회를 줄 수 있겠느냐고 물었다. 그녀는 그가 자신과 잘 지내기 위해서 애쓰는 것이 눈에 보이는데도 불구하고 그가 말을 걸었을 때 한 번도 말한 적이 없다고 대답하였다. 리디아는 그와 자기가 좋아하는 개에 관해서 함께 이야기를 나누는 것은 상상할 수 있다고 하였다.

생각하는 휴식을 가진 후 나는 그녀가 자신이 처한 상황을 너무나 잘 설명한 것에 대해 칭찬했고 자기가 좋아하지 않는 사람에 대해서도 사려 깊은 점에 감동받았다고 하였다. 그런 다음에 그녀 삶에 변화가 있어야 하는 것은 명백한데 자살도 한 가지 방법이겠지만 그녀가 그 외에도 너무나 많은 해결 방법들을 가지고 있다는 사실에 놀랐다고 말하였다. 나는 리디아에게 그녀가 얼마나 단둘이 같이 시간을 보내고 싶어 하는지를 어머니가 알고 계시냐고 물어보았다. 그녀는 "아니요."라고 대답했고, 나는 어머니가 이 사실을 아시는 것이 매우 중요할 것이라고 말해 주었다. 리디아는 이번 주말에 아버지의 집에서 돌아오는 차 안에서 어머니에게 말하겠노라고 하였다. 뿐만 아니라 나는 당당한 것과 웃는 것은 같이 가는 것이라고 설명하고 이번 시간부터 다음 상담 시간까지 매일 한 시간 동안 그녀에게 기적이 이미 이루어진 것처럼 지내보도록 제안하였다.

일주일 후 2회기에서 리디아는 친구들과 더 많은 시간을 보내고 어머니에게 그녀가 원하는 것에 대해 말하고 심지어 기분이 좋아지기 위해서 패스트푸드 식당에서는 직장에 있는 어머니에게 전화를 걸기도 했다고 보고하였다. 또한 자신이 되고 싶은 명랑한 사람에게 어울리도록 방을 깨끗하게 정리하였다. 그녀는 심지어 거실에서 가족과 함께 TV를 보려고 계획하고 있었다. 내가 구체적으로 어떻게 할 것이냐고 묻자, 그녀는 자신이 가장 좋아하는 과자를 사서 제일 좋아하는 프로그램을 고르고 가족들이 그녀가 고른 프로그램을 좋아하지 않을 경우에는 비디오를 대여할 것이라고 하였다. 그녀는 또한 다음에 제리가 어머니 대신 대답하는 상황에서 어떻게 자신의 의견을 표현할 것인지에 대해서도 이야기하였다. 심지어 그녀는 어떠한 적절한 말로 표현할 것인지에 대해서도 생각했으며 제리가 어머니를 보호해 주는 것에 대해 좋은 말들을 한 후에 그렇지만 그녀는 강한 어머니를 가진 것을 자랑스럽게 생각하고 있으며 어머니가 스스로 당신의 의견을 표현할 수 있다는 것을 말하겠다고 하였다. 잠시 생각하는 휴식을 가진 후에 나는 리디아가 이루어낸 변화들과 그녀의 용기와 계획에 대해 칭찬하였다.

리디아는 더 이상 상담이 필요하지 않다고 결정했고 혹시 무슨 일이 생기면 연락하겠노라고 하였다. 지금까지 1년의 시간이 흘렀지만 아직까지 나는 그녀로부터 연락을 받은 적이 없다.

무슨 일이 있더라도 침착하게 전체 이야기를 경청하는 것이 유익하며 내담자가 자신의 어려움 때문에 극단적인 해결책으로 위안을 얻고자 하는 타당한 이유에 대해서 생각하라. 호기심 있는 태도를 가지면 자살의 위협이나 기미나 시도를 보이는 청소년의 이야기를 보다 집중해서 들을 수 있게 된다. 이것이 자살에 대한 대안적인 해결책을 찾는 일에 십대와 부모를 서로 관련시키고 관여하게 하는 유용한 방법이다.

사례: 핑크색 머리와 독립

15세 론다(Rhonda)는 공부를 하지 않고 한 달에 두 세 번씩 가출을 일삼는 반항적인 아동이라고 하였다. 최근에는 그녀의 교사에게 자살하고 싶다고 말하기도 하였다. 자살 이야기에 놀란 교사는 즉시 상담자(슈타이너)에게 연락하였다. 그녀의 가족은 개발도상국가에서 이민을 와서 부모는 경제적으로 성공하기 위해 애쓰고 있었다. 내가 그녀를 처음 만났을 때 그녀는 4학년 때 유급을 하여 스스로 고등학교에 진학할 만큼 똑똑하지 않다고 생각했었기 때문에 지금 고등학교에 다니고 있는 것을 매우 자랑스럽게 생각한다고 하였다. 그녀는 순전히 의지와 결심으로 고등학교에 진학하게 되었고 이를 위해 매우 노력했다고 설명하였다. 그녀는 만화 그리기를 좋아하고 친구들에게 인기가 많다고 하였다.

기적 질문에 대해 그녀는 더 이상 집에 살지 않게 되어서 어머니가 조정하려는 성향과 과잉보호를 참지 않아도 되는 것이라고 하였다. 그녀가 파란색으로 머리를 염색하고 높은 하이힐을 신으며 술에 취하고 마치 굴뚝처럼 담배를 피워대도 부모님은 평소처럼 그녀와 대화할 것이다. 그녀가 끝내 매춘부가 되지나 않을까 끊임없이 염려하는 대신에 그녀를 보통의 여자 아이로 대할 것이다. 부모님의 체벌이 그치고 가족이 함께 앉아서 음악과 컴퓨터와 인터넷 등에 대해서 이야기를 나눌 것이다. 학교에서 좋은 성적을 받고 고등학교를 마치고 끝으로 부모님이 자신들이 원하는 것보다는 다른 사람들이 어떻게 볼까를 더 신경 쓰는 것 때문에 그녀가 얼마나 화가 났었는지에 대해서도 말할 수 있을 것이다.

나는 론다에게 그녀가 하고자 하면 매우 열심히 할 수 있는 능력을 가지고 있다는 것에 큰 감동을 받았으며 그녀가 상상하는 삶은 지금의 삶과는 매우 다를 것이라는 인상을 받았다고 하였다. 그녀가 자신의 성향에 가장 잘 맞는 삶을 찾고자 다양한 생활방식을 시도하는 것은 분명히 옳은 것이지만 그녀가 너무 큰 대가를 지불하는 것은 분명한 사실이었다. 이제 그녀가 자신의 성향에 맞는 것을 찾기 위한 과정 중에 있으므로 나는 그녀에게 학교에 하이힐을 신고 두꺼운 화장을 하고 가는 것이 어떤 효과가 있는지 잘 관찰해 볼 것을 제안하였다.

그녀는 2회기에 머리를 다른 색으로 염색하고 나타나서는 자신의 옷차림과 멋진 화장을 보고 다른 사람들이 놀라는 것을 보면 자신이 강하게 느껴지고 자신감과 자유를 느낀다고 하였다. 우리는 오랜 시간 그녀가 자신감을 가지고 자유롭게 느끼게 되면 무엇을 하며, 다른 때는 할 수 없었던 어떤 것을 그런 상황에서는 할 수 있게 되는지에 관하여 이야기를 나누었다. 그녀는 더 많은 자유를 누리기 위해서 독립적인 일을 할 수 있는 미용사가 되어 자신의 미용실을 운영하는 것에 대해 생각하고 있다고 하였다. 그녀의 어머니는 평생을 다른 사람들이 어떻게 생각할지에 대해 걱정하면서 살았는데 그녀는 부모와 다른 삶을 살면서 성취를 얻고자 하는 단호한 젊은 여성이라는 사실을 지적하여 그녀가 깨닫게 하는 것은 어렵지 않았다.

3회기에 그녀는 찰흙으로 작은 조각물을 만들고 '강한 독립성' 이라고 이름을 붙였다. 5회기를 마치며 론다는 "제가 이곳에 와서 선생님과 이야기를 나누는 것을 좋아하는 이유는 머리를 여러 가지 파격적인 색으로 염색을 하고 펑크 풍의 옷을 입고 부모님이라면 절대로 가시지 않았을 장소들을 다녀옴으로써 항상 내가 중요한 일을 하고 있다고 느끼기 때문이에요. 선생님은 내가 다양한 방식을 시도하는 것에 대해 관심을 갖고 그것들이 나에게 어떤 점에서 유익한지 궁금해 하셨어요. 나는 미리 선생님이 "무엇이 달라졌느냐?"라고 물어보실 거라는 걸 알고 있었고 뭔가 다른 것을 말씀드리고 싶었어요. 선생님이 관심을 보이셨기 때문에 저는 매우 빠르게 다양한 것들을 시도할 수 있었어요. 부모님이 저의 어떤 점이 싫다고 말씀하시면 저는 오히려 더 그것을 고집하고 싶었어요." 15세 치고는 매우 조리 있는 말이었다.

론다는 5회기 동안 그녀가 되고자 하는 것에 관해서는 오락가락했지만 분명히 조금씩 차분해지고 공부도 잘하기 시작하였다. 부모와의 관계에서는 여전히 긴장이 흘렀기 때문에 나는 두 차례 부모를 따로 만나고 한 회기를 가족 상담으로 진행하였다. 부모와 함께 한두 회기 동안에 그들이 딸을 위해서 한 모든 것에 대해 인정해 주는 것이 매우 중요하였다. '이전의 나라' 에서는 여자 아이들이 보호자 없이는 남자 아이들을 만나지도 않고 가족의 보호를 받는 환경에서 성장한 어머니에게는 딸이 '방랑자' 같이 구는 것은 매우 큰 고통이었다. 우리는 나라마다 다른 가치와 관념을 가진다는 사실을 위로하였고 나는 론다가 자신이 원하는 사람이 되려고 애쓰는 이 힘든 시기에 아버지가 어머니를 도울 수 있다는 것을 이야기하였다. 내가 아버지가 어머니를 도울 수 있는 방법에 대해서 이야기하자 아버지는 자원해서 그의 알코올 문제가 가족의 문제에 영향을 미쳤다는 것에 동의했고 완전한 금주를 향한 목표를 달성하기 위해 열심히 노력하고 있다고 하였다.

논 의. 당신은 론다의 외모적인 변화들을 상상할 수 있을 것이다. 우리는 종종 십대들의 외모적인 변화를 지적하고 그것에 대해 언급하는지에 대한 질문을 받는다. 실제로 일어난 일을 말해 주는 것이 이 질문에 대한 답이 될 듯하다.

상담자: 와, 오늘 달라 보이는걸! 무엇 때문에 머리를 염색하게 된 거니?

론다: 글쎄요, 저는 사람들, 특별히 부모님과 학교 선생님을 놀래키는 것을 좋아하는데 요즘 내 파란색 머리에 익숙해지는 것 같더라고요. 그래서 줄무늬를 넣는 것이 좋겠다고 생각했어요.

상담자: 내가 제대로 이해한 거니? 너는 관심을 끌고 싶었구나? 그래서 성공은 했니?

론다: 당연하지요! 엄마는 내가 이런 모습을 한 상태로는 같이 앉아서 식사하지 않을 거라고 했어요!

상담자: 주의를 끌기는 성공했지만 식사와 관련해서는 문제가 생기고 말았구나.

론다: 아니에요. 엄마는 절 너무 좋아하기 때문에 그렇게 못하실 거라는 걸 저는 알고 있었어요. 게다가 엄마는 식탁에서 항상 잔소리 하시는 걸요.

상담자: 말해 보렴, 관심을 끌고 어머니가 너를 매우 사랑하신다는 것을 알게 된 것이 너에게 어떤 의미가 있니?

론다: (잠시 망설임) 제가 더 강하고 자유롭게 느껴졌어요.

상담자: 그러니? 네가 더 강하고 자유롭게 느낀 상황에 대해서 좀 더 이야기해 보렴.

상담자는 '다른 사람들을 놀래키려고' 혹은 '나에 대한 관심을 끌려고' 하는 십대의 생각에 초점을 맞추고 싶을지 모르나 우리는 이러한 생각들이 십대에게 갖는 의미에 대해서 아는 것이 더 생산적이라고 생각한다. 과장되거나 기이한 행동 뒤에 숨겨진 의미는 청소년이 스스로 명확하게 설명하지 못하는 것을 말해 주는데, 론다의 경우에는 그것이 강하고 자유로운 것을 의미하였다. 15세 소녀에게 '강하고 자유롭고자' 하는 욕구는 정당하고 민감한 것이다. 따라서 그녀가 '강하고 자유롭게' 느끼는 다른 상황들에 대해서 더욱 탐색함으로써 우리는 놀라거나 그녀의 기이한 행동이 언젠가는 기대에 어긋난 결과를 가져오게 될 것이라고 설교하고 싶은 유혹을 느끼지 않게 된다. 우리는 청소년들이 그들의 행동에 대해 부여하는 숨겨진 의미를 알게 됨으로써 론다와 같은 청소년이 같은 목적을 이루기 위해서 보다 온건한 방법을 찾아보도록 인도할 수 있게 된다.

이러한 느낌을 더 자주 느끼기 위해서 그녀가 해야 하는 것과 그녀가 이런 느낌들을 가질 때 어떠한 변화가 있는지 그리고 이런 느낌들이 없었을 때 그녀가 어떻게 삶의 문제들을 극복했는지에 관하여 탐색한 후 론다는 그녀의 새로운 머리모양에 관한 나의 의견을 물었다.

론다: 선생님에게 묻고 싶은 게 있어요. 저의 새로운 헤어스타일에 대해서 어떻게 생각하세요?

상담자: 음, 나는 네가 강하고 자유롭다고 느끼기 위해 필요한 관심을 끌 수 있었다는 것이 기쁘구나. 나는 이 두 가지 느낌이 너에게 매우 유익하다고 생각하고 네가 강하고 독립적인 사람이라고 느낄 때 너는 정말 놀라운 일들을 할 수 있는 것 같아. 나는 또 네가 어머니가 너를 사랑하신다는 사실이 너에게 중요하고 네가 그것을 가치 있게 여기고 있고 심지어 때로는 그것을 필요로 한다는 말을 들으니 좋구나. 만약 내가 네 얼굴을 똑바로 바라보고 사실을 이야기해야 한다면 나는 줄무늬보다는 파란색이 더 좋은 것 같다. 솔직하게 내 의견을 말하면 줄무늬가 너의 아름다운 검은색 눈동자를 가리는구나. 나는 새로운 헤어스타일 자체보다는 네가 새로운 시도를 통해서 이루어낸 것들을 더 기쁘게 생각한단다.

많은 십대들이 특정 주제에 관한 그들의 부모, 교사 또는 상담자의 생각에 대해 알고 싶어 하는데, 우리는 그들이 우리의 솔직한 의견을 아는 것이 유익하다고 믿는다. 우리는 청소년을 상담하기 위해서는 그들의 최신 음악, 패션, 언어, 그리고 세련된 대화에 정통해야 한다고 믿는 상담자들을 많이 만났다. 청소년들은 우리가 숨김없이 정직하게 이야기하는지 단지 그들을 이해하는 척하는 것인지 알 수 있다. 섹스, 약물, 데이트, 복장, 음악에 대한 부모들의 의견은 청소년들에게 참고사항이 되기 때문에 그들이 그것에 대해 아는 것은 중요하다. 그들은 우리가 어느 즈음에 선을 긋고 한계를 정하는지 알고 싶어 한다.

청소년과 비밀

상담자로서 당신은 만약 청소년이 부모에게는 말하지 말라고 하면서 비밀을 털어놓았다면 어떻게 하겠는가? 우리는 자주 전문가들로부터 이러한 질문을 받는다. 우리는 '비밀' 이라는 단어에는 청소년이 감추고자 하는 어둡고, 수치스럽고, 심지어 악의 있는 의도나 행동이 내포되어 있다고 생각한다. 청소년은 섹스나 약물사용, 흡연과 같이 그들의 부모가 허락하지 않는 것들을 하고 있다는 사실을 상담자들에게 이야기한다. 많은 청소년이 부모에게는 감추는 비밀을 갖고 있고 이 때문에 부모들은 자주 염려하는데, 특히 섹스와 약물이 그렇다. 부모가 청소년의 비밀 문제에 관해 매우 예민한 것은 당연한데, 그들은 그것들이 자녀에게 심각하고 심지어 해로운 결과들을 가져올 수 있다는 것을 알기 때문이다. 그러나 우리는 부모가 아는 것과 자녀가 이야기하는 것 사이에 어떠한 경계도 없어야 한다고 생각하지 않는다. 또한 청소년이 그들의 사생활에 관한 모든 사소한 일까지 부모에게 말해서도 안 될 것이다.

최근에 우리는 한 18세 청년을 만났는데 그는 항상 데이트 후에 집에 가서 피자를 몇 조각 먹었고, 얼마나 껴안고 키스를 했으며, 서로 신체의 어느 부분을 잡았는지를 포함해서 여자 친구와 데이트 중에 있었던 모든 일을 상세히 어머니에게 이야기하는 사람이었다. 당연히 여자 친구는 그의 어머니가 자신이 집에 와서 아들과 같이 시간을 보내는 것을 좋아하지 않는 것에 대해 불만을 가졌고 남자 친구가 그녀를 위해 홀로서기를 할 충분한 용기가 있는지를 의심하기 시작했으며 이별을 고려하게 되었다.

비밀을 유지하는 것과 자녀의 사생활 보장의 필요성 간에는 자연스럽게 긴장감이 있으며 어디서부터가 비밀이고 어디까지가 사생활인가 하는 것은 어려운 문제이기 때문에 이것은 협의되어야 할 부분이다. 부모와 청소년은 지속적으로 이것에 관하여 협의할 필요가 있다. 우리는 비밀을 '좋은 비밀'과 '나쁜 비밀' 두 가지로 나눌 수 있다고 생각하는데 비밀보장 또는 사생활보호는 양측 모두에게, 특별히 청소년에게 긍정적인 결과를 가져다주는 것이어야 한다. 여기서 또 다시 중요한 점은 부모로부터 어떤 정보를 감추는 것이 청소년에게 어떠한 의미가 있는가 하는 것이다. 예를 들어, 비밀을 가질 수 있는 자유는 청소년으로 하여금 성인이 되었다는 느낌을 갖게 하고 성인으로 대우받고 싶다는 것을 보여 준다. 어떤 청소년의 경우에는 비밀의 필요성에 대해 항상 집밖에서의 활동에 대해 알고 싶어 하는 부모에 대한 배신이라고 생각할 수도 있다. 따라서 청소년이 성관계를 하거나 약물을 복용한다는 사실을 강조하기보다 이러한 행동에 숨겨진 의미를 이해하는 것이 보다 생산적일 것이다. 예를 들어 다음과 같은 질문을 하라.

- 네가 부모님에게 이 일에 대해서 비밀로 하고 싶은 이유가 분명히 있을 것 같구나. 그 이유가 무엇이니?
- 남자 친구(또는 여자 친구)와 성관계를 하는 것이 너에게 어떤 의미가 있니? 약물을 복용하는 것은 어떤 의미가 있니?
- 부모님에게는 네가 약물을 복용하는 것이 어떤 의미일까?
- 부모님이 네가 약물을 복용하는 것(또는 성관계를 하는 것)을 아시게 되면 어떤 결과를 가져올 것이 가장 염려되니?
- 네가 아는 한 부모님과는 이 문제를 어떻게 해결하는 것이 가장 좋겠니?
- 부모님이 너에 대해서(성관계를 하는 것, 가게를 좀도둑질하는 것, 과음하는 것 등) 알게 되신 후 지금과 다르게 어떻게 해 주셨으면 좋겠니?
- 부모님이 이 일에 대해 아시게 되면(혹은 모르신다면) 너와 부모님 사이에 어떤 차이가 있을 것 같니?

대부분의 경우 청소년은 부모에게 비밀로 하고 싶은 '좋은 이유'에 대해 물어보면, 대개는 그들과 부모의 관계에서 변화시키고 싶은 것에 대한 이야기로 이어진다. 따라서 초점은 그들이 가장 두려워하는 것이 아닌 소망하는 것으로 바뀌게 된다. 비밀을 보장하거나 공개하는 것에 관한 대화는 유익한 변화를 가져오는데, 이것은 매우 유용하고 생산적인 방법이다. 보다시피 우리는 부모 혹은 청소년의 비밀을 관리하는 역할을 하는 것에 대해서 거의 염려하지 않는데, 그 이유는 우리가 누가 혹은 무엇이 문제의 원인인가보다는 딜레마가 갖는 의미와 그 해결책에 대해서 더 관심을 갖기 때문이다.

하지만 때때로 많은 이들이 '직감'이라고 하는 상담자의 느낌으로 무언가 빠진 것을 느낄 때가 있다. 당연히 나쁜 비밀에 해당하는 성적학대의 경우 이러한 느낌은 더욱 강하다. 때로는 상담자가 아직 만나지 않은 가족, 예를 들면, 조부모 또는 가족과 같은 가장 친한 친구들을 만나 이야기를 듣고 더 큰 그림을 그리는 것이 유용하다. 또 다른 방법은 한 회기에 만나는 사람의 수를 줄이거나 심지어 회기의 진행 방식, 즉 내담자와의 상호작용 방식에 변화를 주는 것이다. 가족이나 청소년에게 비밀에 대해 이야기할 것을 강요하는 것은 유용하지 않는데, 그 이유는 그들이 좋은 비밀과 나쁜 비밀의 차이를 모를 수 있기 때문이다. 이것을 '무의식적인' 부인으로 생각하거나 좋은 것과 나쁜 것을 구별하지 못하는 능력을 '은폐'로 간주하지 않고 내담자가 아직 상담자에게 비밀을 이야기할 준비가 되지 않았고 때가 되면 자녀나 부모가 그것에 대해 말할 수 있는 방법을 찾게 될 것이라고 믿어 주는 것이 훨씬 더 유익하다. 기다리는 동안에 내담자의 상황에 맞는 이야기를 만들어 좋은 비밀과 나쁜 비밀의 차이뿐만 아니라 비밀유지의 좋은 점과 나쁜 점을 알려 주는 방법에 대해 생각해 보라. 이것은 화초가 자라서 꽃을 피울 수 있도록 토양을 준비하는 것과 유사하다. 이야기를 만드는 방법에 관한 보다 많은 정보는 제6장에 제시하였다. 이야기 들려주기는 회기를 마치기 전에 생각하는 휴식을 갖고 내담자를 칭찬하고 나서 하는 것이 이야기에 대한 토론을 하지 않을 수 있기 때문에 좋다.

청소년의 비현실적인 기대

상담자들은 종종 비서나 영화배우 같이 화려한 직업을 찾거나 록 가수가 되어서 엄청나게 많은 돈을 벌고 유명해지거나 항상 TV에 나오는 유명한 운동선수가 되어서 언론의 집중 관심을 받는 것과 같이 비현실적인 십대의 기대를 다루는 방법에 대해 묻는다. 이러한 기대는 십대가 서툴고, 사회적 기술이 부족하고, 우정을 만들거나 유지하는 것을 거의 하지 못하는 경우에 특별히 다루기가 더 어렵다. 우리는 이러한 꿈들을 비현실적이거나 시간낭비라고 생각하기보다 현재의 발달 단계에서 그들이 자기자신에게만 몰두하는(또는 이기적인) 것이 매우 자연스러운 경향이라고 생각한다. 우리는 질문들을 사용하여 그들이 자기의 능력으로 관찰하고 평가하면서 상황을 판단하고 현실을 깨닫도록 한다. 때로는 매주 바뀌기도 하는 이러한 판단에 기초해서 청소년이 자신의 부족함을 인정하지 않고도 자기관찰 기술을 향상시키고 보다 현실감을 갖도록 하는 데 질문들은 매우 유용하다. 이 단계에서 유용하게 사용할 수 있는 질문들은 다음과 같은 것들이 있다.

상담자: 네가 돈 많고 유명한 사람이 되고 싶은 것은 당연한 것이지. 많은 아이들이 그렇게 생각하지만 대부분의 아이들과 다르게 너는 그것을 입 밖으로 얘기하는 것을 보니 매우 용기 있구나. 그러면 내 말은 네가 유명해지면 지금은 할 수 없는 일 중에 어떤 것을 할 수 있게 될 것 같니?

스테이시: 글쎄요, 그렇게 되면 친구도 많이 생기고, 팬도 많이 생기고, 텔레비전에 출연하고, 뭐 그런 일들을 할 수 있겠죠.

상담자: 내가 이해한 것이 맞는지 모르겠구나. 네가 유명해지면 친구가 많이 생길 거라고 했니?

스테이시: 제가 멋지다고 생각하고 저하고 같이 있고 싶어 하는 친구

들이 많이 생기겠죠. 왜냐하면 제가 영화비도 다 낼 거고 같이 쇼핑도 가고 놀러 다니고 외식도 하고 그럴테니까요.

상담자: 너한테 정말 친구가 많이 생겨서 외롭지 않고 인기가 많을 거라는 얘기지, 내 말이 맞니?

스테이시: 네, 물론이죠, 제가 원하는 게 바로 그거에요. 인기 있고 친구가 많은 거요.

거식증 및 기타 섭식장애 치료

섭식장애가 있는 청소년들을 상담할 때 어려운 점은 성인들, 특별히 부모나 다른 의학 전문가들이 문제에 대해 염려하는 만큼 상담자도 걱정하고 불안해하지 않도록 하는 것이다. 이들을 상담에 참견하는 사람들로 보지 말고 잠재적인 자원으로 보는 것이 중요하다. 대부분의 여자 아이들은 상담을 강요받은 상태이기 때문에 대화의 주제를 부모가 자주 그런 것처럼 단지 섭식문제에 한정시키지 말고 먹는 것을 이야기의 장으로 삼아라. 청소년의 생각을 바꾸려고 시도하기보다 그들의 말에서 단서를 찾고 그들의 내적준거 체제 안에서 작업하는 것이 훨씬 더 생산적이다. 싸움에서 이기는 더 큰 목적을 위해서 중요한 싸움거리를 잘 잡아 내는 것이 매우 중요하다. 다음 사례에서 볼 수 있는 것처럼 때로는 작은 싸움에서도 심지어 타협할 필요가 있다. 가능하다면 심리상담을 섭식장애에 대한 의학적 치료와 분리시켜라. 그렇게 할 때 다음 사례와 같이 상담자들이 훨씬 더 자유로울 수 있다.

사례: 병원에 갈 것인가 아니면 먹을 것인가

캐시(Cathy)는 17세였는데 한 병원에서 의사보조직 체험학습 프로그램을 시작한 상태였다. 그녀는 학교성적도 좋았고 몇 가지 운동을 하고 있었는데 특별히 에어로빅과 농구를 하였다. 16세 때는 남자 친구가 있었는데 잠깐 좋았다가 결국에는 끝났다. 그녀는 부모가 남자와 너무 빨리 성관계를 가지면 안 되고 학업과 체험학습 프로그램에 집중해야 한다고 하셨기 때문에 그와 너무 가까워지고 싶지 않았다고 말하였다. 그런데 일 년 후에 그녀는 친구들이 모두 남자 친구가 있고 심지어 성관계를 한다는 것을 알게 되었다. 캐시는 혼자만 남겨진 것 같았고 친구들과 공통적인 것이 없다고 느꼈다. 그녀는 자기에게 남자친구가 없는 이유가 자신이 매력이 없고 특히 엉덩이가 너무 뚱뚱하기 때문이라고 생각했다.

그녀는 곧바로 다이어트를 시작했고 에어로빅 시간을 늘렸다. 내(슈타이너)가 캐시를 처음 만났을 때 그녀는 2개월 동안 10 파운드를 빼고도 스스로 너무 뚱뚱하다고 생각하고 있었다. 그녀는 하제를 사용하여 먹은 것을 다 배출했고 식사를 더 하기를 바라는 부모와 다투는 일도 많아졌다. 부모가 하제 사용에 대해 알게 된 후 집에서는 음식과 관련된 논쟁이 증가했고, 문제를 알게 된 상사는 최후통첩으로 '문제를 해결하지 않으면 병원에서 근무할 수 없다.' 라고 단호히 경고하였다. 상담을 시작하기 전에 캐시의 부모와 상사로부터 그녀를 걱정하는 전화를 받았다. 캐시는 강압에 의해 나를 만나러 오고 있었고 그녀가 상담을 받도록 명령받은 것처럼 보는 것도 당연한 일이었다.

캐시: 저는 아무 문제가 없어요. 문제는 부모님, 특히 엄마하고 저의 상사가 저를 받아들이지 못하는 것이에요. 제가 맡은 일을 하고 있으니까 그가 불평할 일도 없고 저의 사적인 생활에 대해서는 그가 참견할 바가 아니지요.

상담자: 물론이지. 그래서 당연히 기분이 매우 안 좋았을 텐데 오늘 이곳까지 와 주었구나. 그렇다면 너는 어떻게 해서 여기에 올 결심을 하게 되었니?

캐시: 저는 아무런 문제가 없다고 이미 말씀드렸잖아요. 여기 와야 할 사람은 제 상사와 엄마예요. 하지만 그 사람들이 여기에 올 리가 없죠.

자기들은 문제가 없다고 생각할 테니까요.

상담자: 말해 보렴, 너는 오늘 무엇 때문에 이곳에 나를 만나러 왔지?

캐시: 저는 의료보조직 일을 하고 싶어요. 하지만 그것 때문에 제가 선생님을 만나러 올 필요는 없는 거잖아요. 저는 선생님과 무슨 이야기를 해야 하는지도 모르겠어요. 선생님 사무실은 찾기도 어려워서 버스를 타고 40분이 넘게 걸려서 왔어요.

상담자: 와, 정말 오래 걸렸구나. 네가 불편함을 많이 참은 것 같다. 네 나이에는 할 일이 참 많다는 걸 아는데 나는 네가 오늘 여기 오느라 많은 수고를 감수한 것을 정말 대단하다고 생각해. 놀랍구나, 정말 놀라워. 너도 다른 아이들처럼 할 일이 무척 많았을텐데 말이야. 그러면 너는 평소에 어떻게 시간을 보내니?

캐시: 저는 운동을 좋아해요. 그런데 오늘 상담하러 와서 저녁에 에어로빅 수업에 못 가게 됐어요.

상담자: 에어로빅 외에 또 무엇에 관심이 있니?

캐시: 등산도 좋아하는데 체험학습을 시작한 후로는 거의 등산할 시간을 내지 못하고 있어요.

상담자: 등산할 때 넘어지는 것이 무섭지는 않니?

캐시: 아니요, 왜 그래야 하죠? 전 잃을 게 없어요.

상담자: 또 무엇을 좋아하니?

캐시: 학교 다니는 것도 좋아하고 지금 하는 일도 좋아요. 친구들을 만나는 것도 좋아했는데 요즘에는 저를 만날 시간이 없대요.

상담자: 너는 정말 매력적인 사람이구나. 재능도 많고. 오늘 아니면 나중에라도 네가 나를 만나기 위해 이곳에 오기를 잘했다고 느끼려면 어떤 일이 일어나야 하는지 말해 주렴.

해 석. 캐시는 이미 상당히 마른 상태였기 때문에 그녀가 거식증으로 보이지 않을 리 없었다. 그러나 나는 그녀와 관계를 형성하기 위해서 그녀의 생각과 언어를 배워야 했다. 대부분의 청소년들은 그들이 성공한 일과 잘하는 것에 대해 칭찬하는 것만으로도 대화의 방향을 목표에 대한 합의로 바꿀 수 있게 된다. 하지만 캐시는 그렇지 않았다.

캐시: 저는 아무 문제가 없다고 말씀드렸잖아요. 물론 친구들을 더 자주 만나고 싶지만, 걔네들은 전부 남자 친구가 있어서 더 이상 저에게 관심이 없어요.

상담자: 너는 친구들과 같이 있는 것을 좋아하는데 최근에는 별로 그런 시간을 갖지 못하고 있구나. 너처럼 사회성이 있는 사람한테는 그런 걸 포기하는 게 쉽지 않지.

캐시: 그것 때문에 슬퍼요. 버림받은 것 같고요. 저도 한때 남자 친구가 있었지만 절대로 친구들을 잊은 적이 없었거든요. 친구들이 생각하는 것처럼 저는 특별하지 않은 거 같아요. 제가 너무 제 생각만 하는 게 맞는 거 같아요.

상담자: 그 말이 정말이니? 너는 남자 친구와 사랑을 하면서 여전히 우정을 지킬 수 있는 사람이란 말이지? 이제 겨우 열일곱 살인데 어디서 그런 걸 배웠다니!

캐시: 저는 한번도 그걸 특별하게 생각해 본 적이 없는데요. 저는 그냥 원래 그래요. 혼자 남겨진 게 어떤 건지 아니까 다른 사람이 그렇게 느끼게 만들고 싶지 않은 거예요.

상담자: 너는 그게 별로 특별한 것이 아니라고 생각할지 모르지. 그런데 말이지, 네 나이에는 이기적이고 자기만 생각하는 아이들이 정말 많이 있단다.

캐시: 저희 엄마한테 그 말 좀 해 주세요. 엄마는 제가 독선적이고 먹는 문제로 식구들을 괴롭힌다고 생각하세요. 방금 선생님이 하신 것 같은 이야기를 엄마는 절대로 하지 않으세요.

상담자: 그러면 너는 다른 친구들과 더 자주 시간을 갖기 위해서 무엇을

했니?

캐시: 글쎄요. 학교에서 새로운 친구들을 만들려고 노력하기는 했는데 쉽지 않아요.

그녀가 학교에서 다른 친구들과 즐거운 시간을 보내는 데 성공한 작은 사례들에 대해 이야기를 나눈 후에야 기적 질문을 할 수 있는 좋은 기회가 왔다. 그녀의 대답은 다음과 같았다. 더 많은 친구 생기기, 남자 친구 사귀기, 학교 졸업하기, 의료보조직으로 병원에서 일하기, 부모로부터 사생활보호를 받기였다. 친구들이 생기는 것은 가장 중요한 주제였다. 그녀는 더 많은 여자 친구들이 생기는 것에 3점, 남자 친구가 생기는 것은 2점이라고 말하였다.

해 석. 캐시가 자연스럽게 먹는 문제에 대해 언급하기는 했지만 너무 빨리 그 문제에 초점을 두지 않았는데, 그 이유는 섭식문제는 그녀가 아닌 그녀의 어머니와 상사에게 중요한 것이었기 때문이다. 그녀는 사생활이 부족한 것에 대해서 많은 시간을 이야기하였다.

첫 회기가 끝나고 그녀의 어머니와 상사가 전화를 하였다. 그녀의 어머니는 캐시가 자신의 섭식문제가 얼마나 심각한지에 대해서 나에게 이야기했는지 궁금해 했고, 상사는 내가 어떤 치료 계획을 가지고 있는지 알고 싶어 했다. 나는 어머니에게는 딸에게 훌륭한 가치들을 잘 가르치셔서, 이를테면 캐시가 다른 친구들을 잘 대하고 싶어 하는 것 등에 대해서 칭찬을 하였다. 이것이 어머니를 진정시켰고 그녀는 내가 캐시와 몇 차례 더 개인상담을 하는 것에 동의하였고 나는 그녀나 다른 가족들도 기꺼이 상담하기로 하였다.

상사에게는 캐시가 실제로 섭식장애를 가지고 있다는 것에 동의하였다. 그러나 나에게 보다 중요한 것은 그가 그 문제를 알고 있다는 것이었다. 나는 그가 자신의 부하 직원의 건강문제에 관심을 갖는 것에 감동받았는데 그런 일이 흔치 않기 때문이다.

2회기. 평소와 같이 두 번째 회기는 내가 "우리가 저번에 만난 후로 아주 작은 것이라도 어떤 변화가 있었니?"라고 묻는 것으로 시작하였다.

캐시: 제가 친구라 부르는 애한테 저번보다 더 화가 났어요. 그 애가 남자 친구랑 같이 있을 때 마주쳤는데 저한테 인사도 안 하더라고요.

상담자: 정말 기분이 나빴겠구나. 또 다른 변화는 없었니?

캐시: 어제는 병원이 정말 바빠서 평소보다 특별히 더 정신없이 바빴는데 제 상사가 저에게 일을 잘했다고 했는데 마치 제가 그 일을 오랫동안 해 온 것 같다고 했어요.

상담자: 멋지구나! 너는 어떻게 해서 그렇게 할 수 있었지?

캐시: 그냥 저의 관찰 기술과 상식을 이용했을 뿐이예요. 그게 다예요.

상담자: 쉬운 것처럼 들리지만 분명 쉽지 않은 일이라는 걸 잘 안단다. 너는 너의 관찰 기술과 상식을 자주 사용하니?

캐시: 음, 저는 머리회전이 빨라서 반 친구들이 저보고 감정이 없는 사람이라고 놀리기도 했어요. 하지만 때로는 명석함을 발휘해서 상황에 대처하는 것이 좋죠.

상담자: 그럼, 물론이지. 또 다른 변화가 있었니? 아니면 지난번 우리가 만났을 때보다 조금 나아진 것은 없니?

캐시: 전혀요. 더 많은 친구가 생기는 것 외에 저는 아무런 문제가 없다고 말씀드렸잖아요. 하지만 제가 여기 온다고 해서 친구가 더 생기는 것도 아니예요.

상담자: 네 말이 옳다, 여기서 친구들을 만나는 것은 아니니까. 친구를 사귀는 일은 상당히 어려운 일인데 친구는 가게에서 살 수 있는 것이 아니잖니. 어른에게도 친구를 만드는 건 어려운 일이야. 그건 그렇고 너의 좋은 관찰 능력 말이야, 다른 사람들과 있을 때도 그것을 사용하고 있니?

캐시: 무슨 말씀이세요?

상담자: 가끔은 네 또래 여자 아이들과 남자 아이들 사이에 어떤 일이 일어나는지 관심을 갖고 살펴보는 것은 매우 유용하단다. 그들이 무슨 말을 하는지, 무엇을 하는지, 몸짓이나 외모 등을 한 번 보렴.

지하철에서나, 식당에서나, 학교에서도 할 수 있는 일이잖니. 그들이 무엇을 좋아하고 싫어하는지 관찰함으로써 많은 것을 배울 수 있고, 그 중에 무엇을 네가 이용할지 또는 이용하지 않을지 결정할 수 있단다. 물에 빠지지 않고 수영하는 것을 배우는 것과 같은 일이지.

캐시: (머리를 끄덕였지만 침묵했다.)

상담자: 네가 더 하고 싶은 이야기가 없다면 내가 어머니와 상사로부터 전화를 받은 것에 대해서 너에게 말해 주고 싶구나. 두 분 모두 너의 섭식문제에 대해 매우 염려하시는데 네가 지난 몇 주 동안 몸무게가 상당히 줄었고 이 문제에 대해 나와 이야기를 해야 한다고 생각하시는 것 같았단다. 우리가 두 번 만나는 동안 나는 네가 많은 능력과 흥미와 좋은 생각들을 가진 아가씨라는 걸 알게 되었어. 나는 네가 우리가 섭식장애라고 부르는 걸 가지고 있는지 잘 모른단다. 네가 이것이 문제라고 생각하든 안 하든 관계없이 나는 우리가 이것에 대해 이야기할 필요가 있다고 생각하는데, 나는 네가 이 문제에 대해 어떻게 생각하는지 궁금하구나. 어느 정도까지 살을 빼는 것은 괜찮지만 몸무게가 너무 많이 감소하면 위험해지거든. 너는 이미 살을 많이 뺀 것 같으니 네가 위험 수준에서 얼마나 멀리 있는지 체크해 보는 것이 중요할 것 같아. 신체용적지수라는 걸 들어 본 적이 있니? 네 신장과 몸무게의 관계를 보여 주는 숫자란다. 모든 사람이 똑같은 비율을 가져야 하는 건 아니지만 의학적으로 그 이하로 내려가서는 안 되는 한계가 있는데, 나는 네가 그 이하로 내려가는 걸 보고싶지는 않구나. 나는 네가 주치의를 만나서 신체용적지수를 체크하고 그 이하로 가게 되면 어떻게 할지 계획을 세웠으면 좋겠어. 그러면 우리는 너에게 보다 중요한, 이를테면 친구를 사귀는 것에 대해 자유롭게 이야기할 수 있지 않겠니. 네가 나하고 식사나 음식에 관한 이야기를 하고 싶다면 나는 언제든지

준비되어 있겠지만 네가 먼저 그 이야기를 하지 않는 한 내가 먼저 그 이야기를 하지는 않을거야. 평소하고 다르게 내가 이야기를 많이 했구나. 혹시 질문이나 하고 싶은 말이 있니?

캐시는 내가 섭식문제에 대해 이야기를 시작한 방식에 대해 놀라고 혼란스러워했다. 그녀는 아무도 자기와 이 문제에 대해 이런 식으로 이야기를 나눈 적이 없어서 무슨 말을 해야 할지 모르겠다고 하였다. "저는 대개 야단을 맞았고 그러면 저도 할 말이 있었거든요."라고 말하였다. 그녀는 자기가 한계를 넘으면 무슨 일이 생기는지 알고 싶다고 하였다. 나는 그렇게 되면 병원에 입원해서 음식을 먹고 상태를 관리 받게 될 거라고 알려 주었다. 그녀는 매우 강하게 "저는 절대로 그런 일이 생기도록 하지 않을 거예요."라고 하였다. 나는 그녀가 충분히 능력이 있어서 그런 결과를 맞이하지 않을 거라고 말했고 덧붙여서 내 내담자 중에 입원을 피할 다른 방법이 없어서 입원하게 된 경우도 있었지만 그녀에게 도움이 되었다는 말도 하였다. 생각하는 휴식을 가진 후 나는 캐시에게 일을 잘한 것과 명석함과 관찰력과 그것을 유용한 방식으로 사용하는 것과 경청할 수 있는 능력이 있는 것에 대해서 칭찬하였다.

해 석. 여기서 설명한 방식으로 '섭식문제'를 다루면 종종 다음 회기에 내담자는 자신이 염려하는 것을 가져오게 된다. 캐시는 이 주제를 회피하려고 했지만 한편으로는 간절히 이야기하고 싶어 했는데, 자신이 나를 만나는 이유를 알고 있었기 때문이다. 우리는 섭식문제가 대개 균형의 문제와 관련이 있다고 생각한다. 대부분의 청소년들처럼 캐시는 삶의 모든 것을 이것 아니면 저것인 투쟁으로 보는데 열중했는데 삶이 단지 두 개의 선택사항, 즉 흑과 백, 선과 악, 정의와 부정 등으로 만들어진 것이라고 생각하고 있었다. 그것은 먹고 안 먹는 문제도 아니고 음식에만 몰두하는 문제도 아니다. 캐시는 몸무게 외에도 다른 고민들을 갖고 있었는데 직업과 다른 부분에서도 유능해지고 싶어 하였다.

이후 회기들에서 주제는 먹는 것에 초점을 맞추었고 캐시는 배고픔이 갖는 의미에 대해 설명하였다. 친구들이 데이트를 시작하면서 그녀는 비참하고 가치없고 삶의 통제감을 잃은 것처럼 느꼈다. 굶기 시작하면서 그녀는 그녀의 표현에 따르면, '본능을 이기는' 굉장한 기분을 느꼈고 잘생긴 남자가 자신을 굶주림으로부터 구해 주는 공상을 하였다. 배고픔이 갖는 의미에 대해 듣고 나서야 그녀가 삶에서 간절히 원하는 것은 통제감이라는 것이 명확해졌다. 캐시는 누군가와 가까워지면서도 통제감을 갖고 싶었고 동시에 독립적으로 결정을 내릴 수 있는 능력을 유지하고 싶었던 것이다.

회기들을 진행하는 내내 나는 그녀의 거식행동에 대해 절대로 먼저 언급하지 않았고 그녀가 자신의 삶에 더욱 만족할 수 있도록 하기 위해서 삶에 대한 통제감을 갖고 보다 느긋하고 편안한 방식으로 독립적인 느낌을 갖는 방법에 집중하였다. 내가 캐시에게 누군가와 가까우면서 독립적으로 느끼는 경험을 이야기해 보라고 했을 때, 그녀는 어머니와의 관계를 이야기하였다. 그녀는 어머니와 가깝다고 느꼈고 어머니를 부드럽고 사랑스럽게 묘사했지만 한편으로는 실수에 대해서 어머니가 계속해서 주의를 주는 것 때문에 지배당하고 강요당하고 있다고 느끼기도 하였다. 음식을 거부함으로써 처음으로 그녀는 어머니로부터 영향을 받지 않고 자신이 통제할 수 있는 무언가를 발견하게 되었는데, 어머니가 그녀가 먹도록 혹은 토하는 것을 멈추도록 할 수는 없었기 때문이다. 동시에 그녀는 어머니가 자기에 대해 걱정하는 것이 좋았고 그것으로 어머니를 더 가깝게 느끼고 있었다. 결국 그녀의 섭식장애는 어머니와의 관계에서 독립과 의지 사이에서 균형을 맞추는 어려움과 관련된 것이었다. 이것은 캐시에게 그녀의 삶에서 다른 관계들을 찾아볼 것을 제안하기에 좋은 기회를 제공하였다. 또한 독립성을 잃지 않으면서 가까워질 수 있다는 것을 알게 된 후에는 어머니와의 관계도 새로워졌다.

상담에서도 균형을 유지하기 위해서 상담을 마치기 전에는 손 인형이나 휘갈겨 쓰기 게임 등을 활용해서 이야기를 만들게 하기도 했고, 심지어 찰흙으로 균형을 획득하는 목표를 표현하는 사물을 만들게 하기도 하였다. 손 인형 게임을 하는 동안 캐시는 그녀가 되고 싶은 것의 상징으로 돌고래를 선택했고 나중에는 자기의 목표들을 기억하기 위해서 작은 돌고래를 사서 호주머니에 넣고 다녔다. 휘갈겨 쓰기 게임과 이야기를 통해서는 분노와 공격적인 정서들을 표현하였다. 이 단계에서는 우리는 다트게임으로 회기를 마무리하였다.

10회기와 11회기 사이에 캐시와 나는 위기를 맞았다. 그녀의 체중이 우리가 병원에 입원하기로 합의한 한계선 가까이 감소했기 때문이다. 그녀에게 합의한 내용을 직면시켰을 때 그녀는 자신이 삶의 다른 부분들에서 아주 잘하고 있는데도 불구하고 입원을 하는 것은 불공평하다며 심하게 화를 냈으며, 성인들이 모두 자신의 소망에 반하는 일들을 하도록 압박감을 주려고 공모하고 있다고 말했다. 그녀는 자살을 할지도 모른다고 위협하였다. 나는 책임을 떠맡거나 우리가 합의한 것에 대해 물러서지 않음으로써 위험을 각오해야만 했다. 매우 힘들었던 한 회기에서는 그녀에게 매우 어려운 상황에 처했으며 성인들처럼 자신을 위해 매우 어려운 결정을 내려야 한다는 사실을 계속 상기시켰다. 나는 우리가 합의한 것에 대해서 물러서지 않을 것이고 그녀가 몹시 싫어하는 것, 끝내 병원으로 갈 것인지 아니면 음식을 먹고 체중을 증가시킬 것인지는 그녀의 선택이라는 입장을 유지하였다. 그녀가 또 다시 자살로 위협했을 때 나는 "그것이 너에게 어떤 도움이 될 수 있니?"라고 차분하게 물어보았다. 그녀의 절박함은 분노로 변했고 결국 눈물을 쏟아냈다. 나는 위로해 주려고 하지 않고 캐시 옆에 앉아서 그녀가 성장이 어려운 과정이며 이러한 복잡한 감정을 경험해도 괜찮다는 것을 알게 되기를 바랐다.

그 회기는 캐시와의 상담에서 가장 어려운 회기였다. 나는 내담자가 전문가이고 내담자가 해결책을 찾고 좋은 선택을 하는 데 필요한 모든 것이라는 SFBT의 가정을 내가 진심으로 믿고 있는지 의심이 들었다. 나는 우리 성인들이 캐시가 굶어서 죽음에 이르지 않도록 그녀를 설득해야만 한다는 걸 알고 있었다. 정맥주사를 통해 영양공급을 받을 것인가 하는 것은 이제 그녀의 선택에 달려 있었다.

나를 비롯한 다른 모든 사람들에게 매우 다행스럽게도 캐시는 다시 먹기 시작하였다. 한참 후에 그녀는 처음에 나에게 매우 화가 났었지만 나중에는 내가 개입하거나 대신 결정을 내려주지 않는 것을 깨닫고 자신감을 갖게 되었다고 하였다. 그러나 나는 어떤 청소년들은 다시 음식을 먹을 만한 힘이 없기 때문에 그런 경우에는 입원이 적절한 개입이라는 것을 말해야 했다.

나는 캐시의 부모와 상사와 연락한 것에 대해 몇 가지 말해야 했다. 나는 부모를 세 번 만났다. 캐시와 어머니가 매우 가까운 사이이고 어머니가 캐시에 대해 오로지 선한 의도와 좋은 의지를 가지고 있다는 것은 분명하였다. 그녀는 딸에게 많은 조언을 함으로써 가장 좋은 것으로 주고자 하였다. 우리가 나누었던 많은 이야기 중에는 캐시와 같이 강한 의지를 가진 청소년은 실수도 해 보고 그것으로부터 배우는 것이 중요하다는 것이 있었다. 세 번째 만났을 때 부모는 캐시의 위기를 그들의 결혼생활에서 오래 지속된 문제를 다루는 기회로 삼겠다며 전문가를 의뢰하였다.

캐시의 상사는 내가 더 기대할 수 없을 만큼 많은 협조를 해 주었다. 그는 될 수 있는 대로 작은 방식들로 그녀에게 많은 힘을 실어 주려고 하는 정말로 친절한 사람이었다. 캐시는 그에게 돌고래를 닮고 싶은 자신의 바람과 그것이 독립성을 의미한다는 것을 말해 주었다. 그는 현명하게도 이 은유를 이해하고 일하면서 돌고래가 보일 때마다 캐시에게 상기시켜 주었다.

현재 캐시는 정상적인 식사를 하고 있지만 여전히 체중을 주시하고 적극적으로 운동하고 있다. 그녀의 최초의 목표였던 '독립적으로 생각하는' 능력은 우리가 처음 만났을 때였던 15%에서 이제는 85% 정도에 도달하였다. 두 명의 남자 친구가 있었고 이 책을 쓰는 시점에는 특정한 한 사람과 데이트를 하고 있지 않았는데, 그 이유가 '자유로운 게 좋고 나에게 관심 있는 다른 여러 남자들을 알아 가는 것이 즐겁기 때문' 이었다. 상담 초기에는 캐시와 나는 8개월 동안 매주 만났고 그 후에는 점차적으로 2주에서 3주로 만남을 줄여 갔다. 1년간의 상담을 마쳤을 때 캐시는 한 달에 한 번 나를 만나기로 결정했고 최근에 우리는 그녀가 더 이상 나를 만나러 오지 않아도 되는 것을 어떻게 해야 알 수 있는지에 대해 의논하고 있는 중이다.

제9장

상담자의 관점에서 바라보기

우리가 자주 받는 질문들에 대해 이야기하고자 한다. 대개는 쉬쉬하는 이런 질문들은 우리가 내담자에 대해 실패했을지도 모른다는 끊임없는 의심에 관한 것이다. 이것은 묻기가 어려운 질문이며 답변하기에는 더더욱 어려운 것이다. 그럼에도 불구하고 우리는 때때로 이런 질문을 해야 하고 그것도 공개적으로 해야 한다. 우리는 우리가 마땅히 해야 하고 하기 원하는 방식으로 내담자를 대하고 있는가? 내담자를 대하는 가장 좋은 방법은 무엇인가? 우리에게 실패는 무엇을 의미하는가?

모든 상담자는 당연히 성공적이고 싶어 하고 이것은 해결중심 상담자도 예외가 아니다. 우리는 내담자로 하여금 보다 만족스러운 삶을 살 수 있게 하기 위해서 그리고 성공적이기 위해서 노력한다. 그러나 우리는 '실패' 와 같은 말을 사용하는 것을 주의해야 하는데, 이 말은 '성공' 의 반대이며 종종 우리가 추구하는 '성공' —모든 내담자가 영원토록 행복하게 사는 것—은 불가능하고 비현실적인 것이기 때문이다. 또한 그것은 성공에 대한 내담자의 생각을 무시하는 것일 수도 있기에 상담을 자기중심적으로만 보는 관점일 수 있다. 우리는 긍정적인 결과를 얻으려는 상담자의 욕구와 기대가 내담자의 것을 대신하는 경우를 수없이 보아 왔다. 우리는 내담자가 원하는 것이 무엇인지 질문하면서 모든 회기를 시작하기 때문에 상담을 내담자—심지어 아동의 경우에도—의 목표에 따라 진행하며, 그 결과는 오직 내담자에 의해서만 평가될 수 있다. 그러나 모든 사례에서 '성공적인 결과' 를 얻고자 하는 바람은 자연스러운 것이다. 우리는 슈퍼비전이나 분석 중에 종종 상담자의 성공에 대한 기준이 내담자의 것보다 훨씬 더 높은 것을 발견하였다.

우리는 '성공적인' 이란 말을 '도움이 되는' '쓸모 있는' 으로 대신하기를 원한다. 삶의 문제들은 성공이나 실패와 같이 단순한 범주로 나누기에는 너무 복잡하며, 한 사람이 성공으로 간주하는 것도 다른 사람에게는 어쩌면 실패로 여겨질 수 있다는 것을 우리는 알고 있다.

우리의 경험에 따르면, 내담자에게 목표를 향한 과정에 대해서 평정하도록(1~10 척도에서, 10은 처음 상담 약속을 잡았을 때 내담자의 삶이 괜찮은 것을 의미하고 1은 내담자의 나빴던 상태를 의미함) 하는 것이 상담자에게 좋은 암시 역할을 한다. 그것은 우리에게 내담자에 대해 필요 이상으로 야심을 품거나 내담자에게 적절한 성공이나 실패의 기준이 무엇인지 우리가 알고 있는 것처럼 행동하지 않도록 상기시킨다. 상담이 성공적이었는지 아닌지, 또는 쓸모가 있었는지 없었는지를 알 수 있는 가장 좋은 방법은 내담자에게 물어보는 것이다. 내담자는 우리가 제공한 서비스의 소비자이며, 따라서 우리의 서비스가 그들의 목표를 성취하는 데 어떤 식으로든 도움이 되었는지에 대한 최고의 판단자다.

예를 들어, 상담이 20회기 이상 진행된다면 이것을 실패로 간주할 것인가? 10대 내담자가 자살 의사 표시를 했다면 이것은 실패인가? 자녀가 호소 문제를 극복하였는데 부모가 결국 이혼을 했다면 우리는 실패한 것인가? 내담자가 입원 치료를 하게 된 것은 실패인가? 아동이 한 학년을 유급하거나 퇴학을 당하거나 시설에 보내어지거나 심지어 결국에는 교도소에 가게 되었다면 우리는 이것을 실패로 생각할 것인가? 우리의 경험에 따르면, 이러한 것은 모두 경우에 따라 다르다. 어떤 내담자는 입원이나 시설에 가는 것이 그 당시에는 자신에게 꼭 필요한 것이었다고 생각한다. 어떤 경우에는 아동이 전학—제적이든 자퇴든—을 가는데 우리는 그것이 아동에게 결과적으로 좋은 것이 될지 나쁜 것이 될지 알 길이 없다. 어떤 해결책이 성공적이었는지 아닌지는 다만 그것이 가져오는 결과로 알 수 있을 뿐이다. 부모와 10대 자녀 간에 극심한 갈등이 있는 경우, 어쩌면 여행을 떠나는 것이 양쪽을 위해 가장 좋은 해결책이 될 수 있는지도 모른다. 때로는 자살 의사 표시나 자살 시도의 위기가 있은 후에 그런 해결책을 사용하는 경우가 있다. 우리가 결과에 대해 상당히 좋은 직관을 가지고 있다고 할지라도 결과를 예상하는 것은 어려운 일이다.

사례: 나는 아직도 너한테 화가 나 있어!

11세 소년이 그의 심각한 학습문제를 치료할 수 있는 다른 학교로 억지로 전학을 가게 되었는데, 현재 다니는 학교에는 그가 필요로 하는 서비스를 제공할 수 있는 준비를 갖추고 있지 않기 때문이었다. 나(슈타이너)는 전학에 필요한 지원서를 준비하고 서류에 서명을 했으므로 이 소년에게는 내가 전학을 강요하는 사람이 되었다. 몇 년 후에 그는 나에게 "나는 친구들을 잃고 싶지 않았기 때문에 선생님에게 화를 내려고 했어요. 그런데 어쩐지 화가 계속 나지는 않는 거예요. 그래서 더 화가 나기도 했어요."라고 말하였다. "왜 너는 나에게 화를 낼 수가 없었던 거지?" 내가 소년에게 물었다. "네 말이 옳아. 다른 학교로 전학했을 때 너는 친구들을 잃게 되었으니 그런 큰 변화들을 겪게 된 것에 대해 네가 여전히 나에게 화를 내더라도 놀라운 일은 아니지." 소년은 대답했다. "그럴 수는 없었어요. 새로운 학교를 방문했을 때 제가 정말 학습문제를 극복하고 선생님이 말씀하신 것처럼 똑똑해질 수 있을 것 같았거든요. 하지만 첫, 가끔은 아직도 선생님에게 화가 나요."

우리는 당신이 내담자에게 최선이 무엇인지 추측하지 말고 항상 무엇이 쓸모가 있었고 도움이 되었는지 내담자에게 묻고 대답을 경청하라고 제안하고 싶다. 11세 소년조차도 해결책이 마음에 들지는 않았지만 자기에게 무엇이 좋고 쓸모가 있는지 알고 있었다.

상담이 원하는 방향으로 진행되지 않거나 막다른 골목에 처한 것 같은 생각이 들었을 때 사용할 수 있는 몇 가지 간단한 방법들을 제시하고자 한다.

목표를 재고하라

내담자들의 목표는 시간이 흐르면서 변한다. 어떤 내담자는 "제가 6에 도달하기 전에는(1~10 척도에서, 10은 내담자가 바라는 인생이고 1은 인생에서 최악이었을 때를 의미함) 제 삶이 좋아질 거라고 절대로 생각하지 못했어요. 지금은 훨씬 더 잘하고 있으니까 6이 4정도로 밖에 안보여요. 저는 4보다 더 잘하고 싶어요." 새로운 6이 현실적이고 구체적이고 상호적으로 설명이 되고 우리가 제4장에서 제시한 좋은 목표에 대한 다른 기준들을 만족시킨다면, 우리는 그것이 옳은 것이라 믿는다.

우리는 몇 년 전 우리가 내담자들을 상담한 것이 얼마나 성공적이었는지에 관해 끊임없는 의심이 생겼고, 성공적이지 않았다고 느꼈던 사례들을 재고하기로 결정하였다. 몇 가지 사례들을 재고하는 동안에 우리는 매우 중요한 교훈을 얻게 되었다. 부모가 자녀와의 법적, 정서적 관계를 끝내려고 하고 여러 가지 이유로 자녀를 '양육포기' 하려한 사례들은 모두 조기에 종결되었다. 이런 사례들의 내담자들은 종종 두 번째 회기에도 오지 않았다. 부모들은 삶이 힘들어서 어찌할 바를 몰랐고 자녀를 양육하는 것이 그들의 문제를 더욱 악화시킨다고 느끼거나 지치고 '소진되었다' 고 느꼈다. 어떤 이들은 자녀가 성인이 될 때까지 양육하는 것을 너무 불편하다고 느끼거나 충분한 노력을 기울이지 않았다. 이 '실패한' 사례들을 재고하면서 우리는 이러한 사례들에서 우리가 내담자의 바람과 도덕적으로나 윤리적으로 의견이 확실히 맞지 않다고 느꼈던 것을 알 수 있었다. 우리는 부모가 친자식을 '버리기' 원한다는 사실에 너무 놀라고 충격을 받아서 그것이 내담자들에게도 너무 분명하게 보였을 것이라고 결론을 내렸다. 나(김인수)는 16세 아들이 2년 후 법적으로 성인이 되면 자기의 사생활을 보장해 줄 것을 요구하기로 결심했다는 한 어머니의 차분한 설명을 들었을 때 너무 놀라고 당황했던 것을 기억한다. 그녀는 아들보다 자신의 중년의 인생을 더 행복하게 해 줄 수 있는 남자 친구를 사귀는 것에 대해 아들이 간섭하는 것을 허락하지 않고 싶어 하였다. 그녀의 해결책은 까다로운 십대 아들을 참아 주지 않겠다고 분명하게 이야기하는 남자 친구를 고르는 것이었다. 그녀는 아들을 맡아 줄 친척이 없다며 나에게 기관에 자녀를 맡길 수 있도록 도와달라고 하였다. 이것은 30년 전의 일이었고 당시에 나는 상당히 순진해서 그 어머니의 입장에 대해 전혀 공감할 수 없었고 그런 부모를 매우 독선적이라고 생각하였다. 이 사례는 그 후로 오랫동안 내 머리에서 떠나지 않았는데, 그녀는 나에게 부모도 자기의 삶을 선택할 수 있고 역할에만 묶여 있을 필요가 없다는 것을 가르쳐 준 첫 번째 어머니였다. 나는 이 새로운 사실을 결코 잊지 않고 그러한 것들을 원하는 부모의 권리를 존중할 것이다. 물론 어머니가 아들을 떠나고 싶은 것만큼이나 어머니와 떨어지고 싶지 않은 아들의 바람 또한 중요한 것이었다. 무엇보다도 나는 각 사례를 붙들고 고뇌하는 것이 낫다는 것을 알게 되었는데 우리는 모든 사람에게 가장 좋은 해결책이 무엇인지 알지 못하기 때문이다.

아동 스스로가 상담의 목표를 바꾸는 경우는 드문 일이고 대부분은 부모에 의해서 생기는 일이다. 이 책의 초반에 소개한 사라의 어머니는 어린 딸에 대해 매우 엄격하고 비판적이었다(제4장 참조). 학교와 가정에서 사라의 품행이 향상되고 있었는데도 불구하고 어머니는 사라에 대해 5이상으로 평가한 적이 거의 없었고 자신의 삶이 쉬워지려면 7정도가 되어야 한다고 설명하였다. 이후 3회기를 진행하는 동안 사라는 기분이 좋지 않았으며 또다시 화를 잘 내고 끝내는 반에서 다른 친구들의 돈을 훔쳤다.

어머니는 자신을 존중하지 않고 물리적으로 학대하는 남자 친구에 대한 좌절감을 쏟아 놓기 시작하였다. 어머니는 남자 친구와의 관계에서 처음부터 어려움이 있었다는 걸 분명하게 알고 있었는데도 불구하고 그녀가 남자 친구와의 관계에서 만족을 얻을 수 없다고 결론을 내리기까지는 시간이 걸렸다. 어머니는 나와 5회기를 상담했고(사라 없이) 그동안 그녀는 관계가 잘 될 수 없다고 판단하여 남자 친구와 헤어졌다. 사라의 품행은 극적으로 향상되었고 마침내는 우수한 성적으로 학년을 마쳤다.

막다른 골목에 직면했을 때 해야 할 것

언젠가 나(김인수)는 정기적으로 아동들의 가정을 방문하는 훌륭한 아동복지사를 만날 기회가 있었다. 일반적으로 내담자의 가정에서는 방문을 환영하지 않는데, 복지사와는 법적으로 맺어진 관계이고 방문을 통해서 아동들이 안전하며 부모가 방치하고 있지는 않은지 법적으로 제재 규정을 설정하게 되기 때문이다. 부모는 일반적으로 자신의 바람과 상관없이 복지사를 만나서 이야기를 나누도록 강요받는다고 느낀다(Berg & Kelly, 2000). 대개는 집에 발을 들여놓는 것만으로도 큰 성과라고 할 수 있다. 부모들은 나쁜 부모로 분류되지나 않을까 두려워하는데, 그들이 가장 염려하는 것은 사회복지사가 자녀를 '빼앗아' 가기 때문이다.

어떤 복지사는 어찌어찌하여 집안에 들어가서 어머니와 대화를 시작했지만 어머니가 너무 방어적이어서 제대로 대화를 할 수 없었다고 보고하였다. 어머니는 매우 방어적이고 속을 보이지 않았으므로 그녀가 어머니와 관계를 형성하기가 매우 어려웠다. 그래서 복지사는 내담자에게 매우 솔직해지기로 결심하고 이렇게 말했다. "제가 어머님과 이야기를 나누기 원했던 대로 대화가 잘 이루어지지 않는 것 같네요. 어머님은 어떻게 생각하세요?" 어머니도 사실은 편하지 않다는 것에 동의하였다. 그래서 복지사는 처음부터 다시 시작하자고 제안하였다. 그녀의 제안에 놀란 어머니는 머리를 끄덕였고 복지사의 생각을 알고자 기다렸다. 사회복지사는 자리에서 일어나 집밖으로 나가서 문을 닫았다. 그녀는 한숨을 돌리고 나서 문을 두드렸고 어머니가 문을 열었을 때 그녀가 방문한 목적을 설명하고 집에 들어가서 이야기를 나누어도 되는지에 대한 어머니의 허락을 구했다. 이 두 번째 시도는 두 사람 모두에게 훨씬 더 부드럽게 이루어졌다.

우리는 이것이 우리가 내담자와 협력적인 관계를 형성하도록 전문적인 책임을 다하는 방법에 대한 좋은 은유라고 생각한다. 상담자와 좋은 관계를 만드는 것은 내담자 혼자만의 책임이 아니다. 우리는 종종 부모가 아동을 상담에 데려오기를 거부하거나, 다른 상담자를 찾거나, 아동의 개선 정도를 축소하는 식으로 자녀의 상담을 '방해' 하면 어떻게 해야 하는지에 대한 질문을 받는다. 내담자들을 향한 이런 불평들이 유익하지 않은 이유는 우리가 먼저 내담자와 협력하는 방법을 제대로 알지 못하면서 내담자에게 '저항' 이라는 꼬리표를 붙이고 불평하는 것과 유사하기 때문이다. 자녀의 상담을 '방해' 하는 부모를 만나 보면 십중팔구는 상담자가 부모에게 자녀가 향상될 것에 대한 신뢰를 주지 못한 경우다.

대부분의 상담자들은 상담이 내담자가 원하는 것을 향해 진행되는지 확인하고 싶어 하는데 변화가 없을 때, 즉 내담자가 아무것도 변한 것이 없다고 보고할 때는 상담자와 내담자가 모두 더 낫다고 느낄 수 있도록 방향을 바꾸는 방법에 대한 반성이 필요한 시기다. 상담 중에 그런 마음이 들면 상황을 바로잡기 위해 상담자가 할 수 있는 몇 가지 방법들이 있다. 다음의 질문들을 하라.

1. 내담자가 아주 작은 것이라도 도움이 되었다고 말할 만한 것은 무엇인가?
2. 내담자(혹은 부모)가 성공적인 결과의 조짐으로 여기는 것은 무엇인가?
3. 이 결과는 현실적인 것인가?
4. 당신이나 당신의 프로그램이나 자금 제공자가 성공의 조짐으로 보는

것은 무엇인가?

5. 만약에 서로 다르다면 같은 목표를 향해 가기 위해서는 무엇이 필요한가?
6. 내담자는 척도(1~10)에서 자신이 어디에 있다고 말하겠는가?
7. 내담자가 10을 향해 1점 더 올라가기 위해서는 무엇이 필요한가?

내담자와 내담자의 삶에서 중요한 타인들에게 자주 척도 질문들을 하는 것은 상담자와 내담자가 얼마만큼의 발전과 변화를 이루고 있는지 알 수 있는 좋은 평가 기준이 될 것이다.

양육자(또는 부모) 인정하기

항상 다른 사람들—아동의 안녕을 위해 노력하는 부모, 교사, 다른 전문가들—에게 아동이 상담에서 얼마나 좋아지고 있는지에 대해 그들의 수고와 노력을 인정해 주는 것은 중요하다. 실제로 우리는 이러한 사람들이 아동을 위해 쏟는 시간과 에너지에 비하면 매우 적은 시간을 아동과 함께하며, 그들은 우리보다 훨씬 더 큰 영향력을 갖고 있다. 따라서 막다른 골목에 직면했다고 느낄 때는 아동의 향상에 기여한 사람이 누구였는지 평가해 보는 것은 좋다. 내담자(와 부모)의 말을 듣는다는 것은 그들이 말하는 것을 진지하게 받아들여서 우리가 내담자에게 무엇이 중요하고 무엇이 그렇지 않은지를 아는 것처럼 행동하지 않는 것이다. 아무런 효과가 없다면, 항상 내담자에게 물어라.

사례: 우울한 아동 상담의 시작부터 종결까지

글을 통해서도 새로운 상담 기법들을 배울 수 있지만 하나의 사례를 처음부터 끝까지 전체를 다 경험하고 관찰하는 것은 또 다르다. 우리는 아동 상담에 적용할 수 있는 유용한 SFBT 기법들에 대해 설명하였다. 글에는 독자가 상상력을 발휘해서 채워야 하는 공백이 너무 많다. 따라서 우리가 결코 그 빠진 조각들을 제시할 수 없다는 것을 알기 때문에 지금부터는 하나의 완전한 사례를 처음부터 끝까지 제시하려고 한다. 슈타이너(Steiner)의 면담을 6시간 동안 관찰하기 전에는 여전히 부족한 부분이 있을 것이다. 그러나 글을 통해서 전할 수 있는 것의 한계 내에서 이것은 우리가 이제까지 열거한 유용한 기법들이 실제 상담 장면에서 어떻게 보여지고, 들려지고, 느껴지는지를 설명하기 위한 최선이다. 가능하다면 훌륭한 상담자들의 상담 장면을 녹화한 것을 관찰하거나 더 나은 방법은 일방경으로 몇 시간이라도 관찰할 것을 제안한다. 실제 상담의 긴장감, 극적인 효과, 급진전과 전환이 여기에 모두 재연될 수는 없겠지만 우리는 슈타이너가 9살 소년 제이슨(Jason) 및 그의 부모와 6개월 동안 진행한 6회기를 설명하고자 한다.

첫 상담. 제이슨의 어머니, 슐러(Shuler) 부인이 전화를 했는데, 그녀는 아들이 우울증이 아닌지 매우 걱정하고 있었다. 어머니에게 일반적으로 사용하는 질문지(부록 참조)를 보내고 나서 2주 후에 첫 상담 약속이 잡혔다.

9살 제이슨이 어머니와 같이 왔다. 어머니의 걱정은 아들이 매우 우울한 것이었다. 제이슨의 아버지 가족 중에 자살한 사람이 2명이나 있었기 때문에 그녀는 우울증의 증상과 치료에 관해 많은 책을 읽었다. 더욱이 그녀는 양부모 밑에서 성장하는 아동들을 위한 프로그램 전문가였기 때문에 아동 우울에 관해서 상당히 잘 알고 있었다. 제이슨에 대해 염려하는 구체적인 내용을 묻자, 그녀는 제이슨이 방에 있는 시간이 너무 많고, 질문을 하거나 걱정이 있는 것처럼 보이거나 다른 친구들과 어울리지 못할 때조차도 거의 이야기를 하지 않으며 난데없이 감정을 폭발하고는 한다고 말하였다. 당연히 이 때문에 가족들이 힘들게 되었고 제이슨의 기분이 집안 전체에 영향을 미치고 있었다.

슐러 부인은 제이슨의 기분에 대해 책임감을 느끼고 있었지만, 남편이 출장으로 자주 집을 비워서 혼자 아들을 키우는 편모처럼 느끼는 것을 제외하면 그의 '우울'과 관련하여 어떤 식으로 책임이 있는지는 명확히 설명하지 못했다. 상담 중에 나는 제이슨이 독서에 매우 흥미가 있고 수학과 물건 수리를 잘한다는 것을 알게 되었다. 그는 특별히 사물들이 어떻게 작동하는지에 대해 관심이 많았고 관찰 기술이 뛰어났다. 그는 아버지에게 물건을 수리하는 방법에 대해 좋은 조언들을 했던 것에 대해 매우 자랑스러워하였다.

기적 질문을 하자 그는 친구들에게 같이 놀아 달라고 하고, 아침에 스스로 일어나고, 감정을 조절할 수 있게 되고, 꿈들을 기억하고, 세상에 대해 생각할 충분한 시간을 갖는 것이라고 대답하였다. 제이슨이 방에서 더 자주 나오고 가족이나 친구들 같이 주변 사람들에 대해 당당하게 행동하게 되면 어머니도 기적이 일어난 것을 알게 될 것이다. 어머니는 그렇게 되면 지금보다 더 차분해지고 편안해지며 남편에게 더 지시적이고 자기 주장을 할 수 있게 되고 책을 읽을 시간이 더 많아질 것이라고 하였다.

생각하는 휴식을 가진 후에 나는 제이슨에게 세계의 복잡성에 대한 깊은 관심을 갖는 것과 성인들이나 생각하는 세상의 복잡한 주제들에 대해 어린 소년도 생각할 수 있다는 것을 나에게 보여 준 것을 칭찬하였다. 제이슨이 '탁상공론'(그의 표현임)을 하는 것은 분명했지만, 나는 그가 학교에 가기 위해 스스로 제시간에 일어나야 하는 것을 알고 감정을 조절하는 책임감을 느끼는 것을 기쁘게 생각하였다. 나는 어머니가 제이슨의 삶이 더 나아지도록 노력하는 한편 제이슨의 문제가 해결되었을 때 자신의 삶도 더 좋아질 수 있다는 것을 아는 점에 대해 칭찬하였다.

어머니와 제이슨 사이에 분명한 언어적 격차가 있었는데, 어머니는 표현이 분명하고 심리학적 주제들에 대해 잘 알고 있었고 제이슨으로부터 많은 정보를 얻고자 했지만, 제이슨은 어머니가 이해할 수 있는 수준으로 자기의 생각을 분명하게 표현하지 못했다. 우리는 종종 아동의 지능을 언어적 표현 능력과 혼동하는 성인들을 만난다. 그래서 시각화 기법을 사용하는 것이 유익했는데, 제이슨이 어머니와 보다 구체적인 수준에서 의사소통할 수 있게 되었다. 나는 제이슨이 변화를 이루기 원하고 그에게 필요한 변화들을 이루는 데 보다 적극적으로 참여하기를 원한다고 그가 말하는 것을 들었다고 설명하였다. 나는 슐러 부인의 무릎 위에 쿠션 몇 개를 놓은 후 쿠션 한 개를 제이슨에게 건네고 그것이 어떤 해결책을 의미하는지 정하도록 하였다. 두 사람은 그 쿠션이 제이슨이 아침에 스스로 일어나는 것을 의미한다고 동의하였다. 두 번째 주에는 어머니가 두 번째 쿠션을 제이슨에게 건네주었는데, 두 사람은 또 다시 그것이 어떤 변화를 의미하는지 의논하였다.

짧게 생각하는 휴식을 가진 후 나는 제이슨이 균형 있게 성장하고 그가 필요한 도움을 받도록 어머니가 노력하는 것에 대해 칭찬하였다. 나는 제이슨이 다른 9세 또래들이 배우는 것들에 대해 생각할 수 있으며, 또한 더 큰 세계에 대해서도 생각할 수 있는 능력을 가지고 있는 점을 칭찬하였다. 그리고 모자가 함께 쿠션을 사용하는 방법을 통해서 제이슨의 생활에 어떤 변화들이 생기게 되었는지 주의깊게 살펴보도록 조언하였다.

2회기(한 달 후). 상담이 진행되는 동안 어머니가 계속 함께하였다. 나는 제이슨에게 지난번 상담 이후에 있었던 긍정적인 변화들을 나타내는 나무 블록을 쌓아서 '성공 탑' 을 세우도록 하였다. 어머니가 제이슨이 성공한 일들을 기억할 수 있도록 도왔고 제이슨은 각 변화에 대해 나무 블록을 쌓아 올렸다. 보는 것을 열거하고 나서 나는 제이슨에게 '성공 탑' 을 사진으로 찍도록 한 후에 누구에게 사진을 보여 주고 싶은지 물었다.

이 과제를 통해 나는 제이슨이 스스로 일어나고 집으로 친구들을 초대해서 놀았다는 것을 알게 되었다. 어떤 아이들은 초대를 거절하기도 했지만 제이슨은 몇 명의 아이들과 함께 게임을 할 수 있었다. 어머니는 제이슨이 몇몇 아이들로부터 거절을 당한 것에 매우 화가 나기도 하였다. 숄러 부인과 내가 그녀의 거절과 실패의 경험들을 다루는 방법에 대해 이야기를 하는 동안, 나는 마치 처음으로 어머니의 개인적인 이야기를 듣는 것처럼 제이슨이 경청하고 있는 것을 보았다.

나는 두 사람에게 그들의 크고 작은 변화들에 대해 칭찬했고 계속해서 다른 변화들에 주의를 기울이라고 말하였다.

3회기(한 달 후). 회기 초반에 제이슨은 어머니에게 상담자와 단둘이 이야기를 나누고 싶다고 분명한 의사를 표시하였다. 그는 우리가 대화를 나누는 동안 어머니가 쇼핑을 다녀올 것을 제안하였다. 어머니는 매우 놀랐고 나는 어머니에게 나가시기 전에 잠깐 이야기를 나누어도 괜찮은지 물었다. 어머니가 동의하였다. 이번에는 척도 질문들과 나무 블록과 제이슨의 성공을 잴 수 있는 끈을 사용하였다. 어머니와 제이슨이 동의한 그의 성공적이었던 일들에 대해 제이슨은 색깔이 있는 나무 블록들을 바닥에 있는 끈을 따라가며 놓았다. 제이슨이 끈 옆에 있는 나무 블록들을 뛰어넘었는데, 그것들은 그가 처음 상담에 왔을 때부터 이루어낸 변화들을 의미하였다. 제이슨의 얼굴에 큰 미소가 번졌다. 그가 신체적인 움직임을 좋아한다는 것을 알고 나는 제이슨에게 말이나 개구리가 되어서 한 번 더 바닥에 놓여 있는 블록들을 깡총 뛰고 넘어 다니도록 하였다. 제이슨은 두 번이나 그렇게 하였다.

내가 어머니에게 제이슨의 향상에 대해 평정하도록 하자, 슐러 부인은 6이라고는 했지만 여전히 그가 행복하지 않고 너무 조용한 것을 염려하고 있었다. 그녀는 제이슨이 자기의 의견을 더 크고 힘있게 표현하고 당당해져야 한다고 생각하였다. 어머니가 걱정들을 털어놓기 시작하면서 분위기가 극적으로 바뀌고 훨씬 무거워졌으므로 나는 뭔가 조금 다르게 할 필요가 있다고 느꼈다. 나는 그들에게 함께 아이를 위한 동화책을 보는 것에 대한 동의를 구했다. 그것은 두 괴물이 서로 싸우면서 서로에게 화가 난 이유들을 이야기하고 결국에는 같이 재미있게 지내는 것으로 끝나는 이야기였다. 25분이 지난 후 나는 제이슨에게 친구들과 잘 지내고 감정을 조절하는 것에 대해서 칭찬을 했고 제이슨이 동화 속 괴물들처럼 당당하게 자기를 표현하려면 무엇이 필요하겠는지 관심을 갖도록 하였다. 어머니는 한 달 후로 상담 약속을 잡고 떠났다.

제이슨과 둘이 남았을 때 나는 낙서 게임을 하자고 제안했는데 그에게 자신감과 용기가 조금 생긴 것 같았기 때문이다. 낙서 게임은 유능감의 조짐을 보여 줌으로써 아동을 격려할 수 있는 멋진 방법이다. 한 가지 그림은 뱀을 담고 있었다. 회기를 마치기 전에 우리는 5분 동안 뱀으로 이야기 만들기를 하였다. 제이슨은 뱀과 생쥐 이야기를 만들어 냈다. 그는 많이 웃었고 뱀이 생쥐를 먹었다고 하였다. 나는 제이슨이 처음으로 갈등을 해결하는 기쁨과 함께 강하고 힘있는 면을 보여 줄 수 있을 만큼 자신감을 갖게 된 것 같은 인상을 받았다.

4회기(한 달 후). 아버지가 제이슨과 함께 왔다. 그를 처음 만나는 것이었지만 나는 그것을 기회로 그에게 제이슨이 무엇을 잘하는지 제이슨에게 어떤 변화들이 있었는지 물어보았다. 그는 제이슨이 친구들과 더 잘 어울리고 있어서 매우 기쁘다고 하면서도 자신에 대해 아들이 성장하면서 대하는 것이 어색하고 서투른 아버지라고 고백하였다. 그는 제이슨이 어렸을 때는 괜찮았는데 제이슨이 독립하는 것에 대해서는 어떻게 받아들이고 도와주어야 할지 모르겠다고 하였다. 그는 여전히 제이슨을 무릎 위에 앉히고 껴안아 주는 것을 좋아하지만, 제이슨이 보다 독립적이면서 자기 의견을 표현하고 생각들을 당당하게 주장하기 위해서 용기도 필요하다는 것을 알고 있었다. 그는 아들이 자기주장을 할 수 있도록 격려하는 데 자신이 서툴기 때문에 상담에서 이 부분을 다루고 있다는 것을 기쁘게 생각한다고 하였다. 나는 제이슨에게 나무 블록을 사용해서 상징물처럼 용기를 표현할 수 있는 것을 만들어 보라고 하였다. 제이슨은 아버지에게 방에서 나가달라고 부탁했고 혼자 남게 되자 우선 '용기 집' 을 만들고 '망설임 집' 을 만들기로 하였다. 그는 혼자서 15분 동안 이 작업에 집중하였다. 그가 작업을 마치고 "상담이 끝나면 아빠에게 이것을 보여 주고 싶어요."라고 말했을 때는 마치 무아지경에서 나오는 것처럼 느껴졌다. 나는 그의 말에 동의했고 '오직 용기' 라고 하는 간단한 카드게임을 하자고 제안하였다. 내가 카드게임을 제안한 이유는 제이슨이 '상담이 끝나면' 이라고 한 말의 의미를 알 수 있었기 때문이다. 제이슨은 여전히 무아지경 상태에 있어서 시간이 좀 더 필요했던 것이다.

상담이 끝나고 우리는 아버지를 모셨고 제이슨은 아버지에게 어느 것이 '용기 집' 이고 어느 것이 '망설임 집' 인지 맞춰 보라고 하였다. 아버지가 오른쪽의 것을 가리키자 제이슨은 갑자기 '망설임 집' 을 엄청난 힘으로 부서뜨리고 매우 흡족해하였다. 아버지는 처음에는 매우 놀랐지만 이내 아들과 함께 크게 웃었다.

제이슨이 집짓기에 몰두해 있는 동안 나는 이 부자에게 어떤 칭찬을 할 것인지에 대해 생각하였다. 나는 제이슨이 혼자 힘으로 엄청난 일을 해냈다고 느꼈는데, 그가 두 채의 집을 짓는 데 집중하는 동안 부모와 나는 완전히 배제되었기 때문이다. 나는 제이슨에게 그가 가진 힘을 매우 건설적으로 사용하는 방법을 발견한 것과 아버지와 함께 웃을 수 있는 것을 만든 것에 대해 칭찬하였다. 나는 또한 아버지가 기꺼이 제이슨의 독립을 도우려하고 아들과 함께 웃을 수 있다는 점을 칭찬하였는데, 나는 그것이 매우 좋은 출발이라고 생각되었다.

5회기(한 달 후). 제이슨은 어머니와 함께 왔다. 지난번 상담 후로 매우 많은 변화들이 생겼고 제이슨은 선뜻 자원해서 이야기를 하였다. 목소리는 힘이 있고 억양이나 표정이 훨씬 더 자연스러웠다. 그는 축구 팀에 들어가서 자주 골키퍼를 맡고 있었다. 때로는 공을 놓치기도 했지만, 그는 사람은 누구나 유능해지려면 먼저 배워야하기 때문에 그것이 문제가 되지 않는다고 하였다. 친구들과의 관계에 대해서 그는 10점 만점에 8점이라고 평가하였다. 감정이 폭발하려고 할 때는 밖에 나가서 동네를 두 바퀴 돈다고 하였다. 그의 생각에는 어머니가 그의 공격적인 성향에 대해 훨씬 더 많이 참을 수 있게 되었고 그것이 그에게도 도움이 되었다고 하였다. 어머니는 제이슨을 전체적으로 7이나 8로 평정했는데 이 상태가 계속 지속될 것인지 일시적인 향상인지 확실히 모르겠다고 하였다. 나는 어머니가 이러한 긍정적인 변화들에 대해 회의적일 수 있다는 것에 동의했고, 우리는 제이슨이 계속해서 변화들을 유지할 것이라는 확실한 조짐으로 볼 수 있는 것이 무엇인가에 대해 더 논의하였다. 이때 제이슨이 갑자기 소리를 높여서 자기의 자신감이 충만하고 그녀에게 보여 주겠다며 어머니를 안심시켰다.

상담의 주요한 목표를 달성한 것은 분명했고 제이슨이 이루어 낸 긍정적인 변화들을 통합하고 정리할 필요가 있었다. 어머니와 제이슨은 상담에 오기 전 어머니 없이 제이슨과 내가 단둘이 이야기할 시간이 필요하다고 결정하고 온 듯했다. 어머니가 나가신 후에 나는 색깔을 섞고 짝짓는 실험을 할 것을 제안하였다. 이 게임은 창의성을 통해 아동에게 성취감과 힘을 북돋아 주는데 아동이 무엇을 하더라도 틀린 것이 있을 수가 없기 때문이다. 제이슨에게 흰색, 노랑색, 빨강색, 파랑색 물감이 주어졌다. 이 색상들을 마음대로 섞어서 그가 원하는 만큼 많은 색들을 만들 수 있었다. 시작하기 전에 그가 4가지 색상으로 몇 개의 색이나 만들 수 있을지 짐작해 보도록 했는데 그는 14가지라고 하였다. 상담이 끝날 때 그는 어머니에게 23개의 다른 색들을 보여주었는데 얼굴에는 큰 미소가 가득하였다.

6회기(두 달 후). 제이슨이 어머니와 함께 왔다. 두 사람이 모두 자신들의 목표를 이루었다는 걸 쉽게 알 수 있었다. 나는 또 다시 지난번 상담보다 향상된 점들을 열거하도록 했고, 그들이 지속적으로 노력할 수 있도록 도움이 된 것이 무엇이었는지 물었다. 슐러 부인은 많은 것을 배웠고 가장 중요한 것은 그들이 둘 다 바뀌어야 한다는 것을 알게 된 점이라고 하였다. 그녀는 제이슨의 문제가 해결된 것을 기뻐했고 제이슨의 품행에 대해서 8개월 전과 다르게 생각하게 되었다. "저는 더 이상 모든 걸 우울증과 관련해서 보지 않아요. 제이슨이 어떤 상태인지, 아이가 세상을 어떻게 대하는지가 더 중요하지요. 아직도 자기 방으로 들어가 버릴 때가 많고, 또래 아이들보다 세상에 대해 많은 것들을 혼자 생각하기는 해요. 하지만 저는 더 이상 이것을 결함으로 보기보다는 좋은 특성으로 여기고 있는데 이것이 큰 변화를 가져온 것 같아요."

생각하는 휴식을 가진 후에 나는 두 사람이 모두 열심히 노력한 점에 대해 칭찬하고 제이슨에게 내가 병에 담아서 보관하는 50개의 광택이 나는 보석돌 중에서 한 개를 고르게 하였다. 나는 제이슨의 한 부분에 대해 그들이 큰 돌과 같은 문제로 여겼지만 그것을 힘으로 바꾸었고, 그것은 혼자 설 수 있는 것이라고 강조하였다. 제이슨은 자기가 가장 좋아하는 돌을 조심스럽게 골랐고 자기자신이 달라질 수 있다는 걸 상기시키기 위해 방에 있는 선반의 특별한 곳에 돌을 놓겠다고 하였다.

〈질문지 견본〉

아동명		부 모	
주 소			
전화번호			

다음 질문에 답변해 주십시오.

1. 당신의 자녀가 할 수 있는 것과 좋은 능력을 보여 주는 것들을 모두 적어 주십시오.(예: 포용력, 인내심, 끈기, 학교와 관련된 능력들, 운동, 창의력, 그 외에 떠오르는 것들.)

2. 위에 적은 것들 중 자녀가 규칙적으로 보여 주는 것은 무엇입니까?

3. 다음의 환경들 중 가장 변화시키기 쉬운 것은
   • 자녀가 변화시킬 수 있는 상황과 환경
   • 변화시키기 위해 당신이 영향을 줄 수 있는 상황과 환경
   • 선생님과 학교가 변화시킬 수 있는 상황과 환경

4. 언제 그리고 어떻게 자녀가 문제해결을 위해 도움을 요청합니까?

5. 언제, 어디서 그리고 누구에게 자녀가 편안함을 느낍니까?

6. 당신의 자녀는 기쁘고 행복할 때 어떻게 표현합니까?

7. 현재 자녀를 가장 괴롭히는 것이 무엇이라고 생각합니까?

8. 자녀와 대화가 잘 이루어지고 있다고 상상해 보십시오. 무엇이 가장 도움이 되었다고 생각합니까?

9. 자녀의 문제가 아주 조금이라도 덜한 상황을 묘사해 주십시오.

학교/작업

1. 언제 그리고 어떻게 자녀가 학교생활을 잘 합니까?

2. 언제 그리고 어떻게 자녀의 학교성적이 향상됩니까?

3. 자녀가 독립적으로 하는 숙제나 집안일에는 어떤 것들이 있습니까?

4. 자녀가 해야 할 필요가 있는 것들을 하게 하는 데 가장 도움이 되는 것이 무엇이라고 생각합니까?

협조해 주셔서 감사합니다.

Anderson, H., & Goolishan, H. (1992). The client is the expert: A not-knowing approach to therapy. In S. McNamee & K. J. Gergen (Eds.), *Therapy as social construction* (pp. 25-39). London: Sage.

Berg, I. K. (1994). *Family based services: A solution-focused approach*. New York: W. W. Norton.

Berg, I. K., & DeJong, P. (1996). Solution-building conversations: Co-constructing a sense of competence with clients. *Families in society: The Journal of Contemporary Human Services*, *77*(6), 376-391.

Berg, I. K., & Dolan, Y. (2001). *Tales of solutions: A collection of hope inspiring stories*. New York: W. W. Norton.

Berg, I. K., & Kelly, S. (2000). *Building solutions in child protective services*. New York: W. W. Norton.

Berg, I. K., & Miller, S. (1992). *Working with the problem drinker*. New York: W. W. Norton.

Berg, I. K., & Reuss, N. (1997). *Solutions step-by-step: Substance abuse treatment manual*. New York: W. W. Norton.

Cantwell, P., & Holmes, S. (1994). Social construction: A paradigm shift for systemic therapy and training. *The Australian and New Zealand Journal of Family Therapy*, *15*, 17-26.

Crowley, R. J., & Mills, J. C. (1989). *Cartoon magic*. New York: Brunner/Mazel.

Davis, T. E., & Osborn, C. J. (2000). *The solution-focused school counselor.* Philadelphia: Accelerated Development.

De Shazer, S. (1984). Death of Resistance, *Family Process, 23*, 11-21.

De Shazer, S. (1985). *Keys to solutions in brief therapy.* New York: W. W. Norton.

De Shazer, S. (1988). *Clues: Investigation of solutions in brief therapy.* New York: W. W. Norton.

De Shazer, S. (1991). *Putting difference to work.* New York: W. W. Norton.

De Shazer, S. (1994). *Words were originally magic.* New York: W. W. Norton.

DeJong, P., & Berg, I. K. (2001a). Co-constructing cooperation with mandated clients. *Social Work, 46*(4), 361-374.

DeJong, P., & Berg, I. K. (2001b). *Interviewing for solutions* (2nd ed). Pacific Grove: Brooks/Cole.

Erickson, M., & Rossi, E. (1979). *Hypnotherapy: An exploratory casebook.* New York: Irvington.

Gingerich, W., & Eisengart, S. (2000). Solution-focused brief therapy: A review of the outcome research, *Family Process, 39*(4), 477-498.

Haley, J. (1973). *Uncommon therapy: The psychiatric techniques of Milton H. Erickson, M. D.* New York: W. W. Norton.

Hoyt, M., & Berg, I. K. (1998). Solution-focused couple therapy: Helping clients to construct self-fulfilling realities. In Dattlilio, F. M. (Ed.), *Case Studies in Couple and Family Therapy.* New York: Guilford Press.

Lee, M. Y., Sebold, J., & Uken, A. (in press). *Accountability for solutions: Treatment of domestic violence offenders.* Oxford University Press: New York.

Miller, G., & de Shazer, S. (2000). Emotions in solution-focused therapy: A re-examination. *Family Process, 39*(1), 5-23.

Watzlawick, P., Weakland, J., & Fisch, R. (1974). *Change: Principles of problem formation and problem resolution.* New York: W. W. Norton.

Winnicott, D. W. (1970). *Playing and reality.* London: Tavistock.

Winnicott, D. W. (1971). *Therapeutic consultation in child psychiatry.* New Work: Basic Books.

우리는 아동상담을 할 때에 신비한 능력이 나타나는 순간들을 알리고 또한 '치료적 과정'을 좀 더 분명하게 보여 주기 위한 목적으로 이 책을 쓰기 시작하였다. 독자들에게 아동들이 자연스럽게 배우고, 문제를 해결하며, 유능하고 행복한 성인으로 성장하는 방법을 습득하게 하는 다양한 방법들을 보여 주길 원했다. 오랜 기간 동안 우리는 매일 하는 단순한 말들이 사람들을 변하게 하는 도구로 사용되는 과정이 되도록 노력하였고, 아동에게도 똑같은 과정이 일어날 수 있다는 것을 보여 주고 싶었다. 성인들은 성인들의 용어를 사용하지만 아동들은 다양하고 풍부한 매개물들을 사용하여 배우고 변화하며 다른 사람들과 어울려 살아간다. 아동들은 그들이 말로는 표현할 수 없는 것들을 전달하기 위해 그들의 신체와 상상, 창의성 그리고 표현들을 사용한다.

이 책을 함께 쓰는 동안 우리는 이 책에 대해 항상 얘기하며 이메일을 보내고 자료를 공유하고 전화통화를 하며 스위스와 프랑스에서 만나곤 했다. 무엇보다도 큰 성과라고 할 수 있는 것은 우리가 주제에 대해서 그리고 서로에 대해서 많은 것을 배웠다는 점이다. 우리는 둘 다 좀 더 창의적으로 성장하였는데, 예를 들면 상담실로 들어오길 무서워했던 어린 아동과 대화하는 데 풍선 같은 작은 물건을 유용한 도구로 사용했던 것을 들 수 있겠다. 조그마한 빨간 풍선을 사용함으로써 그 아동의 공포를 통제감으로 바꿀 수 있었던 것이다. 이 얼마나 매력적인 일이었던가!

아동의 문제를 다루는 데 있어서 두 사람의 스타일을 지속적으로 비교해보면서 우리는 문화적 전통, 언어, 가치 그리고 상담 방법의 유사성과 차이성에 대해 감사하며 배웠다. 우리는 좀 더 현명해지고 좀 더 사려 깊어질 수 있었으며, 우리 자신과 서로에 대해 배운 것에 대해 감사하게 되었다. 우리는 좋은 친구가 되었으며 이 점에 대해서도 감사를 드리는 바다.

김인수와 슈타이너

인 명

내 용

>>> 저자 소개

Insoo Kim Berg(M.S.W.)는 해결중심 단기상담을 개발한 사람 중 하나이며, 미국 위스콘신 주 밀워키에 있는 단기가족치료센터의 디렉터로 활동하였다. *Familly Based Servies*(Norton, 1994), *Solutions Step by Step* (Norton, 1997), *Building Solutions in Child Protective Services* (Norton, 2000)를 포함하여 많은 책들을 저술하였다.

Therese Steiner(M.D.)는 스위스에서 20년 이상 소아 정신과 의사로 활동하였다. 현재 스위스의 엠브라흐(Embrach, Switzerland)에서 살고 있다.

>>> 역자 소개

유재성은 한국기독교상담심리치료학회 임상감독이자 침례신학대학교 상담심리학과장으로 재직 중이며, 건강한 가정건축을 위해 각종 강의와 상담, 집단 프로그램을 인도하고 있다. 저・역서로는 『현대목회상담학개론』(침례신학대학교출판부, 2006), 『아름다운 은퇴』(역, 학지사, 2006), 『해결중심 목회상담』(역, 요단출판사, 2004), 『누구나 한번쯤 이혼을 꿈꾼다』(역, 한언출판사, 2003) 등이 있다.

장은진은 침례신학대학교 상담심리학과 교수로 재직하고 있으며, 임상심리전문가와 정신보건임상심리사 1급, 아동상담놀이치료전문가 등의 자격증을 소지하고 있다. 계명대학교 동산의료원정신과 연구교수, 아이코리아 치료교육원 전문가로 일하면서 아동과 부모들을 대상으로 개인/집단치료와 부모교육을 실시하였으며, 현재도 이와 관련된 강의와 다수의 집단 프로그램을 인도하고 있다. 저・역서로는 『궁금해요 ADHD』(역서, 굿에듀북, 2010), 『모래놀이치료 핸드북』(공역, 학지사, 2009), 『ADHD아동의 주의집중력 향상프로그램 CD와 학습 및 치료지침서』(공저, 굿에듀북, 2009), 『발달장애심리학』(공저, 학지사, 2003) 등이 있다.

아동과 청소년을 위한 해결중심상담
Children's Solution Work

2009년 6월 1일 1판 1쇄 발행
2024년 9월 25일 1판 11쇄 발행

지은이 • Insoo Kim Berg · Therese Steiner
옮긴이 • 유재성 · 장은진
펴낸이 • 김 진 환
펴낸곳 • (주) 학지사
04031 서울특별시 마포구 양화로 15길 20 마인드월드빌딩 5층
대표전화 • 02) 330-5114 팩스 • 02) 324-2345
등록번호 • 제313-2006-000265호
홈페이지 • http://www.hakjisa.co.kr
인스타그램 • https://www.instagram.com/hakjisabook

ISBN 978-89-6330-131-0 93180

정가 18,000원